500 Jahre Reformation: Bedeutung und Herausforderungen

T V Z

EVANGELISCHE
VERLAGSANSTALT

Petra Bosse-Huber, Serge Fornerod,
Thies Gundlach, Gottfried Wilhelm Locher (Hg.)

500 Jahre Reformation: Bedeutung und Herausforderungen

Internationaler Kongress der EKD und des SEK auf dem Weg zum Reformationsjubiläum 2017 vom 6. bis 10. Oktober 2013 in Zürich

TVZ
Theologischer Verlag Zürich

EVANGELISCHE
VERLAGSANSTALT

Bibliografische Informationen der Deutschen Nationalbibliothek
Die Deutsche Nationalbibliothek verzeichnet diese Publikation in der Deutschen Nationalbibliografie; detaillierte bibliografische Daten sind im Internet über http://dnb.d-nb.de abrufbar.

Umschlaggestaltung
Simone Ackermann, Zürich

Druck
Rosch Buch GmbH, Scheßlitz

© 2014
Theologischer Verlag Zürich, www.tvz-verlag.ch
Evangelische Verlagsanstalt, Leipzig, www.eva-leipzig.de

ISBN 978-3-290-17765-2: Theologischer Verlag Zürich
ISBN 978-3-374-03916-6: Evangelische Verlagsanstalt

Alle Rechte vorbehalten

Inhalt

Sozialgeschichtlich

Systematisch

Ökumenisch

III Chancen und Herausforderungen des Jubiläums für die Kirchen

IV Feedbacks und Auswertungen

Einleitung

Wann hat die Reformation stattgefunden? Und worin besteht sie letzten Endes? Die protestantischen Kirchen feiern den Reformationssonntag gewöhnlich um den 31. Oktober. Nach traditioneller Überlieferung soll an diesem Tag des Jahres 1517 Martin Luther, ein junger deutscher Mönch und Theologieprofessor, 95 Thesen an die Tür der Schlosskirche zu Wittenberg angeschlagen haben, in denen er die Praxis des Ablasses kritisierte, der es den Gläubigen ermöglichte, mit klingender Münze ein Stück ihres Seelenheils zu kaufen. Diese Einladung zu einem Disput unter Theologen bildete den Ausgangspunkt eines Konfliktes zwischen verschiedenen theologischen Standpunkten, die sich rasch als unversöhnlich herausstellten. Unter anderem dank politischer Unterstützung und massivem Einsatz von Druckschriften änderte damals ein großer Teil der römisch–katholischen Kirche in kürzester Zeit ihre Praxis und einen Teil ihres Denkens. Diese Bewegung breitete sich in ganz Europa aus, und zwar so schnell, dass die Argumente Luthers gegen den Ablass nicht die einzige Ursache dafür sein konnten.

2017 werden die protestantischen Kirchen, die aus dieser Bewegung hervorgegangen sind, des 500. Jahrestages der Reformation gedenken. Was soll aber 2017 genau geschehen? Wozu dieses Ereignis feiern, das von der heutigen Situation der Kirchen und den geistigen Sorgen und Fragen unserer Zeitgenosse so weit entfernt scheint, auch wenn es damals die Geschichte des europäischen Kontinents tiefgehend verändert hat und historisch von weltweiter Bedeutung war? Hat die Reformation nicht auch zu zahlreichen Gewalttaten geführt? Woran wollen wir uns erinnern und was wollen wir eigentlich feiern? Worin besteht diese Reformation? Wie weit kann sie die Kirchen und die Welt von heute betreffen?

Die Evangelische Kirche in Deutschland (EKD), die aus der Reformation von Luther hervorgegangen ist, und der Schweizerische Evangelische Kirchenbund (SEK), der aus der Reformation von Zwingli und Calvin entstanden ist, haben 2012 beschlossen, ein Zeichen der Einheit des Protestantismus zu setzen, indem sie einen gemeinsamen Vorbereitungskongress für das Reformationsjubiläum 2017 organisierten. Damit haben der SEK und die EKD bekräftigt, dass durch die 1973 auf dem Hügel von Leuenberg bei Basel getroffene theologische Vereinbarung, die unter dem Titel «Leuenberger Konkordie» bekannt geworden ist, die kommenden Feiern des Reformationsjubiläums eine neue gesamtprotestantische Bedeutung erreichen. Dahinter soll und kann das Verständnis evangelischer Kirchen nicht mehr zurückfallen. Im Lauf dieses Kongresses, der im Oktober 2013 in Zürich stattfand, versuchten die EKD und der SEK, eine Standortbestimmung zu den genannten Fragen vorzunehmen zum Zeitpunkt, da die meisten Kirchen ihre Aktivitäten planen. Wir wollten vor allem zusammen mit den Mitgliedkirchen der Gemeinschaft Evangelischer Kirchen in Europa (GEKE) und anderen Partnerkirchen weltweit diskutieren, was wir feiern wollen und weshalb wir das tun. Heute wird die Reformation nicht mehr nur über die Wirksamkeit von Luther in Deutschland oder von Zwingli oder Calvin in der Schweiz definiert, so bedeutend und entscheidend das Wirken dieser Persönlichkeiten auch sein mag. Die Reformation muss heute vielmehr als vielfältige und europäische Bewegung verstanden werden, deren Ursprünge in die früheren Jahrhunderte zurückreichen. Sie ist aber vor allem unter dem Aspekt des aktuellen Kontextes der weltweiten Christenheit neu zu betrachten: Wir sehen auf der einen Seite eine Verweltlichung und ein Abbröckeln, auf der anderen Seite Wachstum und fundamentalistische Tendenzen; eine zunehmend multikulturelle und pluralistische Religionslandschaft. Wir sehen auch die Errungenschaften, die Wirklichkeit und die Zukunft des ökumenischen Dialogs und die globalen Fragestellungen zur Zukunft der Erde. Für die evangelischen Kirchen kann es sich also nicht bzw. nicht bloß darum handeln, sich 2017 das Geschehen der Vergangenheit in Erinnerung zu rufen und dessen Spuren im Lauf der Geschichte zu verfolgen. Es geht vielmehr darum, sich die Botschaft der Befreiung, wie sie bereits Luther und andere wiederentdeckt haben, neu anzueignen, indem wir die Bibel neu lesen. Wir wollen diese damaligen Entdeckungen für die Christen von heute neu interpretieren. Wenn also 2017 ein Jubiläum und ein Fest sein soll, dann kann es nur ein Fest des Evangeliums und nur ein Fest für Jesus Christus sein.

Die in diesem Band vereinten Texte geben deshalb nur einen Teil dessen wieder, was den Reichtum dieses Kongresses ausmachte. Sie wollen die Kirchen einladen und dazu auffordern, zu diskutieren und miteinander auszutauschen, was die Botschaft des Evangeliums uns heute sagen will und wie wir das Jubiläum von 2017 und darüber hinaus am besten feiern. Darin bestand auch der Mehrwert des Kongresses, der hier dokumentiert wird. Diese Texte sollen verlässliche Orientierungspunkte und interessante Hinweise anbieten für all jene, die sich auf internationaler Ebene darauf vorbereiten, 500 Jahre Reformation zu feiern – ohne zu triumphieren, ohne sich aus falscher Scham zu verstecken, ohne gegen andere Konfessionen zu polemisieren und ohne die ökumenische Herausforderung zu unterschätzen. Am Kongress trafen sich 250 Teilnehmer aus 35 Ländern, Professoren, Kirchenführer, interessierte Pfarrer, Multiplikatoren und Ökumenefachleute. Dadurch wurde die weltweite Dimension der evangelischen Kirche sichtbar und spürbar. Die hier abgedruckten Texte kommen von sehr unterschiedlichen Autoren und aus verschiedenen Kontexten. Einige sind mehr akademisch, andere mehr narrativ oder deskriptiv verfasst. Für viele Autoren waren die Kongresssprachen auch nicht ihre Muttersprache. All dies ist im Stil der Beiträge spürbar. Wir haben diese Elemente, die zuerst stören oder irritieren können, nicht vollständig bereinigen wollen. Denn genau darin sehen wir ein Zeichen der Stärke und der Qualität der Beiträge, ein Indiz dafür, dass die Wette dieses Kongresses gelungen ist: evangelische Stimmen aus der ganzen Welt um unsere gemeinsame theologische Identität heute zu versammeln, ohne Vorurteil oder vorgefertigte Regelung.

Das Buch folgt dabei der inneren Logik des Kongresses:

– In einem ersten Teil werden die theologischen Grundlagen der Reformation hinterfragt. Die Analysen beziehen sich einesteils auf die Bedeutung, die der Entdeckung der Reformation heute zukommt, was natürlich einen ökumenischen und internationalen Ansatz voraussetzt. Andererseits aktualisieren sie spezifische Themen, aus denen sich die Reformation herauskristallisiert hat. In den letzten Jahren hat nämlich sowohl die historische wie auch die theologische Forschung große Fortschritte gemacht bei der Klärung der Frage, was die Reformation wirklich Neues gebracht hat und wieweit sie auch eine Frucht der damaligen Zeitverhältnisse darstellt.

– In einem zweiten Teil befasst sich der Band mit den möglichen Inhalten und Grenzen, die sich heute aufgrund des Kontextes und der verschiedenen Gesprächspartner des Jubiläums ergeben: Welche Gemeinsamkeiten bestehen zwischen der Situation in Deutschland und in China? Wie wird unsere Botschaft von einem römisch-katholischen oder einem afrikanischen Standpunkt aus verstanden?

– Schließlich enthält der Band Bewertungen des Kongresses und Rückblicke, insbesondere aus Sicht der Freikirchen bzw. der Kirchen, die aus der radikalen Reformation entstanden sind.

Wir hoffen, dass die Leser von der Vielfalt und vom Reichtum dieser Perspektiven auf 2017 für ihre eigene Projekte und Vorbereitung angeregt werden.

Biogramme Mitwirkende

Bünker, Michael; *1954, Dr. theol, Generalsekretär der Gemeinschaft Evangelischer Kirchen in Europa, Bischof der Evangelischen Kirche A.B. in Österreich, Wien.

Burghardt, Anne; *1975, Pfarrerin, Sekretärin für die ökumenischen Beziehungen, Abteilung für Theologie und Öffentliches Zeugnis, Lutherischer Weltbund, Genf.

Carbonnier–Burkard, Marianne; *1949, Dr. phil. in Geschichte der Philosophie, Honorardozentin am Evangelischen Institut an der Theologischen Fakultät in Paris, Vizepräsidentin der Gesellschaft für Geschichte des französischen Protestantismus, Paris.

Chalamet, Christophe; *1972, Prof. Dr. theol, Professor für Systematische Theologie an der Theologischen Fakultät der Universität Genf; 2003–2011 Professor für Geschichte der evangelischen Theologie an der Universität Fordham, New York.

Christ–von Wedel, Christine; *1948, Dr. phil., Historikerin, Spezialgebiet Humanismus und Reformation; Präsidentin des Vorstandes von Mission 21, Basel.

de Boer, Erik Alexander; *1957, Prof. Dr. theol., Professor für Reformationsgeschichte an der Freien Universität Amsterdam und für Kirchengeschichte an der Theologischen Universität Kampen, a.o. Prof. für Patristik an der Free State University Bloemfontein.

Dermange, François; *1962, Prof. Dr. theol., Professor für Ethik an der Theologischen Fakultät der Universität Genf.

Elsig, Frédéric; *1972, Prof. Dr. litt., Professor für Kunstgeschichte des Mittelalters am Institut für Kunstgeschichte der Universität Genf.

Ferrario, Fulvio; *1958, Prof. Dr. theol., Professor für Systematische Theologie an der Theologischen Fakultät der Waldenserkirche, Rom.

Fleischmann-Bisten, Walter; *1950, Dr. theol., Historiker und Theologe, seit 1984 Generalsekretär des Evangelischen Bundes in Deutschland, Leiter des Konfessionskundlichen Instituts in Bensheim.

Fornaçon Frank; *1958, Pastor der Evangelisch–Freikirchlichen Gemeinde Kassel-West, «Kirche im Hof», Mitglied des Präsidiums des Bundes Evangelisch-Freikirchlicher Gemeinden in Deutschland (Baptisten), Beauftragter der Vereinigung Evangelischer Freikirchen in Deutschland für die Reformationsdekade, Ahnatal.

Gundlach, Thies; *1956, Dr. theol., Vizepräsident des Kirchenamtes der Evangelischen Kirche in Deutschland (EKD) und Leiter der Abteilung «Kirchliche Handlungsfelder», Hannover.

Heitz-Muller, Anne-Marie; *1978, Dr. theol. in evangelischer Theologie, Spezialgebiet Frauen- und Reformationsgeschichte, zurzeit Gemeindeassistentin, Straßburg.

Hirzel, Martin Ernst; * 1965, Pfr. Dr. theol., Beauftragter für Ökumene und Religionsgemeinschaften des Schweizerischen Evangelischen Kirchenbundes (SEK), Bern; bis 2006 Professor für Kirchengeschichte an der Theologischen Fakultät der Waldenserkirche, Rom.

Jecker, Hanspeter; *1954, Dr. phil., Dozent am Theologischen Seminar Bienenberg, wissenschaftliche Mitarbeit bei diversen Forschungsprojekten zum Täufertum, Konferenz der Mennoniten der Schweiz, Basel.

Käßmann, Margot; *1958, Professorin Dr. Dr. h.c., Botschafterin des Rates der Evangelischen Kirche in Deutschland (EKD) für das Reformationsjubiläum 2017, Berlin.

Koch, Kardinal Kurt; *1950, Präsident des Päpstlichen Rates zur Förderung der Einheit der Christen, Rom.

Körtner, Ulrich H. J.; *1957, Prof. Dr. theol., Professor für Systematische Theologie an der Evangelisch-Theologischen Fakultät der Universität Wien.

Leppin, Volker; *1966, Prof. Dr. theol., seit 2010 Professor für Kirchengeschichte in Tübingen; 2000–2010 Professor für Kirchengeschichte in Jena.

Lexutt, Athina; *1966, Prof. Dr. theol, Professorin für Kirchen– und Theologiegeschichte am Institut für Evangelische Theologie der Justus-Liebig-Universität Gießen.

Locher, Gottfried Wilhelm; *1966, Dr. theol., Ratspräsident des Schweizerischen Evangelischen Kirchenbundes (SEK), Bern; Mitglied des Präsidiums der Gemeinschaft Evangelischer Kirchen in Europa (GEKE), Wien.

Mehendinţu, Viorel; *1939, Dr. theol., Erzpriester der Rumänisch-Orthodoxen Kirche, Stuttgart.

Müller, Michel; *1964, Pfarrer, Präsident des Kirchenrates der Evangelisch-reformierten Landeskirche des Kantons Zürich.

Opitz, Peter; *1957, Prof. Dr. theol., Professor für Kirchen- und Dogmengeschichte von der Reformation bis zur Gegenwart an der Theologischen Fakultät der Universität Zürich und Leiter des Instituts für Schweizerische Reformationsgeschichte, Zürich.

Park, Jong Wha; *1954, Dr. theol., Dr. h.c., Hauptpastor der Kyungdong Presbyterianischen Kirche in Seoul, Vorsitzender des Verwaltungsrats von Kukmin Daily Newspaper, Seoul; bis November 2013 leitender Vorsitzender des koreanischen Gastgeberausschusses der 10. ÖRK-Vollversammlung, Busan, Südkorea.

Rahner, Johanna; *1962; Prof. Dr. phil., Professorin für Systematische Theologie am Institut für Katholische Theologie der Universität Kassel.

Sallmann, Martin; *1963, Prof. Dr. theol., Professor für Neuere Kirchen- und Theologiegeschichte und Konfessionskunde an der Theologischen Fakultät der Universität Bern.

Schindehütte, Martin; *1949, Pfarrer, seit Ende 2013 im Ruhestand, zuvor Bischof für Ökumene und Auslandsarbeit der Evangelischen Kirche in Deutschland (EKD), Hannover.

Schneider, Nikolaus; *1947, Dr. theol. h.c., Vorsitzender des Rates der Evangelischen Kirche in Deutschland (EKD), Berlin.

Tarr Czelovszky, Klára; *1971, Dr. theol., Leiterin der Abteilung Ökumenische und Außenbeziehungen der Evangelisch-Lutherischen Kirche in Ungarn, Budapest; Mitglied des Präsidiums der Gemeinschaft Evangelischer Kirchen in Europa (GEKE), Wien.

Thönissen, Wolfgang; *1955, Prof. Dr. theol., Professor für Ökumenische Theologie an der Theologischen Fakultät Paderborn und Leitender Direktor des Johann-Adam-Möhler-Instituts für Ökumenik, Paderborn.

Thompson, Karen Georgia A.; *1965, Pfarrerin, Leiterin der Abteilung Ökumenische und Interreligiöse Beziehungen, Vereinigte Kirche Christi, Cleveland (OH), USA.

Tveit, Olav Fykse; *1960; Pfr. Dr. theol., Generalsekretär des Ökumenischen Rates der Kirchen, Genf.

Visser, Douwe; *1953, Dr. theol., Geschäftsführer für Theologie, Weltgemeinschaft Reformierter Kirchen, Hannover.

Wallraff, Martin; *1966, Prof. Dr. theol., Professor für Kirchen– und Theologiegeschichte, Universität Basel.

Wang, Aiming; *1963, Pfr. Dr. theol., Dr. h.c., Ordinarius (Systematische Theologie, Historische Theologie, Hermeneutische Theologie), Vizepräsident des Nanjing Union Theological Seminary, Nanjing, China.

Williams, Lord Rowan Douglas; *1950, Dr. theol., The Rt Revd & Rt Hon Baron Williams of Oystermouth, Rektor des Magdalene College, Cambridge, UK; ehem. Erzbischof von Canterbury.

Wushishi Ibrahim Yusuf; *1964, Dr. theol., Pfarrer der Nigerian Baptist Convention, Mitglied des Exekutivausschusses der Christian Association of Nigeria(CAN) und Christian Health Association of Nigeria (CHAN), Generalsekretär des Christian Council of Nigeria. (CCN), Lagos.

Einführung

Michel Müller, Zürich

Eröffnungspredigt

Zu Apg 11, 1–18

Liebe Gemeinde
Viele von Ihnen werden nun also 3–4 Tage und Nächte hier in Zürich verbringen anlässlich des Kongresses, den wir mit diesem Gottesdienst eröffnen. Ich vermute, dass manche von Ihnen zu Hause berichten werden, wollen oder müssen, was Sie hier Sinnvolles getan haben. Sie sind in einer bedeutenden Stadt der Christentumsgeschichte, und deshalb sind Sie hierhergekommen. Andere kommen her wegen der Streetparade und des Zürich Film Festivals, das gestern zu Ende ging. Sie könnten hier auch völlig überteuerte Designerhandtaschen oder Luxusuhren kaufen. Ob die Daheimgebliebenen da vorwurfsvolle Fragen stellen oder es gar einen medialen Sturm auslöst? Vielleicht nicht. Aber es stellt sich eine andere, die entscheidende Frage: Kann an einem solchen Ort, hier und heute, der Geist Gottes uns auf eine Art begegnen, dass es einen Sturm auslöst? Erwarten wir überhaupt so etwas? Oder wozu sind Kongresse sonst da?

Werden wir uns im Nachdenken über Reformation rechtfertigen müssen für unser Tun und Nichtstun? Kommt es denn überhaupt auf uns an? Mit Petrus fragen auch wir doppeldeutig: «Wer bin ich, dass ich Gott hätte in den Weg treten können?»

Das formuliert der Apostel zunächst einmal ganz zurückhaltend in der Tradition eines Mose oder Jeremia. Der Geist Gottes baut an seiner Kirche! Wer wären die einzelnen Dienerinnen und Diener – und wenn es der erste Papst wäre –, dass er dem Geist entgegen treten könnte? Der Geist ist bei Lukas frei, Fakten zu schaffen, denen die Kirche dann folgen kann, folgen muss mit ihren Handlungen. Hier konkret folgt die Taufe dem Empfang des Geistes. Manchmal ist es bei Lukas auch umgekehrt, und der Geist folgt erst der Taufe. Der Geist ist frei. Denn es ist Gottes Geist. Aber das heißt nicht, dass er nicht wirkt. Sein Wirken darf erwartet werden, und zwar auch überraschend und gegen eigene wohlgepflegte theologische Überzeugungen. Die Geschichte der Kirche ist entsprechend dem dritten Artikel des Glaubensbekenntnisses auch die Geschichte des Heiligen

Geistes. Nun haben die christlichen Kirchen ausgeklügelte Systeme entwickelt, um das Wirken des Geistes zu prüfen und zu domestizieren. Ja, wir müssen den Geist prüfen. Dazu verpflichten uns die Irrungen und Wirrungen der Kirchengeschichte, gerade auch unserer eigenen. Darum müssen wir fragen: Wie sind die letzten 500 Jahre als Wirkung des Geistes Gottes zu verstehen? Wie hätte Lukas seine Geistgeschichte fortgeschrieben? Kämen die Protestanten darin vor, als eine Wirkung des Geistes? Manche Vertreter anderer Kirchen würden das wohl auch nach 500 Jahren bezweifeln. Wir hier in der Zürcher Kirche hingegen glauben das. Unsere Kirchenordnung (KO) bekennt, dass Kirche «gebaut wird durch Gottes Geist»[1]. Punkt – Doppelpunkt: Nicht nur wir, sondern eine Vielzahl von Kirchen, die in den letzten Jahrhunderten entstanden sind und von hier und Wittenberg und all den Reformationsorten ausgegangen sind, sehen sich im Glauben als Wirkungen des Geistes Gottes. Aber wie geht das zusammen: der eine Geist und die vielen Kirchen?

Der vor Jahren verstorbene Ökumeniker Oscar Cullmann verstand die Vielfalt der christlichen Kirchen geradezu definitorisch als eine Wirkung des Geistes. So schreibt er in seinem berühmten Buch «Einheit durch Vielfalt»: «Wer den Reichtum der Fülle des Heiligen Geistes nicht respektiert und Uniformität will, sündigt gegen den Heiligen Geist»[2]. Und ist es dann nicht umgekehrt auch als Wirkung des Geistes zu betrachten, dass es da nach wie vor neben den protestantischen Kirchen eine römisch-katholische Kirche gibt? Deshalb könnte gelten: «In den ökumenischen Beziehungen ist dies wichtig: Das, was der Geist in den anderen gesät hat, nicht nur besser zu kennen, sondern vor allem auch besser anzuerkennen als ein Geschenk auch an uns»[3]. Das war nun nicht Cullmann mit seiner Idee der Charismen in allen Kirchen, sondern ein Zitat des römischen Bischofs! Und gleich anschließend sagt Papst Franziskus in diesem kürzlich geführten Interview mit der Jesuitenzeitschrift «Civiltà Cattolica»: «Wir müssen vereint in den Unterschieden vorangehen. Es gibt keinen anderen Weg, um eins zu werden. Das ist der Weg Jesu.» «Vereint in den Unterschieden» ist vielleicht nicht dasselbe wie «versöhnte Verschiedenheit», wie wir Protestanten sie verstehen, aber auch nicht etwas völlig

---

1 Art. 86 KO

2 Oscar Cullmann,. Einheit durch Vielfalt, S. 28, zitiert in: Zehn Jahre nach Oscar Cullmanns Tod, Anm. 15, S. 188, TVZ 2012.

3 Interview mit Papst Franziskus, übersetzt und veröffentlicht am 19.09.2013 in «Stimmen der Zeit» Teil 2.

anderes als das Konzept unserer Leuenberger Gemeinschaft. Ist dies die aktuelle Herausforderung für uns alle – gerade auch gegenüber den jungen Kirchen wie den Pfingstkirchen, die den Geist programmatisch im Namen tragen? Wir reden hier von der mittlerweile zweitgrößten Gruppe im weltweiten Christentum – wie werden wir eigentlich mit ihnen Reformation feiern und Erneuerung thematisieren, erbitten, erfahren? Und wie werden wir mit den ganz alten Kirchen umgehen? Werden wir allen Ernstes bald nach 500 Jahren Reformation des tausendjährigen Schismas gedenken müssen?

Wirklich: Wir müssen sie alle prüfen, die Geister, und gerade das kann und soll eine Aufgabe eines Kongresses von theologischen und kirchenleitenden Fachleuten sein. Wir besprechen die Geschichte und deren Folgen, lernen daraus und beziehen daraus auch unsere Inspiration. Wozu sonst sollten wir uns treffen? Ist unsere Lage also ähnlich wie jene derer, die damals in Jerusalem zu prüfen und zu entscheiden hatten?

Wer sind wir? Wer bin ich? Diese Fragen stellt derselbe Petrus, der gesagt hat, man müsse Gott mehr gehorchen als den Menschen. Eine Haltung, die Martin Luther in Worms vor Augen hatte, als er sagte, er müsse seinem Gewissen mehr gehorchen als Kirche und Kaiser: «Hier stehe ich und kann nicht anders.» Wirklich so gesagt oder nicht: Es macht ja den Reiz solcher Sätze aus, dass sie exemplarisch etwas vom Wesen des Geschehenen auf den Punkt bringen. Da steht ein Einzelner vor Machthabern und vor Gott, vom Geist bewegt, seinem Gewissen und dem Wort Gottes treu zu sein, gegen den Rest der Welt. Da kommt es plötzlich auf den einen Einzelnen an, der tapfer Rechenschaft ablegt. Der in Gottes Namen «etwas Tapferes tut.» Diese Wendung, «etwas Tapferes tun» steht in Zürich beispielhaft für das Wirken Zwinglis. Sie wurde in einem anderen Zusammenhang als Luthers Satz geschrieben, und doch galt und gilt auch hier: Wenn der Geist Gottes uns durch die Schrift dazu bringt, dann müssen wir ihm folgen. «Tuont um Gottswillen etwas Dapfers», schrieb Zwingli. Sie können es in der Sakristei nachlesen. Wer wären wir, ihm entgegenzutreten? Dabei ist die Spannung, ja Widersprüchlichkeit auszuhalten: Nein, es geht hier nicht um einzelne heroische Gestalten, sondern um Christi Kirche, gebaut durch seinen Geist. Nie aber geht es, ohne dass eine oder einer, auch von uns, diesem Geist folgt. Nein, nicht um uns geht es, aber eben auch nicht ohne uns. Wer sind wir heute?

Wer bin ich? Noch einmal leihe ich mir Worte vom römischen Bischof Franziskus, der so antwortet: «Ein Sünder, der vom Herrn angeschaut wird.» Ein Sünder, weil selbst vermeintlich unfehlbare Entscheide nicht an Gottes Stelle treten können? Ein Sünder, der es wagen darf, etwas zu tun, weil er vom Herrn angeschaut wird, anders ausgedrückt in unserer Tradition: weil er zugleich Sünder und Gerechter ist?

Was aber ist es dann, was für uns zu tun ist, hier und heute und in den nächsten Jahren als protestantische Kirchen? Wir hier in Zürich feiern gerade 50 Jahre Frauenordination. Dafür erhalten wir zwar eine gewisse Aufmerksamkeit, aber keinen Applaus, zu selbstverständlich müsste es eigentlich in einer modernen Gesellschaft sein. Zölibat? Das ist bei uns Protestanten seit Katharina von Bora, der Lutherin, und Anna Zwingli, geborene Reinhart, kein Thema mehr. Wir haben in vielen evangelischen Kirchen Schluss gemacht mit der Normierung bestimmter Lebensweisen und der Diskriminierung derer, die anders sind. Und das, weil wir evangelisch sind und nicht zum Trotz. Gut. Aber: Was bleibt für uns zu tun, dort, wohin der Geist uns leiten will?

Die protestantischen Kirchen Frankreichs als ein ganz aktuelles Beispiel haben dieses Jahr einen großen Schritt getan mit ihrer Union. «Ecoute – Dieu nous parle», heißt es dort, und wenn Gott spricht: Wer könnte ihm entgegentreten? Er beruft uns zu Zeugen, témoins, in einer modernen Gesellschaft. Auf die noch relativ reichen deutschsprachigen Kirchen sehe ich die Frage zukommen: Wie lange werden wir uns die Erhaltung einer Struktur leisten wollen, die den tatsächlichen Erfordernissen und der Größe gar nicht mehr entspricht? Und die dem Auftrag, das Evangelium allen Völkern in Wort und Tat zu verkündigen, Mittel entzieht?

Wer bin ich, dass ich das sage? Kein anderer als der, der an seinem Ort, mit seiner Kirche und mit seinen Gaben das Notwendige tun soll und will. Der sich im Rahmen seiner Möglichkeiten bemüht, dem Geist nicht entgegenzutreten. Dem Geist, der «auch den anderen Völkern die Umkehr zum Leben gewährt», wie es Lukas zusammenfasst.

Ich meine und sage es offen: Wir müssen hinaus aus unseren alten Mauern. Hinaus in die Welt – nicht in die Welt, wie wir sie gerne hätten, sondern in die Welt, wie sie nun einmal ist. Zu den Menschen, die nun einmal sind, wie sie sind. Wir müssen die Sicherheit gegenseitiger Bestätigung in geschlossenen Kirchen verlassen, uns selbst vergessen und den Menschen begegnen in ihren tatsächlichen Bedürfnissen, gerade auch den spirituellen, also geistlichen.

Hinausgehen. Das kann man auch mal während eines Kongresses versuchen, hinausgehen aus sich selbst, sich hinsetzen auf eine Bank, den Menschen zuschauen, mit jemandem ein Wort wechseln. Auch in Zürich hat's ganz einfach Menschen. Die Ökumene beginnt in der persönlichen Begegnung mit meinem Nächsten, auf den ich höre, für den ich beten kann, dem ich dienen kann. Wer, wenn nicht ich?

Dann wird die weltweite Kirche, die Ökumene, eine spirituelle und eine diakonische Ökumene sein, eine Kirche, die betet und dient, die aus dem Wort Gottes geboren wird, die genährt wird am Tisch des Herrn. An diesen Tisch sind alle geladen, die der Herr einlädt, der gegenüber Petrus erklärt hat: «Was Gott für rein erklärt hat, das erkläre du nicht für unrein.»

Wer bin ich, dass ich Gott hätte in den Weg treten können?

Amen

Gottfried Wilhelm Locher, SEK, Bern

Eröffnungsrede

Reformation: Das Evangelium im Mittelpunkt

Die Reformation wird 500 Jahre jung: 2017 werden sich die Kirchen der Reformation an den berühmten Thesenanschlag Martin Luthers an die Türe der Schlosskirche in Wittenberg erinnern. Und 2019 wird des Beginns der Predigttätigkeit Huldrych Zwinglis auf der Kanzel des Großmünsters gedacht werden. Schon jetzt zeigt sich: Das Reformationsjubiläum hat das Potenzial, weltweit viel Dynamik auszulösen. Es ist Anlass, der Freude über die Wiederentdeckung der Befreiungsbotschaft des Evangeliums auf vielfältige Weise Ausdruck zu geben. Diese hat ihr Zentrum in der Botschaft von der Rechtfertigung des Menschen vor Gott allein durch den Glauben an Jesus Christus. Oder anders ausgedrückt: Der Mensch kann bestehen in Zeit und Ewigkeit, weil Gott ihn liebt. Das Evangelium soll im Mittelpunkt stehen und gefeiert werden. Das ist die Botschaft der Reformation. Eine befreiende, beglückende Botschaft. Die evangelischen Kirchen feiern also nicht sich selber. Der Reformation ging es um die Erneuerung der einen Kirche. Dem Reformationsjubiläum kommt deshalb von Anfang an eine ökumenische Dimension zu.

Zeit für die Vorbereitung

Hier in der Schweiz und erst recht in Deutschland sind die Vorbereitungen fürs Reformationsjubiläum schon angelaufen. Doch manches ist noch offen. Diese Gelegenheit haben der Schweizerische Evangelische Kirchenbund und die Evangelische Kirche in Deutschland ergriffen und Sie alle hier nach Zürich zu einem internationalen Vorbereitungskongress eingeladen. Sein Ziel ist es, gemeinsam darüber nachzudenken, wie wir das Reformationsjubiläum feiern möchten und welche Bedeutung die Botschaft der Reformation für die Kirche und Gesellschaft von morgen haben kann.

Wir freuen uns, dass Sie von nah und fern, aus über 35 Ländern und fünf Kontinenten, hierher nach Zürich gereist sind. Sie stehen dafür, dass die Botschaft der Reformation sich weltweit in den verschiedensten Kontexten ausgebreitet hat und Menschen bis heute bewegt. Die verschiedenen Erfahrungen und Horizonte, die Sie mitbringen, werden unseren Kongress bereichern. Dabei sollen Brücken zwischen Menschen mit kirchlichem und universitärem Hintergrund geschlagen werden. Wir wollen miteinander in ein kritisch-konstruktives Gespräch eintreten über die Epoche der Reformation, um neue Perspektiven auf unsere kirchliche und gesellschaftliche Gegenwart zu gewinnen.

Die Schätze gegenseitig entdecken

«Über die Zeit, in der wir die reformatorischen Traditionen gegeneinander ausspielten, sind wir hinaus. Wir wollen vielmehr die Schätze entdecken, die sie bergen.» Dieser Satz Wolfgang Hubers anlässlich des Calvinjahres 2009 ist wegweisend für diesen Anlass und den Weg bis 2017. Wir wollen den Reichtum der jeweiligen anderen Tradition sehen und voneinander lernen. Ökumene ist Lerngemeinschaft.

Zürich – ein Ursprungsort der Reformation

Für diesen Kongress sind wir Gast bei der Evangelisch–reformierten Landeskirche des Kantons Zürich in Zürich, einem Ursprungsort der Reformation. In Zürich und dann an anderen Orten in der Schweiz, etwa in Bern, St. Gallen, Basel und in Genf, hat die Reformation bekanntlich eine eigene Wendung genommen. Ganz vergessen sind die unversöhnlichen Urteile Luthers über Zwingli und das bedauerliche Scheitern des Marburger Religionsgesprächs 1529 ja noch nicht. Doch nach der Leuenberger Konkordie und den ihr vorangegangenen guten Erfahrungen, die es neben der konfessionellen Gleichgültigkeit zwischen Lutheranern und Reformierten im Laufe der Kirchengeschichte auch gab, wissen wir: Die Reformation war eine Epoche evangelischer Gemeinsamkeiten, auch wenn dies aus politischen und teilweise persönlichen Gründen nicht von allen Akteuren gesehen wurde. Da ist die Freude darüber umso größer, dass sich in diesen Tagen Lutheraner, Reformierte, Unierte und Angehörige weiterer Konfessionen in dieser Form erstmals in dieser Stadt begegnen, die neben Wittenberg und später Genf für den weltweiten Protestantismus eine große Bedeutung hatte. Ohne Zwingli, Bullinger und Calvin wäre die Reformation wohl ein deutschsprachiges und nordeuropäisches Phänomen geblieben. An diesem Kongress wird also evangelische Katholizität sichtbar werden, zu der die Vielfalt dazugehört. Ein Stück weit haben wir dies soeben im Gottesdienst erlebt.

Erinnern für die Zukunft

«Erinnern für die Zukunft.» Dies soll in den nächsten Tagen die Devise sein. Reformationsgedächtnis soll primär heißen, nach dem Stellenwert der reformatorischen Botschaft in den evangelischen Kirchen und der Gesellschaft heute zu fragen. Vermögen die Kirchen Gottes Wort der Versöhnung und Veränderung genügend kräftig zu bezeugen? Wie steht es mit der Klarheit und Verständlichkeit ihrer Verkündigung? Die Interpretation der reformatorischen Befreiungsbotschaft heute und damit theologische Fragestellungen sollen im Zentrum dieses Kongresses und des Jubiläums stehen.

Die bleibende Wirkung der Reformation

Als Teil einer Gedächtniskultur bringt das Reformationsjubiläum aber auch die Aufgabe mit sich, sich an die Vergangenheit zu erinnern. Die Reformation hat die Welt geprägt. Sie hat eine vielfältige Wirkung auf die frühneuzeitliche Gesellschaft ausgeübt. Einzelnen Spuren, etwa im Bereich des Verhältnisses von Kirche und Staat, soll in diesen Tagen exemplarisch nachgegangen werden. Wie stehen Kultur, Wirtschaft und Politik heute zur Reformation? Um solche Fragen soll es in diesem Zürcher Kongress auch gehen. Im Mittelpunkt der Debatten soll jedoch, wie gesagt, Reformation als gegenwärtige Aufgabe stehen. Evangelische Glaubensinhalte und Weltverantwortung wirken in unseren Gesellschaften bis heute. Welches Potenzial hat die Botschaft der Reformation für Kirche und Gesellschaft morgen?

Das Reformationsjubiläum als ökumenische Aufgabe

Reformationserinnerung soll also nicht der Selbstdarstellung von Kirchen, Konfessionen und Kulturräumen dienen, sondern zur produktiven und gemeinsamen Gestaltung des heutigen Kircheseins anstiften. Voraussetzung dafür ist, dass die damals gestellten theologischen Fragen neu bedacht werden. Voraussetzung dafür ist auch, dass wir uns immer wieder kritischen Anfragen stellen. Ich freue mich sehr, dass wir gleich schon mit dem Referat von Rowan Williams, dem ehemaligen Erzbischof von Canterbury, mit einer etwas anderen Sicht auf die Reformation konfrontiert werden (ein Blick von außen ist es angesichts der Tatsache, dass die Kirche von England in ihren Anfängen eng mit Zürcher Reformatoren verbunden war, nicht).

Wenn Reformationserinnerung also der Gestaltung des Kircheseins heute dienen soll, schließt dies, wie zu Beginn gesagt, eine ökumenische Dimension ein. An diesem Kongress wollen wir bewusst auch das Gespräch mit ökumenischen Partnern suchen. Im Hinblick auf das Verhältnis zur römisch-katholischen Kirche bedeutete es einen großen Schritt, wenn es uns gelänge, eine gemeinsame Sicht auf die Geschichte der Reformationszeit zu gewinnen, wie sie gerade jüngst das Dokument des vatikanischen Einheitsrats und des Lutherischen Weltbundes «Vom Konflikt zur Gemeinschaft» angeregt hat. Nicht nur die evangelischen Kirchen, sondern auch die römisch-katholische Kirche ist bekanntlich von der Reformation geprägt. Heute bietet sich die zukunftsträchtige Chance einer gemeinsamen ökumenischen Auseinandersetzung. Dies könnte die große Besonderheit des Reformationsjubiläums im beginnenden 21. Jahrhundert sein. Im Hinblick auf das Verhältnis zu denjenigen Freikirchen, die sich auf die radikale und damals verfolgte Reformationsbewegung berufen, bedeutet die ökumenische Dimension des Reformationsjubiläums für uns eine kritische Auseinandersetzung mit der eigenen Vergangenheit.

Der Kongress: Einladung zur Zusammenarbeit

Neben der Reflexion soll dieser Kongress aber auch ganz praktisch eine Plattform für den Austausch von Ideen bieten. Aus verschiedenen Kirchen werden Vorhaben und Perspektiven im Blick auf das Reformationsjubiläum präsentiert werden. Schön wäre es, wenn Kooperationsmöglichkeiten angedacht und gemeinsame Projekte auf lokaler, regionaler, nationaler oder internationaler Ebene angestoßen würden. Zunächst aber soll dieser Kongress bei Ihnen allen die Motivation für die aktive Teilnahme am Reformationsjubiläum fördern und das Interesse wecken für die Reformation und ihre Bedeutung für die Gegenwart. Dabei soll die Reformation als vielgestaltig und der Protestantismus als weltweite und plurale Bewegung sichtbar werden.

Für diesen Kongress und das Reformationsjubiläum insgesamt scheint mir wichtig, was Zwingli am Ende seines «Kommentars über die wahre und falsche Religion» von 1525, der ersten Darstellung der evangelischen Lehre überhaupt, schreibt: «Alles, was ich hier gesagt habe, habe ich zur Ehre Gottes, zum Nutzen der christlichen Gesellschaft und zum Besten der Gewissen gesagt. Gott sei gedankt.»

Nikolaus Schneider, EKD, Hannover

«Was ist das Reformationsjubiläum? Wem gehört es? Warum sind wir alle hier zusammen in Zürich?»

Sehr geehrte Damen und Herren

Das Reformationsjubiläum 2017 ist ein Ereignis von Weltrang!

In Deutschland ging der erste Anstoß zum Thema «Reformationsjubiläum» schon 2003 aus den Reihen der katholischen Kirche hervor, nämlich von Kardinal Kasper auf der Vollversammlung des Lutherischen Weltbundes in Winnipeg. Kardinal Kasper verwies damals auf dieses Datum 2017 und stellte die Frage nach den ökumenischen Dimensionen des Ereignisses. Bald danach nahm der damalige Ministerpräsident von Sachsen-Anhalt, Prof. Dr. Wolfgang Böhmer, den Ball auf und lud Staat und Kirche ein, das Reformationsjubiläum 2017 gemeinsam in den Blick zu nehmen.

Wir sind dankbar, dass gegenwärtig nicht nur die Bundesregierung, sondern auch viele Bundesländer und betroffene Kommunen bei der Vorbereitung des Jubiläums mitwirken. Und es gehört zweifellos zu den eher seltenen Ereignissen im Deutschen Bundestag, dass alle Parteien – also auch die Linken – gemeinsam im Oktober 2011 den Beschluss gefasst haben, dass das Reformationsjubiläum 2017 als «ein Ereignis von Weltrang» von der Bundesregierung zu fördern und zu unterstützen sei.

Wir werden also in Deutschland ein großes Jahr mit Kirchentagen und einer Weltausstellung der Reformation in Wittenberg feiern. Es werden nationale Ausstellungen, erstklassig restaurierte und museumspädagogisch herausragende touristische Attraktionen etwa in Wittenberg, Eisenach, Eisleben und Torgau Menschen in das «Kernland der Reformation» locken. Große Fachkongresse ziehen ein Fachpublikum nach Wittenberg, Halle und Berlin.

Der Wissenschaftliche Beirat, der die staatlichen und die kirchlichen Partner inhaltlich berät, hat im Jahre 2009 «Perspektiven für das Reformationsjubiläum 2017» vorgelegt. Da heißt es unter anderem:

Es gilt «auf dem Weg zum Reformationsjubiläum 2017 die Relevanz, die die Reformation weit über Theologie und Kirche hinaus für die unterschiedlichen Bereiche unserer gegenwärtigen Kultur besitzt, herauszustellen und nach deren Deutungspotenzial in einer von Individualisierung, Pluralisierung und Globalisierung bestimmten Zeit zu fragen. Solche Gegenwartsdeutung … stellt angesichts der Signatur des Protestantischen in der modernen westlich geprägten Kultur einen Beitrag zur Bewahrung wie zur Fortentwicklung der Identität dieser Kultur dar.»[1]

Nun kann man natürlich fragen, ob eine von kirchlichen und staatlichen Stellen getragene Vorbereitung des Reformationsjubiläums gut und richtig ist. Schimmert hier nicht vielleicht eine veränderte Wiederauflage der alten Verbindung von Thron und Altar, von Staat und Kirche, ja, von Preußen und Protestanten durch, die niemand ernsthaft wünscht? Doch eine kulturelle «Signatur des Protestantischen», die unsere Gesellschaft, die auch unseren Lebensraum Europa prägt, bleibt eben nur «Signatur». Für eine inhaltliche, theologisch fundierte Ausgestaltung des Reformationsjubiläums ist das nur ein Baustein. Wir sind davon überzeugt, durch unsere genuin theologischen Beiträge der Gefahr einer Neuauflage der überholten Allianz von Thron und Altar widerstehen zu können.

Ich will das an zwei inhaltlichen Akzentsetzungen verdeutlichen:

1. Das Reformationsjubiläum feiert das Heilshandeln Gottes in Jesus Christus!

Der 31. Oktober 1517 ist ein Symboldatum für die Wiederentdeckung der befreienden Kraft des Evangeliums. Die immer wieder neu faszinierende Erzählung vom Anschlag der 95 Thesen Martin Luthers zur Buße an die Tür der Schlosskirche zu Wittenberg hat sich in das kulturelle Gedächtnis unseres Landes eingeprägt. Wir feiern mit diesem Datum nicht den Geburtstag unserer evangelischen Kirche – den sehen wir im Übrigen im Heilshandeln Jesu Christi und dem gemeindegründenden Reden und Handeln der Apostel gut aufgehoben. Wir feiern, dass das Evangelium mit diesem Ereignis einen neuen Weg zu den Menschen gefunden hat. Und wir feiern die befreienden theologischen Kerngedanken, die in den vier *soli* der Reformation zum Ausdruck kommen:

die grundlegende Christuszentrierung, das *solus Christus*;
die neu entdeckte Bibelfrömmigkeit, das *sola scriptura*;

---

1 500 Jahre Reformation – Luther 2017, Perspektiven für das Reformationsjubiläum 2017, Wittenberg o.J., S. 10.

die staunenswerte Gnadentheologie, die *sola gratia;*
die befreiende Glaubenskonzentration, das *sola fide.*

Das sind die entscheidenden inhaltlichen Orientierungspunkte für die Feier und Gestaltung des Reformationsjubiläums. In einer Welt, die ihre eigenen religiösen Wurzeln leicht vergisst, wird es immer wichtiger, sich an theologisch bedeutsamen Symboldaten und Kerngedanken zu orientieren.

Heute sind Menschen in einer ganz anderen Weise auf der Suche nach einem gnädigen Gott als zu Luthers Zeiten. Menschen, die von ihrer Geburt an darauf getrimmt sind, zu arbeitsmarkttauglichen Kompetenzträgern zu werden, brauchen den ganz anderen Klang, den das Heilshandeln Gottes in ihr Leben einspielt. Während die Spirale von Leistung zu Effizienz zu noch mehr Leistung und immer weiter gesteigerter Effizienz beständig weitergedreht wird, brauchen Menschen den Einspruch des Evangeliums: Nicht die Leistung und das Können, nicht die Anstrengung und der eigene Erfolg entscheiden über mich und meinen Wert.

Menschen brauchen die Erinnerung an die fundamentale Einsicht der Reformatoren, dass uns der Christusglaube ein Leben ohne Angst, ohne den inneren Zwang zur Selbstrechtfertigung und Selbstüberhöhung schenkt. Dass uns der Glaube frei macht vor Gott und für Gott. Und dass diese Freiheit uns in den verantwortlichen Dienst ruft für andere Menschen und für unsere Welt. Dem Evangelium geht es um Kernthemen für alle Menschen. Es geht um die Fragen nach einer unverfügbaren Menschenwürde, nach dem Verständnis einer gemeinschaftsförderlichen Freiheit, nach einer nachhaltigen sozialen Verantwortung aller Menschen füreinander und für die Welt.

Es ist unsere gemeinsame Aufgabe, diese Kerneinsichten der Reformation für unsere Zeit so zu formulieren, dass sie innerhalb und außerhalb unserer Kirchen verstanden werden. Wir suchen und brauchen eine solche Auskunfts–, Sprach– und existenzielle Anschlussfähigkeit, die auch Fernstehenden und Ungeübten verständlich machen kann, warum das Reformationsjubiläum ein Erinnerungsfest an Gottes Heilshandeln in Jesus Christus ist und zugleich auch zentrale Bedeutung für das gegenwärtige und zukünftige Leben in der modernen Gesellschaft hat.

2. Das Reformationsjubiläum 2017 gehört in unsere ökumenische Kirchengemeinschaft

Die Evangelische Kirche in Deutschland will 2017 feiern – fröhlich, selbstbewusst und selbstkritisch und offen für unsere ökumenischen Geschwister.

In Deutschland haben wir eine zehnjährige Reformationsdekade vereinbart. In zehn thematischen Jahresschritten versuchen wir seit 2008 die «Länge und Breite und Höhe und Tiefe» (vgl. Eph 3, 18) der auf das Evangelium bezogenen Bedeutung der Reformation auszuloten – einschließlich der Schatten und Grenzen dieser Bewegung. So geht es im Jahr 2013 mit dem Thema «Reformation und Toleranz» darum, auch die Grausamkeiten und Zerstörungen zu bedenken, die Luther und die Reformation mit ihrer Intoleranz bewirkt haben. Dabei wollen wir zugleich das bei uns oftmals mit einem nationalen Pathos gezeichnete Bild vom «deutschen Helden Martin Luther» korrigieren. Die neuere Lutherforschung zeigt deutlich: Luther war eine ambivalente Persönlichkeit, mit bewundernswerten Eigenschaften und mit nachhaltigen theologischen Inspirationen. Aber er war auch ein heftiger Polemiker und beschämender Antijudaist.

Im Blick auf diese «Schattenseite» der Reformation wird eine konfessionsverbindende Kommission zwischen der EKD und der römisch-katholischen Kirche in Deutschland unter dem Leitgedanken «healing of memories» den Versuch unternehmen, die uns noch heute belastenden Bilder und Typisierungen der Reformation zu klären. Wir wollen vor Gott und voreinander die Wunden zur Sprache bringen, die unsere Erinnerung bis heute prägen. Wenn dies gelänge, wäre die gemeinsame Feier eines Versöhnungsgottesdienstes im Jahr 2017 ein deutlicher Fingerzeig auf die befreiende und heilende Kraft des Evangeliums und ökumenisch ein großes Zeichen.

Wir haben unsere römisch-katholischen, orthodoxen und freikirchlichen Geschwister zur Mitwirkung am Reformationsjubiläum eingeladen, auch wenn die einen bei der Reformation eher an die Spaltungen und Trennungen der Westkirche denken, die anderen einen inneren Bezug zu den reformatorischen Themen noch nicht explizit entwickelt haben und die Freikirchen eine auch schmerzliche Geschichte mit den Landeskirchen erinnern. Die EKD hat mit der Deutschen Bischofskonferenz einige Verabredungen getroffen, um unsere Gemeinschaft zu stärken: So werden nicht nur die 95 Thesen ökumenisch kommentiert, sondern auch eine evangelisch-katholische Schrift erarbeitet mit dem Arbeitstitel «Was jeder vom Christentum wissen sollte.»

Die ökumenische Dimension und die internationale Ausrichtung des Reformationsjubiläums 2017 ist der EKD ein zentrales Anliegen. Darin unterscheiden wir uns von den Jubiläen, die seit 1617 alle einhundert Jahre gefeiert worden sind.

Es ist, historisch gesehen, nicht nur zweifelhaft, ob es 1517 den berühmten Thesenanschlag an die Tür der Schlosskirche zu Wittenberg überhaupt gegeben hat. Es kann auch bezweifelt werden, ob die 95 Thesen schon als eine neue reformatorische Theologie anzusehen sind oder ob sie nicht doch gute katholische Theologie im damaligen Sinne waren. Unbestreitbar aber ist, dass der Aufbruch Martin Luthers und seiner Generation von Reformatoren alle unsere Kirchen beeinflusst hat – wenn auch zu verschiedenen Zeiten und in verschiedenen Weisen. Die Niederländer erzählen deshalb eine andere Reformationsgeschichte als die Schwestern und Brüder in Afrika. Die Evangelische Kirche in Italien lebt mit anderen Reformationsgeschichten als die großen Kirchen in Skandinavien.

Aber genau deswegen sind wir hier in Zürich zusammengekommen: Wir wollen voneinander Geschichten der Reformation hören, wollen wahrnehmen, welche Wurzeln unsere reformatorischen Kirchen haben, welche Gegenwart sie gestalten, welche Hoffnungen sie leiten. Wir wollen voneinander erfahren, welche theologischen Einsichten uns besonders wichtig sind und welche Unterschiede unseren gemeinsamen Reichtum ausmachen. Wir wollen in unserer Vielfältigkeit und mit unserer Vielstimmigkeit nach gemeinsamen Formulierungen für den Kern des Reformationsereignisses suchen, das vor 500 Jahren von Zürich, Wittenberg und vielen anderen Orten ausging. Damit Christusgeschichten als Befreiungsgeschichten auch für heutige Menschen und für unsere heutige Welt Bedeutung gewinnen.

Lassen Sie uns darüber hier in Zürich sprechen und arbeiten!

Bibelarbeiten

Karen Georgia Thompson, UCC, Cleveland/Ohio

Römerbrief 3, 21–31

Der Bibeltext, den wir heute Morgen gehört haben, ist uns allen gut bekannt. Er gehört zu den Perikopen, die für die Reformation von zentraler Bedeutung wurden. Martin Luther berief sich besonders auf diesen Text als Argumentationsbasis. Luther hatte es zu seiner Zeit mit einer korrupten Kirche zu tun, mit einem Volk, das man lehrte, seinen Weg zur Ewigkeit käuflich zu erwerben, und einem Klerus, dem die Pflicht oblag, den Willen einer festen klerikalen Hierarchie auszuführen, mit offensichtlicher Unterstützung des Kaisers. Kirche und Staat traten vereint für den Ablasshandel ein, der als Mittel galt, der retributiven (vergeltenden) Gerechtigkeit Gottes zu entgehen. Die Entrichtung von Geldgaben an die Kirche in Form des Ablasserwerbs verwandelte Sündenstrafen, die der Sünder als Buß- und Reueakt auf sich zu nehmen hatte, in Finanztransaktionen.

Seine ausführliche Beschäftigung mit dem Römerbrief führte Luther zu einer gewagten Herausforderung der Kirche, und das zu einer Zeit, in der es für alternative christlich-religiöse Überzeugungen und Ansichten, die im Widerspruch zur damals herrschenden christlichen Lehre standen, kaum Chancen gab, sich Gehör zu verschaffen. Luther kam aufgrund seines Verständnisses des Römerbriefes zu der Erkenntnis, dass der Mensch durch Gottes Gnade als freie Gabe Gottes vermittels des Glaubens gerechtfertigt werde. Rechtfertigung ließe sich also nicht käuflich erwerben. Indem er die Heilige Schrift zur einzigen Quelle verbindlicher Autorität für die Kirche erhob, stellte Martin Luther die Autorität des Papstes und der römisch-katholischen Kirche in Frage.

Doch Luther war, wie wir wissen, kein Lutheraner, sondern ein römisch-katholischer Priester, der die Ausbeutung der Armen kritisierte und die Missbräuche des Papsttums anprangerte. Das führte ihn dazu, eben die Institution, in deren Dienst er stand, einer strengen Kritik zu unterziehen. Luther zahlte einen hohen Preis für seinen Wagemut: Er wurde in der Folge vom Papst exkommuniziert und vom Kaiser in Acht und Bann getan. Nach Luther werden wir erlöst *sola scriptura, sola gratia, sola fide* – allein durch die Schrift, allein aus Gnade und allein durch Glauben.[1]

Wenn wir nun an das rasch auf uns zukommende 500-jährige Jubiläum der Reformation denken, ist dieser Anlass gewiss auch eine Gelegenheit, uns auf unsere Vergangenheit zu besinnen und das Werk unserer Vorgängerinnen und Vorgänger zu ehren. Und dieses historische Ereignis fordert uns zugleich auf, unsere kirchliche Gegenwart zu bedenken und die Zukunft der Kirche ins Visier zu nehmen.

Röm 3, 21–31 ist ein ebenso bekannter wie herausfordernder Text. Die Christinnen und Christen, Mitglieder der römischen Gemeinden jenes ersten Jahrhunderts, denen der Brief des Paulus vorgelesen wurde, hatten den Apostel nie gesehen und kannten ihn nicht. Unser Text schließt sich an den Schluss an, den Paulus in Röm 1, 17 zieht; den Abschluss bildet Röm 3, 20, wo Paulus schreibt: «…weil kein Mensch durch die Werke des Gesetzes vor ihm gerecht sein kann. Denn durch das Gesetz kommt Erkenntnis der Sünde.» Damit ist der Rahmen für das, was Paulus zu sagen hat, abgesteckt.

In ihrem Buch «The First Paul» widmen Marcus Borg und John Dominic Crossan der Diskussion über das Thema «Rechtfertigung aus Gnade durch Glauben» ein ganzes Kapitel. Als Paulus «von der Rechtfertigung aus Gnade durch Glauben sprach», dachte er nach Meinung der Autoren des Buches nicht an die Art und Weise, wie wir in den Himmel kommen, sondern an die Transformation unserer eigenen Person und der Welt in unserem diesseitigen Leben. Mehr noch: Wenn Paulus Glauben und Werke gegenüberstellt, denkt er nicht an Glauben ohne Werke – was ein Unding wäre, denn Glaube umfasst stets Werke – sondern an Werke ohne Glauben, ein leider allzu häufiger Tatbestand, bisweilen aus Gründen der Gewöhnung oder von Schuld, bisweilen auch aufgrund gedankenloser Wiederholung oder kalkulierter Heuchelei.

Es ist die uns in Christus Jesus geschenkte Gnade Gottes, die Ort und Raum für Werke schafft, nicht als Vorschrift, sondern als natürliche Folge der aktiven, umgestaltenden Kraft Gottes. Weil wir Empfänger von Gottes Gnade sind, sind wir motiviert, Teilhaber von Gottes aktiver Gerechtigkeit in unserer Welt zu sein.

1 Marcus J. Borg and John Dominic Crossan, The First Paul, Reclaiming the Radical Visionary Behind the Church's Conservative Icon, New York 2010, S. 155.

Glaube ist die Aktion des Individuums, nicht Werke. Glaube ist unsere Antwort auf Gottes Wirken. Die Aktivität des Glaubens ist jedoch nicht unabhängig von Gottes Gegenwart und Gottes Wirksamkeit. Wäre Glaube allein auf die Aktion des Individuums zurückzuführen, gäbe es Gründe, sich seines Glaubens zu rühmen, ähnlich wie man sich seiner Werke rühmen könnte.

Walter Brueggemann und andere halten fest, dass ein Verständnis des Textes, welches impliziert, der Glaube sei eine Sache ausschließlicher Aneignung durch das Individuum, «den Text zu einer Erklärung umfunktioniere, deren Schwerpunkt auf den Folgen der Rechtfertigung Gottes für uns Menschen liegt». Doch «der Fokus des Textes», schreibt er, «liegt nicht auf der menschlichen Suche nach einem gnädigen und liebenden Gott, sondern auf dem radikalen Handeln Gottes, dessen Gnadenanspruch die ganze Menschheit umfasst.»[2] Selbst wenn eine individuelle Person den Glauben besitzt, ist dies auf Gottes Gerechtigkeit zurückzuführen.

Ein rechtes Verhältnis zu Gott ist keine Verheißung für ein paar Auserwählte, sondern ist für «alle» Menschen bestimmt. Mehrmals hebt Paulus die universale Natur der Sünde hervor – «alle haben gesündigt und die Herrlichkeit verloren, die Gott ihnen zugedacht hatte», ganz wie die «Gerechtigkeit vor Gott, die da kommt durch den Glauben an Jesus Christus» allen, die glauben, zugesprochen ist. Nach Paulus zeigt Gott keinerlei Parteilichkeit im Angebot der Rechtfertigung. Es gibt keine Bedingungen oder Voraussetzungen, die zum Erwerb der Gnade Gottes erfüllt werden müssten.

Paulus vertritt diese Überzeugung «des Zugangs aller Menschen» gegenüber dem Gesetz, das den Zugang für ein bestimmtes Volk regelte. Es gibt keine Vorschriften, die eingehalten werden müssten, um das zu erreichen, was Gott frei anbietet. Allen gilt die Erlösung, die ihren Glauben auf Gott werfen.

Gott als Handelnder ist am Werk, um die Menschheit wieder in ein rechtes Verhältnis zu Gott zu bringen. Gott will ein rechtes Verhältnis zu uns schaffen, und als Ergebnis seines Handelns erfahren wir die Gerechtigkeit Gottes, wie sie sich zu unseren Gunsten auswirkt. Paulus schreibt: «Nun aber ist ohne Zutun des Gesetzes die Gerechtigkeit, die vor Gott gilt, offenbart, bezeugt durch das Gesetz und die Propheten. Ich rede

---

2 Walter Brueggemann, Charles B. Cousar, Beverly Roberts Gaventa, James D. Newsome Jr., Texts for Preaching: A Lectionary Commentary, Based on NRSV, Vol. 1: Year A, Louisville 1995, S. 352.

aber von der Gerechtigkeit vor Gott, die da kommt durch den Glauben an Jesus Christus zu allen, die glauben.» (V. 21f.)

Walter Brueggemann und andere Kommentatoren schreiben: «Gottes Gerechtigkeit ist keine Eigenschaft, die mit Gottes Güte oder Gottes Unveränderlichkeit vergleichbar wäre. Obwohl wir uns Gottes Gerechtigkeit nie von Gott abgetrennt vorstellen dürfen, ist Gottes Gerechtigkeit ein Geschenk, das Gott uns Menschen in seiner Gnade verleiht. Gottes Gerechtigkeit ist ein Ausdruck von Gottes Handeln, um Gottes Anspruch auf die Welt erneut zur Geltung zu bringen.»[3]

Luther rang mit diesem Text vor fast 500 Jahren, in einer Welt, die in keinem rechten Verhältnis zu Gott stand. Luther blickte sich in der ihn umgebenden Welt um und sah in ihr die Notwendigkeit zu einem tiefgreifenden Wandel. Die in der Kirche herrschende Korruption war an sich nichts Neues. Der Ablasshandel war keineswegs nur für reiche Leute bestimmt; er zielte genauso auf die Armen ab. So bereicherte sich die Kirche ständig, während das Volk immer ärmer wurde. Luther war nicht nur darauf bedacht, die kirchlichen Zustände zu verändern; seine Motivation erstreckte sich ebenso sehr auf die Situation der Armen und Ausgeschlossenen. Die Reformation veränderte das Leben der Menschen. Die Reformation veränderte die Kirche. Die Reformation veränderte die Welt.

500 Jahre später vermögen wir die Änderungen zu erkennen, welche das Eingreifen der Reformatoren innerhalb und außerhalb der Kirche bewirkt hat. Dabei war die Reformation keineswegs ein vollkommenes Experiment; sie hatte auch den Ausschluss von Personen zur Folge, deren Interpretation und Verständnis Gottes von den Reformatoren als häretisch angesehen wurde. Und wir werden das Reformationsjubiläum im Kontext einer ökumenischen Gemeinschaft begehen, die immer noch dem Tag entgegensieht, an dem die Kirche geeint ist, gemäß der Fürbitte Jesu für seine Jüngerschaft: «damit sie alle eins seien» (Joh 17, 21). Manche sehen in der Reformation die Ursache der Kirchenspaltung. Trennungen sind auch innerhalb unserer eigenen protestantischen Kirchenfamilie auszumachen. Hier haben sich Kirchen noch und noch aufgrund verschiedenartigster Differenzen gespalten. Unsere christliche Familie manifestiert sich unter den verschiedensten Namen: Methodisten, Anglikaner,

---

[3] Walter Brueggemann, Charles B. Cousar, Beverly Roberts Gaventa, James D. Newsome Jr., Texts for Preaching: A Lectionary Commentary, Based on NRSV, Vol. 1: Year A, Louisville 1995.

Orthodoxe, Lutheraner, Baptisten, Pfingstkirchler, Heiligkeitskirchen, Evangelikale, wobei jede dieser Gruppierungen sich noch in Untergruppen unterteilt. Wie rechtfertigen wir die Tatsache, derart uneins in der Frage zu sein, wie wir Gott, Jesus, den Heiligen Geist oder die Sakramente verstehen, wenn wir erkennen, welchen Weg Gott für uns alle aufgetan hat, um mit Gott durch Christus versöhnt zu sein?

Ungeachtet der Frage, wie wir uns den Inhalt von Röm 3, 21–31 in diesen Tagen und Monaten im Vorfeld der Reformationsfeiern neu aneignen, sind wir alle mit dem Leben und Werk Luthers und der anderen Reformatoren und deren Beitrag zur Gestaltung – oder vielleicht zur Neugestaltung – des Christentums konfrontiert: Wie wollen wir unseren christlichen Glauben heute als unsere Religion leben und in die Praxis umsetzen?

Margot Käßmann, Berlin

Johannes 3, 1–15 (Lutherübersetzung 1984)

Lieber Kongressteilnehmerinnen und Kongressteilnehmer
Was für ein Text am frühen Morgen! Das ist wirklich ein harter Brocken und es ist schwer, sich ihm in 30 Minuten anzunähern. Denn wir haben es mit einem gut durchdachten, tiefgründigen und durchkomponierten Abschnitt zu tun. Nur beim Evangelisten Johannes finden wir dieses «Nikodemusnachtgespräch», das aufhorchen lässt. Was ist gemeint? Wenn Sie nach der ersten Lektüre denken: Das ist mir zu komplex, schwer verständlich, kann ich Sie beruhigen: Das findet sogar der große Johannesexeget Rudolf Bultmann. Das ganze Gespräch atmet, so Bultmann, «die Atmosphäre des Mysteriösen», entfaltet es doch «das Geheimnis der Wiedergeburt, des Menschensohns und des Zeugnisses.»

Schauen wir uns die Situation zunächst näher an. Ein Mann namens Nikodemus, offenbar bekannt, von Jesus sogar als «Lehrer Israels» angesehen (3, 10), kommt zu Jesus nach Anbruch der Nacht. In der Literatur und in vielen Predigten wird das als Ängstlichkeit interpretiert: Der Mann mit einer führenden Position im Hohen Rat wagt es nicht, öffentlich mit Jesus zu sprechen. Aber wovor sollte er Angst haben? Um seinen Ruf? Der Evangelist Johannes selbst sieht Nikodemus wohl als opportunistisch an. Jedenfalls sagt er über die «Oberen», die sich aus Furcht nicht offen zu Jesus bekennen: «Doch auch von den Oberen glaubten viele an ihn; aber um der Pharisäer willen bekannten sie es nicht, um nicht aus der Synagoge ausgestoßen zu werden. Denn sie hatten lieber Ehre bei den Menschen als Ehre bei Gott.» (12, 42f.)

Der Neutestamentler Klaus Wengst stellt dementsprechend die These auf, dass Nikodemus als Einzelperson für Johannes eher uninteressant sei. Vielmehr stehe er für eine Gruppe von «heimlichen Sympathisanten aus der Oberschicht, die sich nicht offen bekennen, weil sie befürchten, aus der Synagoge ausgeschlossen zu werden. Weil sie ihren sozialen Status nicht aufs Spiel setzen wollen…»[1]. Ein hartes Urteil. Dass Nikodemus Jesus als von Gott gekommenen Lehrer (3, 2) anspricht, sich aber nicht zu

---

1 Klaus Wengst, Das Johannesevangelium, 1. Teilband: Kapitel 1–10, Stuttgart 2000, S. 119.

ihm bekennt, das wirft Johannes ihm offensichtlich vor und damit vielen, die sich ebenso verhalten. Hier findet sich wohl auch ein latenter Antijudaismus bei Johannes. Der flackert auch in den exegetischen Betrachtungen zu unserem Text immer wieder auf, etwa bei Emmanuel Hirsch, wenn er schreibt: «Der Jude ist in einen Dienst gebunden, der seinen Blick verschließt für eine Gotteskindschaft, die als Wundergabe Gottes in das erdgebundene Leben sich senkt.»[2]

Nikodemus taucht mehrfach auf im Johannesevangelium. Er tritt für ein faires Verfahren gegen Jesus ein (7, 50f.) und er ist es, der gemeinsam mit Josef von Arimatäa für eine würdige Bestattung sorgt (19, 39ff.). Wäre es nicht auch möglich, dass Nikodemus schlicht Interesse an der Lehre Jesu hatte, nachdenklich war und offen das Gespräch suchte? Dass es abends stattfand, ist nicht außergewöhnlich. Der Talmud beschreibt, dass Rabbiner sich manches Mal nachts in die Tora vertieften:

«Preiset den Herrn, alle Diener des Herrn, die ihr in den Nächten im Hause des Herrn steht.» (Ps 134,1) «Was heißt: in den Nächten? Rabbi Jochanan erwiderte: Das sind die Schriftgelehrten, die sich nachts mit der Tora befassen. Die Schrift rechnet es ihnen an, als würden sie sich mit dem Opferdienst befassen.» (bMen 110a)

Die Situation könnte doch schlicht sein: Zwei Männer kommen am Abend zusammen und führen ein intensives Gespräch über die Grundfragen des Lebens und des Glaubens. Das gibt es doch auch noch heute. Vielleicht sogar hier auf unserem Kongress in Zürich! Und in der Tat sogar mit und auch unter Frauen! Abseits von aller Geschäftigkeit des Alltags gibt ein solcher Abend Raum für Dialoge, die tasten, fragen, nicht gleich alles unter Ergebnisdruck stellen. So verstehe ich dieses Gespräch, ein Ringen um Antworten im Glauben, die alle nicht leicht zu finden sind. Und es ist gut, wenn es solche Gespräche gibt. Allzu selten stellen wir uns diesen Glaubensfragen: Glaubst du an Auferstehung? Kann ich sagen, dass Jesus Christus für mich der Weg, die Wahrheit und das Leben ist? Was heißt Gottessohnschaft? Was bedeutet mir die Taufe? Und sind wir offen genug für Menschen wie Nikodemus, die interessiert sind, aber nicht gleich konvertieren oder sich bekennen? Ich denke, wir brauchen mehr Nikodemusnachtgespräche in unserer Zeit!

---

2 Emmanuel Hirsch, Das vierte Evangelium in seiner ursprünglichen Gestalt verdeutscht und erklärt, Tübingen 1936, S. 135.

Aber schauen wir uns den Dialog näher an, den Rudolf Bultmann übrigens in der Komposition bei Johannes als traditionelles Schulgespräch[3] versteht:

Erst einmal stellt Nikodemus gar keine Frage, sondern erkennt Jesus als Lehrer im Glauben an. Wir befinden uns ja ganz am Anfang des Evangeliums. Johannes der Täufer hat erkannt, dass der Geist Gottes bei Jesus ist, und die Hochzeit zu Kana mit dem Weinwunder sowie die Tempelreinigung sind erste Zeichenhandlungen. Niemand kann solche Zeichen tun, wenn Gott nicht mit ihm ist, erkennt Nikodemus. Darauf reagiert Jesus mit seiner zentralen These: «Es sei denn, dass jemand von neuem geboren werde, so kann er das Reich Gottes nicht sehen.» (3, 3)

Das Reich Gottes kommt im Johannesevangelium nur in diesem Kontext vor, in Vers 3 und in Vers 5. In anderen synoptischen Evangelien wird es ja immer wieder mit dem Vergleich eingeführt, dass wir uns Kindern annähern müssen, um Zugang zu finden. So etwa Mk 10, 15: «Lasst die Kinder zu mir kommen und wehret ihnen nicht; denn solchen gehört das Reich Gottes» oder auch Mt 18, 3: «Wenn ihr nicht umkehrt und werdet wie die Kinder, so werdet ihr nicht ins Himmelreich kommen.» Im Grunde ist das Johannesevangelium noch radikaler: nicht nur wie ein Kind werden, nein, neu geboren werden. Was kann das heißen?

Genau das fragt Nikodemus: «Wie kann ein Mensch geboren werden, wenn er alt ist? Kann er denn wieder in seiner Mutter Leib gehen und geboren werden?» (Joh 3, 4) Das ist, finde ich, eine sehr angenehm realistische Frage! Kann denn ein alter Mann neu anfangen? Gibt es das wirklich, als alte Frauen alles hinter sich lassen, noch einmal zurück auf Los? Ich sehe solche Thesen mit wachsendem Unbehagen. Beim Hamburger Kirchentag im Mai dieses Jahres war ich auf einem Podium zur Zukunft des Alterns in Deutschland. Eine Wissenschaftlerin beschrieb, dass wir alle immer älter werden, ständig Neues lernen sollen, neue berufliche Wege einschlagen, uns neu orientieren... Ich habe tiefe Erschöpfung gefühlt. In unserer Gesellschaft sollen wir uns alle verjüngen, ob durch Botox oder Haarimplantate, neu aufbrechen sollen wir, mobil und flexibel sein. Vielleicht möchte ich aber gar nicht mehr ständig neu anfangen, sondern endlich mal Ruhe haben und alles lassen wie es ist? Da kann die Forderung, neu geboren zu werden, ja auch Stress auslösen! Oder ist etwas ganz anderes gemeint als der Jugendwahn unserer Zeit?

---

3 Rudolf Bultmann, Das Evangelium nach Johannes, Göttingen [10]1978, S. 93.

Ein Geburtsvorgang ist ein tiefgreifendes einmaliges Geschehen. Es geht doch Johannes viel mehr um eine Erfahrung von Neu-Werden, die das Leben neu orientiert. Nicht aus mir selbst, aus Gnade lebe ich, aus Gottes Lebenszusage und nicht aus meinen Leistungen definiere ich den Sinn meines Lebens, im Glauben finde ich Halt im Leben und im Sterben – *sola gratia* und *sola fide,* wie die Reformatoren es konzentriert ausgedrückt haben.

Was kann das aber heißen, aus dem Geist geboren? Erst wird vom Geist gesprochen, dann vom Wasser: «Es sei denn, dass jemand geboren werde aus Wasser und Geist, so kann er nicht in das Reich Gottes kommen.» (3, 5)

O ja, jetzt kommen wir in diffiziles ökumenisches Minengelände! Da gibt es diejenigen, vor allem Baptisten, die sagen: erst der Geist, dann das Wasser – der Taufe! Für die Reformierten ist diese Frage nach Geistwirken besonders wichtig. So heißt die Frage 53 im Heidelberger Katechismus, dessen 450. Jubiläum wir 2013 feiern: «Was glaubst du vom Heiligen Geist?» Und die Antworten lauten:

Erstens:
Der Heilige Geist ist gleich ewiger Gott
mit dem Vater und dem Sohn.

Zweitens:
Er ist auch mir gegeben
und gibt mir durch wahren Glauben
Anteil an Christus
und allen seinen Wohltaten.
Er tröstet mich
und wird bei mir bleiben in Ewigkeit.

Für die Getauften ist der Heilige Geist in dieser Tradition also bleibender Beistand Gottes.

Aber ich bin Lutheranerin und frage mich natürlich: Warum hat der ökumenische Kongress gerade mir einen solchen Text vorgegeben?

Für Martin Luther wurde immer klarer: Die Taufe ist das zentrale Ereignis und Sakrament. Hier sagt Gott einem Menschen Gnade, Liebe, Zuwendung, Lebenssinn zu. Und alles Scheitern, alle Irrwege des Lebens können das nicht rückgängig machen. Gehen wir zur Taufe zurück, brauchen wir keine Buße, kein Bußsakrament: Wir sind erlöst, wir sind längst Kinder Gottes. «Baptizatus sum» – ich bin getauft. In den schwersten Stunden seines Lebens hat Martin Luther sich das gesagt und daran Halt gefunden.

Und: Jeder, der aus der Taufe gekrochen ist, ist Priester, Bischof, Papst. Von da her hat Luther auch den Respekt gegenüber Frauen entwickelt. Sie sind getauft und damit stehen sie auf gleicher Stufe. Zu sagen: Wir sind getauft und damit vor Gott gleich, war ein theologischer Durchbruch und zugleich eine gesellschaftliche Revolution. Aus diesem Taufverständnis entwickelte sich durch die Jahrhunderte die Überzeugung, dass Frauen in der Tat jedes kirchliche Amt wahrnehmen können. Mir ist wichtig, die theologischen Hintergründe deutlich zu machen, gerade da, wo von anderen Kirchen die Ordination von Frauen in Pfarr- und Bischofsamt infrage gestellt wird. Es geht nicht um Zeitgeist, es geht um Theologie.

Das gilt auch mit Blick auf Rassismus. In Südafrika erzählte ein Missionar, dass viele weiße Farmer sich in der Zeit der Apartheid dagegen wehrten, dass ihre schwarzen Arbeiter getauft werden sollten. «Dann sind sie ja wie wir» – o ja, eine tiefe theologische Einsicht, denn genau so ist es! Die Taufe ist ein Zeichen gegen alle rassistischen, sexistischen und anderen Ausgrenzungen innerhalb der Gemeinschaft der Kirche.

Zölibatäres Leben galt vor der Reformation als vor Gott angesehener, der gerade Weg zum Himmel sozusagen. Für viele Reformatoren war der Schritt zur Ehe ein Signal, dass auch Leben in einer Familie, mit Sexualität und Kindern von Gott gesegnetes Leben ist. Die öffentliche Heirat von bisher zölibatär lebenden Priestern und Mönchen und Nonnen war ein theologisches Signal. Die Theologin Ute Gause erklärt, sie sei eine Zeichenhandlung, die «etwas für die Reformation Elementares deutlich machen wollte: Die Weltzuwendung und demonstrative Sinnlichkeit des neuen Glaubens»[4]. Nun wird ja den Evangelischen im Land eher unterstellt, dass sie weniger sinnlich seien als die römischen Katholiken oder die Orthodoxie. Die Reformatoren aber wollten gerade deutlich machen: weltliches Leben ist nicht weniger wert als priesterliches oder klösterliches. Es geht darum, im Glauben zu leben im Alltag der Welt – da dürfen Protestanten auch sinnlich sein.

Und das finde ich in unserem Bibeltext für heute Morgen bestätigt. Im Johannesevangelium heißt es: «Was vom Fleisch geboren ist, das ist Fleisch: und was vom Geist geboren ist, das ist Geist.» (Joh 3, 6) Das muss doch gerade kein Dualismus sein, auch wenn es in der Exegese oft so gesehen wird: *sarx* und *pneuma*! Natürlich sind wir als Menschen eingebunden in die Zusammenhänge unseres Lebens. Wir wären doch

---

4 Ute Gause, Antrittsvorlesung Bochum 2011, unveröffentlichtes Manuskript, S. 2.

verantwortungslos, würden wir alles abstreifen hier und jetzt um einer vermeintlich geistgewirkten Zukunft willen! Genau da mahnt Luther zu Verantwortung in der Welt mit seinem Begriff von Berufung als Beruf, den wir da ausüben, wo Gott uns hingestellt hat. Und doch wirkt die Frage nach der Geistgeburt wie ein Korrektiv: Gibt es nicht noch eine ganz andere Wirklichkeit Gottes? Eine, in der Gut, Ehr, Kind und Weib oder eben alles das, was wir besitzen, woran unser Herz hängt, völlig in den Hintergrund tritt? Oder wie Bultmann schreibt: Der Mensch kann wissen, «dass er eigentlich in das jenseitige Sein gehört und doch faktisch in das diesseitige geraten ist»[5]. Ich denke nicht, dass hier ein Entsagen der Welt angedeutet ist. Es wird vielmehr die Frage gestellt, in welchem Horizont ich mein Leben verstehe. Gehe ich auf in *sarx*, Fleisch, dem Weltlichen, oder weiß ich um die Realität Gottes, *pneuma*, das zwar viele, gerade heute in einem säkularisierten Zeitalter nicht wahrnehmen wollen, als «Opium des Volkes», Selbsttäuschung, ein Weglaufen vor den Realitäten ansehen. In welchem Licht begreife ich mein Leben? Darum geht es.

Wir wissen doch: Mit der Bibelstelle von heute Morgen haben wir manche Probleme als Kirchen in ökumenischer Gemeinschaft. Kann die Kindertaufe wirkmächtig sein, wenn Menschen nicht auch mit ihrem Verstand, mit bewusstem Ja zur Taufe stehen? Muss es dann nicht eine zweite Taufe als Erwachsener geben oder nur eine Erwachsenentaufe?

Schon zu reformatorischen Zeiten war das eine Auseinandersetzung. Die von den Gegnern sogenannten Anabaptisten oder Wiedertäufer wurden hart verfolgt von der «Mainline-Reformation». Ihnen lag an einer Gläubigen- bzw. Erwachsenentaufe, denn die Taufe setze ein persönliches Bekenntnis zu Jesus Christus voraus. Die Säuglingstaufe sei unbiblisch und damit ungültig, die Erwachsenentaufe also eine Ersttaufe.

Wir haben manche Differenzen überwunden. Bei seiner Vollversammlung in Stuttgart hat der Lutherische Weltbund am 22. Juli 2010 ein Schuldbekenntnis gegenüber den Mennoniten als geistlichen Erben der zur Reformationszeit brutal verfolgten Täuferbewegung (s. o.) abgelegt. In der Erklärung heißt es: «Im Vertrauen auf Gott, der in Jesus Christus die Welt mit sich versöhnte, bitten wir deshalb Gott und unsere mennonitischen Schwestern und Brüder um Vergebung für das Leiden, das unsere Vorfahren im 16. Jahrhundert den Täufern zugefügt haben, für das Vergessen oder Ignorieren dieser Verfolgung in den folgenden

---

5 Bultmann, a.a.O. (Anm. 3), S. 100.

Jahrhunderten und für alle unzutreffenden, irreführenden und verletzenden Darstellungen der Täufer und Mennoniten, die lutherische AutorInnen bis heute in wissenschaftlicher oder nichtwissenschaftlicher Form verbreitet haben.»[6]

Das war wichtig. Und heilsam. Im Jahr 2007 haben fast alle Kirchen in Deutschland ihre Taufe erstmals formell gegenseitig anerkannt und so ein gewichtiges Zeichen der Gemeinsamkeit gesetzt. Der römisch-katholische Bischof Feige sagte damals, die gegenseitige Anerkennung zeige, «dass mit der Taufe etwas gegeben ist, was getrennte Kirchen und Christen fundamental verbindet». Diese Rückbesinnung auf die Taufe schließt zwar leider noch nicht alle überall ein. Die Taufanerkennung kann aber ein gewichtiger ökumenischer Schritt sein. Ich erinnere mich gut daran, wie überlegt wurde, welches sichtbare Zeichen von Gemeinschaft denn beim Ersten Ökumenischen Kirchentag in Berlin 2003 gesetzt werden könnte. Es war am Ende im Schlussgottesdienst die Tauferinnerung. Protestanten und Katholiken und Christen anderer Konfession malten einander mit Taufwasser gegenseitig ein Kreuzzeichen auf die Stirn. Mich hat das berührt.

Was aber ist die Geistgeburt? Unser Bibeltext heute Morgen ist eine deutliche Herausforderung. Alle Exegeten, bei denen ich nachgelesen habe, betonen, wie sorgfältig dieses Gespräch im Johannesevangelium aufgebaut ist. Johannes will Jesus schon hier, zu Beginn seines Wirkens als den erweisen, als der er erst nach der Auferstehung sich erschließt: der Menschensohn, der Messias, der Sohn Gottes. Johannes der Täufer hat nach diesem Evangelium gesehen, wie bei der Taufe der Geist Gottes als Taube zu Jesus kam. Im Reden und Wirken Jesu können Menschen Gott erkennen. Sie erfahren, wie Gott ist, wie ein liebender Vater, wie eine suchende Witwe, wie ein fürsorgender Weingartenbesitzer, wie Jesus, der alle an einen Tisch lädt.

Aber wie verhalten sich Geist und Taufe? Wirkt die Taufe die Anwesenheit des Geistes? Noch einmal Klaus Wengst: «Gottes Geist ist souverän. Sein Wirken kann von Menschen nicht festgelegt werden – auch nicht durch die Taufe.»[7] Das stimmt gewiss, die Taufe domestiziert das Wirken des Geistes nicht. Manches Mal haben wir ja eher Angst vor zu viel Geistwirken. Das war schon bei den Reformatoren so, Luther eilte von

---

6 http://www.lwb-vollversammlung.org/experience/mennonite-action.

7 Klaus Wengst, a.a.O. (Anm.1), S. 126.

der Wartburg nach Wittenberg zurück, als allzu viel freier Geist zu wirken begann. Und auch Zwingli und Calvin legten Wert auf klare Ordnung statt viel freiem Geist.

Auch heute suchen wir die Balance zwischen notwendiger Ordnung und ebenso notwendiger Freiheit des Geistes. Eine Kirche als Institution kann da von viel Geist schon mal irritiert werden. Ich erinnere mich an den konziliaren Prozess für Gerechtigkeit, Frieden und die Bewahrung der Schöpfung. In Westdeutschland wurde er von manchen als nervender Störfaktor gesehen. In Ostdeutschland führte er zu übervollen Kirchen, in denen politisch debattiert wurde – da fürchteten manche, es werde die Kirche beschädigen. Aber am Ende führte es zu einer friedlichen Revolution. Ich denke auch an die Schweiz; hier in Basel fand 1989 die Erste Europäische Ökumenische Versammlung statt und es war zu spüren: In den Kirchen Osteuropas gärt es, da will sich ein Geist der Freiheit Raum verschaffen. Das kennen auch unsere Partnerkirchen in den Ländern des Südens, etwa wenn angefragt wird, wie viel Patriarchat die Kirche verträgt, ob es zu viel Anpassung gibt an eine Diktatur, ob über Homosexualität überhaupt gesprochen werden darf.

Wie aber unterscheiden wir die Geister? Ist es purer Libertinismus oder Geist Gottes? Wirkt hier Gottes Ruach oder der Geist des Chaos? Ich denke, es gibt zwei Kriterien. Zunächst: Jesus Christus. Es heißt im Text: So muss der Menschensohn erhöht werden, damit alle, die an ihn glauben, das ewige Leben haben (3, 15). Es geht um den Glauben an Jesus, der einsteht für Gottes Wort in der Welt und bei dem aus genau diesem Grund der Tod nicht das letzte Wort hatte. Der Geist mag fröhlich brausen, aber Menschen, die sich auf den Geist berufen, müssen sich daran messen lassen, ob es um sie selbst geht, um selbst ernannte Ziele oder um Jesus Christus, der für diesen Geist steht.

Das zweite Kriterium ist der Aufbau der Gemeinde. Und hier finden wir auch den Zusammenhang zur Taufe. Ein letztes Mal Klaus Wengst: «Da die Taufe zugleich Aufnahmeritus in die Gemeinde ist, wird damit auch deutlich, dass der Geist nicht voneinander isolierte Individuen produziert, sondern dass die Geburt aus dem Geist in die Gemeinschaft der Gemeinde versetzt. Die Taufe mit Wasser ist daher gegenüber dem primären Wirken des Geistes als menschlicher Gehorsamsakt zu bestimmen, der diese Wirken als ein in die Gemeinde berufendes öffentlich und verbindlich anerkennt.»[8] Die Taufe nimmt uns hinein in eine Gemeinschaft. Und wo der Geist wirkt, will er diese Gemeinschaft aufbauen. Allzu oft beruft man sich auf die Freiheit des Geistes im Namen der Individualität. Nun ist Individualität für Protestanten nicht negativ besetzt. Aber wo sie zur Egomanie wird, die Gemeinschaft nicht mehr zählt, sondern nur die persönliche Grundüberzeugung, da wirken andere Geister. Ein Unterscheiden der Geister kennen wir doch auch bei anderen Institutionen. Denken wir an die Olympischen Spiele. Da soll der Geist von Sport und Völkerverständigung wirken und die Spiele verlieren ihre Glaubwürdigkeit, wenn er sich nur als Geist von Doping und Geld entpuppt.

Unsere Kirchen werden sich immer wieder daran messen lassen müssen, ob das *solus Christus* der Reformatoren den Geist bestimmt. Und daran, ob sie der Gemeinschaft dienen. Für Protestanten gilt es, auch mit Blick auf das 500-jährige Jubiläum darüber nachzudenken, was es bedeutet, dass der Geist der Spaltung sie so oft umweht hat. Das ist eine berechtigte Anfrage. Als ich im Juni in den USA war, hat mich noch einmal neu berührt, dass es dort 22 lutherische Kirchen gibt, die nicht alle Abendmahlsgemeinschaft haben. Was für ein Zeichen ist das?

Gott sei Dank gibt es auch eine 500-jährige Lerngeschichte der Reformation. Seit 40 Jahren haben wir mit der Leuenberger Konkordie eine Form von Kirchengemeinschaft in Europa gefunden, die Unterschiede respektiert, aber doch die gegenseitige Anerkennung als Kirchen und damit das gemeinsame Abendmahl möglich macht.

«Es sei denn, dass jemand geboren werde aus Wasser und Geist, so kann er nicht in das Reich Gottes kommen.» (3, 5b) Vielleicht will Johannes vor allem sagen: Du musst dich auch öffnen für den Geist. Nikodemus verschwindet ja eigentümlich leise aus dieser Szene, der Dialog geht über in eine Offenbarungsrede Jesu. Ob das andeutet: Nikodemus kann sich nicht wirklich öffnen? Kann sich auf den Weg Jesu nicht einlassen? Bultmann sieht das Wort als «Mahnung – freilich nicht eine moralistische, sondern die Mahnung, sich selbst in Frage zu stellen»[9]. Es geht nicht um «Besserung des Menschen»[10], sondern darum, dass der Mensch seinen Ursprung in Gott findet und begreift, dass er das Leben nicht im Griff hat. Das finde ich einen äußerst hilfreichen Gedanken. Heil lässt sich nicht

---

8 A.a.O., S. 123f.

9 Bultmann, a.a.O. (Anm. 3), S. 95.

10 A.a.O., S. 97.

herstellen, nicht kaufen, sondern ist Gottesgeschenk, Gnade. Ich muss mich mit meinen Sicherheiten in Glaubens- und in Lebensfragen öffnen, mein ganzes Vertrauen auf Gott werfen, nicht auf all das, was so richtig und wichtig erscheint: Geld, Rechtgläubigkeit, Konformität.

Die Taufe ist ein Zeichen der Zugehörigkeit. Sich auf Gottes Geist einlassen ein Zeichen für Gottvertrauen. Das gilt im persönlichen Leben. Das gilt aber auch für Kirchen als Institutionen, die immer mal wieder ein Geistbrausen brauchen, wenn sie es sich allzu behaglich in der Welt eingerichtet haben. Ich denke an unsere Strukturen, aber auch an die Herausforderungen, in den Fragen der Gerechtigkeit, der Flüchtlinge, des Kriegs und der Waffengeschäfte, der Bedrohung der Zukunft dieser Erde mutige Worte und Taten zu wagen. Am Ende aber können wir uns als Getaufte in all unserem Ringen nur Gott anvertrauen, dem Wirken des Geistes Gottes, das wir immer wieder spüren dürfen.

Klára Tarr Cselovszky, Budapest

Matthäus 5, 13–16

Liebe Schwestern und Brüder
1838 gab es ein gewaltiges Hochwasser in Budapest. Vergleichbar mit dem diesjährigen Hochwasser im Frühling in Ulm, an der Donau und im Elb-Raum in Deutschland. Kurz zuvor, im Jahr 1811, wurde die Kirche am Deak Platz gebaut. Sie ist die Kirche der Gemeinde, in der mein Mann heute als Pfarrer dient und neben der wir leben. Die Kirche ist auf der flachen Pester Seite der Stadt ein hohes und festes Gebäude. Wegen des sandigen Bodens wurde sie höher gebaut. Als nun 1838 das Hochwasser kam, blieb nur die Kirche trocken. Viele Hunderte von Menschen fanden in ihr Zuflucht, unter anderem auch die Mitglieder der jüdischen Gemeinde in der Nähe. Nachdem der Wasserstand wieder gesunken war, schenkte die jüdische Gemeinde unseren lutherischen Vorfahren einen Abendmahlskelch, der seitdem als «Hochwasserkelch» bezeichnet wird. Die Kirche war Zufluchtsort, eine feste Burg, eine Stadt auf dem Berg. Über dieses Bild und andere lesen wir bei Matthäus, im Kapitel 5, die Verse 13 bis 16:

«13 Ihr seid das Salz der Erde. Wenn nun das Salz nicht mehr salzt, womit soll man salzen? Es ist zu nichts mehr nütze, als dass man es wegschüttet und es von den Leuten zertreten lässt.

14 Ihr seid das Licht der Welt. Es kann die Stadt, die auf einem Berge liegt, nicht verborgen sein.

15 Man zündet auch nicht ein Licht an und setzt es unter einen Scheffel, sondern auf einen Leuchter; so leuchtet es allen, die im Hause sind.

16 So lasst euer Licht leuchten vor den Leuten, damit sie eure guten Werke sehen und euren Vater im Himmel preisen.»

Das Wesen dieser Verse kann man mit einem Wort zusammenfassen: Ausstrahlung.

Heutzutage hören wir dieses Wort in vielen Zusammenhängen.

In der Meteorologie steht es für die Wärmeabgabe der Erdoberfläche bzw. der Atmosphäre. Ausstrahlung sagt aber auch etwas über die Anziehungskraft oder das Charisma eines Menschen. Das Wort Ausstrahlung bedeutet Sendung, Übertragung. Das Gegenwort ist Empfang, der Oberbegriff Ermittlung.

Als «geborene» Linguistin habe ich der ursprünglichen Bedeutung von Strahl nachrecherchiert. Strahl ist demnach in der Mathematik bzw. Physik eine einseitig infinite Linie, die an einem festen Punkt beginnt, bzw. ein von einer Energiequelle ausgehendes Bündel elektromagnetischer Wellen.

Die Schlagwörter in unserem Bibelwort, das Licht, die Stadt auf dem Berg, das Salz, sind kleine Einheiten, die eine sehr große Auswirkung, Ausstrahlung haben. Man kann sie nicht mehr abdecken, verleugnen, ihre Wirkung verändern, wenn sie einmal angefangen haben, das zu tun, was ihren Sinn ausmacht: Das Licht – Helligkeit auszustrahlen, um die Dunkelheit völlig zu vernichten. Die Stadt auf dem Berg – sich als Leuchtturm, als Wegweiser, als Schutz zu erweisen, damit sie von weiter Entfernung sichtbar ist. Und das Salz – die fad schmeckende Speise schmackhaft werden zu lassen.

Es ist bewundernswert, wie genau Sprache wiedergibt, was der biblische Sinn des Wortes Ausstrahlung ist: Sendung und Übertragung. Ausstrahlung bedeutet in der Physik, dass Strahlen kommen, die von einer Energiequelle ausgehende Bündel elektromagnetischer Wellen sind. Von einer einzigen Energiequelle. Diese Quelle wird oft gar nicht wahrgenommen, wir spüren nur ihre Wirkung. Die Helligkeit, den Geschmack und das Sicherheitsgefühl. Auch Jesu Nachfolger sind nur Mittel. Durch ihre Taten, ihr Leben und mit ihren Worten geben sie das Evangelium weiter. Sie wirken wie eine Schmerztablette: Sie sind klein, haben aber eine große Wirkung. Ich komme ja aus Ungarn, aus dem Land des Paprikas. Einmal kaufte ein Bekannter aus Deutschland irgendwo Kirschpaprika. Das sind diese ganz kleinen, kirschförmigen Paprika. Er wollte sie zu seinem Sandwich essen. Er biss hinein, konnte aber den Paprika nicht mehr essen, weil er so scharf war. Er spürte die Wirkung noch lange auf der Zunge. So erlebe ich die Kirche auch. Die Diasporasituation bedeutet lange nicht, dass es mit der Kirche zu Ende ist. Seit meiner Geburt lebe ich als Teil einer Diasporakirche. Das war mir aber immer ganz natürlich, denn die Wirkung einer Kirche hängt nicht nur von der Größe ab. Wir brauchen aber auch feste Städte, die stark und groß sind. Nicht jeder kann jedoch in der Nähe einer festen Burg leben. Eine Ausnahme sind wohl nur die Österreicher, denn sie haben eine Stadt, die von gleich zweien unserer Bilder, vom Salz und der Stadt auf dem Berg geprägt ist: Das ist Salzburg.

Licht: Bis weit in die Neuzeit hinein war weitgehend unklar, was Licht tatsächlich ist. Teilweise glaubte man, dass «Strahlen» von den Augen ausgehen, die die Umwelt beim Sehvorgang abtasten. In Wahrheit ist nicht das Auge die Lichtquelle, sondern das menschliche Auge und das Gehirn nehmen mit Hilfe des Lichtes die Umwelt wahr. Ohne Licht kann man die Umwelt überhaupt nicht sehen, gar nicht wahrnehmen.

Das Licht kommt in mehreren Bibelstellen vor, zu allererst aber im Buch Genesis. Der dritte Satz in der Schöpfungsgeschichte berichtet, dass bereits am ersten Tag Gott das Licht schuf! Unmittelbar nachdem er Himmel und Erde geschaffen hatte. Das Licht ist die Trennung des Hellen vom Finsteren. György Jakubinyi, ein katholischer Theologe aus Siebenbürgen, schreibt 1991: «Das Licht ist die Erlösung durch Jesus Christus aus der Dunkelheit der Gottesferne.» Wilhelm Stählin (1958) sagt sinngemäß: Es ist das Licht, was die Dinge voneinander unterscheiden lässt. Das Gute vom Bösen. Das Helle vom Dunklen. Das Bild des Lichtes, die Flamme selbst ist sehr vielsagend, denn das Feuer ist kein Gegenstand, es ist ein Prozess. Im Prozess der Veränderung passiert etwas ganz Wichtiges: Aus einem Gegenstand, aus Holz, und aus einem Funken wird Licht. Das ist das Mandat der Jünger. Das Licht in der Welt zu werden.

Das Salz: Salzen tut einer Speise gut. Eine Speise kann nicht mehr entsalzt werden, wenn der Geschmack einmal drin ist, kann er nicht mehr zurückgenommen werden. Auch das ausgesprochene Wort kann man nicht mehr zurücknehmen, seine Bedeutung rückgängig machen. Das Wort Jesu ist auch wie Salz in der Speise: Es verändert das Wesen wie der Geschmack eine Speise verändert.

Dies tut Jesus durch uns. Er spricht uns nicht im Konjunktiv an, sondern im Indikativ: Ihr seid. Ihr seid das Salz der Erde, das Licht der Welt. Jesus sagt nicht, ihr sollt euch bemühen, Salz und Licht zu werden, sondern er sagt: Ihr seid es bereits!

Seine Worte haben schöpferische Kraft. Wie Gott im Buch Genesis sagt, es werde Licht, so sagt Jesus, ihr seid das Licht und das Salz. So schafft er aus einfachen Menschen Jünger, durch die seine Kraft in die Welt strahlt. Diese Aussage Christi ist eine unvorstellbar große Ehre, dass man ein Mandat bekommt, Jünger zu sein. Amen.

I Theologische Grundlagen

Rowan Williams, London

Das Erbe der Reformation

1. Was bedeutet es heute, das Erbe der Reformation des 16. Jahrhunderts zu feiern? In den letzten Jahrzehnten haben viele Kommentatoren argumentiert, dass wir keine klare Vorstellung mehr davon haben, was es bedeutet, ein europäischer Protestant im «klassischen» Sinn zu sein. In Großbritannien bestehen nach Auffassung mehrerer Beobachter die Überreste der Volksreligion, sofern überhaupt vorhanden, in der mehrheitlich als typisch «katholisch» bezeichneten Religionsrichtung: Im Mittelpunkt stehen Rituale, heilige Stätten und der numinose Charakter der geliebten Verstorbenen (das dramatischste Beispiel ist die Reaktion auf den Tod von Prinzessin Diana). Ein verbreitetes britisches christliches Selbstverständnis, das auf der Bibel, dem Gebet im Kreis der Familie und der Papstfeindlichkeit (sowie einem gewissen Gefühl für die von der Vorhersehung bestimmte Rolle der Nation) gründet, ist endgültig verschwunden. Anderswo in Europa finden vergleichbare Entwicklungen statt. Während säkulare Beobachter die «katholische Soziallehre» als kohärente und erkennbare Präsenz in der allgemeinen Diskussion zum sozialen Wohlergehen und zur politischen Gerechtigkeit betrachten, findet die deutlich protestantische Stimme in der Sozialethik im weiteren kulturellen Kontext trotz vieler und hochstehender Beiträge aus Kirche und Universität kaum Gehör. Daher erstaunt es nicht, dass das Selbstverständnis der Protestanten und insbesondere der Reformierten in Europa und anderswo von einer gewissen Unsicherheit umgeben ist. Die «protestantische» Identität wird häufig mit der typisch amerikanischen Prägung von wörtlicher Bibelauslegung und Sozialkonservativismus in einen Topf geworfen und einem gleichermaßen typischen «liberalen Protestantismus» gegenübergestellt, der sich nicht um Dogmen kümmert und sich allgemein für fortschrittliche Belange engagiert. Dieser Hintergrund hilft nicht, die eigentliche Reformation zu verstehen, geschweige denn die Bedeutung der reformierten Theologie in den letzten hundert Jahren. Studenten stehen oft ratlos vor der Frage, wo sie Karl Barth auf einer theologischen Karte, die durch die einfachen Gegensatzpaare rechts-links und konservativ-liberal definiert ist, ansiedeln würden.

2. Ich möchte in meinen kurzen Ausführungen den Beitrag einer erkennbar «protestantischen» Theologie zur christlichen Kultur generell untersuchen und dabei auf einige bleibend konstruktive Elemente sowie auch auf Faktoren mit eher gemischten Auswirkungen eingehen. Ich schreibe als Anglikaner, d. h. als Person, deren ekklesiale Identität durch die Zurückhaltung geprägt ist, die Kluft zwischen Protestanten und Katholiken nur als binären Gegensatz zu sehen, und die sich der Schlüsselrolle der reformierten Theologie für das Selbstverständnis der anglikanischen Kirche unbedingt bewusst ist. Ich erhielt meine geistliche Bildung im «katholischen» Flügel der anglikanischen Familie, wurde aber auch durch die Kindheit in der presbyterianischen walisischen Kirche und das stetige Interesse und den Enthusiasmus für verschiedene Strömungen der reformierten Tradition geprägt, für die Autoren wie Richard Baxter, Thomas Torrance und natürlich Karl Barth selbst stehen. Vor diesem persönlichen Hintergrund wage ich den Versuch, drei Themen der reformatorischen Theologie und Praxis zu behandeln, die nach meiner Auffassung von zentraler und dauerhafter Bedeutung für die theologische Gesundheit der christlichen Gemeinschaft sind. Außerdem möchte ich über drei weitere Themen nachdenken, die weniger offensichtlich fruchtbringend waren und die in der Tat zum Teil mitverantwortlich sind für die heutige kulturelle Trostlosigkeit und Verwirrung. Meine vorsichtige Schlussfolgerung lautet, dass man letzteren Themen nur mit einem theologisch fundierten Verständnis der ersteren entgegentreten kann, um letztlich eine positive, eigene und kreative Rolle für das Erbe der Reformation zu erkennen.

3. Bei den anscheinend positiven Themen handelt es sich um folgende: Erstens bekräftigte die Reformation die absolute Unterscheidung zwischen geschöpflichem und unendlichem Handeln; mit der ständigen Betonung der Souveränität Gottes wird auf die Wahrheit verwiesen, dass Gottes Handeln und unser Handeln weder im Wettbewerb miteinander noch in Zusammenarbeit stehen können. Zweitens begründete die Reformation das Prinzip, wonach die Schrift nicht nur als Quelle der wahren Lehre sowie zu deren Veranschaulichung diente, sondern auch eine kritische Präsenz in der Kirche war; die Schrift «mischte sich» in das Leben der Kirche «ein» und war nie nur ein Instrument derselben. Drittens bezweifelte die Reformation grundsätzlich, dass Gnadenmittel durch menschliche Vermittler «verabreicht» werden konnten, und bekräftigte, dass die Kirche keine Versammlung von Herrschern und Untertanen, sondern in erster Linie eines Volkes sei.

4. Das ambivalente Erbe der Reformation lässt sich wie folgt zusammenfassen. Erstens verbündete sich die Betonung der souveränen Würde von Gottes Wort mit dem entstehenden Rationalismus und zeichnete so ein eindimensionales Bild der menschlichen Erkenntnis, in dem das Nonverbale als minderwertig galt. Zweitens leistete das Misstrauen gegenüber der Hierarchie einer halbherzigen Theologie der Kirche Vorschub; die Frömmigkeit und die Erkundungen des Einzelnen standen im Mittelpunkt, auf Kosten des Verständnisses der Gemeinschaft in Christus und im Geiste und einer intelligenten Aneignung der christlichen Vergangenheit. Drittens suggerierte die Hervorhebung der göttlichen Souveränität (gleichsam im Widerspruch zur eigentlichen theologischen Bedeutung) letztlich einen Gegensatz zwischen Menschlichem und Göttlichem, der durch die einfache Unterwerfung des erschaffenen Willens gelöst wurde: Die Emanzipation des Menschen, so dachte man, erfordert den Verzicht auf den theologischen Diskurs.

5. Zum ersten der drei Punkte: Der Fokus des Protestes der Reformation gegen die populäre Theologie und Praxis des späten Mittelalters lag auf einem Sprach- und Gewohnheitsmuster, das scheinbar davon ausging, ein versöhntes, gnadenerfülltes Leben lasse sich mit Gott «aushandeln.» Die Welt der Frömmigkeit wurde (nicht immer gerechterweise) als Weg für die Menschen gesehen, um bestimmte erschaffene Mittel, deren Auswirkungen Gott gewährleistete, dazu zu nutzen, die von Gott versprochenen Belohnungen zu erhalten. Obwohl Gott in diesem Rahmen als der prioritäre Handelnde anerkannt wird, entsteht unmittelbar der Eindruck einer «spirituellen Technologie», wobei Gott verpflichtet ist, die Konditionen, die er selbst festgelegt hat, einzuhalten. Der erschaffene Akteur weiß, wozu Gott «verpflichtet» ist – das ist der wunde Punkt: Gottes Handeln erscheint wie aus der gegenwärtigen Lage herausgelöst und wird zu einem abstrakten Rahmen, in dem das menschliche Handeln plant und das menschliche Schicksal zu kontrollieren versucht (nicht zuletzt durch die besonderen Arten von Kontrolle im Zusammenhang mit dem geweihten Amt, das die Verabreichung des Gnadenmittels kontrolliert). Das Ergebnis ist entweder eine selbstgefällige Reduktion des Lebens der Jüngerschaft auf die Befolgung des neuen «Gesetzes» oder, wie Luther entdeckte, eine zerstörerische Verzweiflung daran, der Gnade Gottes als unmittelbare Lebenswirklichkeit zu begegnen; in diesem Zustand herrscht eine Dissonanz zwischen dem, was die Kirchenbehörden verbindlich als wahr erklären, und dem persönlichen Empfinden von Schuld oder Verlassenheit.

6. Luther setzt die göttliche Souveränität wieder ein, indem er sich an einen Gott wendet, der immer im Verborgenen ist; einen Gott, mit dem man nicht verhandeln kann und dessen Gegenwart man immer im Herzen seiner eigenen anscheinenden Abwesenheit findet und nicht dort, wo man seine Gegenwart gemäß einer systematischen Karte seiner Tätigkeiten vorhersagen kann. Die Theologie ergibt nur dann Sinn, wenn das wiedergefunden wird, was seit je ein Grundprinzip der katholischen Theologie bildete, aber immer wieder verdeckt wurde: das Prinzip, dass Gottes Handeln und endliches Handeln nicht zwei Beispiele ein- und desselben sind; sie können nicht miteinander wetteifern und sie können nicht wie im Wettstreit um ein einziges umstrittenes Gebiet gesehen werden. Dieses Prinzip durchzieht die theologische Welt von Thomas von Aquin (es ist in sehr interessanter Weise besonders in seiner Christologie am Werke). Der Protest der Reformation beharrt jedoch darauf, dass es auf jeder Ebene der Theologie und Praxis angewandt werden muss. Theologische Idiome oder Gebetsgewohnheiten, die davon ausgehen, dass Gott auf die Initiative des Menschen reagiert, sind vom echt theologischen Diskurs auszuschließen, weil Gottes Handeln in keiner Weise durch menschliches Handeln bedingt ist. In der von Calvin vertretenen Prädestinationstheologie – die umstritten, ja schockierend ist – geht es im Wesentlichen um diese grundlegende Unvergleichbarkeit des erschaffenen und des nicht erschaffenen Akts: zeitliche Abfolge, logische Konsequenz, moralische Angemessenheit – all dies sind ein fatal falscher Rahmen für Überlegungen über das Verhältnis von Gott zur Schöpfung. Paradoxerweise impliziert dies – dem calvinistischen Gedankengut nicht so fremd, wie einige glauben –, dass die Würde des Menschen durch die Erhabenheit Gottes nie bedroht werden kann, so wie auch die Erhabenheit durch die Affirmation konkreter Menschenrechte nicht bedroht werden kann, weil das Endliche und das Unendliche gar nicht miteinander konkurrieren. Der Grundsatz der Reformation, die bedingungslose Souveränität Gottes, sollte uns vor Angst und Groll gegenüber Gott befreien und eine solide Theologie der menschlichen Berufung und der Freiheit im sozialen/politischen Bereich zulassen.

7. Dies hängt mit dem zweiten positiven Argument zusammen. Wenn die Schrift «Gottes geschriebenes Wort» ist, dann ist sie eine Trägerin desselben bedingungslosen göttlichen Handelns. Die Schrift ist kein vom Menschen zu entdeckendes passives Instrument, das Wahrheiten äußert, die in ein ordentliches Schema von Konzepten gegossen werden können (aus diesem Grund bildet der Fundamentalismus im Wesentlichen eine

Antithese zur echten reformierten Theologie); die Schrift lebt und wirkt, ein Feld voller Erinnerungen, Lieder und Maximen, in dem der menschliche Diskurs jederzeit in greifbarer Weise zum Träger einer verbindlichen Kommunikation werden kann und zur Jüngerschaft ermahnt. Dies bedeutet, dass die Schrift in der Kirche immer eine entscheidende Präsenz darstellt. Obwohl manche reformierte Theologen dies so auslegen, dass die Schrift eine genaue Verfassung für die Kirche bildet – was dort nicht vorgeschrieben ist, ist implizit verboten (die Auffassung einiger englischer Calvinisten im 16. und 17. Jahrhundert) –, vertieften die meisten reformierten Denker des Mainstreams das Argument anders. Der Grundsatz, wonach alles im Leben der Kirche daran zu messen ist, ob es der Verkündigung des Evangeliums von Gottes freier Wahl und Gnade dient, ist nicht gleichbedeutend mit der Aussage, dass die Schrift ein umfassendes Rechtsbuch für die Kirche darstellt. Die Schrift kann jedoch nie als einfaches Instrument für die Zwecke der Kirche oder als Quelle von Dokumenten zur Veranschaulichung der kirchlichen Lehre gesehen werden. Sie muss als Anfrage von außerhalb des kirchlichen Lebens gehört werden, obwohl die Schrift selbst in das Leben der Kirche eingebunden ist und nicht in einem luftleeren Raum existiert. Sie bleibt ein Buch, das von der Kirche gelesen wird; doch sie wird von der Kirche gelesen, damit die Kirche hören kann, was sie sonst nicht hören würde.

8. Im Leben der Kirche – und besonders im Gottesdienst der Kirche – werden wir in Frage gestellt. Wir werden zu aufmerksamem Schweigen geführt, zu Lob und Bestätigung; das Lesen und Hören der Schrift ist eine primäre Verkörperung dieser Dimension. Beim Zuhören vernehmen wir nicht automatisch die genaue Äußerung von Gottes Willen; wie bereits festgestellt können wir die Handlungsmacht Gottes keineswegs als automatisch vorhersehbar betrachten. Wir hören aber in der Erwartung zu, einer mehr christusgleichen Art des Seins gewandelt zu werden. Manchmal geschieht dies in einer Weise, die wir sehen und verstehen können. Meistens hingegen geschieht es in einer Weise, die nicht sofort wahrnehmbar ist. Die Disziplin des erwartungsvollen Zuhörens bedeutet aber, dass wir uns immer fragen müssen, was wir Neues über unsere Jüngerschaft lernen sollten. Dabei geht es nicht darum, sich neue Auslegungen von bekannten Texten zurechtzulegen oder radikal neue Doktrinen zu erarbeiten: Es gibt bereits einen Rahmen für die Lehre und Praxis, nämlich die gemeinsame Identität der in Christus Getauften, die allen unseren Handlungen im Gebet Bedeutung verleiht; ohne sie wäre unser Tun sinnlos. Aber innerhalb dieses Rahmens streben wir ständig nach

Unterweisung und Vertiefung beim Lesen, beim Dienst und beim Zeugnis. Die bezeichnende Form des Gottesdienstes kann genau die Einstellung des erwartungsvollen Zuhörens, verbunden mit unaufhörlichen Zeichen von Dankbarkeit für das, was wir gehört haben und was uns geschenkt wurde, sein.

9. Der oft missverstandene reformatorische Grundsatz der offenen Bibel und der allen zugänglichen Schrift bildete vor dem damaligen Hintergrund einen Protest gegen die Behörden, die weder der Gesellschaft als Ganzes noch der vorausgehenden Wirklichkeit von Gottes Kommunikation in der Schrift Rechenschaft schuldeten. Dieser Grundsatz war nicht als Freibrief für unbegrenzte individuelle Auslegungen gedacht, sondern sollte das Leben der Kirche für einen gemeinsamen Prozess des Lesens und Erkennens öffnen, in dem alle Getauften mitsprechen durften. Christi Gnade wurde nicht von einer Priesterkaste an den Leib der Gläubigen weitergegeben; die Priesterweihe bildete in der Kirche ein feierliches, lebenslanges Amt und die Zusicherung ihrer Kontinuität eine ernsthafte Angelegenheit, jedoch keine Einführung in eine regierende Elite. Mit der klassischen calvinistischen Unterscheidung zwischen regierenden und lehrenden Kirchenvätern sollten diesbezügliche Bedenken aufgegriffen werden. Obwohl der lehrende Priester häufig bald genauso autoritär wurde wie das System, das er ersetzt hatte, bildete das Ideal des «dialogorientierten» Leseprozesses, bei dem alle gleich verantwortlich waren, eine zutiefst theologisch motivierte Anstrengung, um dem Grundsatz der Würde aller Getauften Ausdruck zu verleihen. Eine «offene» Bibel gibt der Gemeinde eine gemeinsame Sprache; alle haben das Recht in dieser Sprache zu sprechen und es ist nicht mehr vertretbar, den Zugang zur gemeinsamen Welt zu begrenzen, um die Macht einer regierenden Klasse zu festigen. Darin steckt ein solider Kern von klassischem Republikanismus (ironischer Weise erkennen wir hier einige politische Gedanken von Thomas von Aquin). Der Erfolg dieser Gedanken in der Geschichte verschiedener Nationen überrascht daher wenig. Dies ist aber weder als Anarchie der Liebe noch als Demokratie, wie wir sie heute deuten, zu verstehen. Es konnte das Streben nach einer realen Theokratie genauso beinhalten wie Ideale der (vielleicht gewerkschaftlichen) Mitbestimmung, Diskussion und Entscheidung. Der springende Punkt ist, dass der universale Zugang zu einer gemeinsamen, maßgebend kulturellen Ressource in Schriftform grundsätzlich der Gründung einer theologischen Konversation gleichkam, in der alle verantwortlich waren und die keine Stimmen

von vornherein ausschloss. Die von der Reformation nicht immer erfolgreich bewältigte Herausforderung bestand darin, einen Konsens zu finden, der maßgeblich bleiben würde.

10. Im Sinne dieser Ausführungen ist das positive Erbe der Reformation eng mit der Idee einer (säkularen und kirchlichen) Gesellschaft verbunden, die sich selbst hinterfragt und die auf die vorausgehende Bekräftigung von Gottes Handeln vertraut, so dass Angst und Konkurrenzkampf entfallen; die geeint ist in einem gemeinsamen Gespräch zur Erzählung der Schrift; und die wachsam und aufmerksam für die Möglichkeit neuer Einsichten und Herausforderungen vor diesem Hintergrund ist. Dies ist nicht einfach identisch mit der sogenannten «modernen» Gesellschaft, geschweige denn mit der «aufgeklärten» Gesellschaft, obwohl es letztere sonst nicht geben würde. Der Hauptunterschied liegt darin, dass die Moderne die Autonomie besonders begünstigt, so dass Gottes Souveränität (trotz der wichtigen Klarstellungen der Reformation) als Gefahr für die menschliche Würde bzw. die Sprache der Rechenschaft gleichermaßen als Gefahr für die individuelle Freiheit gesehen werden. Die reformatorische Vorstellung vom menschlichen Gedeihen beinhaltet Gehorsam: Die tiefsten Freiheiten hängen also mit der Unterwerfung zusammen, sich von einer Realität, einer Wahrheit, die über unsere individuellen Pläne hinausgeht, hinterfragen zu lassen.

11. Die Moderne erscheint in diesem Lichte als systematisches Missverständnis des Bildes der Reformation. Was oben als zwiespältige Aspekte des Erbes der Reformation bezeichnet wurde, sind im Grunde Umkehrungen der grundlegenden theologischen Prinzipien der Reformation des 16. Jahrhunderts, die vieles, was die Bewegung hinwegzufegen suchte, wieder einführten. Ein bestimmtes Rationalitätsmodell galt als allerwichtigst und normativ; darin zeigte sich ein tief verwurzeltes Misstrauen gegenüber Wissensansprüchen, die sich nicht mit der Argumentation erwachsener Menschen verteidigen lassen. Die Denker der Reformation beharrten gegenüber der Mystifizierung und Manipulation darauf, dass Gott sich in einer allen zugänglichen Weise mitteilte. Sofern Symbole verwendet wurden, dienten sie hauptsächlich zur Verdeutlichung von Dingen, die in anderer Weise klarer – wenn auch vielleicht weniger anschaulich – dargestellt werden konnten. Trotz Luthers ausgeklügelter Theologie zur Dialektik zwischen dem Verborgenen und dem Offenbarten im Wirken Gottes an uns tendierte das protestantische Denken zunehmend zur Annahme, dass wahres Wissen zwangsläufig eine Frage von klarer verbaler Kommunikation sei. Dies war schwer mit

dem Verständnis des «unausgesprochenen» Erkennens zu vereinbaren, wie Denker jüngeren Datums es nannten, bzw. mit den materiellen Dimensionen des Erkennens (z. B. der Fähigkeit, ein Gesicht zu erkennen, ein Instrument zu spielen, auf einem Pferd zu reiten, aus Zeichen am Himmel das Wetter vorherzusehen) – ganz zu schweigen von Codes in Gesten, Zeichen und vor allem visuellen Bildern, die das übermitteln, was nicht effizient oder ausreichend in Sprache codiert werden kann. Wörter sollten für alles ausreichen; die Reformation legte deshalb – wie Torrance und andere es festhalten – einen deutlichen Akzent auf das Hören gegenüber dem Sehen als Paradigma des Erkennens.

12. Letztlich kam es zu einer Polarisierung zwischen den verschiedenen Beschreibungen des menschlichen Erkennens. Entweder wissen wir, weil wir in der Schrift die einfachen Aussagen der göttlichen Wahrheit hören/lesen, oder wir lesen aus der Natur und Umwelt alles heraus, was wir wissen müssen, und ignorieren Wissensansprüche, die bestimmten Prozessen der Erkenntnisgewinnung widersprechen. Wir geraten in eine sinnlose und törichte Pattsituation zwischen «Wissenschaft» und «Religion», die in unserer Kultur immer noch in vielen Köpfen vorherrscht. Um zu einer gesamtheitlichen Sicht des Erkennens zurückzufinden, müssen wir wie bereits angedeutet die besten Erkenntnisse der Reformation gegen ihre eigenen Verzerrungen stellen.

13. Luthers Revolution des theologischen Denkens implizierte, dass keine Umstände der Welt eine offensichtliche Bedeutung besaßen, die als Instrument der menschlichen Macht ergriffen und eingesetzt werden konnte. Um die Verborgenheit Gottes im gekreuzigten Christus zu verstehen, mussten wir vor dem potenziellen Abgrund der Bedeutungslosigkeit zum Schweigen gebracht und kleingemacht werden, damit wir letztlich frei wurden, Gottes Gabe anzunehmen, ohne auf unsere eigenen anmaßenden Vorhaben, Bedürfnisse und Ehrgeiz zu zählen. Die Klarheit der Wörter allein ändert nichts an der Notwendigkeit dieser Enteignung; je mehr wir uns von einer Sprache abwenden, die den Anspruch hat, die Welt umfassend abzubilden und in ein schlüssiges Erklärungssystem einzufügen, desto mehr erkennen wir, dass unser Lernen als Menschen an die Fähigkeit geknüpft ist, bewusst oder unbewusst auf Zeichen und Signale zu reagieren. Unsere Argumentation muss der für das Thema geeigneten Methode folgen; sie muss davon geprägt sein und soll etwas vom Leben dieses Themas «mitteilen.» Ohne dabei die spätmittelalterliche Besessenheit vom symbolischen Lesen von Texten und Welt wiederzuerwecken, kehren wir zu einer Sensibilität für die Kommunikation

zurück, die nicht einfach verbal ist, bzw. wenn sie verbal ist, mit Ironie und Umwegen arbeitet (sehr klar in der protestantischen Poetik von Fulke Greville oder George Herbert im 16. und 17. Jahrhundert).

14. Die Schwäche des Nachdenkens über die Kirche, die ich als weiteres zwiespältiges Erbe der Reformation beschrieben habe, geht auf die komplexe Verzerrung des Begriffs der «unsichtbaren» Kirche zurück. Einmal mehr: Was ursprünglich als Argument zur Betonung der Verborgenheit von Gottes Handeln und damit dessen uneingeschränkter Freiheit und Transzendenz erarbeitet wurde, entwickelte sich im populären Protestantismus zu einer starren Skepsis gegenüber Doktrinen, wonach die christliche Gemeinde für die Formung der christlichen Identität notwendig ist. Die Unklarheit der Grenzen der Kirche, die Wahrheit, die der junge Calvin äußerte, als er «halb begrabene Kirchen» wahrnahm, der Widerstand dagegen, die institutionelle Zugehörigkeit zum Träger einer beinahe automatischen Gnade zu machen: All dies weckte bei vielen das unbestimmte Gefühl, dass das christliche Selbstverständnis nichts sichtbar Gemeinschaftliches aufweisen müsse. Auch hier helfen uns die Grundsätze der Reformation selbst, der Verzerrung zu entgehen – vor allem die offene Bibel als Bereich der gemeinsamen Sprache. Der Einzelne, der sich in die private Frömmigkeit flüchtet (in einer Weise, die Calvin und Luther schockiert hätte), hat noch nicht begriffen, dass eine innere Lebenswelt abseits des geteilten Erkennens und Prüfens von Gottes Willen genau jenen Rückzug des menschlichen Geistes auf sich selbst darstellt, der die Sündenherrschaft festigt. Zu betonen, dass die Fülle der Gnade beim Abendmahlsteilnehmer vom Glauben des Kommunikanten abhängt, ist eine verständliche Reaktion auf den mechanischen Ansatz ohne die Gnade, womit Gottes Gegenwart automatisch gewährleistet wurde; doch die populäre Frömmigkeit deutete dies rasch so, dass die äußere Form einen rein praktischen Weg zur Verstärkung der geistigen Lektion bildet und keinen gemeinschaftlichen objektiven Akt, Gott eindringlich zu bitten, durch das tatsächliche Wirken des Geistes von sich selbst und von seinem Werk in Christus Zeugnis abzulegen. Der Glaube an die bedingungslose Hoheit der Gnade bedeutet nicht, dass wir die Gnade eher in unseren privaten Erfahrungen als Einzelne am Werk sehen müssen als anderswo, ganz im Gegenteil. Der Glaube relativiert private Erfahrungen genauso maßgeblich, wie er gemeinsame Erfahrungen relativiert. Unser gemeinsames Gebet führt uns hin zur bleibenden Wirklichkeit der Schrift und des Sakraments als objektive Zeugen von Gottes

Handeln, unabhängig von unserer subjektiven Befindlichkeit oder unseren Bestrebungen.

15. Wie die richtig verstandene reformatorische Theologie die Polarität zwischen Gemeinde und Einzelnen mit dem Hinweis auflöst, dass Gott beiden gegenüber frei handelt, so löst sie auch das quälende und hartnäckige Gefühl von Rivalität zwischen Gott und der Schöpfung auf – eine Rivalität, die wie oben festgestellt viele zur Annahme führt, dass Gott zu entthronen sei, damit die Menschheit frei werde. Gottes Souveränität ist nicht nur eine überhöhte Art der menschlichen Macht. Wenn wir dies begreifen, erkennen wir allmählich die radikalen Implikationen der Erschaffung des Menschen nach dem Bilde Gottes und der Absicht Gottes, dem Menschen über Jesus Anteil am göttlichen Leben zu verleihen. Wie Calvin richtig erkannte, ist diese Einsicht für reformatorischeTheologie nur dann störend, wenn die Würde oder das Gedeihen der Menschen für Gott bedrohlich sein kann, was *ex hypothesi* undenkbar ist. Die kompromisslose Betonung der absoluten Differenz von Gottes Macht sollte zu einer verstärkten theologischen Bekräftigung der menschlichen Würde führen: Kein Tribut, der der endlichen Menschheit gezollt wird, tut dem, was Gott geschuldet wird, in irgendeiner Weise Abbruch. Götzendienst bedeutet, der Schöpfung das zuzuschreiben, was allein Gott gehört, d. h. Geschöpfe mehr denn nur als Geschöpfe zu behandeln. Die wahre christliche Herausforderung besteht darin, die Menschheit für das zu lieben und zu verehren, was sie ist – sterblich und verletzlich und doch unermesslich glorreich, weil Gott sie als Ort der göttlichen Offenbarung und Wirkung geschaffen hat. Um die Brücke zu den oben behandelten Themen zu schlagen: Unsere Fähigkeit zu radikaler Selbstbefragung als Individuen und als Gesellschaft wird durch diese grundlegende Überzeugung möglich, dass unsere sterbliche und fehlbare *conditio humana* in ihrer Zerbrechlichkeit von Gott, der das Menschsein erlöst und umwandelt, aber nie aufhebt, bestätigt wird. Mit andern Worten: Wir können alles an unserem Menschsein in Frage stellen – seine genauen Fähigkeiten, Gewohnheiten und Verhaltensweisen – und wir können die gefallene Natur mit fast schon ätzendem Pessimismus betrachten, aber wir können nicht an der Würde zweifeln, die Gott uns ohne Bedingungen verliehen hat – ein Gott, der nicht eifersüchtig ist auf unser Menschsein, weil das göttliche Leben nicht denselben Raum bewohnt wie wir.

16. Dass die reformatorische Theologie es vermochte, diese Aussage zu formulieren, verleiht ihr in den heutigen kulturellen Kämpfen Bedeutung. Christliche Hoffnung zu verkünden bedeutet keineswegs, die

Fähigkeiten oder den Charakter des Menschen optimistisch zu schildern; die theologische Perspektive erlaubt uns, das Schlimmste zu befürchten (genauso wie in der populären Assoziation der Denkweise von Augustinus und von Calvin), aber sie erlaubt uns nicht, geringer von unserem Menschsein zu denken, als der Schöpfer es tut. Indem sie uns die Sprache und die Welt der Schrift als das Haus vorschlägt, das wir gemeinsam bewohnen, und als den Dialekt, den wir sprechen, vermittelt sie uns, dass wir eine Richtung und sogar eine Transformation finden könnten, wenn wir die Geschichte von Gottes Umgang mit einem Volk, mit dem er einen Bund abschließt, zu unser eigenen machen. Wer von christlicher Hoffnung spricht, spricht von der Treue Gottes; unsere gesellschaftliche Vision beruht auf dem Glauben an einen Gott, der aus freien Stücken verspricht, der Gott jener zu sein, die seine Liebe weder verdient noch erzwungen haben. Die radikale Andersheit der göttlichen Liebe und Hingabe und demzufolge die nicht reduzierbare, geheimnisvolle Tragweite von Gottes Wahl beinhalten eine systematische Verehrung der Menschen, unabhängig von ihrem Status, von Leistung oder ethischem Verhalten. Alle gehören potenziell zur Geschichte der unvorhersehbaren göttlichen Treue und zur Geschichte der Schrift, in der wir gemeinsamen Boden finden.

17. Dieses Erbe fordert verschiedene negative Kräfte heraus. Es legt Gewicht auf ein Reifwerden, das mit dem Sich-selbst-Infragestellen umgehen kann, und stellt so die Publikums- und Medienkultur infrage, bei der die Verwaltung der persönlichen Bilder im Vordergrund steht. Ein offener, ehrlicher Austausch in der persönlichen und öffentlichen Auseinandersetzung ist dafür wesentlich. Dazu muss grundsätzlich die Bereitschaft bestehen, die eigenen Träume, unangreifbar im Recht zu sein, zum Schweigen zu bringen. Angesichts der vagen Spiritualität, die leicht in tröstliche und sentimentale «Innerlichkeit» umschlägt, ist die öffentliche und persönliche spirituelle Praxis notwendig, um aufmerksam und genau zuzuhören und für das bereit zu sein, was dem faulen Ich nicht angenehm ist – altmodisch gesagt, um auf die «Stimme Gottes» zu hören. Im Unterschied zum allgemeinen Widerwillen, in mehr als lokalen oder kommunalen Erzählungen zu denken, bietet dieser Ansatz eine universale Erzählung der göttlichen Gnade und Wahl, die sich auf einzigartige Weise in der Schrift niederschlägt und sich auf Ereignisse konzentriert, in denen das echte Bild des Menschseins im gekreuzigten und auferstandenen Christus wiederhergestellt wird. Calvin selbst weist den Gedanken von sich, dass unsere Rettung nur in einer formalen, äußerlichen und mechanischen Beziehung zu einem Christus steht, der uns für

gerecht erklärt hat, aber keinen echten Wandel in uns bewirkt: «Er teilt mit uns sein Leben und alle Segen, die er vom Vater erhalten hat.» (Bibelkommentar zu Joh 17, 21).

18. Entgegen der angstvollen fundamentalistischen Religion bekräftigt die reformatorische Tradition einen Gott, der von unseren Bemühungen und Erfolgen weder überzeugt werden kann noch muss: Die Sprache unseres Glaubens und besonders unseres Gebets wird bestimmt von der Dankbarkeit für die unverdiente, grundlose Liebe und Vergebung und von der Dankbarkeit gegenüber Gott, dass er Gott ist. Entgegen auch einem rebellischen oder missgünstigen Atheismus, der fremder und zwingender Macht gegenüber misstrauisch ist, präsentiert die Reformation einen Gott, der kein Interesse daran hat, seine Geschöpfe herabzusetzen und dessen uneingeschränkte souveräne Freiheit so weit geht, dass er diese Geschöpfe keineswegs schikanieren oder nötigen muss; Gottes freier Wille ist ein Wille der Vergebung, der Heilung und der Weitergabe der göttlichen Liebe und Wonne an die Schöpfung.

19. Hier zeichnen sich die Umrisse einer Theologie ab, die eine anspruchsvolle spirituelle Disziplin voraussetzt, einen nüchternen und bedachten Gebetsstil, eine Freiheit, die eigene Integrität ständig und ohne Panik prüfenden Blicken auszusetzen und dasselbe für die Gemeinde und ihre Einrichtungen zu tun, ein christozentrisches Verständnis der menschlichen Geschichte und eine radikale politische Vision, die Ungleichheiten und willkürliche Herrschaft jeder Art infrage stellt. Kurz: Die Leitthemen der wirklichen reformatorischen Theologie stellten nicht nur die radikalsten Ideen und Gedanken der Kirchenväter wieder her; sie bieten auch eine ebenso starre und profunde Hilfe zum Umgang mit den heutigen gesellschaftlichen Krisen an wie die Tradition der katholischen Soziallehre – nicht als konkurrierende, sondern als komplementäre Auffassungen, wobei der Beitrag der reformatorischen Tradition vor allem in der Betonnung der unvergleichlichen Souveränität Gottes liegt, die uns von der moralischen Beurteilung von Verdiensten befreit und uns einlädt, in unseren Taten und Beziehungen die «grundlose» Treue zum Liebesversprechen, das zu Gott gehört, zu widerzuspiegeln.

20. Die größten Theologen der Reformation waren keine Zeloten, die die Geschichte und die Symbole aus der christlichen Gesinnung löschen wollten, noch waren sie Individualisten, die sich der Autonomie ihres Gewissens verpflichtet hätten, noch Theokraten, die der ganzen menschlichen Gesellschaft eine unveränderte Version des mosaischen Gesetzes aufzwingen wollten, noch Rationalisten, die, von Wörtern besessen,

Schweigen und Zeichen hintanstellten, noch biblische Literalisten mit einem mechanischen Inspirationsmodell. Versehen der Geschichte brachten das reformatorische Christentum jedoch in unterschiedlichen Zusammenhängen mit all diesen Kreisen in Verbindung; natürlich gibt es bei Luther, Calvin, Melanchthon oder Zwingli Elemente, die solche Gedanken fördern könnten. Die gängige Vorstellung vom Protestantismus im Westen wird immer noch stark von solchen Klischees beherrscht. Doch um die Wesensmerkmale und den Wert des Erbes der Reformation für die Gegenwart zu formulieren, müssen wir sie aus den grundlegenden Erkenntnissen und Fragestellungen der Reformatoren lösen.

In meinem bescheidenen Beitrag zu diesem Unterfangen habe ich versucht, darauf hinzuweisen, wo wir meiner Meinung nach die Schwerpunkte setzten sollten. Hilfreich und ermutigend war für mich eine Denkströmung in jüngeren Arbeiten zu Calvin, die ihn als humanistischen Gelehrten betrachten, der Erkenntnisse aus den ersten Jahrhunderten des Christentums zu gewinnen versucht und einen neuen Fokus auf die eucharistische Transformation des Gläubigen und der Gemeinde anbietet; kein Logiker, der die allmächtige Freiheit Gottes auf Kosten der Vernunft und der menschlichen Würde etablieren will. Calvin birgt in sich eindeutig ein «tragisches» Element, das besonders in seiner Betonung der gründlichen Verderbtheit der gefallenen Menschen und der (daraus folgenden) Willkür der Prädestination sichtbar wird. Calvin und weitgehend auch die calvinistische Tradition tun sich damit genauso schwer wie Augustinus. Allerdings handelt es sich nur um eine Nebenströmumg seines Denkens, die wir relativieren sollten. Am bedeutsamsten ist die umfassende Erforschung der Leitmotive der erneuerten Theologie, die der menschlichen Reife derart große – politische und psychologische – Freiheit einräumt und gleichzeitig die menschliche Fähigkeit in einem schonungslos realistischen Rahmen behält. Ein christlicher Glaube, der vom Gläubigen keinerlei Bevormundung verlangt, ist wohl das wichtigste Streben der Reformation des 16. Jahrhunderts; dieses Bestreben ist heute gebotener denn je, wenn der christliche Glaube überzeugen, gewinnen und bekehren soll.

Ulrich H. J. Körtner, Wien

Exklusiver Glaube – Das vierfache «Allein» reformatorischer Theologie[1]

1. Reformatorische Theologie

Wenn wir darüber nachdenken wollen, was es heute bedeutet, evangelisch zu sein, müssen wir zunächst zwischen «evangelisch» und «protestantisch» unterscheiden. Das bevorstehende Reformationsjubiläum 2017 bietet Anlass, sich auf die zentrale Botschaft der Reformation zu besinnen, die das Evangelische im Sinn des Evangeliumsgemäßen neu zur Geltung gebracht hat. Das Evangelium von Jesus Christus aber ist ein kritischer Maßstab für die Verkündigung aller Kirchen und Konfessionen, der sich durchaus gegen bestimmte Entwicklungen und auch heutige Tendenzen im Protestantismus richtet. Die Frage, was heute evangelisch ist, soll auch nicht allein als Ausdruck konfessioneller Selbstvergewisserung, sondern in ökumenischer Weite gestellt werden. Ich verstehe das Reformationsjubiläum als Einladung an alle Kirchen und Konfessionen, darüber nachzudenken, inwiefern die Einsichten der Reformation von ökumenischer Tragweite sind, wenn es heute darum geht, sich auf das Evangelium und das Evangeliumsgemäße zu besinnen.

Die nachfolgenden Ausführungen gehen davon aus, dass die Lehre von der bedingungslosen Annahme und Rechtfertigung des Gottlosen und die aus ihr abgeleitete Kirchenkritik zwar nicht der alleinige Inhalt, wohl aber das theologische Herzstück reformatorischer Theologie sind. In ihnen gründen das evangelische Verständnis christlicher Freiheit wie auch das evangelische Kirchenverständnis und sein Kerngedanke vom Priestertum aller Gläubigen.

Nach reformatorischer Auffassung beruht die Rechtfertigung auf der bedingungslosen Vorgabe des Heils und damit auf der klaren Unterscheidung zwischen dem empfangenden und dem tätigen Wesen des Glaubens. Diese Unterscheidung wird durch ein Geviert von Exklusivbestimmungen zum Ausdruck gebracht, deren Sinn für die Gegenwart erschlossen werden soll: Allein durch den Glauben – *sola fide* – wird der

---

1 Gekürzte Fassung des Vortrags vom 8.10.2013.

Mensch vor Gott gerechtfertigt, und zwar durch den Glauben an Jesus Christus, weil allein Christus – *solus Christus* – das Heil und die Rettung des sündigen Menschen erwirkt. Das geschieht allein aus Gnade – *sola gratia* – und wird gültig bezeugt allein durch die Schrift – *sola scriptura* – als der Quelle und dem Maßstab des rechtfertigenden Glaubens, des Lebens aus dem Glauben, aller Verkündigung und der Theologie.

Die Pointe der reformatorischen Botschaft erschließt sich nur, wenn man beachtet und bedenkt, wie sich die vier genannten Exklusivpartikel gegenseitig interpretieren. Keine von ihnen darf isoliert genommen werden. Dass das Heil des Menschen allein an Gottes Gnade hängt, konnte auch die katholische Kirche des Spätmittelalters sagen. Und auch das Konzil zu Trient hat in seinem Dekret über die Rechtfertigungslehre die Alleinwirksamkeit der göttlichen Gnade aussagen können – jedoch so, dass diese eben nicht mit der Alleinwirksamkeit des Glaubens gleichgesetzt wurde. Was reformatorisch unter Glauben zu verstehen ist, wird aber auch verdunkelt, wenn man unter Glauben ein allgemeines Urvertrauen, Transzendenzbewusstsein oder Bewusstsein schlechthinniger Abhängigkeit versteht, das allen Menschen mehr oder weniger eigen sein soll. Glaube im reformatorischen Sinne ist Glaube an Jesus Christus als den alleinigen Grund göttlicher Annahme und Vergebung. Was das bedeutet, muss allerdings, wie sich noch zeigen wird, trinitätstheologisch erschlossen werden. Die Rechtfertigung des Sünders um Christi willen ist ein trinitarisches Geschehen. Woher aber wissen die Glaubenden das alles? Worauf gründen sie ihr Vertrauen und ihre Zuversicht? Darauf antwortet die reformatorische Tradition, dass es die Bibel Alten und Neuen Testaments ist, die dies auf gewiss machende Weise bezeugt, weil in ihr Christus selbst zu hören ist.

Der rechtfertigende Glaube ist also nach reformatorischem Verständnis exklusiver Glaube – exklusiv in dem Sinne, dass er allein das Heil bewirkt. Doch erschließt sich dieser exklusive Glaube nur durch das Geviert der sich wechselseitig interpretierenden reformatorischen Exklusivpartikel, wobei dem *solus Christus* der Primat gebührt, ist doch der Glaube im reformatorischen Sinne wohl eine menschliche Tat, aber kein menschliches Werk. Im Glauben ist der Mensch auf eigentümliche Weise passiv, weil das Glaubenkönnen eben kein menschliches Vermögen und keine von der Natur mitgegebene Begabung, sondern eine unverfügbare Gabe ist und bleibt. Die Tat des Glaubens aber besteht darin, der Christusbotschaft – dem Evangelium – Glauben zu schenken und darauf im Leben und im Sterben zu vertrauen.

Solch ein exklusives, nämlich christologisch zugespitztes Verständnis von Glauben erweist sich nicht nur in der Vergangenheit, sondern auch heute als anstößig. Mit einem *sola gratia* mag man sich ja für sich genommen vielleicht noch halbwegs anfreunden. Aber müssen die Exklusivpartikel reformatorischer Theologie in einer pluralistischen Kultur und im Dialog der Religionen nicht ermäßigt werden? Ist das *solus Christus* nicht enorm intolerant gegenüber nichtchristlichen Religionen? Untergräbt das *sola fide* nicht jede Ethik und jedes Engagement zur Weltverbesserung? Und lässt sich das sogenannte reformatorische Schriftprinzip, also das *sola scriptura,* angesichts der Befunde historisch-kritischer Kanonforschung überhaupt noch begründen?

Nun wird bisweilen auch noch eine fünfte Exklusivpartikel genannt, wenn man die Botschaft reformatorischer Theologie zu bündeln versucht: *solo verbo* – allein durch das Wort. Daran ist richtig, dass sich der Glaube nach evangelischem Verständnis an das Wort hält, das den Menschen Gottes Gnade und Vergebung bezeugt und zuspricht. Das Glauben provozierende und bezeugende Wort wird als Gottes Wort im Menschenwort verstanden, das letztlich den bezeugt, der als Gottes lebenschaffendes und befreiendes Wort in Person begriffen und geglaubt wird, nämlich Jesus Christus. Auch wenn sich die Formel *solo verbo* gelegentlich bei Luther findet, so ist ihre Zuordnung zu den reformatorischen Exklusivpartikeln doch erst neueren Ursprungs, nämlich eine Auswirkung der Wort-Gottes-Theologie im 20. Jahrhundert. Gegenüber der Reformationszeit finden in der Wort-Gottes-Theologie aber durchaus inhaltliche Verschiebungen und Neuakzentuierungen statt. Das *solo verbo* kann auch, wie z. B. bei Eberhard Jüngel,[2] an die Stelle des *sola scriptura* treten und erweist sich damit als Reaktion auf die viel diskutierte Krise des reformatorischen Schriftprinzips. Ich werde im Folgenden bei den vier klassischen Exklusivpartikeln reformatorischer Theologie bleiben und ihr hermeneutisches Potenzial auszuloten versuchen. Das *solo verbo* möchte ich weder neben noch an die Stelle des *sola scriptura* setzen, sondern als ein Interpretament verstehen, das sich auf alle vier Exklusivpartikel anwenden lässt, weil es in allen vier Fällen den grundlegenden Zusammenhang von Wort und Glauben thematisiert. Dieses Interpretament ist freilich gegen manche Verengungen zu schützen, die der Wort-Gottes-

---

2 Vgl. Eberhard Jüngel, Das Evangelium von der Rechtfertigung des Gottlosen als Zentrum des christlichen Glaubens, Tübingen 1999, S. 169ff.

Theologie von Kritikern zur Last gelegt werden, welche die Wortlastigkeit und das Erfahrungsdefizit evangelischer Gottesdienste bemängeln.[3] Es sollte auch nicht vorschnell zum kontroverstheologischen Unterscheidungsmerkmal erklärt werden, um die konfessionelle Differenz zwischen evangelischer und katholischer Tradition zu markieren, wie es gelegentlich in der Auseinandersetzung um die Gemeinsame Erklärung zur Rechtfertigungslehre (GER) geschehen ist.[4]

Allerdings bleibt die Frage bestehen, ob die Pointen der reformatorischen Rechtfertigungslehre – bei allem Verständnis für das Bemühen um ökumenischen Konsens – in der Gemeinsamen Erklärung hinreichend gewahrt bleiben. Doch wollen wir uns im Folgenden nicht vornehmlich mit dem Stand des ökumenischen Gespräches zur Rechtfertigungslehre beschäftigen, sondern der Frage nachgehen, inwieweit die reformatorischen Exklusivpartikel eine Hilfe bieten, um die Rechtfertigungslehre für die Gegenwart zu erschließen und verständlich zu machen.

2. Rechtfertigung heute

Bei oberflächlicher Betrachtung scheint die reformatorische Rechtfertigungslehre in der Moderne obsolet geworden zu sein, weil die Vorstellung von einem Jüngsten Gericht, die Frage nach dem gnädigen Gott und die Angst vor Sündenstrafen verblasst sind und die Existenz Gottes überhaupt fraglich geworden ist.[5]

Die moderne Infragestellung der Rechtfertigungslehre ist eng mit dem Theodizeeproblem verbunden. Die Theodizee mutiert zur Anthro-

---

3 Zur Kritik siehe z. B. Ulrich Kühn, Solo verbo? – Die sakramentale Bedeutung des christlichen Gottesdienstes, in: Jahrbuch für Liturgik und Hymnologie 41, Göttingen 2002, S. 18–30.

4 Siehe z. B. Ingolf U. Dalferth, Ökumene am Scheideweg, FAZ vom 26.9.1997, S. 10f, sowie die Stellungnahme des Vorstands der Arnoldshainer Konferenz zur Gemeinsamen Erklärung vom 4.6.1997, in: epd-Dokumentation 49/97, S. 57f. 59f. Kritisch dagegen: Ulrich Kühn, a.a.O., S. 20 (Anm. 3); André Birmelé, Kirchengemeinschaft. Ökumenische Fortschritte und methodologische Konsequenzen (Studien zur Systematischen Theologie und Ethik 38), Münster 2003, S. 136.

5 Die folgenden Absätze in diesem Abschnitt meines Vortrags sind wörtlich entnommen aus: Ulrich H. J. Körtner, Rechtfertigung – Botschaft für das 21. Jahrhundert. Eine Thesenreihe zum bevorstehenden Reformationsjubiläum 2017, MdKI 63, 2012, H. 6, S. 113–115.

podizee. Wenn Gott nicht existiert, bleibt nur der Mensch als Handlungssubjekt in der Welt. Von ihm allein hängt das Wohl und Heil der Welt ab. Weil Gott fehlt, tritt an die Stelle der Rechtfertigung des Menschen eine Unkultur des Rechthabens, wie der Schriftsteller Martin Walser schreibt.[6] So steht die vermeintliche Obsoletheit der reformatorischen Rechtfertigungslehre in einem eigentümlichen Widerspruch zum heute allgegenwärtigen Zwang zur öffentlichen Rechtfertigung und zur Tribunalisierung der modernen Lebenswirklichkeit.[7]

Die Rechtfertigungsbotschaft richtet sich an den Menschen, der, modern gesprochen, um seine Anerkennung kämpft. Existenzielle und soziale Konflikte erklären sich nicht allein aus dem Kampf um Selbsterhaltung, sondern auch aus dem Kampf um Anerkennung.[8] Gesellschaftliche Konflikte lassen sich daher nicht auf ökonomische reduzieren, sondern sind immer auch moralische und – wie wir in jüngster Zeit wieder sehen – religiöse. Im – auch massenmedial ausgetragenen – Kampf um Anerkennung, Wertschätzung und Aufmerksamkeit werden die Menschen von der Angst vor der Bedeutungslosigkeit[9] getrieben.

Auch die Schuldfrage und damit die Frage nach Vergebung und Annahme sind nicht wirklich verschwunden. Der Sinn der Rechtfertigungsbotschaft erschließt sich freilich nur, wenn nicht allein von unterschiedlichen Gestalten der Schuld, sondern auch von Sünde gesprochen wird. Sünde meint ein verfehltes Gottesverhältnis, das sich in einem verfehlten Selbstverhältnis und einem verfehlten Verhältnis des Menschen zu seinen Mitmenschen wie zur gesamten Schöpfung manifestiert. Sie bildet die Tiefenstruktur des Kampfes um Anerkennung. Schon in der biblischen Überlieferung lässt sich der Kampf um Anerkennung auf Schritt und Tritt festmachen. Das Phänomen der Sünde und das Streben nach Anerkennung gehören bereits nach alttestamentlicher Auffassung zusammen. Paulus bestimmt den sündigen Menschen

---

6 Vgl. Martin Walser, Über Rechtfertigung, eine Versuchung, Reinbek 2012.

7 Vgl. Odo Marquard, Abschied vom Prinzipiellen. Philosophische Studien, Stuttgart 1981, S. 39ff.

8 Vgl. Axel Honneth, Kampf um Anerkennung. Zur moralischen Grammatik sozialer Konflikte, Frankfurt a.M. 1992. Honneth bezieht sich auf die Frühphilosophie Hegels.

9 Vgl. Erich Fromm, Die Furcht vor der Freiheit [1941], München 2000. Fromm deutet die Furcht vor der Bedeutungslosigkeit am Ende des Spätmittelalters als ein wichtiges Motiv der reformatorischen Verkündigung bei Luther und Calvin (S. 76ff), kritisiert freilich, dass der Glaube bei Luther diese Angst nicht wirklich überwunden, sondern lediglich kompensiert habe.

radikal als Feind Gottes. Die paulinische Rechtfertigungslehre aber besagt, dass Gott die Feindschaft des Menschen überwindet und ihn um Christi willen trotz seiner Sünde bedingungslos annimmt und somit anerkennt.

Die Rechtfertigung des Sünders bedeutet auch, dass dieser sich auf neue Weise als Geschöpf Gottes versteht. Das Ziel der Rechtfertigung ist ein neues Verständnis der menschlichen Geschöpflichkeit. Indem das gestörte Verhältnis zu Gott wiederhergestellt wird, gewinnt der Mensch auch ein neues Verhältnis zur Natur, die ihm nun als Schöpfung aufgeht.

3. Christus allein

In der lukanischen Apostelgeschichte findet sich ein steiler Satz, der für heutige Ohren in einer Zeit der religiösen Toleranz und Pluralität, aber auch der religiösen Indifferenz äußerst anstößig klingt. Petrus und Johannes sind vor dem Hohen Rat angeklagt. In seiner Verteidigungsrede sagt Petrus über Christus: «In keinem anderen ist das Heil, auch ist kein anderer Name unter dem Himmel den Menschen gegeben, durch den wir sollen selig werden» (Apg 4, 12).[10] Diese kühne Aussage liest sich wie ein Echo auf die einschlägigen Aussagen des Apostels Paulus in Phil 2, 9–11 und Röm 10, 9.

Martin Luther und die Reformation haben diese Aussagen auf die knappe Formel «*solus Christus* – Christus allein» gebracht. Beim frühen Luther hat diese Formel allerdings noch nicht jene kirchenkritische Bedeutung, die sie nach seiner reformatorischen Wende annimmt.[11] Dass allein in Christus das Heil zu finden ist, ist für sich genommen ebenso eine gut katholische Formel wie das «*sola gratia* – allein aus Gnade.» Seine reformatorische Zuspitzung und damit zugleich seine Abgrenzung von der spätmittelalterlichen katholischen Gnadenlehre erfährt das *solus Christus* nach der reformatorischen Wende freilich durch seine Verknüpfung mit dem «*Sola fide* – allein durch den Glauben» in Verbindung mit dem *sola gratia* und dem *sola scriptura*.

---

10 Wenn nicht anders vermerkt, werden Bibeltexte nach der Übersetzung Martin Luthers zitiert (Lutherbibel 1984).

11 Vgl. Bernhard Lohse, Luthers Theologie in ihrer historischen Entwicklung und in ihrem systematischen Zusammenhang, Göttingen 1995, S. 67.

In gewisser Weise wird das genannte Geviert von Exklusivpartikeln durch die Formel «Gott allein» gebündelt.[12] Eine derart radikale Sicht der alleinigen Heilswirksamkeit Jesu Christi scheint sich mit der heutigen Forderung nach Toleranz, zumal im interreligiösen Dialog, schlecht zu vertragen. Kann diese biblische Aussage auch heute noch theologische Geltung beanspruchen? Oder ist sie im Rahmen einer Theologie der Religionen abzuschwächen? Es sei betont, dass es sich bei dieser Frage um eine gemeinsame ökumenische Herausforderung handelt und nicht nur um ein Problem einer evangelischen Theologie der Religionen.[13]

In kritischer Abgrenzung von heutigen Konzeptionen einer Theologie, die Religion zu ihrem Leitbegriff erklärt und von der gelebten Religion in ihrer Vielfalt ausgehen möchte, sei hier die These vertreten, dass es beim christlichen Glauben nicht um Religion oder Spiritualität geht, sondern um Gott. Das Evangelium verspricht nicht «kleine Transzendenzen», die man im Urlaub oder im Fußballstadion erleben kann, sondern antwortet auf die Frage, was mein einziger Trost im Leben und im Sterben ist, wie es der reformierte Heidelberger Katechismus (1563) ausdrückt. Und das drängende Problem der Kirchen ist nicht der Mangel an irgendwelcher Spiritualität, sondern die Sprachnot des Glaubens, die sich in einer bisweilen erschreckenden Banalisierung christlicher Glaubensinhalte zeigt, die mit Recht als Selbstsäkularisierung der Kirche kritisiert wird.[14] Die Respiritualisierung, die manche als Antwort auf die Krise der Kirchen empfehlen, ist in Wahrheit keine Alternative, sondern leistet solcher Selbstsäkularisierung möglicherweise nur weiteren Vorschub.

Zwar kann auf den Religionsbegriff theologisch nicht verzichtet werden, doch ist zunächst zwischen Religion und Gottesglauben zu unterscheiden. Auch ist zwischen der Frage nach Gott und der Frage nach Sinn zu unterscheiden. Nicht jeder, der nach dem Sinn des Lebens fragt, fragt darum schon nach Gott. Wer heute im biblischen Sinne von Gott reden will, kann nicht davon ausgehen, dass immer schon nach ihm gefragt wird. Der Anknüpfungspunkt einer vorgängigen Gottesfrage ist keineswegs selbstverständlich und unausweichlich. Darum hängt die

---

12 Vgl. Gerhard Ebeling, Luther. Einführung in sein Denken (UTB 1090), Tübingen 1981, S. 296.

13 Vgl. dazu Dorothea Sattler/Volker Leppin (Hg.), Heil für alle? Ökumenische Reflexionen (Dialog der Kirchen 15), Freiburg i.Br./Göttingen 2012.

14 Vgl. Wolfgang Huber, Kirche in der Zeitenwende. Gesellschaftlicher Wandel und Erneuerung der Kirche, Gütersloh 1998, S. 10.

Möglichkeit, von Gott zu reden, nicht von der Frage nach ihm ab, sondern von der Erinnerungsspur der biblisch bezeugten Gottesoffenbarung.

Die Frage nach Gott kann heute nur gestellt werden, weil vor uns Menschen von Gott geredet und sein Wirken bezeugt haben. Die neutestamentlichen Texte aber tun dies so, dass sie zugleich von Jesus Christus sprechen. Von Jesus wiederum lässt sich angemessen nur sprechen, wenn im Blick auf seine Person und sein Leben zugleich von Gott gesprochen wird, so dass der Sinn seines Lebens im Horizont Gottes offenbar wird, wie umgekehrt das Wort «Gott» erst in Verbindung mit dem Leben Jesu seine letztgültige Bedeutung gewinnt. Das Geschick Jesu macht offenbar, dass das Wesen Gottes Liebe ist.[15] Worin aber die Liebe besteht, die Gott ist, lässt sich nur im Verweis auf den Lebensweg Jesu bestimmen. So gewinnt das Wort «Gott» seinen christlichen Sinn, indem Gott und Jesus zusammengesprochen werden. Gott und Jesus von Nazareth aber lassen sich nur so zusammensprechen, dass vom alttestamentlich bezeugten Gott Israels als dem Vater, von Jesus als dem Sohn und vom Heiligen Geist, mit anderen Worten: dass von Gott trinitarisch gesprochen wird.[16]

In diesem Sinne sehe ich die Kirchen gefordert, das Profil des Christlichen zu schärfen. Christlicher Glaube unterscheidet sich von allen sonstigen Formen von Religion durch das Bekenntnis zu Jesus Christus als Heilsbringer. Eben darum wurden und werden die an ihn Glaubenden Christen genannt. Dieses Bekenntnis aber schließt den Glauben an den von Jesus verkündigten Gott ein, der wiederum der Gott Israels ist. Dennoch: Nicht eine vage Gottoffenheit, sondern das Christusbekenntnis ist der entscheidende «Marker», an dem das Label «Christentum» auf dem Markt der religiösen Möglichkeiten und Unmöglichkeiten erkannt wird. Von hier aus ist die Identität von Glaube und Kirche zu bestimmen.

4. Allein aus Gnade

Allein aus Gnade – und zwar um Christi willen – wird der sündige Mensch vor Gott gerechtfertigt und von ihm angenommen. Allein aus

---

15 Vgl. 1Joh 4,16.

16 Vgl. Eberhard Jüngel, Gott als Geheimnis der Welt. Zur Begründung der Theologie des Gekreuzigten im Streit zwischen Theismus und Atheismus, Tübingen [8]2010. – Zur trinitarischen Rede vom Heiligen Geist siehe ausführlich Ulrich H. J. Körtner, Die Gemeinschaft des Heiligen Geistes. Zur Lehre vom Heiligen Geist und der Kirche, Neukirchen-Vluyn 1999, bes. S. 47–62.

Gnade – auch das um Christi willen – lebt der gerechtfertigte Sünder als neugewordenes Geschöpf Gottes. «Ist jemand in Christus», schreibt Paulus in 2Kor 5, 17, «so ist er ein neues Geschöpf.» Die Rechtfertigung zielt also nicht nur auf die Vergebung der Sünde und die Versöhnung mit Gott, sondern auch auf die Erneuerung der Schöpfung. Daher sind die Rechtfertigungslehre und das *sola gratia* nach evangelischem Verständnis das Kriterium aller kirchlichen Verkündigung,[17] das Kriterium für das Verständnis des Evangeliums von Jesus Christus und ebenso für das Verständnis der Welt als Schöpfung und des Menschen als Geschöpf Gottes.

Das lässt sich sehr schön an Luthers Auslegung des 1. Artikels des Apostolischen Glaubensbekenntnisses verdeutlichen. Was bedeutet die Aussage: «Ich glaube an Gott, den Vater, den Allmächtigen, den Schöpfer des Himmels und der Erde»? Luther antwortet: «Ich glaube, dass mich Gott geschaffen hat samt allen Kreaturen, mir Leib und Seele, Augen, Ohren und alle Glieder, Vernunft und alle Sinne gegeben hat und noch erhält; dazu Kleider und Schuh, Essen und Trinken, Haus und Hof, Weib und Kind, Acker, Vieh und alle Güter; mit allem, was nottut für Leib und Leben, mich reichlich und täglich versorgt, in allen Gefahren beschirmt und vor allem Übel behütet und bewahrt; und das alles aus lauter väterlicher, göttlicher Güte und Barmherzigkeit, ohn all mein Verdienst und Würdigkeit: für all das ich ihm zu danken und zu loben und dafür zu dienen und gehorsam zu sein schuldig bin. Das ist gewisslich wahr.»[18]

Der Schöpfungsglaube hat nach Luther also die Struktur der Rechtfertigungsbotschaft. *Sola gratia*: Das bedeutet schöpfungstheologisch gewendet, das Leben als gute Gabe aus Gottes Hand zu empfangen – «und das alles aus lauter väterlicher, göttlicher Güte und Barmherzigkeit, ohn all mein Verdienst und Würdigkeit.» Dass der Glaube im Sinne Luthers gleichbedeutend mit der Gewissheit des *sola gratia* erworbenen Heils ist, unterstreicht der Schlusssatz seiner Auslegung des ersten Glaubensartikels: «Das ist gewisslich wahr.»

Das *sola gratia* bildet aber auch einen Kontrast zur Gnadenlosigkeit unserer heutigen übertribunalisierten Lebenswelt, welche die Frage nach einer Kultur des Erbarmens und des Verzeihens laut werden lässt. Nach christlichem Verständnis ist es Jesus Christus als das fleischgewordene

---

17 Vgl. auch Leuenberger Konkordie, Art. 12, wonach «die ausschließliche Heilsmittlerschaft Jesu Christi die Mitte der Schrift und die Rechtfertigungsbotschaft als die Botschaft von der freien Gnade Gottes Maßstab aller Verkündigung der Kirche ist».

18 Martin Luther, Kleiner Katechismus (BLSK 510, 33-511, 8), modernisierte Schreibweise.

Wort Gottes, in dem eine solche Kultur des Verzeihens ihre Quelle und ihren Maßstab hat.

Das Evangelium ist die Zusage bedingungsloser Liebe. Hat schon der irdische Jesus für sich die Vollmacht beansprucht, im Namen Gottes Sünden zu vergeben, so begreift das Neue Testament schließlich seinen Tod und seine Auferstehung als definitiven göttlichen Akt der Vergebung. Mit Paulus ist der Tod Jesu als Inbegriff göttlicher Feindesliebe (Röm 5, 10) zu verstehen, in welcher die Zuspitzung des Gebotes der Nächstenliebe zum Gebot der Feindesliebe (Mt 5, 38–48) ihren eigentlichen Grund hat. Die göttliche Vergebung aber zielt auf endgültige und universale Versöhnung.

Gerade seine religiöse Dimension macht das Christentum zur maßgeblichen Ressource einer Kultur des Verzeihens. Darauf hat bereits Hannah Arendt aufmerksam gemacht.[19] Besondere Beachtung verdienen ihre Ausführungen zu Taten, die von Menschen nicht vergeben werden können, weil sie auch durch keine irdische Strafe gesühnt werden können. Dieser Gedanke ist hilfreich, um den Sinn der biblischen Rede vom Jüngsten Gericht neu zu verstehen. Recht verstanden ist der Gerichtsgedanke eine Implikation der christlichen Gewissheit, dass bei Gott auch in Sachen Vergebung kein Ding unmöglich ist, gerade weil er der richtende, Gerechtigkeit verbürgende Gott ist. Ohne den Gedanken des richtenden Gottes verliert auch derjenige des gnädigen Gottes seine Plausibilität.

Der Gedanke des Jüngsten Gerichts verwandelt sich freilich unter dem Vorzeichen von Rechtfertigung und Versöhnung von einem Symbol der Angst zu einem Symbol der Hoffnung, wie sich schon an der Frage 52 des Heidelberger Katechismus zeigt.[20] Der biblische Gerichtsgedanke und die

---

19 Vgl. Hannah Arendt, Vita activa oder Vom tätigen Leben, München [12]2001, S. 304.

20 Frage 52 lautet: «Was tröstet dich die Wiederkunft Christi, zu richten die Lebendigen und die Toten? – Antwort: Daß ich in aller Trübsal und Verfolgung mit aufgerichtetem Haupt eben des Richters, der sich zuvor dem Gericht Gottes für mich dargestellt und alle Vermaledeiung von mir hinweggenommen hat, aus dem Himmel gewärtig bin, daß er alle seine und meine Feinde in die ewige Verdammnis werfen, mich aber samt allen Auserwählten zu ihm in die himmlische Freud und Herrlichkeit nehme» (Ausgabe: Der Heidelberger Katechismus, hg. v. Otto Weber, Gütersloh 1978, S. 33). Ist auch mit dem Heidelberger Katechismus der Hoffnungsaspekt des Gerichtsgedankens zu unterstreichen, so ist doch die – mit Bibelzitaten begründete – Annahme des doppelten Gerichtsausgangs und der ewigen Verwerfung der Feinde Gottes («seine und meine [!] Feinde»)

Lehre von der Rechtfertigung des Sünders bringen eine Hoffnung zum Ausdruck, die nicht nur den Opfern der Geschichte, sondern auch den Tätern gilt, freilich so, dass die Mörder nicht über ihre Opfer triumphieren.[21]

Für den christlichen Glauben erschließt sich der Gerichtsgedanke von der Heilsbedeutung des Todes Jesu her. Hier wird die Verbindung des *sola gratia* mit dem *solus Christus* deutlich. Mit dem apostolischen Glaubensbekenntnis gesprochen, hoffen die Christen auf die Wiederkunft Christi zum Jüngsten Gericht. Dass aller Menschen Richter kein anderer als Jesus Christus ist, sagt uns, dass Gott die Welt heilvoll zurechtbringen will und dass seine Gerechtigkeit vom Geist der Liebe durchdrungen ist.

Das Ziel des Rechtfertigungsgeschehens ist Versöhnung. Alles menschliche Bemühen um Versöhnung hat in der von Gott selbst in Christus gestifteten Versöhnung zwischen Gott und Mensch ihren letzten Grund. Leben aus der Kraft der Versöhnung ist Leben in der Hoffnung auf das Reich Gottes. Diese Hoffnung schließt das Gedächtnis der Toten und ihrer Leiden ein. Sie bildet den uneinholbaren Horizont aller innerweltlichen Bemühungen um Versöhnung.

5. Allein die Schrift

Nach klassischer reformatorischer Lehre ist allein die Schrift Quelle und Maßstab christlichen Glaubens, christlicher Lehre und christlichen Lebens. Man beruft sich dafür auf Luthers Formel *sola scriptura*, die freilich nicht für sich steht, sondern in das Geviert der sich wechselseitig erläuternden Exklusivpartikel gehört: *Sola scriptura – solus Christus – sola gratia – sola fide.*[22] Allein die Schrift ist Quelle und Maßstab des Glaubens, weil und sofern sie Christus bezeugt, der allein die Quelle des Heils ist, nämlich des den Sünder freisprechenden Evangeliums. Die Rechtfertigung des Sünders erfolgt um Christi willen allein aus Gnaden – und zwar

---

einer theologischen Revision zu unterziehen. Sie kann jedenfalls nicht derart apodiktisch als Glaubensgewissheit behauptet werden, wie es der Heidelberger Katechismus tut.

21 Vgl. Max Horkheimer, Die Sehnsucht nach dem ganz Anderen. Ein Interview mit Kommentar von Helmut Gumnior, Hamburg 1970, S. 62.

22 Vgl. zum Folgenden Ulrich H. J. Körtner, Rezeption und Inspiration. Über die Schriftwerdung des Wortes und die Wortwerdung der Schrift im Akt des Lesens, NZSTh 51, 2009, S. 27–49.

allein durch den Glauben an das Evangelium, wie es eben von der Schrift bezeugt wird.

Gemäß der lutherischen Konkordienformel von 1577 «bleibt allein die Heilige Schrift der einig Richter, Regel und Richtschnur, nach welcher als dem einigen Probierstein sollen und müssen alle Lehren erkannt und geurteilt werden, ob sie gut oder bös, recht oder unrecht sein»[23]. Ähnlich formulieren die reformierten Bekenntnisschriften.[24] Abgesehen davon, dass die Konkordienformel das reformatorische Schriftprinzip im Vergleich mit Luther auf seine kriteriologische Funktion reduziert, hat dieses sowohl im Luthertum als auch in den reformierten Kirchen eine antikatholische – oder sagen wir besser: eine antirömische – Stoßrichtung. Nicht die kirchliche Tradition und nicht das Lehramt, sondern allein die Schrift ist die maßgebliche Norm für Theologie und Verkündigung.

«Die» Bibel, «die» Schrift, auf welche das reformatorische *sola scriptura* pocht, ist freilich ein Kanon mit antikatholischer Stoßrichtung, den man kanongeschichtlich als Hybrid bezeichnen muss. Zwar berufen sich die Reformatoren im Sinne der humanistischen Parole *ad fontes!* auf den vermeintlichen Urtext des Alten und des Neuen Testaments. Im Zuge dessen wird auch die Biblia Hebraica der Septuaginta vorgezogen, auf welcher das Alte Testament der Vulgata fußt. Sie betonen die Vorgegebenheit, die Externität und unumstößliche Autorität des göttlichen Wortes. In Wahrheit haben sie jedoch keinen vorgefundenen Kanon benutzt, sondern «einen hybriden Kanon geschaffen, also einen Kanon, den es vorher noch nie gegeben hat und seitdem auch nur in nationalen Übersetzungen gibt».[25]

Die Schrift, auf welche sich die reformatorischen Kirchen berufen, ist streng genommen nicht der Ausgangspunkt, sondern das Produkt der Reformation, nämlich ein aus hebräischem Umfang und griechischer Struktur gemischter, jedoch in einer dritten Sprache – sei es Deutsch[26],

---

23 BSLK 769, 22–27.

24 Belege in BSRK 154f (Züricher Bekenntnis 1545); 234, 15-22 (Confessio belgica 1561); 500, 35–37 (Waldenser-Bekenntnis 1655); 506f (Anglikanische Artikel 1552/62); 526f (Irische Artikel 1615); 542–547 (Westminster-Confession 1647); 871f (Bekenntnis der Calvinistischen Methodisten 1823); 905, 12–14 (Bekenntnis der Genfer Freikirche 1848).

25 James A. Loader, Die Problematik des Begriffes hebraica veritas, HTS 64, 2008, S. 227–251, hier S. 247.

26 Die erste vollständige deutsche Bibelübersetzung der Reformationszeit war bekanntlich nicht die Übersetzung Martin Luthers, sondern die Zürcher Bibel von 1531 («Froschauer-Bibel», deren einzelne Teile zwischen 1524 und 1529 erschienen sind). Deren

Englisch oder sonst eine lebende Sprache – dargebotener Kanon. Ähnlich wie im Fall der Septuaginta ist also auch hier die Übersetzung das Original.

Das beschriebene Wechselverhältnis von Kanon, Übersetzung und konfessioneller Identität muss evangelischerseits als Anfrage an das reformatorische Schriftprinzip ernstgenommen werden.[27] Abgesehen davon, dass der protestantische Hybridkanon nur in Übersetzungen vorliegt, gibt es ja eine Vielzahl von deutschen, englischen oder sonstigen fremdsprachigen Übersetzungen, wobei nochmals zwischen Privatübersetzungen, Leseausgaben und wissenschaftlichen Übersetzungen sowie kirchlich approbierten, d. h. für den gottesdienstlichen Gebrauch zugelassenen, Übersetzungen zu unterscheiden ist. Vor dem Akt des Lesens steht die Auswahl der Übersetzung, in welcher man die Bibel lesen möchte. Mindestens insofern gilt, dass nicht nur der Sinn eines einzelnen Textes, sondern die Bibel als Makrotext im Akt der Rezeption je und je neu entsteht.

Hat sich damit das reformatorische Schriftprinzip, dessen Krise seit den Anfängen der historisch-kritischen Exegese konstatiert wird, endgültig erledigt?[28] Bleibt es bei seiner Dekonstruktion?[29] Oder besteht die Möglichkeit einer rezeptionsästhetischen Rekonstruktion, die nicht nur literaturwissenschaftlich, sondern auch theologisch überzeugt? Lässt sich dementsprechend auch die Lehre von der Inspiration der Heiligen Schrift in ihrem reformatorischen Verständnis neu erschließen, ohne den altprotestantischen Selbsttäuschungen zu erliegen?

Übersetzung des NT fußte zunächst allerdings auf der Übersetzung Luthers, dessen erste Vollbibel 1534 erschien. Vgl. Albrecht Beutel, Art. Bibelübersetzungen II.1, RGG[4] I, Tübingen 1998, Sp. 1498–1505, hier Sp. 1500.

27 Die folgenden Abschnitte sind entnommen aus: Ulrich H. J. Körtner, Im Anfang war die Übersetzung. Kanon, Bibelübersetzungen und konfessionelle Identitäten im Christentum, in: Marianne Grohmann/Ursula Ragacs (Hg.), Religion übersetzen. Übersetzungen und Textrezeption als Transformationsphänomene von Religion (Religion and Transformation in Contemporary European Society 2), Göttingen 2012, S. 179–201, hier S. 194–198.

28 Zur Krise des Schriftprinzips vgl. Ulrich H. J. Körtner, Theologie des Wortes Gottes. Positionen – Probleme – Perspektiven, Göttingen 2001, S. 302ff; Jörg Lauster, Prinzip und Methode. Die Transformation des protestantischen Schriftprinzips durch die historische Kritik von Schleiermacher bis zur Gegenwart (HUTh 46), Tübingen 2004.

29 So Hector Avalos, The End of Biblical Studies, Amherst/NY 2007, S. 37ff. 65ff.

Die Einheit der Schrift lässt sich jedenfalls weder formal im Sinn einer Kanonliste – von denen es bis heute mehrere gibt – noch durch die lehramtliche Dogmatisierung eines Sinnbestandes bestimmen. Sie entsteht vielmehr immer wieder neu durch fortgesetzte Lektüre. Dabei ist zwischen der äußeren und der inneren Einheit des Kanons zu unterscheiden.

Gleichwohl behauptet die reformatorische Tradition, dass der Kanon nicht das Produkt der Kirche, die Kirche also nicht das Subjekt der Kanonbildung ist. Nur unter dieser Prämisse macht das reformatorische Schriftprinzip, das *sola scriptura*, wonach die Heilige Schrift allein Quelle des Glaubens und jedes kirchliche Auslegungsprivileg zurückzuweisen ist, Sinn. Inwiefern aber ist diese Behauptung unter den Bedingungen des modernen Geschichtsbewusstseins und der historisch-kritischen Forschung plausibel?

Die verschiedenen Gestalten der jüdischen Bibel bzw. des Alten Testaments sowie der christlichen Bibel mit ihrem Doppelkanon lassen sich im Sinne moderner Intertextualitätskonzepte verstehen.[30] Wie Gerhard Ebeling erklärt hat, ist der biblische Kanon ebenso wie das reformatorische Schriftprinzip «in entscheidender Hinsicht nicht ein Textabgrenzungsprinzip, sondern ein hermeneutisches Prinzip»[31]. Nimmt man diesen Gedanken ernst, so folgt daraus nicht nur im Gespräch zwischen Christentum und Judentum, sondern auch unter den christlichen Kirchen «der Respekt für die gegenseitige Begrenzung und daher bereichernde Ergänzung, die verschiedene Textüberlieferungen und -organisationen mit sich bringen».[32] Wenn jeder Kanon als eine partikulare Realisierung der Idee der Heiligen Schrift verstanden wird, die auf den Austausch mit anderen Gestalten ihrer Realisierung angewiesen ist, ist auch ein Hybrid wie der protestantische Kanon theologisch legitim.

---

30 Vgl. Thomas Hieke/Tobias Niklas, Die Worte der Prophetie dieses Buches. Offenbarung 22, 6–21 als Schlussstein der christlichen Bibel Alten und Neuen Testaments gelesen (BThS 62), Neukirchen-Vluyn 2003; Stefan Alkier/Richard B. Hays, Kanon und Intertextualität (Kl. Schriften des FB Ev. Theol. der Goethe-Universität Frankfurt a. M., Bd. 1), Frankfurt a.M. 2010.

31 Gerhard Ebeling, Dogmatik des christlichen Glaubens, Bd. I, Tübingen [2]1982, S. 34.

32 James A. Loader, a.a.O. (Anm. 25), S. 249.

Schriftauslegung geschieht nicht nur unvermeidlich plural, sondern sie ist auch niemals voraussetzungslos, hat sie doch ihren Ort in der Kirche bzw. den einzelnen Konfessionen als Auslegungsgemeinschaften.[33] Insoweit leuchtet das Postulat einer «kirchlichen Hermeneutik» ein, welches heute als «Hermeneutik des Einverständnisses»[34] diskutiert wird. Einverständnis mit dem biblischen Text kann freilich bestenfalls das Resultat des Verstehensvorgangs, keinesfalls die Prämisse sein. Folglich kann es nach evangelischem Verständnis auch kein kirchliches bzw. lehramtliches Auslegungsprivileg geben, das die Pluralität des prinzipiell unabschließbaren Auslegungsprozesses steuern und domestizieren soll.

Nach reformatorischer Tradition ist die Kirche, konkret die gottesdienstliche Gemeinde, freilich nicht das Subjekt, sondern das Objekt der Auslegung. Sie ist eine Wort-Schöpfung, *creatura Euangelii* (Luther)[35], d. h. ein Geschöpf des Evangeliums bzw. eine Schöpfung des Wortes Gottes[36]. Wie Luther schreibt, ist die Kirche *nata ex verbo*[37], wobei es sich bei der Geburt der Kirche aus dem Wort Gottes nicht um einen einmaligen Vorgang in der Vergangenheit, sondern um ein beständiges Geschehen handelt. Ähnlich wie der Christenmensch nach Luther täglich aus der Taufe neu herauskriecht[38], so wird auch die Kirche als Gemeinschaft der Glaubenden stets aufs Neue aus dem Wort geboren. Eben in diesem Sinne ist sie *creatura verbi* und nicht sein *creator*.

6. Allein durch den Glauben

Was aber ist nun im Sinne reformatorischer Theologie unter dem Glauben zu verstehen, durch den allein der Mensch gerechtfertigt wird? Gerhard

---

33 Zum Begriff der Interpretationsgemeinschaft siehe Stanley Fish, Is There a Text in This Class? The Authority of Interpretive Communities, Cambridge, Mass. 1980.

34 Peter Stuhlmacher, Vom Verstehen des Neuen Testaments. Eine Hermeneutik (NTD Erg. 6), Göttingen 1979, bes. S. 205ff.

35 WA 2, 430, 6–8.

36 Die Wendung «creatura verbi» als Bezeichnung für die Kirche lässt sich für Luther nicht nachweisen. Es gibt aber Zitate, die dieser Bezeichnung zumindest nahekommen, z. B. WA 6, 560, 36–561, 1; WA.B 5, 591, 49–57. Vgl. dazu M. Trowitzsch, Die nachkonstantinische Kirche, die Kirche der Postmoderne – und Martin Luthers antizipierende Kritik, BThZ 13, 1996, S. 3–35, hier S. 4, Anm. 6.

37 WA 42, 334, 12.

38 Martin Luther, Kleiner Katechismus (BSLK 516, 30–38).

Ebeling bringt das Glaubensverständnis Luthers auf die knappe Formel: «Glauben ist gutes Gewissen.»[39] Das gute Gewissen stützt sich nicht auf die eigenen Werke und Leistungen, die der Mensch vollbringt, sondern allein auf Gottes Werk in Jesus Christus. Es ist ein befreites Gewissen, wie überhaupt der Glaube in der Erfahrung einer neu gewonnenen Freiheit von der Sünde und für Gott und den Mitmenschen besteht.

Letztlich ist die Lehre von der bedingungslosen Annahme und Rechtfertigung des Gottlosen nichts anderes als eine Freiheitslehre. Nach reformatorischem Verständnis sind Heilsgeschehen und Heilsgeschichte eine Geschichte der Freiheit, genauer gesagt, eine Geschichte der Befreiung. Der Glaube ist das Bewusstsein einer neu gewonnenen Freiheit, zu der die Glaubenden durch Christus befreit sind (vgl. Gal 5, 1).[40]

Befreit zum Glauben kann der Mensch «Gott über alle Dinge fürchten, lieben und vertrauen», wie Luther in der Auslegung zum Ersten Gebot sagt.[41] Am Glauben erweist sich auch das Wesen der Sünde. Sünde ist wesenhaft Unglaube, und das meint eben mangelnde Gottesfurcht und Gottesliebe, fehlendes Vertrauen zu Gott.[42]

Der Glaube aber ist weder ein menschliches Werk oder Vermögen noch eine Tugend im Sinne einer philosophischen Tugendlehre, sondern allein Gottes Werk und Gabe, so gewiss der Mensch selbst im Akt des Glaubens als Subjekt beteiligt ist. Luther beschreibt den Glauben in seiner Auslegung des dritten Artikels des Apostolikums als Werk des Heiligen Geistes: «Ich glaube, dass ich nicht aus eigener Vernunft noch Kraft an Jesus Christus, meinen Herrn, glauben oder zu ihm kommen kann; sondern der Heilige Geist hat mich durch das Evangelium berufen, mit seinen Gaben erleuchtet, im rechten Glauben geheiligt und erhalten».[43] Wie die Rechtfertigung ist also auch der Glaube als ein trinitarisches Geschehen zu begreifen, das durch Vater, Sohn und Heiligen Geist bewirkt wird.

Ebenso sagt es auch der Heidelberger Katechismus, die wichtigste Bekenntnisschrift der reformierten Kirchen, in der Antwort auf die 21. Frage, was wahrer Glaube sei: Glaube «ist nicht allein eine gewisse

---

39 Gerhard Ebeling, a.a.O. (Anm. 12), S. 191.

40 Luther spricht in der Schrift «De captivitate Babylonica» (1520) von der «scientia libertatis Christianae» (WA 6,538,30).

41 Martin Luther, Kleiner Katechismus (BLSK 507, 43 44).

42 Vgl. Röm 14, 23: «Was aber nicht aus dem Glauben kommt, das ist Sünde.»

43 Martin Luther, Kleiner Katechismus (BSLK 511, 46–512, 5), modernisierte Schreibweise.

Erkenntnis, dadurch ich alles für wahr halte, was uns Gott in seinem Wort offenbaret, sondern auch ein herzliches Vertrauen, welches der Heilige Geist durchs Evangelium in mir wirket, dass nicht allein andern, sondern auch mir Vergebung der Sünden, ewige Gerechtigkeit und Seligkeit von Gott geschenkt sei aus lauter Gnaden, allein um des Verdienstes Christi willen.»[44]

Das Evangelium, von dem Luther und der Heidelberger Katechismus sprechen, ist, mit Paulus gesprochen, das *kērygma Iēsu Christu* (vgl. Röm 16, 25). Diese Formel beinhaltet gleichermaßen einen Genetivus objectivus wie einen Genetivus subjectivus. Es handelt sich beim Kerygma Jesu Christi also nicht nur um die Verkündigung, deren Inhalt Jesus Christus ist, sondern auch um die Verkündigung, deren Urheber und Subjekt Christus ist. Eben darum gehören Wort und Glaube nach reformatorischem Verständnis unmittelbar zusammen.

Wo die Botschaft von Jesus Christus Aufnahme findet, wirkt Christus selbst. Mit Rudolf Bultmann gesprochen, beginnt das Christentum damit, dass der Verkündiger zum Verkündigten geworden ist. Dadurch, dass er verkündigt wird, spricht Christus selbst in die Gegenwart hinein.

Im Neuen Testament wird Jesus von Nazareth als das Wort Gottes bezeichnet. Er ist freilich nicht mehr unmittelbar präsent, sondern nur mittelbar durch die christliche Verkündigung, paulinisch gesprochen: durch das Kerygma. Das Kerygma ist Wort des Glaubens, auch dies in der doppelten Bedeutung des Genetivs: Es bezeugt den Glauben an Jesus Christus und ist zugleich das Medium, welches den Glauben hervorruft. In der Botschaft (nicht im Bericht!) des Glaubens, in welcher der Glaube an Jesus als den Christus Gottes bekannt wird, kommt Gott selbst zur Sprache. Gott ist also diejenige Größe, welche die Botschaft des christlichen Glaubens als vermittels ihrer selbst Glauben provozierende und als solche in Erscheinung tretende zur Sprache bringt. Solchermaßen tritt Gott als Grund des Glaubens und damit als Grund aller Wirklichkeit in Erscheinung.

Dass das «Wort des Glaubens» einerseits als Bekenntnis von Glauben, andererseits als Provokation zum Glauben zu verstehen ist, bedarf noch einer genaueren Erklärung. «Provokation» meint wörtlich «hervorrufen». Sofern das Wort des Glaubens die Weise ist, in der Gottes schöpferisches Wort vernehmbar wird, meint «hervorrufen» so viel wie «ins Sein rufen»,

---

44 Der Heidelberger Katechismus, hg. v. Otto Weber, Gütersloh 1978, S. 22f.

nicht etwa nur «herausfordern», wie wir das Wort «provozieren» üblicherweise übersetzen. Die Provokation des Wortes des Glaubens ist nicht nur als Forderung, d. h. als Appell zum Glauben zu verstehen. Vielmehr spricht das Wort des Glaubens «in der Weise vom Glauben, dass es ihn zuspricht und gibt, anstatt ihn nur zu fordern und abzuverlangen».[45] Der neutestamentliche Glaube ist also «ein integrierender Bestandteil des Ereignisses, das er bezeugt».[46]

Ist die Weise, in welcher uns Gottes Wort in Menschenworten begegnet, keine andere als das Wort des Glaubens, so ist der Glaube selbst – wie von Bultmann zu lernen bleibt – als eine Weise des Verstehens zu interpretieren. Der Glaube als eigentümliche Weise des Selbstverständnisses begreift sich aber passivisch als ein von Gott Erkannt- und Verstandenwerden. Auf ein letztes Offenbarwerden des eigenen Selbst richtet sich die eschatologische Hoffnung des Paulus in 1Kor 13, 12: «Jetzt erkenne ich stückweise; dann aber werde ich erkennen, wie ich erkannt bin.» Der Glaube ist folglich nicht eine Weise aktiver Selbstbestimmung, sondern ein passives Bestimmtsein.[47] Wiewohl der Glaubende im Glauben sich selbst neu versteht bzw. das gläubige Selbst sich selbst in Gott gründet, bleibt der Glaube doch ein Widerfahrnis, das sich bei aller Tätigkeit des Subjekts gerade nicht als eigenmächtige Tat, sondern nur als Gabe verstehen lässt. Von menschlicher Selbstbestimmung kann darum mit Blick auf den Glauben allenfalls so gesprochen werden, dass im Glauben das vorgängige Bestimmtsein durch Gott anerkannt und nachvollzogen wird.

Der Glaube aber bleibt nicht selbstgenügsam bei sich selbst, sondern er ist gepaart mit der Liebe zu Gott und dem Mitmenschen wie auch mit der Hoffnung. In den johanneischen Schriften des Neuen Testaments wird Gottes Wesen als Liebe und der Glaube als ein Sein in der Liebe beschrieben. Glaube und Liebe verhalten sich nach Luther zueinander wie

---

45 Gerhard Ebeling, Dogmatik des christlichen Glaubens III, Tübingen 1979, S. 251.

46 Paul Tillich, Systematische Theologie, Bd. II, Stuttgart [5]1977, S. 128.

47 Vgl. Rudolf Bultmann, Welchen Sinn hat es, von Gott zu reden?, in: ders., Glauben und Verstehen, Bd. I, Tübingen [7]1972, S. 25–37, hier S. 36; ders., Theologische Enzyklopädie, hg. v. Eberhard Jüngel u. Klaus W. Müller, Tübingen 1984, S. 129, Anm. 67, wo der Glaubende als Gegenstand des göttlichen Tuns beschrieben wird.

Person und Werk,[48] Täter und Tat[49]. Der Glaube zeigt sich in der Dankbarkeit,[50] die in einem gelebten Ethos praktisch wird. Er kann aber nicht darauf reduziert werden, lediglich als Motivation zum Handeln zu dienen.

Die Rechtfertigungsbotschaft setzt voraus, dass zwischen dem Handeln Gottes und demjenigen des Menschen begrifflich unterschieden wird. Wenn Luther von den Taten der Liebe als Früchten des Glaubens spricht, steht das Handeln des Menschen freilich nicht unverbunden neben dem Handeln Gottes, sondern es bezieht sich gerade auf dasjenige, was allein Gottes Werk ist. Die Rechtfertigungslehre spricht exklusiv vom gnädigen Handeln Gottes am Menschen und der Welt. Die Rede vom rechtfertigenden Handeln Gottes eröffnet ein spezifisch theologisches Verständnis von Freiheit, welche die Grundbedingung allen Handelns ist. Auf diese Weise werden sowohl der gängige Handlungsbegriff als auch ein allgemeines Verständnis von Ethik der Kritik unterzogen. Eine rechtfertigungstheologisch begründete Ethik ist, recht verstanden, nicht so sehr eine solche des Tuns als vielmehr des Lassens. In Umkehrung des Satzes aus Jak 1, 22 lautet ihr Motto, plakativ formuliert: «Seid aber Hörer des Wortes und nicht Täter allein, wodurch ihr euch selbst betrügt!»

Das Hören des Wortes Gottes weist ein in eine Ethik des Lassens, die Gott Gott und den Mitmenschen ihn selbst sein lässt, statt über ihn und die Welt eigenmächtig verfügen zu wollen.[51] Es kommt eben keineswegs darauf an, mit Marx gesprochen, die Welt oder unsere Mitmenschen nach unseren Heilsvorstellungen zu verändern oder zu verbessern, sondern darauf, sie zu verschonen. Den Anderen und die Schöpfung sein zu lassen, schließt freilich das tätige Wohlwollen ein, das jedoch immer wieder in die Gefahr geraten kann, den Mitmenschen paternalistisch zu bevormunden. Eine aus der Rechtfertigung begründete Ethik ist daher immer auch eine Ethik der Selbstbegrenzung des handelnden Subjekts.

Es gilt, das Evangelium, d. h. die gute Nachricht von der Rechtfertigung des Gottlosen allein durch den Glauben, gegen seine Verkürzung auf eine bestimmte Moral zu schützen. Auch zu diesem Zweck ist das vierfache *solus* reformatorischer Theologie in Erinnerung zu rufen. Die

---

48 Vgl. WA 17/2, 97, 7–11.

49 Vgl. WA 17/2, 96, 25.

50 Vgl. Teil III des Heidelberger Katechismus.

51 Die beiden Schlussabsätze sind übernommen aus Ulrich H. J. Körtner, a.a.O. (Anm. 5), S. 114.

Rechtfertigungsbotschaft ist freilich ebenso gegen das Missverständnis zu schützen, als komme es auf das menschliche Tun und Lassen gar nicht an. Der Glaube ermutigt und befähigt gerade zur Verantwortungsübernahme vor Gott und den Menschen. Die Aufgabe einer evangelischen Ethik besteht darin, den inneren Zusammenhang von Freiheit, Liebe und Verantwortung zu verdeutlichen und für das gegenwärtige Handeln in Gesellschaft und Politik fruchtbar zu machen.

Peter Opitz, Zürich

Der spezifische Beitrag der Schweizer Reformation zur reformatorischen Bewegung[1]

1. Zum historischen Beitrag der Schweizer Reformation zur Reformationsbewegung

1.1 *Die Schweizer Reformation als historische Wurzel des weltweiten reformierten Protestantismus*

Anfang Januar 1523 riefen der Bürgermeister und die Räte der Stadt Zürich alle Pfarrer, Seelsorger, Prädikanten und Priester des Zürcher Gebiets zu sich ins Rathaus zu einer «Disputation», die Ende des Monats stattfinden sollte. Dabei ging es um die Schlichtung eines Streits: des Streits zwischen solchen, die behaupteten, «dem gemeinen Menschen das Gotteswort von der Kanzel zu verkündigen», und die sich dabei auf das «Evangelium» beriefen, und ihren Gegnern, die sie als «Irrlehrer, Verführer und Ketzer» beschimpften. Auch an den Bischof von Konstanz ging eine Einladung. Erst nachdem dieser der Aufforderung nicht nachgekommen war, in seinem Bistum für Frieden und Ordnung zu sorgen, hatten die Zürcher Räte diese Initiative ergriffen. Die streitenden Parteien sollten Gelegenheit bekommen, ihre Ansichten «mit wahrer göttlicher Schrift in deutscher Sprache» zu begründen. Ulrich Zwingli hatte seine Lehre in 67 Thesen gefasst, die zur Diskussion gestellt werden sollten.

Der Ausgang der Disputation war eindeutig und das Urteil des Rats richtungsweisend: Da niemand Zwingli auf dieser Basis hatte widerlegen können, sollte dieser in seiner Verkündigung nun weiterfahren wie bisher. Und nicht nur er: Alle Pfarrer und Priester in Stadt und Land sollten von nun an nichts anderes predigen als das, was sie mit dem «heiligen Evangelium und sonst mit der rechten göttlichen Schrift beweisen» konnten.

Es dauerte noch einige Zeit, bis sich die Reformation in Zürich endgültig durchgesetzt und etabliert hatte. Aber die Weichen waren damit gestellt. Der Zürcher Rat hatte die Zügel auf dem Feld von Kirche

---

1 Überarbeitete Fassung.

und Religion in die Hände genommen, er hatte sich hinter den umstrittenen Prediger Ulrich Zwingli gestellt und er hatte das Evangelium, wie es allein in den biblischen Schriften zu finden ist (*sola scriptura*), als Kriterium anerkannt, an welchem auch die Christlichkeit der römischen Bischofskirche mit ihrem bisherigen Wahrheits- und geistlichen Machtanspruch im christlichen Europa gemessen werden sollte.

Zwar wäre die Schweizer Reformation kaum denkbar gewesen ohne Luthers Auftreten und das reichsweite Echo, das es ausgelöst hatte. Der Zürcher Ratsentscheid vom Januar 1523 war dennoch in dieser Weise erstmalig und für die gesamte europäische Reformationsbewegung bahnbrechend. Ein nach damaligen Maßstäben souveränes politisches Gemeinwesen hatte im Grundsatz beschlossen, die Verkündigung des Evangeliums nach dem alleinigen Maßstab des «göttlichen Wortes» einzuführen, mit der unvermeidbaren Konsequenz, das eigene christlich-politische Gemeinwesen entsprechend zu «reformieren», ungeachtet aller kirchlich-religiösen Traditionen und reichspolitischen Drohgebärden. Vordenker dieses Geschehens war Ulrich Zwingli mit seinem eigenständigen theologischen Profil, an das die späteren «reformierten» Theologen direkt oder indirekt anknüpfen konnten. Dies gilt auch für Calvin, bei dem sich kaum ein theologischer Gedanke finden lässt, der nicht schon Jahre zuvor in der Schweizer Reformation geäußert und diskutiert worden wäre. Ebenso waren es Zürcher Impulse zur Gestaltung einer «gemäß dem Gotteswort reformierten» Kirche, die in die Reformationsbewegung einflossen. Man denke an das Mittel der öffentlichen Disputation zur Einführung der Reformation, das überall im Reich Nachahmung fand. Auch wenn es weit vom modernen Ideal einer gemeinsamen, herrschaftsfreien Suche nach der Wahrheit entfernt war, so gehört es doch grundsätzlich in diese Linie hinein und nicht in die Linie päpstlicher Erlasse oder landesfürstlicher Religionsdekrete. Zu denken ist aber auch an die theologischen «Hohen Schulen» und Akademien zur Ausbildung der Pfarrer unter Einschluss der humanistischen Bibelphilologie oder an die Einführung von Synoden, Pfarrkonventen oder Konsistorien als kirchliche Leitungsgremien und als Gegenmodell zu einer bischöflich-hierarchischen Leitungsstruktur.

Ein wichtiger historischer Beitrag der Schweizer Reformation zur Reformationsbewegung besteht darin, dass sie als Wurzel des weltweiten reformierten Protestantismus wesentlich als Städtereformation oder Gemeindereformation entstanden ist. Das Bild der Wurzel soll zugleich andeuten: Schnell einmal entwickelte sich die Bewegung weiter, breitete sich in viele Gebiete Europas aus, verschmolz verschiedentlich mit Impulsen und Traditionen der Wittenberger Reformation und nahm unterschiedliche theologische Färbungen und kirchliche Gestalten an. Anders als der lutherische Protestantismus, der bis heute seine Identität durch die bleibende – wenn auch faktisch sehr unterschiedlich interpretierte – Orientierung an seinem einen Gründervater sicherstellt, gehört es gerade zum Wesen und Selbstverständnis der aus dieser Wurzel stammenden Bewegung, dass sie sich nicht von einem einzelnen Reformator her definieren wollte. Später hat man dies allerdings oft doch getan und etwa den ursprünglich als Schimpfnamen verwendeten Titel des «Calvinismus» als Selbstbezeichnung übernommen. Das lässt sich geschichtlich erklären und hat dem «Calvinismus» vom 17. Jahrhundert an eine bestimmte «konfessionelle» Identität verliehen, allerdings auch mit problematischen Seiten und Konsequenzen. Man hat damit den historischen Reichtum und den theologischen Anspruch der aus der Schweizer Reformation hervorgegangenen Bewegung in problematischer Weise eingeschränkt.

1.2 *Die Schweizer Reformation als europäische Reformation*

Im zeitgenössischen Verständnis bestand die (reformierte) «Schweiz» geografisch im Wesentlichen im direkten Einflussgebiet der zwinglischen Reformation, markiert durch die Städte Zürich, Schaffhausen, Basel und Bern. Sehen wir uns allerdings die hier tätigen Reformatoren als die geistigen Träger der Bewegung genauer an, wird die Schweizer Reformation bald einmal zur europäischen Reformation. Schon Ulrich Zwingli selber war ursprünglich kein vollwertiger Eidgenosse. Er stammte aus dem Toggenburg, einem Gebiet, das sich der Eidgenossenschaft angeschlossen hatte, aber weniger politische Rechte besaß. Protokollführer der zweiten Zürcher Disputation war der spätere Täufermärtyrer Balthasar Hubmaier aus Friedberg bei Augsburg. Zwinglis Amtsnachfolger war Heinrich Bullinger, der in der «Gemeinen Herrschaft» Aargau aufgewachsen war. Zwinglis engster Kollege und Mitstreiter war Leo Jud, Pfarrer an der Zürcher Stadtkirche St. Peter. Leo Jud stammte aus dem Oberelsaß. Ebenfalls aus dem Elsass, aus Schlettstatt, stammte der erste Zürcher Pfarrer, der öffentlich heiratete, Wilhelm Reublin. Konrad Pellikan, der berühmte Hebraist und Lehrer für Altes Testament an der Zürcher Hohen Schule, stammte aus Rufnach, auch er ein Elsässer. Sein nicht weniger berühmter Kollege an der hohen theologischen Schule, Theodor Bibliander, war ursprünglich aus Bischofszell gekommen. Der hochberühmte Gelehrte Peter

Martyr Vermigli stammte aus Italien. Die Situation für Basel, Bern und Schaffhausen war bezüglich der Herkunft der prägenden Reformatoren nicht anders, und dies galt dann erst recht für Lausanne, Neuenburg und Genf, das nahezu vollständig von französischen Reformatoren geprägt wurde. Ein Grund dafür war die enge Verknüpfung der Schweizer Reformation mit dem Netz des europäischen Humanismus. Nicht zufällig hat sich der Katholik Erasmus gegen Ende seines Lebens Basel als Wohnort ausgesucht, und die Grabesrede für ihn hielt der aus dem katholischen Luzern stammende Reformator und frühere Mitstreiter Zwinglis Oswald Myconius.

2. Zum theologischen Beitrag der Schweizer Reformation für die Reformationsbewegung

Worin aber besteht der besondere theologische Beitrag der Schweizer Reformation zur Reformationsbewegung – wie er nicht nur Vergangenheit ist, sondern möglicherweise auch Potenzial und Bedeutung für deren Zukunft besitzt? Wir fragen hier also nicht theologiegeschichtlich, sondern versuchen, an das genannte charakteristische Merkmal der Schweizer Reformation anzuknüpfen und es für die heutige und künftige Reformationsbewegung fruchtbar zu machen. Dazu muss es zunächst noch etwas genauer entfaltet werden.

2.1 Das Evangelium von der Versöhnung

Inhalt des Evangeliums, wie es Zwingli an der ersten Zürcher Disputation vom Januar 1523 definiert hatte, ist nichts anderes als Christus selbst: In ihm werden Gottes Wille und Gottes Versöhnungstat für uns offenbar: «Summe des Evangeliums ist, dass unser Herr Christus Jesus, wahrer Gottessohn, uns den Willen seines himmlischen Vaters kundgetan und uns mit seiner Unschuld vom Tode erlöst und Gott versöhnt hat.»

Nicht eine «neue Lehre» sollte hier vorgetragen werden. Letztlich ging es einzig um den Ruf, auf «Christus allein» (*solus Christus*) zu hören und sich ihm als dem Ort der Versöhnung mit Gott anzuvertrauen. Wenn man die Reformatoren als «Neugläubige» bezeichnet und den römisch-katholischen «Altgläubigen» gegenübergestellt hat, war dies Polemik oder beruhte auf einem Missverständnis. Die Schweizer Reformation wollte nichts anderes als eine Rückbesinnung auf die (ungetrübte) Quelle und Konzentration auf das Wesentliche und Grundlegende des gemeinchristlichen Glaubens sein. Die Schweizer Reformatoren verstanden sich als Vertreter des «alten Glaubens», wie etwa Heinrich Bullinger ausdrücklich hervorgehoben hat. In diesem Grundanliegen der Reformation sahen sie sich vor allem mit den Wittenberger Reformatoren zutiefst verbunden. Und doch ist bei genauerem Hinsehen durchaus ein eigenes Schweizer Profil zu erkennen – das aber, jedenfalls aus Schweizer Sicht, niemals Grund zu einer innerprotestantischen Kirchentrennung gewesen wäre. Luther sah dies leider anders. Meine Aufgabe ist es nun, dieses besondere Profil ein wenig herauszuarbeiten.

Luthers Frömmigkeit und Denken blieben stets tief geprägt von seiner Erfahrung als Mönch. Auch wenn Luthers befreiende «reformatorische Entdeckung» die spätmittelalterliche Bußfrömmigkeit völlig umkrempelte, so war es die Frage der persönlichen Aneignung bzw. Zueignung der göttlichen Gnade, die das bleibende Gravitationszentrum seines Verständnisses des Evangeliums bildete. Sein Verhalten im Abendmahlsstreit, seine Katechismen und seine sehr zurückhaltenden Vorschläge zur Reform des kirchlichen und gottesdienstlichen Lebens beweisen dies.

Zwinglis Beschreibung des Evangeliums stellt nicht zufällig nicht den Rechtfertigungsbegriff ins Zentrum, sondern spricht von Versöhnung und vom göttlichen Willen, die beide in Christus zu finden sind.

Versöhnung bedeutet aber: Wiederherstellung der Gemeinschaft. Für Zwingli ist die Gemeinschaft der Menschen mit Gott untrennbar verbunden mit einer «versöhnten» Gemeinschaft von Menschen, gestaltet durch den in Christus bekannt gemachten göttlichen Willen, mit einer christlichen Gemeinde. Zwinglis Sorge als «Leutpriester» (Volkspfarrer) war weniger sein persönliches Seelenheil als das Heil bzw. die Gottesnähe der ihm anvertrauten Gemeinde. Nicht zufällig hatte Zwingli als zusammenfassendes Motto seiner Verkündigung Mt 11,28 auf das Titelblatt seiner Schriften drucken lassen: Christus, der die Menschen zu sich, in seine Gemeinschaft ruft: «Kommt her zu mir, alle, die ihr mühselig und beladen seid; ich will euch erquicken.» (Mt 11, 28)

Eine wichtige theologische Folge ist, dass die leitenden Begriffe aus der Schweizer Reformation nicht Gesetz und Evangelium sind, sondern Erwählung und Bund. Der Jurist Calvin entwickelte bekanntlich später im Anschluss an den von Zwingli beeinflussten Martin Bucer den Gedanken der «Erwählung» weiter, als Gottes Recht auf seine ihn ehrende Gemeinde. Heinrich Bullinger war demgegenüber mehr besorgt, dass die göttliche Liebe als Grund seines Gemeinschaftswillens nicht verdunkelt wird. Dass Gott will, dass alle Menschen gerettet werden (1Tim 2, 4), war für ihn ein wichtiger Gedanke, für den er auf logische Spekulationen zu verzichten bereit war. Er stellte den «Bund» Gottes mit den Menschen ins Zentrum und wurde so zum Vater der reformierten Bundestheologie.

Entsprechend könnte man formulieren: Der Ort von Zwinglis Botschaft ist nicht der Beichtstuhl, sondern die öffentliche Volksversammlung. Das Evangelium zielt auf Gemeinschaft und wird vor allem in der Gemeinschaft erfahrbar. Es konstituiert so notwendig christliche Gemeinde und gibt ihr zugleich eine besondere, «evangelische» Gestalt. Auf drei Aspekte soll hier hingewiesen werden.

2.2 *Die Kirche als Gemeinschaft des Lernens*

Eine bekannte Einrichtung der Zürcher Reformation war die sogenannte Prophezei. Sie wurde 1525 eingerichtet. Täglich außer freitags und sonntags wurde im Chor des Großmünsters ein Bibeltext aus dem Alten Testament ausgelegt. Zunächst traten die Exegeten in Aktion und interpretierten den Text auf der Grundlage des hebräischen Urtextes und der griechischen Textversion der Septuaginta. Danach wurden die Ergebnisse der Auslegung in deutscher Sprache der Gemeinde vorgetragen. Die Einrichtung hat symbolischen Wert: Dort, wo vorher lateinische Bibeltexte, die niemand verstand, im Kirchengesang ertönten, wurde nun die Bibel ausgelegt. Und dies so, dass man einerseits möglichst nahe an den Urtext herankommen wollte und andererseits nach dem göttlichen Wort für die Gegenwart fragte. Aus dieser Einrichtung ist dann die Zürcher «Hohe Schule» entstanden. Hier hat man Gelehrte angestellt, die die Theologen ausbilden sollten, vor allem in den biblischen Sprachen und in der Auslegung der Bibel. Aber eigentlich ging es nicht nur um die Schulung von Theologen, sondern um die Bildung einer Volksgemeinschaft in der biblischen Wahrheit. Alle sollten das göttliche Wort kennen und verstehen lernen.

Auch die Zürcher Bibelübersetzungen sind aus der Prophezei herausgewachsen. Im Jahre 1529, fünf Jahre bevor die Lutherbibel vollständig war, lag die vollständige Zürcher Bibel in sechs Bänden vor. Im Todesjahr Zwinglis (1531) erschien sie als «Froschauer Bibel» in einem Band vereinigt. In den folgenden Jahren wurde eine große Anzahl von verschiedenen Bibelausgaben und Bibelkommentaren gedruckt, sowohl für die Gelehrten als auch für das Volk. Stärker als Bekenntnisschriften, Katechismen oder Schriften von Reformatoren war es die Bibel selbst, die im Zentrum der Schweizer, speziell der Zürcher Reformation stand.

Im Bestreben, sie mit den besten verfügbaren Methoden auszulegen, griff man dankbar auf die humanistische Bildung zurück. Die Berücksichtigung unterschiedlicher Gattungen biblischer Texte, ihre philologische und rhetorische Analyse und ihre Einordnung in den jeweiligen Geschehens- und Redekontext waren ebenso selbstverständliche Schritte in ihrer Auslegung wie die Berücksichtigung von aramäischen Bibelparaphrasen und der exegetischen Literatur aus der talmudischen Zeit, der Zeit der Kirchenväter und dem Mittelalter. Heinrich Bullinger hat eine Studienanleitung für Theologiestudenten verfasst, in der er eine Bildung in der Literatur der klassischen Antike und ihrer philosophischen, historischen und poetischen Werke zur Voraussetzung für die Auslegung biblischer Texte macht.

Das Studium und die Auslegung der Bibel waren dabei stets ein gemeinsames Unternehmen. Es gibt keine Zwinglibibel, sondern nur eine Zürcher Bibel. Für die Schweizer Reformatoren und Gelehrten war Teamarbeit eine Selbstverständlichkeit. Dazu gehörte die Diskussion über schwierige Bibelstellen und das Akzeptieren von verschiedenen Interpretationen. Entscheidend war das bessere Argument im Blick auf Philologie und Kontext, und dies galt auch für das Verständnis der Abendmahlsworte, die ihrem Verständnis nach im Kontext der hebräisch-biblischen Tradition und im Zusammenhang mit anderen Jesusworten zu interpretieren waren. In Marburg prallten diesbezüglich zwei unterschiedliche Kulturen aufeinander.

Viele Schriften Zwinglis und Bullingers enden mit dem Satz: Wenn mich jemand mit der Bibel widerlegen oder eines Besseren belehren kann, so sei er hiermit aufgefordert, dies zu tun! Die Auslegung der Bibel, die Suche nach dem göttlichen Wort für die Gegenwart, war ein gemeinsames Ringen und Lernen. Und alle waren lernbedürftig. Keiner hatte die Wahrheit alleine in Besitz. Zu diesem Verständnis des reformatorischen Priestertums aller Gläubigen passt, dass es in den Kirchen der Schweizer Reformation keine Bischöfe gibt. Bullinger nennt die kirchlichen Amtsträger «remigatores», Ruderknechte.

2.3 *Die Kirche als Gemeinschaft der Versöhnung und des Rechts*

Zwinglis Abendmahlsliturgie sah vor, dass das Brot in der Gemeinde herumgereicht wird und jeder sich ein Stück davon abbricht. Dies war angesichts der zeitgenössischen, im kirchlich-liturgischen Leben wie im Volksempfinden tief verwurzelten Sakramentsfrömmigkeit eine Revolution.

Zwingli begründete diesen Brauch wie folgt: Wenn jeder dem nächsten das Brot reicht, dann kann es sein, dass während der Abendmahlsfeier Versöhnung zwischen zwei zerstrittenen Nachbarn geschieht. Und damit hätte das Abendmahl als Versöhnungsmahl etwas Wichtiges bewirkt. Ähnlich hatte Zwingli gegen den Abendmahlsbann argumentiert: Das Abendmahl als Feier der Versöhnung könnte auch der Ort sein, an dem ein unbußfertiger Sünder umkehrt und Buße tut. Deshalb darf man ihn nicht ausschließen. In der Kirche als Ort, an welchem die Versöhnung mit Gott in Christus gefeiert wird, kann es nur um Versöhnung auch zwischen Menschen gehen. Ungeachtet mancher aus heutiger Sicht befremdlichen Züge waren auch das kirchliche Ehegericht in Zürich und Bern ebenso wie das Konsistorium in Genf Gremien, denen es weniger um «Sittenzucht» als um Versöhnung zwischen zerstrittenen Menschen in der Gemeinde Christi ging.

Versöhnung gibt es aber nicht, ohne dass Unrecht beim Namen genannt und Recht hergestellt ist. Es gehört zur Eigenart der Schweizer Reformation, dass das Evangelium von Anfang an sehr viel mit Politik, Recht und mit Wirtschaft zu tun hat. Die Reformationsmandate der christlichen Obrigkeiten betrafen nicht nur das religiöse Feld. Sie zielten auch darauf, Unrecht zu beheben, die Schwachen zu schützen, Wucher und unrechtmäßige Bereicherung zu verhindern, dafür zu sorgen, dass niemand mehr betteln muss und dass die Kranken versorgt werden. Schon in seinen Disputationsthesen von 1523 hatte Zwingli aus dem wiederentdeckten Evangelium die Forderung an die Obrigkeit abgeleitet: «Darum sollen alle ihre Gesetze dem göttlichen Willen gleichförmig sein, so dass sie dem Bedrängten Rechtsschutz gewähren, auch wenn er nicht Klage einreicht.» (These 39)

In seiner Schrift «Von göttlicher und menschlicher Gerechtigkeit» hat Zwingli sehr klar unterschieden zwischen dem Reich Gottes und den Realitäten der Welt. Religiöse Utopien waren nicht seine Sache. Zugleich aber war er der Meinung, dass es Aufgabe einer christlichen Gemeinschaft ist, sich an der Gestaltung der weltlichen Verhältnisse mit zu beteiligen und sich dabei an der göttlichen Gerechtigkeit zu orientieren. Das kann immer nur bruchstückweise geschehen, inkohativ, also stets anfangsweise, unvollständig und unter Berücksichtigung der Realitäten. Aber gerade so soll es geschehen.

Unter Heinrich Bullinger hat man in Zürich dann den sogenannten Fürtrag eingerichtet: Die Pfarrer sollten das Recht haben, vor dem politischen Rat aufzutreten und ihn zu ermahnen, ähnlich wie dies die Propheten im Alten Testament gegenüber ihren Königen getan hatten. Dieses prophetische Amt wurde zu einem wichtigen Element der Schweizer Reformation. Und dabei ging es keineswegs nur um religiöse Angelegenheiten: Die Armenversorgung als Aufgabe des gesamten Gemeinwesens, die Verordnung über den Zins, die Einrichtung von Schulen, die Söldnerpolitik, aber auch die Flüchtlingspolitik und die Verwendung öffentlicher Gelder waren tagespolitische Fragen, zu denen Bullinger den Rat auf den göttlichen Rechtswillen hinwies.

2.4 *Die Kirche als Gemeinschaft des dankbaren Bekennens*

Ulrich Zwingli hat in seiner Abendmahlslehre im «Commentarius» von 1525 das Abendmahl vor allem als «Bekenntniszeichen» und als «Dank» bestimmt. So hat er die biblischen Abendmahlstexte verstanden und sich durch die ursprüngliche Bedeutung des lateinischen Wortes «Sakrament» als «Fahneneid» ebenso bestätigt gesehen wie durch die altkirchliche Bezeichnung des Abendmahls als «Eucharistie», als Dankesfeier.

Dies hat ihm bekanntlich viel Kritik eingetragen. Zwingli selber hat später versucht, dieser Kritik Rechnung zu tragen. Bis heute werden die Abendmahlstexte aus seinen letzten beiden Lebensjahren kaum zur Kenntnis genommen. Die Schweizer Reformatoren nach ihm haben aber daran angeknüpft und sie weitergedacht. Bucer und Calvin haben versucht, von der späteren Position Zwinglis aus eine Brücke zu derjenigen Luthers zu schlagen. Die Abendmahlslehre Heinrich Bullingers wollte nicht einseitig einen einzelnen Punkt oder Bibelvers auf Kosten anderer betonen, sondern alle in der Bibel erwähnten Aspekte des «Mahls des Herrn» zu ihrem Recht kommen lassen. Das Abendmahl wurde so verstanden als Feier, in der sich zeichenhaft das ganze Leben der Kirche verdichtet. Sie ist «Eucharistie», eine Feier der Gemeinde, die dankend Christi Versöhnungstat gedenkt («das tut zu meinem Gedächtnis», 1Kor 11, 24), sie ist als Gemeindefeier eine Form der Christusverkündigung und sie ist zugleich Ausblick auf den zur Rechten Gottes erhöhten und wiederkommenden Christus («denn sooft ihr dieses Brot esst und diesen Kelch trinkt, verkündigt ihr den Tod des Herrn, bis er kommt», 1Kor 11, 26). Sie ist die Feier der Gegenwart Christi in seiner Gemeinde (Mt 18, 20), die an seinen Tisch geladen ist. Und sie besitzt als menschliches Gemeinschaftsmahl auch eine ethische Dimension, denn Gemeinschaft ohne gegenseitige Fürsorge und Rücksichtnahme ist unmöglich (vgl. 1Kor 11,

17–34). Bullingers Abendmahlslehre ist weithin in Vergessenheit geraten. Aber nur, was den Namen ihres Autors angeht. Wer die Abendmahlslehre des Limadokuments mit derjenigen Bullingers vergleicht, wird viele Parallelen finden. Und das ist weniger Zufall, als es zunächst scheint. Immer ist der Gedanke der «Eucharistie», des Dankes, und des Bekennens präsent. Denn öffentliches Bekenntnis und Dank gehören wesentlich zum Leben der Kirche dazu. Sehr viel brennender wurde das Thema Bekennen dann in den protestantischen Kirchen der Diaspora und in den verfolgten Kirchen. Hier bildete sich eine neue Bekenntniskultur aus, zu der besonders Calvin Wichtiges beigetragen hat.

Bekennen in der Tradition der Schweizer Reformation geschieht aber nicht nur gegenüber den Menschen, sondern es ist zunächst ein Akt gegenüber Christus selbst, zu dem es sich, in Verantwortung vor ihm, zu bekennen gilt. «Reformierte» zeigen nicht auf ihren eigenen Glauben, wenn sie «bekennen». Sie rufen Christus an. Die Überzeugung gehört zum Grundbestand der Schweizer Reformatoren: Kein Christenmensch besitzt einfach den wahren Glauben oder die wahre Glaubenserkenntnis – und kann ihn somit auch nicht einfach «weitergeben». Keine Kirche hat das Recht, sich selbst als verlängerten Arm der göttlichen Gnade auszugeben, keine Sakramentsfeier ist einfach ein Austeilen des Leibes Christi. Alles kirchliche Reden und Tun steht zunächst einmal in der Verantwortung vor Gott und kann nur im Gebet um den Geist geschehen. Die christliche Kirche ist nichts anderes als ein Stück Welt. Aber sie ist betende Welt: «Veni creator spiritus!» Und sie ist so dankende und immer wieder neu bekennende Welt. Das ist die kritische und zugleich heilsame Bedeutung der Betonung des göttlichen Geistes in der Schweizer Reformation. Denn nur so kämpft eine christliche Kirche oder Gruppe nicht für sich selber, sondern für das Kommen des Reiches Gottes und tut, was ihr aufgetragen ist.

2.5 *Worin besteht der besondere Beitrag der Schweizer Reformation zur Reformationsbewegung heute?*

Vieles von dem hier Erwähnten ist keineswegs Sondergut der Schweizer Reformation. Es wurde bereits gesagt: Eine religiöse Sekte gründen war das Letzte, das sie beabsichtigte. Stattdessen war sie mit der ganz einfachen und zugleich höchst anspruchsvollen Aufgabe beschäftigt, das grundlegende Christliche, Christus selbst als göttliches Wort und Ort der göttlichen Versöhnung ernst zu nehmen. Eine Wiederbelebung des Konfessionalismus oder die Verehrung von Gründervätern stehen dem Geist der Schweizer Reformatoren entgegen. Und doch lohnt es sich, auf die besondere Weise, wie sie ihre Einsichten formuliert und in kirchengestaltender Weise umzusetzen versucht haben, zu hören. Allerdings macht eine Beschäftigung mit ihnen auch schnell deutlich, wie sehr sie, nicht anders als alle anderen Reformatoren, Kinder ihrer Zeit waren und deren Maßstäbe und blinde Flecken teilten. Man denke nur an das brutale und christlich nicht zu rechtfertigende Strafsystem, das keiner der Reformatoren je in Frage gestellt hätte, an die nur sehr ansatzweise kritisierte Ständegesellschaft, an die Selbstverständlichkeit, mit der sie die Notwendigkeit einer öffentlichen Einheitsreligion mit biblischen Texten gerechtfertigt und so die seit der Antike bestehende religiöse Intoleranz weitergeführt und gar verschärft haben, und an vieles mehr. Wäre nicht gerade eine Jubiläumsfeier ein guter Anlass, uns von den Reformatoren auch – in respektvoller, christlich-theologisch argumentierender Kritik – zu distanzieren, dort, wo sie dem, was sie sich zu sagen beauftragt sahen, in ihrem Reden und Handeln nicht gerecht wurden? Gerade Zwingli und Bullinger, die ihre Leserschaft ausdrücklich dazu aufgefordert haben, sie vom Evangelium her zu kritisieren und allenfalls zu korrigieren, müssten dafür eigentlich offen, ja dankbar sein.

So könnte man vielleicht folgendermaßen bilanzieren: Der besondere Beitrag der Schweizer Reformation für die globale Reformationsbewegung heute und morgen besteht vornehmlich in einer Aufgabe: daran zu erinnern und dafür einzustehen, dass alle sich auf Christus berufenden Kirchen wahre Orte der Gemeinschaft des Lernens, der Versöhnung und des Rechts bleiben und immer mehr werden – und dazu gehört das Eingeständnis eigener Schuld und eigenen Versagens, aber auch Orte des Dankes und des Bekennens, und dies auch in sichtbarer und erfahrbarer Form mit politischer und gesellschaftlicher Ausstrahlung. Ob die anstehenden «Reformationsjubiläum» in dieser Hinsicht förderlich sind, ist noch offen.

Jong Wha Park, Seoul

Protestantismus und Postkonfessionalismus in Südkorea[1]

Was bedeuten die konfessionellen Wurzeln in den neuen kirchlichen Mustern in Korea?

Koreanische Christen in einem multireligiösen Kontext

Schalom – in Korea sagen wir: Anhyoung Haseyo. Dies ist die Übersetzung des jüdischen Schaloms. Wir begrüßen uns auf diese Weise zu jeder Zeit, morgens, nachmittags und abends: Anhyoung Haseyo – Schalom.

Ich bin sehr glücklich, heute hier zu sein und über Reformation und Konfessionalismus zu sprechen. Voller Stolz kam ich hierher, weil ich Ihnen gerne davon berichten will, wie die Reformation in einem fernen Land, in Korea, realisiert, akzeptiert und praktiziert wird. Korea gehört nicht zu den sogenannten Ursprungsorten der Reformation. Dies ist aber nur ein geografischer Abstand. Korea kommt Deutschland und dessen Reformation tatsächlich immer näher. Ja, das tut es, falls Ihr akzeptiert, dass wir gerne ein authentisches Mitglied der Reformation sein möchten. Die Lehren der Reformation werden von christlichen Kirchen und Konfessionen in der ganzen Welt praktiziert und Korea gehört dazu.

Ich habe für heute ein Skript vorbereitet, das mehr oder weniger auf meinen eigenen persönlichen Erfahrungen und Begegnungen mit Konfessionskirchen und der Reformationsbewegung sowohl hier in Europa als auch in meinem Heimatland und Asien im Allgemeinen aufbaut. Da ich vor etwa 40 Jahren in Deutschland gearbeitet habe, bitte ich Sie um etwas Geduld, wenn ich nun einige wenige Worte auf Deutsch an Sie richte. [2]

Ich hatte die Chance, in der zweiten Hälfte der 70er Jahre und bis Anfang der 80er Jahre im Gemeindedienst in Württemberg im Bereich Weltmission und Ökumene mitzuwirken. Ich selbst bin Presbyterianer und reformierter Pastor. Ich arbeitete damals in der Lutherischen württembergischen Landeskirche und ich dachte: Aha, das ist ökumenisch, reformiert und lutherisch. Zudem habe ich

---

1 Ergänzte Fassung.

2 Der Vortrag wurde am Kongress auf Englisch gehalten. Die folgenden sieben Abschnitte hat Dr. Park jedoch auf Deutsch referiert.

gelernt, dass Wittenberg der Ursprungsort, die Ursprungsreformationskirche hierzulande ist. Durch das Zusammenwirken mit dem evangelischen Missionswerk Südwestdeutschland habe ich auch teilweise mit Kirchen hier in der Schweiz zu tun gehabt. Ich arbeitete somit mit den Ursprungskirchen der Reformation hier in Europa. Ich gewann die Vorstellung, dass die Reformation auch hier in Europa, besonders in Deutschland und in der Schweiz, ein Hauptthema ist. Man lebte in der Reformation, mit der Reformation und für die Reformation.

Nach 6 Jahren im Gemeindedienst habe ich beschlossen, weiterzustudieren, damit ich bei meiner Heimkehr nach Korea eine Stelle finden konnte. So habe ich bei einem berühmten reformierten Theologen promoviert, bei Jürgen Moltmann. Anschließend ging ich zurück nach Korea und wurde Professor an einer Uni. Dort habe ich Folgendes gelernt: Reformation ist nicht nur eine Kirchensache, sondern eine epochemachende, weltumfassende Angelegenheit, die wir gern mitfeiern wollen. Dies war theologisch-akademisch kein Problem. So habe ich es auch in Deutschland, in der Schweiz und in Europa erfahren. Bis dahin dachte und handelte ich über die Grenzen des Konfessionalismus hinaus.

Nach 10 Jahren Professur habe ich ein neues Amt erlangt als Generalsekretär in der Kirchenleitung. Bereits nach einiger Zeit habe ich plötzlich realisiert: Aha, ich bin schon ein Konfessionalist. Als Kirchenamtsträger, als Generalsekretär eines Kirchenleitungsgremiums musste ich natürlich meine Konfessionskirche befürworten. Ohne Kirchenamt wäre ich wahrscheinlich immer noch ein überkonfessioneller Theologe, aber wegen dieses Amtes war und bin ich ein konfessionskundlicher oder konfessionsloyaler evangelischer Pfarrer geworden.

Nach 10 Jahren bin ich wieder in ein neues Amt eingestiegen, ins Gemeindepfarramt. Gemeindeglieder hatten und haben kaum Interesse an Konfessionalismus an sich. Von einer methodistischen zu einer presbyterianischen oder von der Pfingstgemeinde zur presbyterianischen Gemeinde: Dieser Konfessionswandel und/oder Gemeindewechsel ist häufig.

Gemeindeglieder also haben kaum Interesse an Konfessionen oder Konfessionalismus. Nur die Theologen sind daran interessiert. Kirchenamtsträger, Kirchenleitungsgremien haben – es tut mir leid, dies zu sagen – mehr oder weniger Interesse an Konfessionalität, an Konfessionalismus und dies auf eine Art und Weise, die in meinen Augen nicht unbedingt weitergeführt werden sollte.

Mein Fazit lautet somit zurzeit: In Europa habe ich gelernt, dass Reformation mit Konfession zu tun hat. Ich erinnere mich an einen französischen Theologen, der gesagt hat: Also, hören Sie, Jesus hat das Reich Gottes gepredigt. Entstanden ist in der Geschichte die Kirche.

Damit möchte ich sagen, dass die Reformatoren sich stark für die Reformation der Kirchen eingesetzt haben, aber in der Folge sind die Konfessionskirchen entstanden. Über das Reich Gottes und die Kirche, basileia *und* ecclesia, *muss noch viel nachgedacht werden. So wie auch über Reformation und Konfession, deren Zusammenhang und Verhältnis, noch viel reflektiert werden muss, wenn wir wirklich dieses Jubiläum gemeinsam feiern wollen.*

Weiter lässt sich Folgendes sagen: Reformation wird immer durch eine feste Schiene von Konfessionen tradiert. Der Zug Kirche fährt immer über die Schiene der Konfessionen. Das müssen wir lernen, auch außerhalb Europas. Aber ich muss sagen, dass sich auch die Konfessionen erneuern müssen, um den Reformationsgeist besser und authentischer zu tradieren und weiterzutragen. So wie es in Korea der Fall ist.

Jetzt zu Korea: Da ich hierzu etwas auf Englisch vorbereitet habe, werde ich nun mal wieder die Sprache wechseln.

Wenn man über Religionen in Korea spricht, geht es genauer gesagt nur um jene in Südkorea. Allgemein ist festzustellen, dass die Religionen friedlich koexistieren: Buddhismus, Konfuzianismus, römischer Katholizismus, Protestantismus und andere traditionelle Volksreligionen. Volksreligionen und neu aufkommende religiöse Gesellschaften wie der Islam machen zahlenmäßig total unter 0,5% der Gesamtbevölkerung Südkoreas aus. Der Konfuzianismus, der während der fünf Jahrhunderte dauernden Yi–Dynastie (1392–1910) den Buddhismus als Staatsreligion abgelöst hatte, bleibt bis heute für die öffentliche Ethik, für soziale Normen und für persönliche und verwandtschaftliche Loyalitätsvorschriften (z. B. Ahnenverehrung usw.) maßgeblich. Zu den lebendigen Glaubensrichtungen und Religionen zählen heute in Korea vor allem der Buddhismus und zwei christliche Religionen; daneben gibt es einen interreligiösen Dialog und Kooperationsinstitutionen und Organisationen mit verschiedenen kleinen religiösen Gruppen.

Die heutige Lage der größten Religionen lässt sich anhand von statistischen Daten beschreiben (Kultur- und Tourismusministerium, Volkszählung 2008).

Die Statistiken für 1985, 1995 und 2005 weisen die Prozentanteile der Gläubigen an der Gesamtbevölkerung aus:

a. Anhänger einer Religion: Zunahme von 42,6 % (1985) auf 50,7 % (1995) und auf 53,1 % (2005),

b. Buddhisten: Zunahme von 19,9 % (1985) auf 23,2 % (1995) und dann Rückgang auf 22,8 % (2005),

c. Protestanten: Zunahme von 16,1 % (1985) auf 19,7 % (1995) und Rückgang auf 18,3 % (2005),

d. Römische Katholiken: Zunahme von 4,6 % (1985) auf 6,6 % (1995) und auf 10,9 % (2005).

Die Volkszählung von 2008 wies die Anzahl Religionsanhänger wie folgt aus:

a. Buddhisten 10 726 463 Mitglieder in 21 935 Tempeln mit 49 408 Mönchen,

b. Protestanten: 8 616 438 Mitglieder in 58 404 Kirchen mit 94 615 Pfarrern,

c. Römische Katholiken: 5 146 147 Mitglieder in 1 511 Kirchen mit 14 597 Priestern.

Der Buddhismus bleibt in Korea die älteste und größte Religion. Er war über 1000 Jahre lang die Staatsreligion, bis er 1392 vom Konfuzianismus abgelöst und in geistliche Rückzugsorte in den Bergen gedrängt wurde. Gegen Ende der konfuzianischen Yi-Dynastie kam der römische Katholizismus zuerst aus Westeuropa nach Korea; ein Jahrhundert später der Protestantismus aus dem Westen Amerikas.

Die Anfänge des römisch-katholischen Glaubens werden offiziell mit der Gründung der ersten Hauskirche in Seoul (1784) durch einen der ersten getauften Koreaner, Lee Seung Hoon, in Verbindung gebracht: Er hatte in China Jesuiten kennengelernt und zusammen mit gebildeten Landsleuten neue Techniken und wissenschaftliche Anwendungen wie z. B. den Kompass und das Teleskop, sogenannte *so-hak* (Wissenschaft aus dem Westen) nach Korea mitgebracht. Inmitten der jahrzehntelangen politischen Kämpfe der Yi-Dynastie schlugen sich die Machteliten des reformfreundlichen, aber letztlich unterlegenen «Namnin–Lagers» auf die Seite der *so-hak* und traten dabei der damals noch exotischen römisch-katholischen Glaubensgemeinschaft bei. Erschwerend zum Machtkampf kam hinzu, dass die *so-hak*-Partei sich über Tabus hinwegsetzte und die Ahnenverehrung, das Kernsymbol der konfuzianischen Ethik für Politik und Familie, als «Götzendienst» ablehnte. Darauf folgten Massenverfolgungen von «blasphemischen» Katholiken. Angesichts der Massaker drohte die französische Kriegsflotte von Napoleon mehrmals mit Invasionsmanövern. Die regierende konservative Dynastie und ihre Eliten reagierten mit schärferer Verfolgung der Katholiken, was unter den Geistlichen und Gläubigen immer mehr Opfer forderte. Die Anfänge der

Mission des römischen Katholizismus in Korea waren also von politischen und sozialen Turbulenzen geprägt.

Heute entwickelt sich der römische Katholizismus in genau die entgegengesetzte Richtung. Die Mitgliederzahlen wachsen wie oben gezeigt kontinuierlich. Die katholische Kirche gilt als eine der sozial glaubwürdigsten Religionsgemeinschaften. Der interreligiöse Dialog und die Zusammenarbeit verlaufen reibungslos. Heute bekehren sich mehr Protestanten zum römisch-katholischen Glauben als umgekehrt – für die Protestanten ein Denkanstoß und ein Anlass, das Leben und Teilen ihres Glaubens zu überdenken und zu verändern.

Protestantische Mission und Kirche: zwei Wege

Die Söhne und Töchter der Reformation, die Protestanten in Korea, hatten beste Voraussetzungen, um als Missionare zu wirken und ein Kirchenleben aufzubauen. Der erste Weg bestand in der traditionellen, christlichen Missionsarbeit. Den Kirchenhistorikern zufolge markiert die Ankunft von zwei Missionaren der amerikanischen Methodisten- und der Presbyterianerkirche, Pfarrer Appenzeller und Pfarrer Underwood, am Ostersonntag, dem 5. April 1885 in der Hafenstadt Incheon die Anfänge der protestantischen Mission und der protestantischen Kirche in Korea – genau ein Jahrhundert nach den Anfängen des römischen Katholizismus. Während die katholischen Christen aber verfolgt wurden, begrüßte das Königshaus der im Niedergang befindlichen Yi-Dynastie den Protestantismus aus den USA zuerst als «glaubwürdigen Freund und Förderer» der Selbständigkeit und Freiheit Koreas. In der internationalen Arena war Korea damals verschiedensten Gefahren und Invasionen durch das Ausland ausgesetzt: Japan, China und Russland benutzten die koreanische Halbinsel als Schlachtfeld für ihr Hegemonie streben in der Region. Der Protestantismus galt als Religion der USA und als geistliche Bastion der konkreten Macht der Vereinigten Staaten. Missionare berichteten, dass der letzte koreanische König den Protestantismus praktisch zur Staatsreligion erklärt hatte – allerdings vergebens.

Klar ist in Korea, dass Mission und Kolonialisierung nicht zusammengehören. Die Mission kam aus dem amerikanischen Westen, während die Kolonialisierung vom nichtchristlichen Nachbarland Japan erzwungen wurde. In Korea bedeutete die protestantische Mission in der Anfangszeit eine protestierende christliche Mission. Die Mission richtete sich als Protest gegen den japanischen Kolonialismus. Für das koreanische Volk, das die Mission empfing, war diese ein Protest für Befreiung. Mission war also ein Protest für und gegen etwas, gegen Unterdrückung und für Befreiung. Die Mission bedeutete in beiderlei Hinsicht eine Protestaktion. Die Protestaktion umfasste protestierendes Reagieren gegen unterdrückerische Knechtschaft und proaktives Handeln für ein befreiendes Engagement. Dieser praktische Protestantismus erinnert uns z. B. an Martin Luthers Gegensatzpaar «Von der Freiheit eines Christenmenschen»: «ein freier Herr über alle Dinge» und «ein dienstbarer Knecht aller Dinge».

Im weiteren Sinne wurde die protestantische Mission im Kontext Koreas anfänglich als Träger des politischen oder sozialen Evangeliums verstanden und willkommen geheißen. Als Beispiel ist zu nennen, dass die protestantische Führung und Gemeinden – immer noch die Minderheit – am 1. März 1919 die Unabhängigkeitsbewegung einleiteten, an der traditionelle und buddhistische Religionsführer rege teilnahmen (über eine Beteiligung der römischen Katholiken ist leider nichts bekannt). Damit begannen der interreligiöse und interkonfessionelle Austausch und die Zusammenarbeit unter den koreanischen Christen.

Die protestantische Mission und Kirche wurde gleichzeitig als «Plattform» für persönlichen Trost und persönliche Rettung gesehen. Gemeinden und Kirchenversammlungen waren von Anfang an gut besucht, persönliches Gebet und Fürbitte wurden reichlich gepflegt. Erwähnenswert ist in diesem Zusammenhang das «Frühgebet» der protestantischen Kirchen. Die Gläubigen werden eingeladen, niederzuknien und Gott zu loben, bevor sie zur Arbeit gehen – eine Erklärung für das allmorgendliche Gebet in allen Kirchen Koreas. Laut Polizeimeldungen der Kolonialmacht Japan galt gegenüber Teilnehmern an den Morgenandachten «Alarmbereitschaft, weil sie nicht nur für das Seelenheil beten, sondern im Gebet die nationale Unabhängigkeit und Freiheit weinend herbeisehnen». Gebet in Worten und Taten gehört in der protestantischen Glaubenspraxis zusammen.

Der zweite Weg der protestantischen Mission und Kirche war bereits durch die Bibelübersetzung in die gemeinschaftliche Sprache Koreas geebnet worden. Chinesische Schriftzeichen entsprechen in Korea etwa dem Lateinischen im Westen, d. h. sie sind dem Normalsterblichen nicht zugänglich. «Hangul» – die allgemeine Sprache in Korea, wie die Koine in der Zeit Jesu – diente als Werkzeug, um die Bibel nach und nach zu übersetzen und um sogar Frauen und Angehörige der Unterschicht ohne Zugang zu Erziehung und Ausbildung damit zu erreichen. Die Bibel wirkte Wunder. Mit der Übersetzung erhielt die Sprache eine systematische Grammatik. Die übersetzte Bibel erreichte die Menschen und führte zu einer raschen und umfassenden Evangelisierung bzw. Mission. Was geschah genau mit Luthers Bibelübersetzung zur Zeit der Reformation?

Es ist geschichtlich erwiesen, dass die Bibel schon vor dem Eintreffen der ersten Missionare auf Koreanisch übersetzt worden war. Reformfreundliche Literaten und Adelige hatten bereits Verbindungen zu europäischen (schottischen) Gelehrten des Bibelbunds Schottlands, die bereits 1882 in der Mandschurei (China) und 1884 in Japan missionierten und die Bibel aus dem Chinesischen bzw. Japanischen ins Koreanische übersetzten. Als Appenzeller und Underwood im Jahr 1885 in Incheon die koreanische Halbinsel betraten, hielten sie interessanterweise bereits übersetzte Auszüge aus der Bibel in der Hand.

Die Bibelübersetzung im Inland und die Ankunft der Missionare aus dem Ausland entwickelten sich zum Rückgrat der protestantischen Mission und Kirche in Korea. Die Bibelübersetzung passte zum kulturellen Kontext der koreanischen Gesellschaft und zum großen und bedingungslosen Bildungsdurst der Menschen, der weitgehend auch ein Merkmal des koreanischen Konfuzianismus bildet. Die Missionare und Missionsräte eröffneten moderne Schulen, genauer gesagt modernisierte Missionsschulen – ein wichtiger Ansporn für die protestantische Missionsarbeit. Mit «modern» meine ich besonders die Chancengleichheit in der Bildung ohne Unterscheidung nach Geschlecht, Gesellschaftsschicht oder -klasse und wirtschaftlicher Stellung: Während tausend Jahren hatten männliche Gesellschaftsstrukturen und vererbte Klassenunterschiede zwischen Adligen und Dienern, Armen und Reichen das Land geprägt.

Vom Lebensumfeld her stimmt es, dass der römische Katholizismus einen schweren Stand hatte, weil er gegen eine damals noch mächtige Feudalgesellschaft kämpfte, während ebendiese Feudalgesellschaft später den Protestantismus angesichts des eigenen bevorstehenden Untergangs als heilende Kraft begrüßte. Doch nicht nur das Lebensumfeld, sondern auch das Leben von Mission und Kirche verändern sich.

Konfessionalismus und/oder Postkonfessionalismus

Die Missionare standen für ihre eigene Konfessionszugehörigkeit. Als erste ausländische Missionare gelangten die nördlichen Presbyterianer (mit Underwood) und die nördlichen Methodisten (mit Appenzeller) 1885 aus den USA nach Korea. Vereinfacht dargestellt folgten 1890 die Anglikaner, 1891 die australischen Presbyterianer, 1892 die südlichen Presbyterianer/USA, 1896 die südlichen Methodisten /USA, 1898 die kanadischen Presbyterianer und 1908 die Heilsarmee.

Zur Mission und Einheit ist aus den koreanischen Erfahrungen zweierlei festzustellen: Mission in Einheit war nicht machbar, Einheit in der Mission war unmöglich. In den Frühzeiten der Kirche in Korea waren die ersten koreanischen Protestanten erpicht darauf, Missionsarbeit zu leisten und Kirchen zu bauen, indem sie einen festen und gesunden Glauben begründeten. Die ersten protestantischen Missionare wollten ebenfalls Missionsarbeit leisten und Kirchen bauen, indem sie eine getreue und festere Ordnung hochhielten. So sah das Bild der Ökumene von «Glaube und Kirchenverfassung» in den Anfängen des koreanischen Protestantismus aus.

Während des Kolonialismus (1910–1945), des Koreakriegs (1950–1953) und von der Teilung in Nord- und Südkorea bis heute durchlief das Leben der protestantischen Kirchen und Missionen in Korea Höhen und Tiefen. 1905 gab es unter den Führungen der koreanischen Kirchen und der Missionsgesellschaften ernstgemeinte Gespräche und Abmachungen, um eine Kirche Christi in Korea zu gründen, doch das Vorhaben scheiterte. Die japanische Kolonialregierung lehnte eine geeinte Kirche der Koreaner und Missionare ab, weil sie darin einen potenziell mächtigen Gegner sah. Die Konfessionstreue und das quantitative Wettbewerbsdenken der Missionare führten zur Maxime «getrennt marschieren, um mehr Seelen zu retten». Missionare und Gremien der inneren Mission teilten kaum erste Ansätze eines ökumenischen Verständnisses von Mission und Kirche. Ihnen lag vor allem an einer wirksamen und für die eigene Missionsarbeit förderlichen Konfessionsordnung.

Konfessionalismus und konfessionelle Loyalität wurden bedenkenlos und ohne Unterscheidung vorausgesetzt. Im Grunde gab es keine Wahl. Angesichts der bevorstehenden De-jure-Kolonialregierung von 1910 kam es zu heftigen Auseinandersetzungen zwischen der koreanischen Führung, die die Einigung der Kirche anstrebte, und den konfessionell bzw. denominational orientierten Missionaren. Die Erweckungsbewegung von 1907 und anschließend die erfolgreiche Evangelisierung engagierten sich einerseits für die Festigung des Glaubens im Leben und andererseits für die Aussöhnung der Konfliktparteien. Während der Kolonialzeit zwangen die japanischen Herrscher die christlichen Konfessionen und Denominationen in Korea, der United Church of Christ in Japan beizutreten.

Die erzwungene Einheit wurde natürlich wieder abgestreift, als Korea sich 1945 vom Kolonialjoch der Japaner befreite.

Mit der nationalen Befreiung bildeten sich die konfessionellen Trennlinien zwischen den koreanischen Kirchen stärker heraus. Heute sind alle konfessionellen Missionsgesellschaften in lokale Partnerkirchen ihrer Konfession eingebunden.

Dabei ging es weniger um konfessionelle Identität und Einheit, sondern um denominationale Spaltungen und Entzweiung derselben Konfession. Ein Beispiel sind die scharfen Trennlinien bei den Presbyterianern. Theologischer Disput, Konflikte zwischen Regionen und Parteien, zwischen Ökumenikern und Antiökumenikern, politisch-ideologische Diskrepanzen u. ä. sind im Grunde alles nichttheologische Aspekte. Heute sind über 200 verschiedene presbyterianische Denominationen eingetragen – alle halten sich an das presbyterianische Credo und teilen z. B. das Westminster-Bekenntnis. Mit der Gründung einer Glaubensgemeinschaft (oder Denomination) entsteht eine feste politische und organisatorische Struktur. Die konfessionsübergreifende Ökumene bedeutet eine Herausforderung – das zeigt sich z. B. in der Arbeit des National Council of Churches, der nur eine Minderheit der Konfessionskirchen umfasst. Noch schwieriger zu verwirklichen ist die denominationsübergreifende Ökumene in einer Konfession wie dem Presbyterianismus, weil ein- und dasselbe Credo angesichts der Machtverhältnisse und des politischen Kampfs der Kirche keine einigende Kraft stiftet. Die Einheit im Glauben, wie in der Bekenntnisformel ausgedrückt, ist nicht immer sichtbar. Auch eine unsichtbare Einheit im Glauben ist nicht immer zu beobachten – was dann?

Die protestantischen Kirchen in Korea sagen dazu: «Getrennt vorwärts marschieren». Spaltungen und Rivalität zwischen Konfessionen und Denominationen führten letztlich dazu, dass die Kirchen noch schneller gewachsen sind. Das Wachstum steht an erster Stelle und bildet die höchste Priorität in der Missionsarbeit. Im Gefolge des Wachstums werden auch kleine Kirchen gegründet. Sie bilden nicht eine Form von ecclesiola in ecclesia, sondern eine vorläufige Unterkunft, die zu einem immer stattlicheren Haus ausgebaut wird. Etwa 80 % der protestantischen Kirchen sind mit solchen Unterkünften zu vergleichen: Sie leben von den Beihilfen der autonomen Großkirchen. Das Problem besteht allerdings darin, dass sie seit ein paar Jahren nicht mehr wachsen. Großkirchen werben sogar kleineren Kirchen Mitglieder ab. Die Kluft zwischen armen und reichen

Gemeinden und Kirchen weitet sich ständig aus. Dies sind die Konsequenzen des ungezügelten Wettbewerbs um zahlenmäßiges Wachstum der Kirche und einer Mission ohne ökumenische Zusammenarbeit und Dialog im Glauben und in der Praxis.

In Korea heißt es, dass die Kirchen in der Vergangenheit um die Welt besorgt waren, während es sich heute andersherum verhält: Die Welt ist sehr um die Kirchen besorgt, um ihren Kampf um das eigene Überleben und um die wankende öffentliche Aufgabe einer Kirche, die in der Welt keinerlei Resonanz findet. «Kirchen» bedeutet hier die protestantischen Kirchen, die ihre dynamische Macht des «Protestantismus» offensichtlich einbüßen.

Brauchen wir heute eine zweite Reformation?

1. Erneuerung der Strukturen der protestantischen Kirchen

Wir müssen der Gründung neuer Kirchen im ungehemmten Wettbewerb zwischen Glaubensrichtungen und Konfessionen ein Ende bereiten und lokal konfessionsübergreifend zusammenarbeiten, um eine gemeinsame Gemeindekirche zu schaffen.

Mission und Diakoniedienste sollten konfessionsübergreifend neu strukturiert und abgestimmt werden, um Doppelarbeit zu vermeiden und um das Engagement zu fördern.

Kanzelaustausch soll erleichtert und Begegnungen in den Gemeinden verschiedener Konfessionen sollen im Sinne des gegenseitigen Verstehens und Annehmens gefördert werden.

2. Ökumenischen Zusammenhalt aufbauen

In einem multireligiösen Lebensumfeld Toleranz zeigen, in einer multikonfessionellen Kirche die anderen Konfessionen achten:

Zusammen bezeichnen, wogegen zu protestieren wäre (kritische Solidarität) und einen Konsens zu erstrebenswerten Zielen finden (Suche nach Alternativen).

Paradigmenwechsel Protestanten / römische Katholiken:

Von der Kirche der Reformation (allein) hin zu einer Kirche *semper reformanda* (gemeinsam)?

Olav Fykse Tveit, ÖRK, Genf

Das Erbe der Reformation und seine Bedeutung für die ökumenische Bewegung heute

Die vorliegenden Überlegungen über das Erbe der Reformation und seine Bedeutung für die ökumenische Bewegung entstammen der Perspektive des Ökumenischen Rats der Kirchen (ÖRK). Unsere weltweite Gemeinschaft von Kirchen umfasst die Evangelsiche Kirche in Deutschland (EKD), den Schweizerischen Evangelischen Kirchenbund (SEK) und die zahlreichen Kirchen, die Sie und die meisten Anwesenden auf diesem Kongress vertreten. Letzterer ist demnach ein echtes, aber nur teilweise repräsentatives Treffen unserer weltweiten Gemeinschaft von Kirchen. Es scheint mir nur natürlich, als ersten gemeinsamen Bezugspunkt dieser Präsentation den Konvergenztext der Kommission für Glauben und Kirchenverfassung über Ekklesiologie, «Die Kirche: Auf dem Weg zu einer gemeinsamen Vision» (2013), zur Hand zu nehmen. In meinem Geleitwort zu «Die Kirche» nenne ich diesen Text eine Reflexion über «die konstitutionellen Ziele und die Identität des ÖRK als Gemeinschaft von Kirchen [...], die einander zum Ziel der sichtbaren Einheit aufrufen».[1]

Die Verfassung des ÖRK erklärt:

«Das Hauptziel der Gemeinschaft der Kirchen im Ökumenischen Rat der Kirchen besteht darin, einander zur sichtbaren Einheit in dem einen Glauben und der einen eucharistischen Gemeinschaft aufzurufen, die ihren Ausdruck im Gottesdienst und im gemeinsamen Leben in Christus findet, durch Zeugnis und Dienst an der Welt, und auf diese Einheit zuzugehen, damit die Welt glaube.»[2]

Aus Sicht des ÖRK und seines Engagements für die Einheit der Christen kann der unausweichliche Ausgangspunkt für jegliche ökumenische

---

1 «Die Kirche: Auf dem Weg zu einer gemeinsamen Vision», Genf, ÖRK, 2013, S. IV. Ich danke meinem Kollegen, Pastor Dr. John Gibaut, Direktor von Glauben und Kirchenverfassung, für seine wertvollen Beiträge zu dieser Präsentation.

2 Siehe: Verfassung und Satzung, Artikel III (in der von der 9. Vollversammlung im Februar 2006 in Porto Alegre, Brasilien, abgeänderten Fassung).

Überlegung, auch über die Reformation im 16. Jahrhundert und ihre ökumenischen Folgen, einzig und allein eine ökumenische Hermeneutik gegenseitiger Rechenschaft sein, in der wir demütig, aufrichtig und hoffnungsvoll sind.[3] Dies entspricht dem Wesen der lutherischen Theologie, im Besonderen der Erneuerung des Evangeliums als Grundlage für alles – alles, was wir als Kirche sind und tun.

Es ist ernüchternd, wenn wir uns daran erinnern, dass die Entscheidung, den 31. Oktober 1517 als Anfang der Reformation zu sehen, im Jahr 1617 fiel – so wurde das erste hundertjährige Jubiläum der Moderne geschaffen.[4] Diese Wahl erfolgte nicht zufällig. Sie wurde in Sachsen getroffen, wo die Erinnerung an Martin Luther, als er seine Thesen an die Tür der Schlosskirche zu Wittenberg schlug, stark war. 1617 war klar, dass Europa sich auf einen Konflikt, einen Glaubenskrieg zubewegte. Die protestantischen Gemeinschaften in Deutschland und in ganz Kontinentaleuropa brauchten eine zentrale Autorität oder einen gemeinsamen Bezugspunkt, um ein Gefühl der Identität zu entwickeln. 1517 gab ihnen: eine gemeinsame Geschichte, einen Bezugspunkt. Die erste Feier zum Gedächtnis von 1517 war Auftakt zu einer Serie zerstörerischer Glaubenskriege, dem Dreißigjährigen Krieg, der die Erinnerung an Luthers mutige Tat im Jahr 1517 zu einer Waffe werden ließ.

Als Norweger möchte ich Sie überdies daran erinnern, dass die Reformation für Norwegen in Form eines Hoheitsaktes durch den dänischen König im Jahr 1536 eingeführt wurde und nicht aus einem Glaubenswandel der Menschen in der Kirche entstand.

Bis ins 20. Jahrhundert hinein wurden Kriege innerhalb Europas und in den Kolonien geführt. Sie hatten zwar nicht zwingend religiöse Wurzeln, doch die gespaltenen Jüngerinnen und Jünger Jesu fanden sich immer wieder auf unterschiedlichen Seiten tödlicher Konflikte wieder. Zu Beginn der ökumenischen Bewegung, kurz nach dem Ersten Weltkrieg, wussten die Kirchen, dass sie nicht als wahre Gerechtigkeits- und Friedensstifterinnen auftreten konnten, solange sie gegeneinander und untereinander gespalten waren. Die Reaktion der Kirchen auf Krieg im Allgemeinen stellte deshalb ein bedeutendes Element der modernen

---

3 S.: Olav Fykse Tveit, Unity: A Call to be Strong or Humble?, in: Ecumenical Review 65.2, Juli 2013, S. 171–180.

4 S.: Flugblatt zum hundertjährigen Reformationsjubiläum in: Neil MacGregor, Eine Geschichte der Welt in 100 Objekten, München 2013, Kap. 85.

ökumenischen Bewegung dar. Vor diesem Hintergrund erklärte die Konferenz der Bewegung für Praktisches Christentum 1925 in Stockholm den Kirchen gegenüber:

«[...] Die Sünden und Sorgen, Kämpfe und Verluste der christlichen Kirchen in und nach dem Kriege haben zu der beschämenden Erkenntnis geführt, dass gegenüber einer in sich uneinigen Christenheit die Welt die Übermacht hat. [...] Die Konferenz ist bei alledem, so weithin sichtbar sie auch in die Erscheinung trat, ein erster Anfang.

Wir bekennen vor Gott und der Welt die Sünden und Versäumnisse, deren die Kirche sich durch Mangel an Liebe und mitfühlendem Verständnis schuldig gemacht hat. Der Ruf der gegenwärtigen Stunde an die Kirche muss deshalb ein Bußruf sein und doch auch ein Ruf zu einem freudigen Neuanfang aus der unerschöpflichen Kraftquelle Jesus Christus.»[5]

Oder, wie es die erste Weltkonferenz der Bewegung für Glauben und Kirchenverfassung 1927 in ihrer Botschaft an die Kirchen ausdrückte:

«Gott will die Einheit. Unsere Anwesenheit auf dieser Konferenz legt Zeugnis dafür ab, dass wir begehren, unseren Willen unter Seinen Willen zu beugen. Wie immer wir die Anfänge der Entzweiungen rechtfertigen mögen, wir beklagen ihre Fortdauer und erkennen unsere Pflicht, fortan bußfertig und gläubig dafür zu wirken, dass die zerstörten Mauern der Christenheit wieder aufgebaut werden.»[6]

Diese Klage entspricht genau der Kernbotschaft der Thesen an der Tür der Schlosskirche zu Wittenberg aus dem Jahr 1517: Nur durch wahre Buße, Bedauern und Reue sind echte Erfahrungen der lebenspendenden Gnade Gottes möglich. Mit anderen Worten: Gottes Gnade kann nicht Ware oder Münze sein, und nur durch eine demütige, aufrichtige und hoffnungsvolle Haltung empfangen werden: im Glauben also.

Über der ersten Vollversammlung des ÖRK im Jahr 1948 hingen die dunklen Schatten des Kriegs. In ihrer Botschaft erklärte die Vollversammlung düster: «[...] über der gesamten Menschheit hängt die Drohung des totalen Krieges. Wir selbst haben unseren Anteil an der Schuld dieser Welt. Deshalb haben wir Gottes Gericht über uns

---

5 Botschaft der Weltkonferenz für Praktisches Christentum, Stockholm, 1925, Abs. 2-3.

6 Erste Weltkonferenz der Bewegung für Glauben und Kirchenverfassung: «Ruf zur Einheit». Am 20. August 1927 von der gesamten Konferenz einstimmig angenommen.

anzuerkennen und zu tragen.»[7] Der nüchterne Ausgangspunkt des ÖRK 1948, «Die Unordnung der Welt und Gottes Heilsplan», wurzelte nicht nur in den Spaltungen des 16. Jahrhunderts, sondern auch in viel früher und viel später erfolgten Trennungen. Anstelle von 1517 prägten die andauernden Kirchenteilungen nach dem Konzil von Chalcedon Mitte des 5. Jahrhunderts das Gedächtnis der orientalisch-orthodoxen Kirchen. Für die östlich-orthodoxen und die katholischen Kirchen des Westens bezeichnet die Mitte des 11. Jahrhunderts die bedeutsame Erfahrung kirchlicher Spaltung mehr als 1517.

Selbst unter den abendländischen Kirchen, die in Folge der Reformation entstanden, ist das Jahr 1517 kein gemeinsames Jubiläum. Anglikaner, Täufer, Evangelikale, Methodisten und viele weitere haben andere Geschichten von Reform und Spaltung.

Ich sage dies nicht, um die Bedeutung des Jahres 1517 oder des 500. Jubiläums 2017 herabzusetzen oder zu relativieren. Vielmehr hoffe ich, dass diese Beobachtungen daran erinnern, dass aus der ökumenischen Sicht der ÖRK-Gemeinschaft die Reformation und ihre Anfänge im Rahmen von breiteren geschichtlichen und ökumenischen Perspektiven gesehen, beurteilt und gefeiert werden müssen.

Diese Beobachtungen betonen zudem, was für eine ökumenische Bedeutung der Tatsache zukommt, dass sowohl die reformierten als auch die lutherischen Gemeinden 2017 gemeinsam feiern können. Der Unterschied zwischen der damaligen Situation, als Martin Luther und Ulrich Zwingli 1529 Marburg verließen, und heute, wo die EKD und der SEK diese gemeinsame Konsultation in Zürich abhalten – überdies 40 Jahre nach der Leuenberger Konkordie – ist bemerkenswert.

Die Auswirkungen der Reformation im 16. Jahrhundert auf die weltweite Christenheit und sogar auf die Weltgeschichte sind unbestreitbar. Ich möchte nun einige Ausprägungen dieses Erbes der Reformation für die ökumenische Bewegung ansprechen. Dabei handelt es sich sowohl um Bekräftigungen des theologischen Schwerpunktes der Reformation als auch um Herausforderungen, die uns heute noch begleiten.

---

7 Amsterdamer Ökumenisches Gespräch 1948, Die Unordnung der Welt und Gottes Heilsplan, Bd. 1, herausgegeben von der Studienabteilung des Ökumenischen Rates der Kirchen in Genf, 1948, S. 224.

Bibel und Hermeneutik

Die Rückkehr zur Bibel als primäre Quelle von Autorität gehört zum wichtigsten Erbe der Reformation und muss ökumenisch bekräftigt werden. Der Text von Glauben und Kirchenverfassung, «Die Kirche: Auf dem Weg zu einer gemeinsamen Vision», hält es prägnant fest: «Alle Christen teilen die Überzeugung, dass die Heilige Schrift normativen Charakter hat [...]»[8] Die Übersetzung der Schrift in die Sprache des gemeinen Volkes und ihre Verkündigung in derselben Sprache, gedruckte Bibeln, biblisches Predigen, biblischer Hymnengesang und Bibelforschung trugen dazu bei, die Bibel zur lebendigen Autorität in den Kirchen zu machen – eines der größten Vermächtnisse des 16. Jahrhunderts an die weltweite Christenheit. Die Auswirkungen davon zeigen sich auch weiterhin innerhalb der ökumenischen Bewegung, zum Beispiel durch gemeinsame Bibelübersetzungen und durch die Rückkehr zu einem gemeinsamen Lektionar für die Verkündigung der Heiligen Schrift in der Eucharistiefeier und in Wortgottesdiensten am Sonntag, eine deutliche Anlehnung an das Messbuch der römisch-katholischen Kirche, das nach dem Zweiten Vatikanischen Konzil erarbeitet wurde. Das Aufblühen der Bibelforschung, das Studium der Bibel an Universitäten, Hochschulen und Seminaren sowie Bibelstudien in den Gemeinden sind ökumenische Errungenschaften. Während das Ziel der sichtbaren Einheit in einer eucharistischen Gemeinschaft zwar noch nicht erreicht ist, finden die Kirchen ihre sichtbare Einheit doch bereits heute im biblischen Wort Gottes.

Eine noch heute aktuelle Herausforderung für die Kirchen und die ökumenische Bewegung, die auf die Reformation zurückgeht, ist die biblische Hermeneutik: Wie soll die Bibel gelesen und ausgelegt werden, und von wem? In welcher Beziehung stehen Bibel und Tradition zueinander? Inwiefern ist die Heilige Schrift normativ maßgebend für das Leben der Kirche heute? Welche Beziehung besteht zwischen dem Bibellesen des Einzelnen und dem Lesen in der Gemeinschaft? All diese Fragen stehen seit langem auf der Agenda der ökumenischen Bewegung, wie zum Beispiel auch in der Studie von Glauben und Kirchenverfassung. Eine Annäherung in diesen Fragen wurde 1963 auf der Dritten Weltkonferenz von Glauben und Kirchenverfassung in Montreal vorgeschlagen. Sie beinhaltete zudem den lutherischen hermeneutischen Schlüssel für das

---

8 Die Kirche, Abs. 11.

gemeinsame Lesen der Schrift, nämlich das befreiende Wort des Evangeliums:

«[So] können wir sagen, dass wir als Christen durch Tradition des Evangeliums (die Paradosis des Kerygmas) existieren, wie sie in der Schrift bezeugt und in und durch die Kirche kraft des Heiligen Geistes übermittelt worden ist. Tradition in diesem Sinne wird gegenwärtig in der Predigt des Wortes, in der Verwaltung der Sakramente und im Gottesdienst, in christlicher Unterweisung und in der Theologie, in der Mission und in dem Zeugnis, das die Glieder der Gemeinde durch ihr Leben für Christus ablegen.»[9]

Die Reflexion von Glauben und Kirchenverfassung über «Schrift, Tradition und Traditionen» wird heute fortgeführt in Studientexten wie «Ein Schatz in zerbrechlichen Gefäßen: Eine Anleitung zu ökumenischem Nachdenken über Hermeneutik» und jüngst in der Reflexion über «Quellen der Autorität». Doch trotz der umfassenden ökumenischen Untersuchung biblischer Hermeneutik kommen ungelöste Streitpunkte aus der Reformation hinsichtlich der biblischen Auslegung in jüngsten christlichen Spaltungen unter und innerhalb von Kirchen erneut zum Vorschein, insbesondere im Hinblick auf Fragen der moralischen Urteilsbildung. Die ekklesiologischen Themen sind die Rolle der Kirche als auslegende Gemeinschaft, die Beziehung des christlichen Gläubigen zur Gemeinschaft und die verringerte Fähigkeit gespaltener Christen, gemeinsam zu einem Urteil zu kommen. Wie die Botschaft der Vollversammlung von Amsterdam prägnant erklärte:

«Bei unserer Begegnung hier ist uns das Verständnis dafür aufgegangen, wie sehr unsere Zertrennung uns daran gehindert hat, in der Gemeinschaft Christi voneinander Rat und Zurechtweisung anzunehmen; und weil uns diese Zurechtweisung nicht zuteil wurde, hat die Welt aus unserem Munde statt des Wortes Gottes oft nur Menschenworte vernommen.»[10]

Die neunte Vollversammlung in Porto Alegre legte dieselbe Herausforderung etwas anders dar:

—

9 Schrift, Tradition und Traditionen. Bericht der Sektion II, in: Patrick Campbell Rodger u. Lukas Vischer (Hg.), Montreal 1963. Bericht der vierten Weltkonferenz für Glauben und Kirchenverfassung, Montreal 12.–26. Juli 1963, Zürich 1963, S. 43–44.

10 Amsterdamer Ökumenisches Gespräch 1948, Die Unordnung der Welt und Gottes Heilsplan, S. 225.

«Das Verhältnis zwischen Kirchen ist durch eine dynamische Wechselbeziehung geprägt. Jede Kirche ist zum gegenseitigen Geben und Empfangen von Gaben und zur gegenseitigen Rechenschaft aufgerufen. Jede Kirche muss sich dessen bewusst werden, was in ihrem Leben provisorisch ist, und den Mut haben, dies auch gegenüber den anderen Kirchen einzugestehen.»[11]

Kultur und Katholizität

Die Reformation führte zu einer neuen Betonung von Kultur und Kontext. Ein offensichtliches Beispiel dafür ist die Sprache, speziell die Volkssprache der Bibelübersetzungen und der Liturgie. In den deutschen Ländern führte die Übersetzung der Bibel von Martin Luther in die Sprache des Volkes zu einer gemeinsamen Form des Deutschen und zu einem zunehmenden Gefühl des kulturellen Zusammenhalts. Das Gleiche gilt für das Erbe des «Book of Common Prayer» aus dem 16. Jahrhundert und der offiziellen Version der Bibel in England im 17. Jahrhundert sowie deren Auswirkungen auf die Entwicklung der englischen Sprache. Dass Englisch heute zur internationalen Sprache überhaupt geworden ist, nicht zuletzt unter den ökumenischen und anderen kirchlichen Institutionen wie dem ÖRK, ist eine Art Erbe der englischen Reformation im 16. und 17. Jahrhundert.

Die Hervorhebung von Kultur, Kontext und Vielfalt durch die Reformation ist ein Erbe für die ökumenische Bewegung, das in «Die Kirche» bekräftigt wird:

«Legitime Vielfalt im Leben der Gemeinschaft ist eine Gabe des Herrn.[…] Die Jünger sind dazu aufgerufen, ein Herz und eine Seele zu sein, aber gleichzeitig auch die Vielfalt zu respektieren und sich durch sie bereichern zu lassen. […] Das Evangelium muss in Sprachen, Symbolen und Bildern verkündet werden, die einen Bezug zu bestimmten Zeiten und Kontexten haben, damit es in jeder Epoche und an jedem Ort authentisch gelebt werden kann.»[12]

Genau dieses Erbe ist aber auch eine ökumenische Herausforderung. Von der jeweiligen Kultur geprägte Kirchen forderten im 16. Jahrhundert ihre Unabhängigkeit, größtenteils von der römischen Vorherrschaft, aber

---

11 Abs. 7, Berufen, die eine Kirche zu sein.

12 Die Kirche, Abs. 28.

auch voneinander. Viele der Kirchen, die während der Reformation ihre lokale Kultur durchsetzten, zwangen diese Kultur größtenteils in ihren späteren kolonialen und missionarischen Unterfangen anderen Völkern auf. «Die Kirche» sagt dazu:

«Die legitime Vielfalt ist immer dann gefährdet, wenn Christen der Ansicht sind, ihr eigener kultureller Ausdruck des Evangeliums sei der einzig authentische und müsse Christen aus anderen Kulturen aufgezwungen werden.»[13]

Weil eine Betonung der Kultur die Katholizität gefährden könnte, warnt Glauben und Kirchenverfassung:

«Die wesensmäßige Katholizität der Kirche wird geschwächt, wenn kulturelle und andere Unterschiede sich zu einer Spaltung entwickeln können. Christen sind dazu berufen, alles zu beseitigen, was die Verkörperung dieser Fülle von Wahrheit und Leben, die der Kirche kraft des Heiligen Geistes gewährt wurde, behindert.»[14]

Die Bedrohung der Katholizität ist letzten Endes eine Bedrohung für Einheit und Mission der Kirche:

«Gleichzeitig darf die Einheit nicht aufgegeben werden. Durch den gemeinsamen Glauben an Christus, der in der Verkündigung des Wortes, der Feier der Sakramente und einem Leben in Dienst und Zeugnis zum Ausdruck kommt, befindet sich jede lokale Kirche in Gemeinschaft mit den lokalen Kirchen aller Orte und aller Zeiten.»[15]

Liturgie, Sakramente und Ekklesiologie

Fragen rund um die kulturelle Identität und Vielfalt im 16. Jahrhundert fanden im Leben der gewöhnlichen Christen ihren konkreten Ausdruck in der wöchentlichen Liturgie und der Theologie der Sakramente. Das Marburger Religionsgespräch scheiterte wegen bedeutsamer Meinungsverschiedenheiten über die Abendmahlstheologie; die Eucharistie wurde zu einem der Punkte theologischer und pastoraler Auseinandersetzung der Reformation.

Und doch gab es einen gemeinsamen Eifer für eine eucharistische Erneuerung, die den meisten der großen Reformatoren gemeinsam war, von Jan Hus Anfang des 15. Jahrhunderts über Martin Luther, Martin

---

13 A.a.O., Abs. 28.

14 A.a.O., Abs. 22.

15 A.a.O., Abs. 29.

Bucer, Johannes Calvin und Thomas Cranmer im 16. Jahrhundert bis zu John Wesley im 18. Jahrhundert. Die erneuerte Vision der Eucharistie (Abendmahl oder heilige Kommunion) umfasste ein Gleichgewicht zwischen Wort und Sakrament; sie wurde jeden Sonntag in der Volkssprache gefeiert, wobei der Laienstand und der Klerus gemeinsam das heilige Abendmahl empfingen, und zwar im Brot und im Wein, dem sakramentalen Leib und Blut Christi. Es war eine überwältigende Vision der Kirche als eucharistische Gemeinschaft. Die gemeinsame Vision eines wöchentlichen Abendmahls für den Laienstand und den Klerus war eine direkte Infragestellung der Theologie, der Frömmigkeit und des Kirchenrechts der spätmittelalterlichen Kirche, in der nur der Klerus das Abendmahl regelmäßig empfing, während die Laien nur einmal pro Jahr Anrecht darauf hatten. Die Forderung, dass Laien Brot und Wein erhalten sollten, stellte eine radikale Änderung dar. In der mittelalterlichen Kirche und in der römisch-katholischen Kirche bis zu den Liturgiereformen des Zweiten Vatikanischen Konzils war Laien die Kommunion in beiderlei Gestalt verboten. Im westlichen Christentum prägte der Utraquismus (*sub utraque specie*) aus den Lehren von Jan Hus zu Beginn des 15. Jahrhunderts die Basisbewegung der Reformation vom 16. bis ins 20. Jahrhundert. Er war Ausdruck einer abweichenden ekklesiologischen Vision von der Gleichstellung und der Würde getaufter Laien, die jeden Sonntag in beiderlei Gestalt das heilige Abendmahl empfingen. Die stillschweigende ekklesiologische Konsequenz daraus war, keine Unterscheidung zwischen «Kirche» und «Menschen» zu machen, sondern vielmehr, die Christen als die Kirche selbst zu betrachten. Leider setzte sich diese liturgische Vision der Kirche im 16. Jahrhundert nie umfassend durch. In der liturgischen Erneuerung des 20. Jahrhunderts hingegen wurde sie durch die ökumenische Bewegung aufgenommen.[16] Ironischerweise fand das Erbe der Reformation im Hinblick auf die eucharistische Praxis einen Ausdruck in den Liturgiereformen, die vom Zweiten Vatikanischen Konzil angestoßen wurden.

Die Herausforderung der Reformation an die ökumenische Bewegung im Zusammenhang mit der Eucharistie ist sowohl eine theologische wie auch eine praktische. Das Scheitern in Marburg und die andauernde Uneinigkeit zwischen den lutherischen und den reformierten Christen bis

---

16 S.: «Die liturgische Erneuerung in einigen Kirchen kann teilweise als eine Rezeption der Konvergenzen im ökumenischen Dialog über die Sakramente verzeichnet werden.» Die Kirche, Abs. 43.

zur Leuenberger Konkordie im Jahr 1973 beruhte auf der zentralen Frage der sakramentalen Theologie der Reformation: Ist der auferstandene und aufgefahrene Herr im eucharistischen Brot und Wein präsent? Sowohl Luther als später auch Calvin waren anderer Meinung als Zwingli und auch die späteren Schweizer und deutschen Reformatoren wurden sich nicht einig. Das einzige, was sie einte, war ihre gemeinsame Ablehnung der klassischen westlichen katholischen Lehre über die eucharistische Theologie. Eine der äußerst aufwühlenden Besonderheiten des 16. Jahrhunderts bestand darin, dass Christen bereit waren, für ihre Überzeugungen mit Blick auf die Eucharistie – das Sakrament der Einheit – zu töten und selbst den Tod auf sich zu nehmen.

Fragen rund um die eucharistische Theologie stehen seit langem auf der Agenda der ökumenischen Bewegung, sowohl im bilateralen Dialog unter den Kirchen als auch auf der multilateralen Ebene der Kommission für Glauben und Kirchenverfassung. Das gemeinsame Verständnis der Eucharistie, die in «Taufe, Eucharistie und Amt» (1982) erzielt wurde, war einer der am meisten begrüßten Teile dieses Textes. Durch die Verwendung des biblischen Begriffs der Anamnese löste Glauben und Kirchenverfassung die zwei großen eucharistischen Kontroversen des 16. Jahrhunderts: das eucharistische Opfer und die Gegenwart Christi. Indem der Text die Eucharistie zunächst als «das lebendige und wirksame Zeichen» des Opfers Christi erkennt, erklärt «Taufe, Eucharistie und Amt»: «Christus selbst ist mit allem, was er für uns und für die gesamte Schöpfung vollbracht hat [...], in dieser ‹Anamnese› gegenwärtig und schenkt uns Gemeinschaft mit sich. Die Eucharistie ist auch der Vorgeschmack seiner Parusie [...]»[17]

Die einfache, aber tiefgründige Lösung in «Taufe, Eucharistie und Amt» für einige der äußerst umstrittenen Fragen aus dem 16. Jahrhundert prägte den bilateralen Dialog über die Eucharistie und trug zur Erneuerung der eucharistischen Liturgien der Kirchen, aber auch ihrer eucharistischen Theologie und Praxis bei. Die liturgische Erneuerung im Westen ist eines der besten Beispiele für empfängliche Ökumene.

Die Vision der Eucharistie als operatives Paradigma für das Verständnis von der Einheit der Christen als Koinonia in «Die Kirche» erhält erst dann einen Sinn, wenn sie im Hinblick auf die in «Taufe, Eucharistie und

---

17 Taufe, Eucharistie und Amt, Genf 1982, Abs. 5 und 6.

Amt» erreichte ökumenische Konvergenz über die sakramentale Theologie und Praxis gesehen wird:

«Es gibt einen wachsenden Konsens, dass Koinonia als Gemeinschaft mit der Heiligen Dreieinigkeit sich auf drei miteinander zusammenhängende Weisen äußert: Einheit im Glauben, Einheit im sakramentalen Leben und Einheit im Dienst [...]. Die Liturgie, insbesondere die Feier der Eucharistie, dient als ein dynamisches Paradigma dafür, wie eine derartige Koinonia in der heutigen Zeit aussieht. In der Liturgie erfährt das Volk Gottes Gemeinschaft mit Gott und Gemeinschaft mit den Christen aller Zeiten und Orte. Die Gläubigen versammeln sich mit ihren jeweiligen Vorsitzenden, verkünden die Frohe Botschaft, bekennen ihren Glauben, beten, lehren und lernen, preisen und danken, empfangen den Leib und das Blut des Herrn und werden zur Mission ausgesandt. [...] Gestärkt und genährt durch die Liturgie, muss die Kirche die lebenspendende Sendung Christi weiterführen in prophetischem und teilnahmsvollem Dienst an der Welt und im Kampf gegen jede Form von durch Menschen hervorgerufener Ungerechtigkeit und Unterdrückung, von Misstrauen und Konflikt.»[18]

In der Leuenberger Konkordie, der Meissener Gemeinsamen Feststellung und der Porvoo-Erklärung sowie vielen auf anderen Kontinenten, insbesondere in Nordamerika, geschlossenen Vereinbarungen finden sich bedeutende Ausdrucksformen dieser Koinonia.

Doch trotz der Bekräftigungen in «Die Kirche» liegt eine Herausforderung aus den Spaltungen im 16., 11. und 5. Jahrhundert darin, dass einige von uns auch heute noch nicht in der Lage sind, einander in einer eucharistischen Gemeinschaft zu begegnen. Trotz des Grades an Einigkeit in der eucharistischen Theologie, der über die bilateralen Dialoge erreicht wurde, insbesondere in der Übereinstimmung, die sich in den Antworten auf «Taufe, Eucharistie und Amt» widerspiegelt, bleiben die zugrunde liegenden Fragen weiterhin ungelöst. Sie sind das, was Glauben und Kirchenverfassung als «die schwierigsten Themen [ansieht], denen sich die Kirchen stellen müssen, wenn sie das überwinden wollen, was sie immer noch daran hindert, Gottes Gabe der Gemeinschaft zu leben: unser Verständnis vom Wesen der Kirche selbst»[19]. Dies ist ein wichtiger Grund, weshalb die Herangehensweise an das Jubiläum 2017 darin bestehen

---

18 Die Kirche, Abs. 67.

19 A.a.O., Einleitung, S. 1.

sollte, dass wir uns fragen, wie wir uns auf das Zeugnis für die Werte des Reiches Gottes, auf die Gaben der Gerechtigkeit und des Friedens der Kirche konzentrieren und die Kirche aus diesem Blickwinkel betrachten können. Und genau damit werden wir uns auch während der Vollversammlung in Busan beschäftigen.

Märtyrertod und Gedächtnis

Zur protestantischen Kritik am mittelalterlichen Christentum gehört auch der wahrgenommene Mangel an lebendigem Glauben und Verständnis vor der Reformation. Jüngere Forschungen kommen zu unterschiedlichen Schlüssen und deuten sowohl auf Lebendigkeit als auch auf Einschränkungen hin, wie es sie für jede Epoche gibt. Ein Zeichen der Vitalität der spätmittelalterlichen Christenheit war ihre Fähigkeit zu Reform und Erneuerung. Luther, Zwingli, Calvin, Bucer, Cranmer und die anderen Reformatoren sind ein Erbe der spätmittelalterlichen katholischen Kirche. Ich staune über die Fähigkeit aller Teile der westlichen Christenheit im 16. Jahrhundert, sich zu verändern und zu wachsen. Dazu gehört auch die römisch-katholische Kirche vor, während und nach dem Konzil von Trient. Diese Fähigkeit zur Umkehr im Sinne von metanoia ist ein Erbe aus der Zeit der Reformation.

Für die ökumenische Bewegung liegt die Herausforderung darin, dass im 16. Jahrhundert nicht alle das Wort Gottes auf dieselbe Art und Weise erkannten. Die Vielfalt in der biblischen Auslegung, Lehre und Praxis führte zu unüberbrückbaren Unterschieden, für die die Christen bereit waren, sich nicht nur voneinander zu trennen, sondern sogar gegeneinander in den Krieg zu ziehen. Die Erinnerung und die Märtyrertode infolge der Spaltungen sind ein Erbe aus dem 16. Jahrhundert, das auch heute noch eine ökumenische Herausforderung darstellt.

Glauben und Kirchenverfassung verfolgt ein spannendes Projekt, genannt «Eine Wolke von Zeugen», das das Gedenken der Heiligen – der heiligen Gläubigen, Frauen und Männer, erforscht. Es stellt die Frage nach einer gegenseitigen Anerkennung unserer jeweiligen Märtyrer aus der Reformationszeit. Ist es einer Kirche möglich, die Märtyrer einer anderen Kirche als «Heilige» anzuerkennen, wenn es die eigenen Vorfahren waren, die diese Märtyrer der zweitgenannten Kirche umgebracht haben? Die Anerkennung der Märtyrer der jeweils anderen ist Teil des andauernden Prozesses der Heilung von Erinnerungen.

In jüngster Zeit konnten solche Heilungen von Erinnerungen erfolgen. Denken wir auf diesem Kongress in Zürich zum Beispiel daran, wie die reformierten Kirchen in der Schweiz im Jahr 2007 die Nachfahren der Schweizer Täuferbewegung um Vergebung für die Märtyrertode baten, die 1525 hier stattfanden, oder rufen wir uns die Entschuldigung des Lutherischen Weltbundes auf seiner Vollversammlung in Stuttgart im Jahr 2010 bei den Vertretern der Mennonitischen Weltkonferenz für die Verfolgung der Täufer im 16. Jahrhundert und darüber hinaus ins Gedächtnis.

Der ÖRK begibt sich auf den Weg nach Busan mit dem Gebet «Gott des Lebens, weise uns den Weg zu Gerechtigkeit und Frieden». Innerhalb einer ökumenischen Hermeneutik gegenseitiger Rechenschaft für unsere Vergangenheit lässt dieses Gebet an Buße für die Gewalt denken, die Christen einander in Konflikten mit Andersgläubigen und Angehörigen anderer Religionen angetan haben. Erinnern wir uns an die Klage von Amsterdam 1948: «Wir selbst haben unseren Anteil an der Schuld dieser Welt. Deshalb haben wir Gottes Gericht über uns anzuerkennen und zu tragen.» Die Heilung der Erinnerungen muss fortgesetzt werden. Es besteht eine Notwendigkeit, die Einsichten und Herausforderungen der Internationalen Ökumenischen Friedenskonvokation von 2011 weiterzutragen. Nach der diesjährigen Vollversammlung stehen wir vor der Herausforderung einer Pilgerreise für Gerechtigkeit und Frieden. Die ökumenische Bewegung muss neue Partner aus der Zivilgesellschaft, anderen Glaubensgemeinschaften und insbesondere auch aus der christlichen Familie auf ihre Pilgerreise für Gerechtigkeit und Frieden mitnehmen. Wie kommt es zum Beispiel, dass so wenige der historischen Friedenskirchen im ÖRK Mitglied sind? Warum gibt es nur zwei mennonitische Kirchen aus Europa, die unserer Gemeinschaft angehören? Ist dies ebenfalls eine Herausforderung an die ökumenische Bewegung aus dem 16. Jahrhundert?

Ecclesia semper reformanda oder renovanda?

Das 16. Jahrhundert war nicht der Anfang oder das Ende der Reform, sondern ein ereignisreicher Moment in einem Prozess, der so alt ist wie die Kirche selbst. Die Reformation ist einzigartig im Ausmaß ihrer Reformen, aber auch in ihren Auswirkungen wie der dramatischen Erfahrung fehlender christlicher Einheit. Heute antworten die Kirchen weiterhin auf die vielfältige Nachfrage nach der Verkündigung des Evangeliums in sich rasch verändernden Kontexten. So befinden wir uns abermals in einer Zeit neuartiger Ausdrucksformen von Reform und Erneuerung. Wie Glauben und Kirchenverfassung in «Die Kirche» feststellt:

«Heute geht die Verkündigung des Reiches Gottes in der ganzen Welt unter sich schnell verändernden Umständen weiter. Einige Entwicklungen stellen eine besondere Herausforderung für die Sendung und das Selbstverständnis der Kirche dar. [...] Die ‹neu entstehenden Kirchen›, die eine neue Art des Kircheseins vorschlagen, stellen andere Kirchen vor die Herausforderung, Mittel und Wege zu finden, auf die heutigen Bedürfnisse und Interessen auf eine Weise einzugehen, die dem treu bleibt, was von Beginn an überliefert wurde. An einigen Orten kämpft die Kirche mit radikal abnehmenden Mitgliederzahlen; viele betrachten sie als nicht länger relevant für ihr Leben, weshalb diejenigen, die noch glauben, von der Notwendigkeit einer Neu-Evangelisierung sprechen.»[20]

Oft wird der ÖRK gefragt, wie er die Kirchen, insbesondere im globalen Norden, in ihrer Erneuerung unterstützen kann. Was kann die ökumenische Bewegung aus dem 16. Jahrhundert übernehmen, um zu erkennen, wie der Heilige Geist die Kirchen heute erneuert? Welche Erfahrungen lädt der Heilige Geist uns ein, nicht zu wiederholen?

Das Thema Reformation und Erneuerung ist auch aus einem ganz anderen Kontext heraus angesprochen worden. 2006 bat die Konferenz der Sekretäre und Sekretärinnen der weltweiten christlichen Gemeinschaften die Kommission Glauben und Kirchenverfassung, im Jahr 2017 eine Weltkonferenz zu «Reform und Erneuerung» einzuberufen. Im Lichte der geplanten Feiern in Deutschland und in Europa in diesem Jahr, im Lutherischen Weltbund und seinen Mitgliedskirchen und allgemein in der protestantischen Welt, wünschte sich die Konferenz der Sekretäre und Sekretärinnen einen ökumenischen Beitrag, der die orthodoxe und die römisch-katholische Kirche als gleichwertige Mitglieder einbeziehen würde.

Der Titel «Reform und Erneuerung» erschien der Kommission Glauben und Kirchenverfassung problematisch, insbesondere für die orthodoxen Mitglieder, für die der kirchliche Leib Christi nicht reformierbar oder veränderlich ist, obwohl sie bekräftigen, dass er immer wieder erneuert werden muss. Das Thema für 2017 ist deshalb einfach «Erneuerung». Die Arbeit wird in einigen Wochen in Busan beginnen, im Rahmen

---

20 A.a.O., Abs. 7.

des ökumenischen Gesprächs «Wandel durch Erneuerung». Ich habe diese Idee mehrfach deutlich unterstützt. Das Thema Erneuerung steht im Mittelpunkt der vorgeschlagenen Erklärung der Vollversammlung zur Einheit:

«Nur wenn Christen durch Gottes Geist versöhnt und erneuert werden, wird die Kirche ein authentisches Zeugnis für die Möglichkeit eines versöhnten Lebens aller Menschen und der ganzen Schöpfung ablegen können. Oft kann die Kirche in ihrer Schwäche, ihrer Armut und ihrem Leiden wie Christus ein glaubhaftes Zeichen und Geheimnis der Gnade Gottes sein.»

Erneuerung ist eine ökumenische Herausforderung, denn während alle Kirchen den biblischen Aufruf zur Erneuerung anerkennen, haben verschiedene Formen von Erneuerung weiterhin eine kirchenspaltende Wirkung. Theologische Klarheit über die authentischen Zeichen und Früchte von Erneuerung ist deshalb entscheidend. Die Ziele des ÖRK-Gespräches über Erneuerung bestehen darin, ökumenisch herauszuarbeiten, was Erneuerung aus theologischer Perspektive bedeutet, authentische Zeichen von Erneuerung pastoral zu bestimmen und ökumenisch die Früchte unserer einzelnen Erfahrungen von Erneuerung zu empfangen. 1990 schlug Glauben und Kirchenverfassung im Studiendokument «Kirche und Welt: Die Einheit der Kirche und die Erneuerung der menschlichen Gemeinschaft» Folgendes vor:

«Auch die Kirche steht unter dem Gericht des Wortes Gottes, und in ihrer menschlichen und geschichtlichen Wirklichkeit ist sie zur Umkehr und Erneuerung aufgerufen. Sie ist dazu aufgerufen, ‹zu werden, was sie ist›, in ihrem geschichtlichen und institutionellen Leben ihr wahres Wesen als eine heilige, versöhnte und versöhnende Gemeinschaft zu verkörpern.»[21]

Im ökumenischen Gespräch über Erneuerung wird die Frage gestellt werden, weshalb einige Erneuerungsbewegungen Kirchen spalten. «Kirche und Welt» besteht darauf, dass das Streben nach Einheit und das Streben nach Erneuerung untrennbar miteinander verbunden sind und sich durch den in Jesus Christus offenbarten Willen Gottes ergeben, der «die Kirchen gleichzeitig zu sichtbarer Einheit untereinander und zu gemeinsamem Zeugnis und Dienst zur Erneuerung der menschlichen,

---

21 Kirche und Welt: Die Einheit der Kirche und die Erneuerung der menschlichen Gemeinschaft, Frankfurt am Main 1991, S. 11.

Gemeinschaft aufruft»[22]. Dies ist Teil eines Verständnisses des Zwecks der Kirche als «Zeichen und Dienerin» von «Gottes Heilsplan [...], die Menschheit und die ganze Schöpfung in eine Gemeinschaft unter der Herrschaft Christi zusammenzuführen», wie in «Die Kirche: Auf dem Weg zu einer gemeinsamen Vision» festgehalten wird.[23] Der gleiche Geist der Erneuerung spiegelt sich in «Gemeinsam für das Leben», der neuen Missionserklärung des ÖRK, wider:

«Gottes Liebe verkündet die Erlösung der Menschheit nicht getrennt von der Erneuerung der ganzen Schöpfung. Wir sind aufgerufen, an Gottes Mission teilzunehmen und dabei unsere anthropozentrisch verengten Sichtweisen zu überwinden. Gottes Mission schließt alles Leben ein und wir müssen dies sowohl anerkennen als auch neue Wege gehen, um uns in den Dienst dieser Mission zu stellen. Wir bitten Gott um Buße und Vergebung, aber wir rufen auch dazu auf, jetzt zu handeln.»[24]

Aus der ökumenischen Sicht gegenseitiger Rechenschaft müssen wir fragen: Was sind die theologischen Unterschiede zwischen Reformation, Transformation und Erneuerung? Das ökumenische Gedenkjahr 2017 sollte demütig, aufrichtig und hoffnungsvoll sein – es sollte fragen, wie das Evangelium uns als Kirchen erneuern und gleichzeitig vereinen kann, und dafür beten, dass dies auch tatsächlich geschieht.

---

22 Kirche und Welt, S. 12.

23 Die Kirche, Abs. 25.

24 Gemeinsam für das Leben: Mission und Evangelisation in sich wandelnden Kontexten, Abs. 105, Genf, 2013, S. 21f.

II Spezifische Themen der Reformationsgeschichte und deren Wirkungsgeschichte

Kirchengeschichtlich

Fulvio Ferrario, Rom

Frühere Reformationen und die Reformation: Petrus Valdus, Jan Hus, John Wycliffe, Girolamo Savonarola

Auf der imponierenden Kanzel der Waldenserkirche an der Piazza Cavour, Rom, (so imponierend übrigens, dass sie normalerweise nicht benutzt wird…) sind vier Gestalten abgebildet. Zwei sind bekannt; die anderen viel weniger. Bei den weniger Berühmten handelt es sich um Arnaldo von Brescia und Girolamo Savonarola. Arnaldo (1099-1155) predigte Armut, Verzicht auf die weltliche Macht der Kirche, Laienpredigt, die Ungültigkeit der von unwürdigen Priestern gefeierten Sakramente, das Recht der Laien, nicht nur der Priester, auf die Verwaltung der Beichte. Er wurde exkommuniziert, gehängt, und seine Leiche wurde verbrannt. Savonarola (1452–1498), Dominikaner, predigte eine ethische Erneuerung der Kirche und der Gesellschaft, in der Blütezeit der florentinischen Renaissance. Seine Energie wirkte zwar prophetisch, wurde aber von nicht wenigen Zeitgenossen und Historikern für nicht frei von fanatischen Zügen gehalten. Die regierende Familie Medici und der Papst Alexander VI konspirierten, um Savanarola als Häretiker und Aufrührer zu verurteilen. Auch er wurde gehängt und verbrannt. 1997 leitete die Erzdiözese Florenz das kirchenrechtliche Verfahren für seine Seligsprechung ein.

Warum wollten die Menschen, die vor gut hundert Jahren die Waldenserkirchen an der Piazza Cavour bauten, auf diese zwei Figuren neben Luther und Calvin aufmerksam machen? Die Antwort ist klar genug. Zuerst will diese evangelische Kirche in der Papststadt mit Bildern, Pseudomosaiken und mit altkirchlichen Motiven bemalten Fenstern daran erinnern, dass das evangelische Christentum in der apostolischen Tradition (!) verwurzelt ist. Darüber hinaus aber wollen die Gestalten von Arnaldo und Savonarola darauf aufmerksam machen, dass es auch und gerade in Italien eine vorlutherische und vorcalvinische reformatorische Geschichte gibt. Die Kirche der *sola scriptura* hat also nicht nur eine *traditio*, sondern ist *traditio*, nicht weniger als der römische Katholizismus, aber anders als er, auch in Italien.

Damit wird aber auch die Problematik des ganzen Themas erkennbar: Genügt es, irgendwie «gegen Rom» zu sein, um als «vorreformatorisch» zu gelten? Sind «unsere Protestanten», wie der Waldenser Historiker Emilio Comba am Ende des 19. Jahrhunderts Männer wie Petrus Valdus, aber eben auch Arnaldo und Savonarola bezeichnete, wirklich als Vorgänger Luthers und Calvins zu betrachten? Oder wird in dieser Weise der Begriff «Reformation» historisch und theologisch unsachgemäß verallgemeinert? Eine sinnvolle Antwort sollte natürlich, umso mehr wenn man auf europäischer Ebene denkt, sehr differenziert aussehen: Es scheint unmöglich, Valdus und Savonarola, Arnaldo und Wycliffe in einem Atem zu nennen. Dennoch kann man zweifellos, nicht ohne ein gewisses Recht, einige Themen auflisten, die als Merkmale einer Kontinuität bezeichnet werden könnten: etwa die theologische Bedeutung der Schrift, eine mehr oder weniger radikale Infragestellung der mittelalterlichen Zuordnung von Wort und Sakrament, die Kritik des Klerikalismus und die Betonung der Rolle der Laien. Das würde aber direkt zur großen Debatte über Kontinuität und Diskontinuität zwischen der sogenannten «ersten» und «zweiten» Reformation führen, eine Debatte, die hier unmöglich zusammenzufassen ist und noch weniger mit originellen Beiträgen bereichert werden kann. Deswegen werde ich mich auf zwei Dimensionen beschränken. «Dimension» bedeutet hier etwas mehr als «Thema». Es geht um Dynamiken, die «das Kirchesein» gestalten und die m. E. für die heutige spirituelle, gesellschaftliche und ökumenische Lage des europäischen Protestantismus entscheidend sind.

Die erste kann mit einer berühmten Lutherstelle eingeleitet werden: «Ich habe bisher unbewusst den ganzen Johann Hus gelehrt und gehalten, auch Johannes Staupitz hat in derselben Unwissenheit gelehrt. Kurz, wir sind alle unbewusst Hussiten. Ja, auch Paulus und Augustin sind richtige Hussiten. Siehe doch bitte, in welche Ungeheuerlichkeiten wir ohne die böhmischen Führer und Lehrer geraten sind. Ich weiß vor Staunen nicht, was ich denken soll, wenn ich solch fürchterliches Gericht Gottes über die Menschen sehe: die klare, offenbare evangelische Wahrheit, die vor nun schon mehr als hundert Jahren öffentlich verbrannt worden ist, wird für verdammt gehalten, und man darf dies nicht bekennen. Wehe der Erde! Lebe wohl.» (Luther an Spalatin, Februar 1520)

Augustin und Luther sind unbewusst Hussiten, weil Paulus ein solcher ist: nämlich, weil sie, wie Jan Hus, lehren, was Paulus gelehrt hat. Es geht um die Apostolizität der Kirche. Genauer gesagt, es geht um eine bestimmte Auffassung der Apostolizität: Apostolisch ist, was die Apostel gelehrt haben (was Luther bekanntlich auch zugespitzt sagen kann: was Christ um treibt). Die Apostolizität der Kirche wird durch den apostolischen Inhalt der Verkündigung charakterisiert, die Tra*di*tion hängt entscheidend, und letztlich ausschließlich, von dem apostolischen *Di*ktum ab. Das impliziert, was besonders Hus theologisch reflektiert zum Ausdruck gebracht hat, eine spezifische Ekklesiologie: Die Kirche kann und muss Zeugin und Dienerin der Wahrheit des Evangeliums sein. Sie kann aber nie Besitzerin und Verwalterin einer Garantie dieser Wahrheit werden. Das Evangelium garantiert sich selbst. Genau das wollten die mittelalterlichen Waldenser sagen, als sie ihre Apostolizität betonten, auch wenn spätere Generationen diese Überzeugung mit einer merkwürdigen Legende untermauern wollten, nach der ihr Ursprung auf eine Reise von Paulus selbst in die Waldensertäler zurückzuführen sei. Und das gilt auch für die anderen Vertreter der «ersten» Reformation: Sie kämpften für eine inhaltlich (und nicht lehramtlich) bestimmte Deutung der Apostolizität der Kirche, also der apostolischen Sukzession, der Kontinuität in der Wahrheit.

Wenn ich aber richtig sehe, ist die vollständige theologische Darstellung dieser Auffassung erst bei Luther zu finden, nämlich in seiner Kategorie der *promissio*: Die Wahrheit des Evangeliums wird im Glauben als *certitudo* (nicht als *securitas*, und das gilt auch gegen die Waldenserlegende!) in der Kraft der Verheißung wahrgenommen, also nicht als Besitz, sondern als freie Gnade und Treue Gottes, all Morgen frisch und neu. In der vertieften Deutung Luthers kann die Apostolizität der Kirche, streng genommen, nicht «beansprucht», sondern ausschließlich in der Dankbarkeit des Glaubens empfangen werden; und die Kategorie der *promissio* ist m. E. die evangelische Alternative zum römisch-katholischen Gebrauch der Begrifflichkeit der kirchlichen (praktisch: bischöflichen) «Garantie» der Apostolizität.

Luther nimmt jedenfalls bei Hus – bei der «ersten» Reformation – die Frage wahr, die heute noch für das Wesen des kirchlichen Zeugnisses und des Kircheseins entscheidend ist: Was heißt, was ist apostolisch, und dementsprechend: Was ist, wer ist, apostolische Kirche? Und ich erlaube mir zu behaupten, dass die heute auch ökumenisch heftig debattierten Themen (inklusiv die viel beredeten «ethischen Fragen») letztlich theologisch unecht sind, wenn sie nicht, wie dialektisch und mittelbar auch immer, auf diese Frage der Apostolizität der kirchlichen Botschaft zurückgeführt werden.

Das zweite Erbe der «vorreformatorischen» Tradition, die ich an dieser Stelle signalisieren möchte, stellt dem «klassischen» mitteleuropäischen Protestantismus eine kritische Frage. Es handelt sich um die Kritik der «konstatinischen» Auffassung des Verhältnisses zwischen Kirche und Staat und generell um die ganze Konstellation von finanzieller, politischer und gesellschaftlicher Macht. «Konstantinismus» und ähnliche Kategorien sind natürlich Begriffe, die schon historisch gar nicht einfach zu präzisieren sind, geschweige denn theologisch. Die politische Verwicklung der mittelalterlichen Kirche, die die Waldenser ablehnten, um nur dieses Beispiel zu nennen, ist kaum mit jener des Kaiserreichs in der Zeit Luthers zu vergleichen. Es bleibt aber die einfache Tatsache: Verschiedene «vorreformatorische» Bewegungen vertraten eine Auffassung der Nachfolge Jesu, die die christliche Gemeinde als «alternative» oder «kontrakulturelle» Gesellschaft verstand. Die mitteleuropäische Reformation des 16. Jahrhunderts fasste hingegen ihre Radikalität in der Nachfolge so auf, dass sie Kirche in der Gesellschaft sein wollte, und erarbeitete eine entsprechende Theologie (die übrigens auch von verfolgten reformatorischen Minderheitskirchen wie den Hugenotten und den reformierten Waldensern übernommen wurde). Das bedeutete keine unkritische und automatische Annahme der gegebenen gesellschaftlichen Verhältnisse, schaffte aber eine bestimmte Konstellation, die wir Volkskirchentum nennen könnten.

Für Millionen von Männern und Frauen ermöglichte diese Konstellation im Laufe der Jahrhunderte das Hören des Evangeliums und ein christliches Leben. Wer aus einer anderen Geschichte kommt (praktisch aus einer freikirchlichen: so sieht sozioreligiös die Geschichte von verschiedenen Minderheitskirchen aus), muss sich darüber im Klaren sein, dass das Volkskirchentum in seinen verschiedenen Versionen eine ekklesiologische und seelsorgerliche Möglichkeit war und häufig noch ist. Aber eben: eine Möglichkeit. Wird diese Möglichkeit im zukünftigen Europa noch vorhanden sein? Noch einmal: Eine pauschale Antwort, ja oder nein, wäre sinnlos, aber die sowohl Gemeindemitglieder als auch finanzielle Mittel betreffenden Statistiken sprechen eine ziemlich klare Sprache. Es kann auch nicht mehr als selbstverständlich gelten, dass die Zusammenarbeit zwischen Kirche und Staat, wie sie heute etwa in Deutschland vorhanden ist, langfristig unverändert bleibt: Schon heute stellt sie in Europa und in der Welt eher die Ausnahme als die Regel dar. Kann in einer nachkonstantinischen Zeit das Erbe der nicht-konstantinischen «ersten» Reformation fruchtbar sein? Um die Frage in verantwortlicher Weise zu stellen, muss man vor allem jede Idealisierung entschieden ablehnen. Eine kleinere, ärmere und gesellschaftlich weniger etablierte evangelische Christenheit wird nicht unbedingt zu einer überzeugteren und überzeugenderen Verkündigerin des Evangeliums, wie die Lage von nicht wenigen Diasporakirchen allzu klar zeigt. Klar ist auch, dass die evangelische Kirche, so wie sie durch die Reformation und die vielfältige Geschichte des Protestantismus gestaltet wurde, sich immer in der Spannung zwischen bekennender und «inklusiver» Gemeinschaft bewegt. Diese Dialektik hat in den großen Volks- und in den Minderheitskirchen verschiedene Konturen, sie ist aber bei diesen und bei jenen vorhanden, und zwar nicht nur aus sozioreligiösen, sondern auch und vor allem aus theologischen Gründen.

Das Gleichgewicht zwischen den beiden Dimensionen muss aber in der heutigen Situation neu gedacht werden. Eine kleinere und ärmere Kirche muss, wenn sie nicht nur überleben, sondern leben will, ihre profiliert bekennende Identität entschiedener zur Geltung bringen, besonders was die tägliche Praxis betrifft. Zwischen der volkskirchlichen Auffassung der protestantischen (aber auch römisch-katholischen und orthodoxen) Vergangenheit und der Sekte im troeltschen Sinne des Wortes besteht ein breiter Raum, in dem der europäische Protestantismus seinen Weg in die Zukunft suchen kann. In dieser schwierigen, aber faszinierenden und spirituell tief herausfordernden Suche kann das «vorreformatorische» Erbe bereichernd wirken. Die Kirche lebt grundsätzlich nicht von Erben, sie lebt von der kommenden Zukunft Gottes. Aber, wir haben gesehen, dass diese Zukunft zu uns durch ein Wort, also durch ein *Di*ktum kommt, die Tra*di*tion wurde und wird, in der Dimension der diakonischen Gemeinschaft der Heiligen. So gesehen ist diese Tra*di*tion der vorreformatorischen Kirche kein bloßes historisches «Beispiel», sondern ein gelebtes Zeugnis und ein theologischer Beitrag zur Gestaltung unseres Weges in die Zukunft.

Volker Leppin, Tübingen

Mit dem Mittelalter gebrochen oder aus ihm emporgewachsen?

Erwägungen zur Einordnung der Reformation

Das Mittelalter hat keinen guten Ruf unter Evangelischen – ganz gleich ob lutherisch, reformiert oder uniert. Das gilt selbst bei denen, die sich über die Errungenschaften der europäischen Universität freuen, deren Wurzeln bekanntlich im 13. Jahrhundert liegen, oder bei denen, die den Gottesdienst in Kirchen feiern, die wie etwa das Zürcher Großmünster oder die Stadtkirche von Wittenberg schon lange vor der Reformation errichtet wurden. Man mag dies schlicht Geschichtsvergessenheit nennen – oft aber verbinden sich mit solchen Haltungen Konzepte von Theologie und Geschichte, die eines gemeinsam haben: Identität über Bruch und Abgrenzung zu bestimmen.

Dergleichen hat im Protestantismus eine lange Tradition. Als Karl Holl im Jahre 1917, also beim letzten Jahrhundertjubiläum der Reformation, an die Bedeutung der Rechtfertigungslehre für Martin Luther erinnerte, tat er dies mit einem Denkmodell, nach dem der Wittenberger Reformator sich in einem einzigen Moment biografisch und theologisch vom Mittelalter gelöst habe: Neu sollte nur sein, was als Bruch mit dem Alten daherkam. Dieses Modell strahlte auf die gesamte Reformationsdeutung, auch jener der Schweizer Reformation, aus. In gewisser Weise gab es einem vortheoretischen Selbstverständnis theoretischen Ausdruck.

Dem wurde kurz vor und nach dem Zweiten Weltkrieg ein noch heute für die römisch-katholische Forschung prägendes Bild entgegengehalten, das vor allem Joseph Lortz und Erwin Iserloh entwickelten: Sie gestanden der Reformation auch aus römisch-katholischer Sicht eine gewisse Legitimität zu, weil sie auf ein Mittelalter reagiert habe, das eigentlich schon nicht mehr wahrhaft mittelalterlich gewesen sei: Im späten Mittelalter, insbesondere in der Scholastik der sprachkritischen *via moderna*[1], sei

---

1 Via moderna steht, grob gesagt, für eine sprachkritische Theologie im Sinne Wilhelms von Ockham, die Via antiqua für eine Philosophie und Theologie, die die Wirklichkeit

die Einheit von Philosophie und Theologie zerbrochen, die Frömmigkeit habe sich veräußerlicht und die Bindung an die christliche Wahrheit verloren. Im Vorfeld des Zweiten Vatikanischen Konzils war dieser Ansatz offenkundig ein ökumenisches Angebot, dessen Wider-haken freilich darin bestand, dass unter der Hand vorausgesetzt wurde, dass eben jene Probleme, auf die die Reformation reagiert hatte, schließlich durch das Konzil von Trient innerhalb der päpstlichen Kirche wahrgenommen, korrigiert und behoben worden seien. So berechtigt also der Protest Luthers und Zwinglis in diesem Modell erschien – so wenig fortdauerndes Recht konnte es den reformierten und lutherischen Kirchen zugestehen.

Entsprechend musste auch hierauf von evangelischer Seite reagiert werden, und zwar bezeichnenderweise von Forschern aus beiden protestantischen Großkonfessionen, die ihrerseits in der Lage waren, das Gesamte der Reformation in den Blick zu nehmen. Dies gilt auch, trotz einer gewissen Lutherozentrik, für Bernd Moeller, der gewitzt das Dekadenzmodell von Lortz und Iserloh mit einem Kulminationsmodell beantwortete: Das Mittelalter habe sich hiernach nicht an einem Tiefpunkt befunden, wie jene Forscher meinten, sondern im Gegenteil habe es in der gesamten Kirchengeschichte nie eine Zeit gegeben, die so fromm gewesen sei wie das 15. Jahrhundert – nur dass eben diese Frömmigkeit fehlgeleitet gewesen sei und daher von der Reformation korrigiert werden musste. Eventuelle Kontinuitäten zum späten Mittelalter entdeckte Moeller dabei weit eher in der Sozialstruktur der ober-deutschen und schweizerischen Städte als in der Theologie, welche er vornehmlich am Paradigma Luthers maß und in Form einer sehr traditionellen Entgegensetzung zum Mittelalter zur Darstellung brachte. Dem hat der Reformierte Heiko Augustinus Oberman kenntnisreich den Aufweis der vielfältigen Verwurzelungen Zwinglis wie Luthers in der spätmittelalterlichen Theologie entgegengehalten – bis dahin, dass er meinte, noch das Marburger Religionsgespräch von 1529 aus dem spätmittelalterlichen Wegestreit zwischen *via moderna* und *via antiqua* erklären zu können.

Dieser wichtige Anstoß für ein differenzierteres Verständnis des Verhältnisses von Spätmittelalter und Reformation hat mittlerweile in den

---

aus Begriffen konstruieren zu können meint. Ihre wichtigste Autorität ist Thomas von Aquin.

Entwürfen von Berndt Hamm und mir selbst eine Verdichtung als Polaritätenmodell gefunden. Damit soll ganz darauf verzichtet werden, das Mittelalter linear auf die Reformation zulaufen zu lassen. Stattdessen scheint es mir angemessen, das späte Mittelalter gerade in seiner Vielfalt zu würdigen. Unter dem Dach einer Kirche fanden sich hier vielfältige, gelegentlich einander nahezu ausschließende, jedenfalls polar gegenüber stehende Strömungen. Schon die erwähnte Spannung von *via moderna* und *via antiqua* ist eine von ihnen, lässt sich aber weiter ausdehnen: Es gab nicht nur einen – gelegentlich handfest ausgetragenen – Streit innerhalb der akademischen Theologie, sondern es entwickelte sich auch eine mächtige Konkurrenz zum Ausschließlichkeitsanspruch auf Wahrheitsvermittlung, den die Universitäten erhoben: Die humanistischen Gelehrtenkreise – in der extremsten Form in der Florentiner Akademie, aber auch in den *sodalitates* des nordalpinen, insbesondere des oberdeutsch-schweizerischen Raums – oder die reiche Briefkorrespondenz humanistischer Gelehrter wie etwa Joachim Vadians zeugen davon, dass man nun auch auf andere Weise Gelehrsamkeit erwerben und weitergeben konnte, gelegentlich in außerordentlich scharfer Abgrenzung von der Scholastik: Die polemischen, streckenweise geradezu arroganten «Dunkelmännerbriefe» legen hiervon Zeugnis ab.

Mit dem Aufkommen des Humanismus stellte sich auch der Anspruch auf innere Erfassung der Theologie einer als bloß noch äußerlich starr empfundenen Scholastik gegenüber, die ihren logischen Regeln folgte statt der klaren Erkenntnis aufgrund eigener Wahrnehmung der Schrift und der Kirchenväter. Die Losung *ad fontes* hieß auch, diese kirchlichen Quellen neu ihrem inneren Duktus nach aufzuspüren und sich anzueignen. Die Psalmendeutung eines Faber Stapulensis zeigt dies ebenso wie noch die ersten Predigten Zwinglis in Zürich, der nicht mehr der zerstückelnden Perikopenordnung folgen wollte, sondern dem Verlauf der biblischen Bücher selbst. Der Gegensatz von innerer Aneignung und reiner Veräußerlichung war aber nicht nur ein kognitiver, sondern fand gerade als affektiver eine große Verbreitung: Das späte Mittelalter hat eine Fülle von mystischer Literatur und ihren Derivaten hervorgebracht. Insbesondere die Bewegung der *devotio moderna* zeugt vom intensiven Bemühen, sich den Glauben nicht nur äußerlich, sondern mit Herz und Seele anzueignen. Nicht umsonst wurde die «Nachfolge Christi» des Thomas von Kempen zu einem der meistgelesenen Werke der christlichen Literatur überhaupt – und repräsentiert damit einen Typus von Frömmigkeit, dem im späten Mittelalter die vielfältigen

Formen der Veräußerlichung diametral gegenüberstanden: Man konnte nicht nur die Jahre im Fegefeuer zählen, sondern hierfür auch den entsprechenden Ablass kaufen und so Leidensjahre gegen klingende Münze tauschen. In Wittenberg konnte man mit Hilfe eines von Lukas Cranach d. Ä. gestalteten Reiseführers genau erfahren, wie viele Jahre Ablass die Verehrung jeder der vielen dort aufgehäuften Reliquien brachte: Quantität wurde zu einem entscheidenden Maßstab der Religiosität.

Es waren Laien, die an beidem partizipierten: der Veräußerlichung wie der Verinnerlichung. In beidem traten sie, auch dies eine jener Polaritäten, in immer stärkeren Gegensatz zur bestimmenden Schicht der Kleriker, die von ihnen vielfach sozial und rechtlich abgesetzt waren. Zu den großen Ärgernissen des späten Mittelalters gehörte der Umstand, dass Kleriker auf eigene Gerichtsprozesse in Rom pochten und sich damit der heimischen Gerichtsbarkeit entziehen konnten – und dass sie zugleich eine Lebensführung pflegten, die mit der Vorstellung eines apostolischen Lebens wenig gemein hatte. In Reaktion hierauf kam vielfach «Antiklerikalismus» auf: Boccaccios «Decamerone» ist der vergnüglichste, der Sache nach aber durchaus repräsentative Ausdruck hiervon.

Für die weitere Entwicklung von besonderer Bedeutung aber wurde eine institutionelle Spannung: die nämlich zwischen zentraler Kirchenleitung einerseits, dezentraler andererseits. Man kann diese Polarität doppelt durchspielen, und beide Varianten hatten im Reformationsjahrhundert eine Bedeutung. Zum einen war das 15. Jahrhundert vom Gegenüber zwischen Papst und Konzilien geprägt, das sich im Konziliarismus niederschlug; diesen hatte das Konzil von Konstanz begründet, das von Basel zur vollen Entfaltung gebracht. Entstanden war er so in Reaktion auf das Papstschisma seit dem ausgehenden 14. Jahrhundert, das offengelegt hatte, dass eine Rettung der Kirche innerweltlich nicht von ihrer Spitze zu erwarten war, sondern nur vom allgemeinen Konzil, das sich selbst als Repräsentant der universalen Kirche verstand. Im Schatten des Konzils von Basel aber entwickelte die genannte Polarität noch eine andere Gestalt: Dem französischen König gelang es, in der Pragmatischen Sanktion von Bourges 1438 weitreichende Rechte über die Kirche in seinen Landen zu gewinnen und so die Grundlagen für das Phänomen zu legen, das als «Gallikanismus» die Sonderform einer sich dem Papst gegenüber verselbständigenden dem französischen Kirche bezeichnet. Was in Frankreich erfolgreich durchgeführt wurde, fand im deutschen Sprachraum seine Parallele im Bemühen vieler Territorien und Städte, die Verwaltung der Kirche vor Ort in die eigenen Hände zu bekommen. Ob die Verfügungsgewalt über die Prädikatur an einer Stadtkirche oder die Etablierung eines Landesbistums in Meißen oder Naumburg: Die unterschiedlichen Phänomene hatten denselben Impuls, die Kirche zu dezentralisieren und damit näher an lokale Machthaber, aber auch an die Gemeinden zu binden.

Ein Modell, das mit solchen Spannungen oder Polaritäten arbeitet, ist nun in der Tat in der Lage, die Übergänge vom Mittelalter zur Reformation differenzierter zu beschreiben, als es Dekadenz- oder Kulminationsmodell getan haben. Das gilt bereits für die Wendung der beiden großen Reformatoren, Zwinglis wie Luthers, gegen die herrschende scholastische Theologie. Dabei ist vor allem für Zwingli der humanistische Hintergrund unstrittig, aber auch Luthers Bildung ist offenkundig und hat sich etwa in den Thesen zur Heidelberger Disputation deutlich niedergeschlagen. Von hier aus Protest gegen «die» Scholastik zu üben, war, wie oben ausgeführt, nicht neu.

Auch wo der theologische Protest in einen kirchlichen überging und hierdurch an Schärfe gewann, lässt sich eine solche Zuordnung zu den spätmittelalterlichen Alternativen vornehmen. So liegt es auf der Hand, dass die Proteste Luthers und Zwinglis gegen die herrschenden kirchlichen Verhältnisse zunächst einmal auf die Veräußerlichung gezielt haben. Für Zwingli machen dies die Berichte über seine ersten Predigten deutlich, in denen es, wie die Klagschrift des Chorherren Hoffmann dokumentiert, unter anderen um die Kritik am Marien- und Heiligenkult oder auch am Fegefeuer ging. Grundlage war die brisante Mischung aus dem Erbe des spätmittelalterlichen Scotismus und den Einflüssen des Humanismus in Zwinglis Theologie, die zu einer scharfen Profilierung des Gegensatzes zwischen allem Äußerlich-Materiellem und dem geistig-geistlichen Bereich des Glaubens führte. Auf andere Weise, aber innerhalb des Polaritätenmodells durchaus parallel, entwickelte sich Luthers Protest: Vor allem aus der Lektüre mystischer Autoren – Johannes Taulers und der «Theologia deutsch» – entwickelte er einen Protest gegen die veräußerlichte Form des Bußsakramentes, wie sie sich im Ablass zeigte: «Unser Herr und Meister Jesus Christus wollte, als er sprach: ‹Tut Buße› usw., dass das ganze Leben der Gläubigen Buße sei», heißt die erste der 95 Thesen gegen den Ablass und tradiert so mystische Spiritualität in das evangelische Gedächtnis.

Kommen also beide Reformatoren innerhalb dieser Polarität deutlich auf die Seite einer innerlichen Frömmigkeit zu stehen, so nehmen sie auch innerhalb der Polarität von Klerikern und Laien klar Partei. Wie Luther in der Adelsschrift appellierte auch Zwingli 1522 in einem seiner frühesten reformatorischen Auftritte, der Predigt «Von Klarheit und Gewissheit des Wortes Gottes», an das allgemeine, in der Taufe begründete Priestertum der Glaubenden. In beiden Fällen wurde dieser theologische Grundgedanke zum entscheidenden Scharnier politischer Umsetzung. Hier nun war Zürich schneller als Wittenberg beziehungsweise Sachsen: Die vielfach gedeutete Erste Zürcher Disputation vom 29. Januar 1523 zeigte vor allem eines: dass hier Laien bereit und in der Lage waren, Verantwortung für das Wort Gottes in ihrem Einflussbereich zu übernehmen. Und als die Fürsten in Hessen und Sachsen sich an die Durchführung der Reformation machten, folgten auch sie jenem Grundgedanken, dass Laien berufen sein konnten, die Kirche zu reformieren, wie Luther ihn in der Adelsschrift formuliert hatte.

Es liegt nahe, dass sich hiermit auch jene Unterscheidung von Zentralität und Dezentralität verbinden konnte, die schon das späte Mittelalter kannte. Mit ihren Ideen verstärkten die Reformatoren dezentrale, aus Sicht der mittelalterlichen Kirche kann man auch sagen: desintegrative Kräfte. Umgekehrt begegnete ihnen, zumal Luther, der unbedingte Anspruch der Kirchenspitze auf Gehorsam: Silvester Prierias, der mit einem Gutachten zum Fall Luther beauftragt war, vertrat mit einer im späten Mittelalter keineswegs selbstverständlichen Schärfe die zentrale Leitung der Kirche durch den Papst, und auch Johannes Eck, sonst konziliaren Ideen nicht ganz abgeneigt, spitzte den Konflikt in der Leipziger Disputation auf die Papstfrage zu.

Diese wenigen Skizzen zeigen, dass sich der Anfang der Reformation als Zuspitzung und Radikalisierung der Polaritäten des späten Mittelalters verstehen lässt. Macht man sich erst einmal klar, dass es «das» (dekadente oder kulminierende) Mittelalter nicht gab, sondern eine Pluralität von religiösen Gestaltungen, wird die Reformation leichter verstehbar. Sie mit Hilfe der Polaritäten des späten Mittelalters zu erklären, heißt nicht, zu behaupten, dass diese sich später schlicht auf die werdenden Konfessionskirchen aufteilten. Um nur ein Beispiel herauszugreifen: Auch die römisch-katholische Kirche der Neuzeit bewahrte das Element des Innerlichen, und für die Entwicklung der evangelischen Kirchen wurde es bedeutsam, auch äußerliche Elemente des Amtes und der Struktur wiederzugewinnen. Ein solches Polaritätenmodell lässt nachvollziehen, welche Entwicklungen den Reformatoren halfen, zu ihren Einsichten zu kommen. Noch die entscheidende Differenzlinie lässt sich auf diese Weise verstehen: In der Frage der Zentralität oder Dezentralität ließ sich eine Einigung nicht mehr finden, und bis heute sind es nicht umsonst die ekklesiologischen Fragen, die die evangelische von der römisch-katholischen Lehre trennen. Die Entwicklungen aber, die hierzu führten, sind auf beiden Seiten von ihren spätmittelalterlichen Wurzeln nicht zu lösen.

Christine Christ-von Wedel, Basel

Humanismus – Reformation – Aufklärung: Zusammenhänge und Brüche

Johann Salomo Semler, ein Vertreter der vermittelnden sogenannten neologischen Richtung innerhalb der protestantischen Aufklärung, hat zum Verhältnis der Begriffe Humanismus und Reformation eine klare These: Schon als jungem Theologieprofessor sei ihm klar geworden, dass insbesondere Erasmus, aber auch Valla, Cusanus, Vives, Pico della Mirandola, Wessel Gansfort, Faber Stapulensis und die Mystiker «alle Wahrheiten, die der gemeinen ungesunden Kirchenreligion entgegenstehen, schon einmal gesehen und ehrlich herausgesagt haben, dass Erasmus das gröste Verdienst habe, ohne aus der römischen Kirche herausgetreten zu seyn; dass also weder Zwingli noch Luther einen einzigen ganz neuen Satz oder Hauptbegriff, entdeckt und zuerst gefunden haben.»[1]

Im Übrigen habe gerade auf dem Gebiet, auf dem Semler besonders hervortrat, nämlich der historisch-kritischen Auslegung, «kaum jemand eben den richtigen Weg der Untersuchungen so unparteiisch, so blos historisch wieder betreten» wie Erasmus, der große Humanist des 16. Jahrhunderts.[2]

Semler scheint also als aufgeklärter Theologe nicht an die Reformatoren, sondern an Erasmus angeknüpft zu haben. Freilich hat er auch Luther an verschiedenen Stellen hoch gelobt, so dass Gottfried Hornig glaubte, Semler habe als Theologe insbesondere Luther rezipiert und sich gerade auch für seine Bibelkritik nur vom Wittenberger Reformator anregen lassen.[3]

Die Beziehung zwischen den großen geistesgeschichtlichen Bewegungen scheint also nicht eindeutig zu sein. Um etwas Licht hineinzubringen – erlauben Sie mir die aufklärerische Metapher – lade ich Sie ein, sich mit vier Teilaspekten aufklärerischen Denkens zu beschäftigen:

---

1 Johann Salomo Semler, Lebensbeschreibung, Bd. 2, Halle, S. 178f.

2 A.a.O., S. 124.

3 Gottfried Hornig, Die Anfänge der historisch-kritischen Theologie. Johann Salomo Semlers Schriftverständnis und seine Stellung zu Luther, Göttingen 1961, bes. S. 37.

1. der Frage: Was tragen Vernunft und Offenbarung je zur Erkenntnisbei?
2. dem Fortschrittsglauben
3. dem historischen Ansatz
4. der Toleranzforderung

Da Humanismus, Reformation und Aufklärung hochkomplexe Bewegungen sind und sich ganz verschiedene Richtungen in ihnen jeweils bekämpften, werden nur einzelne für die reformatorischen Kirchen besonders prägende Vertreter zu Worte kommen.

Der von Kant 1784 klassisch formulierte Wahlspruch für die von ihm schon so benannte «Aufklärung» war: «Sapere aude: Habe Mut, dich deines eigenen Verstandes zu bedienen!»[4] Dabei ging es den Aufklärern darum, sich des Verstandes kritisch gegenüber Autoritäten und der Tradition zu bedienen. In der Theologie hinterfragten sie die überkommene Dogmatik mit ihren Bekenntnissen genauso wie überkommene Frömmigkeitsformen, aber auch die biblische Überlieferung beurteilten sie nach den eigenen vernünftig scheinenden Kriterien. Das Verhältnis von Offenbarung und Vernunft wurde neu zum Problem. Ergänzen sie sich gegenseitig oder kann die Vernunft die Offenbarungswahrheiten in Vernunftwahrheiten umdeuten oder ist der Offenbarungsbegriff ganz preiszugeben? Ein aufgeklärter Theologe wie Johann Joachim Spalding (1714–1804) hat am Offenbarungsbegriff festgehalten, aber postuliert, dass die biblische Offenbarung «in ihrem Wesentlichen und in ihrem Hauptzweck» den «Wahrheiten der Natur und Vernunft» entspricht.[5] Einen Schritt weiter ging Johann Friedrich Wilhelm Jerusalem (1709–1789), der die Lehre von der Dreieinigkeit, «weil die Vernunft sich so gar nichts dabei denken kann», aufgeben will und den Begriff nur noch als Traditionsgut in der Taufformel gelten lassen kann.[6] Christoph Friedrich Ammon (1766–1850), ein bestallter lutherischer Hofprediger und Konsistorialrat in Dresden, wagt gar mit vernünftigen Erwägungen die Rechtfertigungslehre anzugreifen: «Die Menschen können … einzig durch das Bewusstsein ihrer Tugend und Rechtschaffenheit (Röm 2, 14f.),

---

4 Immanuel Kant, Beantwortung der Frage: Was ist Aufklärung?, in: Immanuel Kants populäre Schriften, hg. von E. von Aster, Leipzig, o.J., S. 1.

5 Nach Emmanuel Hirsch, Die Umformung des christlichen Denkens in der Neuzeit. Ein Lesebuch mit Quellentexten, Tübingen 1938, S. 29.

6 A.a.O., S. 34.

die aus Beobachtung der reineren Sittengebote des Evangeliums hervorgeht (Röm 1, 16), Gott angenehm und wohlgefällig werden.»[7] Er deutet also paulinisches Gedankengut um, aus dem Satz «Der Mensch ist gerechtfertigt durch den Glauben» wird «Er ist angenehm vor Gott durch das Bewusstsein seiner Rechtschaffenheit». Eine Umdeutung, die bestens zum moralischen Christentum vieler Theologen der Aufklärungszeit passte. Von daher ist der Schritt klein, eine Offenbarungsreligion grundsätzlich abzulehnen, ein Schritt, den schon Hermann Samuel Reimarus (1694–1768) vollzogen hatte. Dessen Ideen hat Lessing in den «Fragmenten eines Ungenannten» veröffentlicht, darunter 1777 ein Fragment mit dem Titel: «Unmöglichkeit einer Offenbarung, die alle Menschen auf eine gegründete Art glauben könnten». Damit löste er den berühmten Fragmentenstreit aus, der das ganze späte 18. Jahrhundert in Atem hielt.[8]

Das Verhältnis von Offenbarung und Vernunft war für das Christentum von seinem Beginn an ein Problem.[9] Im 16. Jahrhundert schwankten Denker zwischen höchstem Vertrauen in die vermeintlich göttlichen Verstandeskräfte des Menschen und tiefstem Skeptizismus. Agrippa von Nettesheim hatte 1510 hochgemut verkündigt, der Mensch könne alles erforschen und beurteilen, denn «er begreift und enthält Gott selbst».[10] 1526 aber veröffentlicht derselbe Autor eine Schrift über die Unsicherheit und Eitelkeit allen Wissens und aller Künste. Darin traut er dem Menschen keinerlei eigene Erkenntnisfähigkeit zu. Der Mensch ist ganz auf Gottes Offenbarung angewiesen und auch die versteht er nur, wenn er «von ihm erleuchtet» ist.[11]

Moderater schwankte Erasmus. In einem frühen Werk von 1503 erklärt er, die biblische Offenbarung sei vernünftig. Sie entspreche der menschlichen Vernunft durch «die gleiche Beschaffenheit der Natur».[12] Zwanzig Jahre später jedoch mahnt er: Es ist «verwegen, die göttliche Natur mit den menschlichen Verstandeskräften erforschen zu wollen. Ich meine, es

---

7 A.a.O., S. 39.

8 A.a.O., S. 47.

9 Vgl. für das Folgende: Christine Christ-von Wedel, Erasmus von Rotterdam. Anwalt eines neuzeitlichen Christentums, Münster 2003, S. 125–130.

10 Agrippa von Nettesheim, De occulta philosophia, hg. von Perrone Compagni, Leiden 1992, S. 508, 20.

11 Agrippa von Nettesheim: De incertitudine declamatio. [Köln] 1539, cap. XCVII, vgl. auch cap. XCVIII – C.

12 Desiderius Erasmus Roterodamus. Ausgewählte Werke (H), hg. Von Hajo Holborn, München 1933, S. 57, 16f.

ist Tollheit … darüber zu reden, etwas zu definieren, geradezu ruchlos. … Für das ewige Heil ist es genug, das von Gott zu glauben, was er selbst von sich offen in den Heiligen Schriften dargelegt hat».[13] Der Mensch ist also, um Gott zu erkennen, ganz von Gottes Offenbarung abhängig. Gott habe zwar «dem Verstand der Menschen einen Funken von Erkenntnisvermögen eingepflanzt, aber die Leidenschaften und die Nacht der Verfehlungen ließen das Vermögen erblinden».[14]

Auch Luther ist in dieser Frage nicht eindeutig: Im Anschluss an Röm 1, 19f. erklärte er 1515/16: «Gottes unsichtbares Wesen … konnte und kann von der Schöpfung der Welt an und immer erkannt werden.»[15] 1524 betont er im Streit mit Erasmus um die Willensfreiheit die Klarheit der Schrift, über deren Verständnis die menschliche Vernunft nicht im Zweifel sein kann: «Denn Christi wort / müssen gewis und klar sein / sonst hat man sie freylich nicht / Wir aber haben ja gewissen text und verstand / und einfeltige wort / wie sie da stehen / und wir sind nicht uneins drüber.»[16] In einer Predigt von 1537 aber gibt es für den Reformator keine Brücke zwischen Glauben und Vernunft. Man müsse «dem heiligen Geist die ehre geben, das, was er redet, die Göttliche warheit sey, und seinen worten gleuben, in des die augen der Vernunfft blenden, ja, gar ausstechen …».[17]

Was das Verhältnis von Vernunft und Offenbarung betrifft, konnte die Aufklärung an die Fragen des 16. Jahrhunderts anknüpfen. Eine eindeutige Abhängigkeit von Humanismus oder Reformation lässt sich indessen nicht herleiten. Noch weniger können die Aufklärer sich für ihren Fortschrittsglauben eindeutig auf Humanismus oder Reformation berufen. Bis 1516 hat z. B. Erasmus gehofft, ein goldenes Zeitalter ziehe herauf, in den folgenden Jahren aber zerrannen seine großen Hoffnungen sehr schnell.[18] Zwinglis Zukunftsoptimismus hielt etwas länger vor, aber

---

13 Desiderii Erasmi Roterodami opera omnia (LB), hg. von Johannes Clericus, Leiden 1703–1706, Bd. VII, c. 497 C/D.

14 LB, VII, c. 500 E.

15 Martin Luther, Kritische Gesamtausgabe, (WA) 73 Bde., Weimar 1883–2009, Bd. 56, S. 176, 1521.

16 WA, 16, S. 263.

17 WA, 46, S. 545, 15–22.

18 Vgl. Christine Christ-von Wedel, Erasmus of Rotterdam. Advocate of a New Christianity, Toronto 2013, S. 93–95 und 251f.

auch nur bis 1522,[19] und bei Luther konnten die Aufklärer diesbezüglich kaum etwas finden.

Reichere Ausbeute fanden sie, jedenfalls bei Erasmus, für ihren historischen Ansatz und für ihre Toleranz. Die aufgeklärten Theologen antworteten auf die neuen Erkenntnisse von Naturforschern. Ich nenne nur Nikolaus Kopernikus, Giordano Bruno, Johannes Kepler, Galileo Galilei und Isaac Newton. Sie erklärten die Welt nicht mehr teleologisch, sondern mechanisch-kausal mit mathematischen Gesetzen und erforschten sie empirisch. Deren Ergebnisse waren mit den Naturvorstellungen, wie sie die Bibel überlieferte, nicht mehr zu vereinbaren. Schon Isaac Newton hatte zu Beginn des 18. Jahrhunderts mit historisch-kritischen Überlegungen versucht, die biblische Botschaft von überholten antiken Vorstellungen zu befreien und so ihr Glaubenszeugnis zu retten.[20]

Insbesondere Johann Salomo Semler hat dann die Grundlage für die historisch-kritische Methode, die immer noch unsere Theologie beherrscht, geschaffen. Sie erlaubt es, zwischen einer zeitbedingten, dem sich verändernden historischen Kontext geschuldeten Form, in der die biblischen Autoren ihre Glaubensinhalte vermittelten, und den Inhalten selbst zu unterscheiden. Sind die Inhalte erst von allem Zeitbedingten gereinigt, können sie dann für die eigene Zeit in neuen Worten wieder überzeugend verkündigt werden. Genau das hat Semler mit seinem großen Lebenswerk methodisch grundlegend ermöglicht. Die «heilsame Wirkung», erklärt er, die von der Predigt der Apostel ausging und «immer, wie alle Realität, von Gott kommt», hänge nicht «an den Worten, welche gesprochen oder geschrieben werden», sondern an dem «Inhalt und an den Vorstellungen von diesen Sachen selbst».[21] Gott hat sich durch «Mittelspersonen» offenbart. Die «Einkleidung … der schriftlichen Offenbarung» ist «jeweils ihr eigen gewesen; … ihren eigenen Umständen gemäß»[22]. Propheten und Apostel hätten die Offenbarung in ihrer

---

19 Vgl. Christine Christ-von Wedel, Erasmus und die Zürcher Reformatoren. Huldrich Zwingli, Leo Jud, Konrad Pellikan, Heinrich Bullinger und Theodor Bibliander, in: Erasmus in Zürich. Eine verschwiegene Autorität, hg. von ders. und Urs B. Leu, Zürich 2007, S. 95.

20 Vgl. Albrecht Beutel, Kirchengeschichte im Zeitalter der Aufklärung, Göttingen 2009, S. 48.

21 Johann Salomo Semler, Abhandlung von freier Untersuchung des Canon; nebst Antwort auf die tübingische Vertheidigung der Apocalypsis, Bd. 1, Halle 1771f. a[8]r-v.

22 Johann Salomo Semler, Historische Einleitung zu Baumgartens Glaubenslehre, in: Siegmund Jacob Baumgarten, Evangelische Glaubenslehre. Bd. 1, Halle 1759, S. 40.

Weltsicht und mit ihren Naturvorstellungen vermittelt. Darum hätten auch schon die ersten Christen auf unterschiedliche Weise Gottes Handeln bezeugt. «Paulus», so Semler, «schrieb nicht für Christen in Palästina; Matthäus schrieb nicht für Schüler Pauli und Johannis.»[23] Die «biblischen Wahrheiten» seien darum je nach «Gegenden und Zeiten» in ganz verschiedener Art vorgetragen worden.[24] Das ist für Semler kein Makel, «diese Ungleichheit seye wol gar Gottes Ordnung»[25], konstatiert er. Zu behaupten, alle Christen müssten «in allen Zeiten einerley unveränderliche christliche Erkentnis» und «einerley christliche Sprache» haben, sei ein falscher tyrannischer Grundsatz im Widerspruch zu Christi Lehre,[26] eine «menschliche Anmassung … wider Gott, der allein die Menschen richtet, jeden nach den Maas des Gewissens».[27]

Daraus ergab sich eine grundsätzliche Skepsis gegenüber dogmatischen Lehrsätzen (auch den eigenen) und eine uneingeschränkte Toleranz gegenüber den konfessionellen Abweichungen. Semler schloss ausdrücklich auch Juden in seine Toleranzforderung mit ein und hielt grundsätzlich fest: Über dogmatische Fragen streiten und erst recht «andre verdammen ist unnütz».[28] Er räumt indessen ein, dass die öffentlichen Kirchen auf Lehrsätzen und Kultformen bestehen müssten, die ihre Mitglieder einigten. Ihre Bekenntnisse könnten nur von der Mehrheit verändert werden. Vor Gott aber zähle das private Christentum der Einzelnen. Sie müssten und sollten frei ihre abweichenden privaten Meinungen äußern. Zurückhalten müssten sie sich nur, wenn sie öffentlich im Namen ihrer Kirche sprächen. Semler unterscheidet also deutlich zwischen privatem und öffentlichem Christenleben.[29]

Sein historischer Ansatz ermöglichte Semler, den biblischen Kanon in einem monumentalen vierbändigen Werk kritisch zu hinterfragen.[30] Er erlaubte sich insbesondere, alttestamentliche Bücher wie Esther, Ruth,

---

23 Johann Salomo Semler, Ueber historische, geselschaftliche und moralische Religion der Christen (1786) Mit Beilagen, hg. von Dirk Fleischer, Nordhausen 2009, S. 20, § 7.

24 Semler, a.a.O. (Anm. 22), S. 71–73; 77.

25 Semler, a.a.O. (Anm. 1), S. 149.

26 Semler, a.a.O. (Anm. 23), S. 27, § 13.

27 A.a.O., S. 30, § 15.

28 Semler, a.a.O. (Anm. 1), S. 352, vgl. auch S. 268; 271; 293; 298; 330; 366.

29 A.a.O., S. 171f. Vgl. Dirk Fleischer in seiner Einleitung zu Religion der Christen, S. IX–XII.

30 Johann Salomo Semler, Abhandlung von freier Untersuchung des Canon, 4 Bde., Halle 1771–75.

Nehemia, Richter, aber auch die Apokalypse für nur zeitbedingt und für Christen kaum förderlich zu halten[31] und das Alte Testament überhaupt gegenüber dem Neuen abzuwerten[32]. Aber auch innerhalb des neutestamentlichen Kanons zog er einzelne Schriften den anderen vor. Zu den aus seiner Sicht nützlichsten Schriften, dem Johannesevangelium und ausgesuchten Briefen, hat er Paraphrasen geschrieben, in denen er die biblischen Texte umschreibend und erklärend neu formulierte, um sie so seiner eigenen Zeit gemäß verständlich und eindringlich zu präsentieren. Denn, so belehrt uns Semler, der Lehrer «muss … die biblischen Wahrheiten in solchen Ausdrücken, Wortfügungen und in solcher Verbindung der Sätze … vortragen, als es die zu seiner Zeit und an seinem Orte mögliche Erkenntnis … erfordert und zuläst».[33]

Mit seiner Methode löste er bei seinen orthodoxen Kollegen Empörung aus. Denn sie setzten als Vertreter einer Verbalinspirationslehre die Offenbarung Gottes und die überlieferte schriftliche Form in eins. Sie beherrschten die Kanzeln und Lehrstühle nach wie vor, Semler und seine Schüler und Mitstreiter wurden heftig geschmäht. Es wurde ihnen angedroht, sie würden ein «Ende mit Schrecken» nehmen.[34]

Entsprechend froh war Semler, dass er seinen Gegnern entgegenhalten konnte, auch die Reformatoren hätten Bibelkritik betrieben und Luther habe insbesondere den Kanon kritisiert.

Luther sah das Wort Gottes, die Schrift und den Geist als Einheit. Er verstand sie als lebendiges Wort. Es gilt in der Schrift den lebendigen Christus zu finden; «denn das Euangelium leret nit anders denn Christum, ßo hatt auch die schrifft nichts anders denn Christum.»[35] Luther hat denn auch von der Mitte seiner Theologie her Kritik am Kanon geübt und z. B. den Jakobusbrief eine «stroherne Epistel» genannt, weil er Christus zwar nennt, aber «leret nicht von jm» und «stracks wider S. Paulum vnd alle andere schrifft / den wercken die Gerechtigkeit gibt».[36] Für die kritisch historische Fragestellung interessierte er sich jedoch kaum und er

---

31 Vgl. Semler, a.a.O. (Anm. 1), S. 139.

32 A.a.O., S. 135.

33 Semler, a.a.O. (Anm. 22), S. 71f.

34 Semler, a.a.O. (Anm. 21), Bd. 1, Vorrede, f. a5v.

35 WA, 10,1/1, S. 625–628, bes. 628, 2.

36 D. Martin Luther, Biblia, das ist die gantze Heilige Schrift, Deutsch auffs new zugericht, Wittenberg 1545, hg. von Hans Volz, München 1974, Bd. 3, S. 2454f.

neigte seit 1523 mehr und mehr zu einer Inspirationslehre, die die hochorthodoxe Verbalinspiration vorbereitete. Er verneinte jeden Widerspruch innerhalb der Bibel und warnte, dass jedes Tüttelchen darin bedeutender sei als Himmel und Erde.[37] Eine entsprechende Entwicklung setzte in Zürich nach Zwinglis Tod ein.[38] Die Reformatoren haben die biblischen Sprachen gelernt und wirkungsvoll philologische Auslegungsmethoden etabliert, sie haben aber historische Überlegungen, wenn sie welche anstellten, ihren dogmatischen Urteilen untergeordnet.[39]

Anders Erasmus: bei ihm konnte Semler seine wichtigsten Grundsätze schon angedacht finden. Das hat Semler auch dankbar anerkannt. Kaum ein Ausleger der Heiligen Schrift habe «den richtigen Weg der Untersuchungen so unparteiisch, so bloß historisch wieder betreten» wie Erasmus, ja die späteren deutschen Theologen hätten gar nicht begriffen, wovon Erasmus eigentlich redete, erklärte Semler.[40]

Erasmus' Kanonkritik beruhte vornehmlich auf historisch-kritischen Überlegungen.[41] Wie für Semler war auch für ihn das Alte Testament in vielen Teilen von fragwürdiger Bedeutung für die Christen.[42] Insbesondere hat er darauf hingewiesen, dass die biblischen Autoren zeitgebunden schrieben und manches seine Zeitgenossen nichts mehr anginge: «Es gibt Stellen, die ausschließlich auf die Jünger und ihre Zeit zu beziehen sind, andere gelten für alle, wieder anderes wird dem Empfinden jener Zeiten zugestanden, anderes voll Ironie belächelt.»[43] Es gelte, den Bibeltext der eigenen Zeit gemäß neu auszusagen.

---

37 WA, 40,2/1, S. 419b und WA, 40,2/2, S. 57b,17–22.

38 Vgl. hier und zum ganzen Vortrag den Art.: Christine Christ-von Wedel, Zur Genese der historisch-kritischen Methode in Humanismus, Reformation und Aufklärung, in: Fiat voluntas tua. Theologe und Historiker – Priester und Professor. Festschrift zum 65. Geburtstag von Harm Klueting, hg. von Reimund Haas, Münster, 2014.

39 Vgl. den Schlussteil des in der Reihe Spätmittelalter, Humanismus, Reformation, hg. von Volker Leppin u.a. in Druck befindlichen Aufsatzes: Christine Christ-von Wedel, Leo Jud als Beispiel für die Erasmusrezeption zwischen 1516 und 1536, in: Basel als Zentrum des geistigen Austausches in der frühen Reformationszeit, hg. Christine Christ-von Wedel, Sven Grosse und Bernd Hamm, Tübingen 2014.

40 Semler, a.a.O. (Anm. 1), S. 124–126.

41 LB, IX, c. 863D; LB VI, c. 1124–1126, Anm. 3; c. 1023f, Anm. 18; c. 1038 Anm. 30; c. 1088; c. 1026 B; 1038 D und bes. c. 1124–1126, Anm. 3.

42 H, S. 70f.

43 H, S. 157f.

Auch Erasmus hat darum Paraphrasen zum Neuen Testament geschrieben; er allerdings zu allen neutestamentlichen Büchern außer der Apokalypse. Und auch bei ihm floss aus dem historischen Ansatz eine grundsätzliche Skepsis gegenüber dogmatischen Lehrmeinungen und Systemen, die sich absolut setzten.[44] Er kämpfte für einen toleranten Umgang mit Häretikern[45] und erklärte die dogmatischen Unterschiede zwischen den Konfessionen für unerheblich.[46]

Die drei mir von den Veranstaltern aufgegebenen Fragen versuche ich nach diesem kleinen Streifzug in aller Bescheidenheit und nach bestem Wissen und Gewissen so zu beantworten:

1. Wie verhalten sich Humanismus, Reformation und Aufklärung zu einander?

Man braucht nicht so weit zu gehen wie Semler, der behauptete, die Reformatoren hätten theologisch überhaupt nichts Neues gebracht, alles sei schon im Humanismus vorgedacht worden.[47] Es trifft indessen für die Lehren, die die Aufklärung überlebten und heute allgemein anerkannt sind, weitgehend zu.[48] Die Aufklärer selbst knüpften an Humanisten, insbesondere an Erasmus, an. Für sie war der Hauptbeitrag der Reformatoren die befreiende Tat, mit der sie beispielhaft Neues wagten. In der reformatorischen Orthodoxie wurden viele humanistische Ansätze wieder aufgegeben, aber die Erinnerung an den Freimut der Reformatoren dürfte den Durchbruch der Aufklärung in den protestantischen Kirchen erleichtert haben. Jedenfalls haben sich christlich aufklärerische Ideen im protestantischen Milieu besonders schnell durchgesetzt.[49]

Die beiden anderen Fragen kann ich nicht gleichsam vom Katheder als möglichst objektive Historikerin beantworten, sondern nur aus meiner subjektiven Sicht Anregungen dazu geben:

---

44 Christ-von Wedel, a.a.O. (Anm. 9), S. 182f.

45 Vgl. z. B. LB, VII, 79 – 81; IX, 580 – 83 und 1054 – 60; Opera omnia Desiderii Erasmi Roterodami, Amsterdam 1969ff, Bd. IX/1, S. 304, 623–626.

46 Vgl. Christine Christ-von Wedel, Erasmus von Rotterdam zwischen den Glaubensparteien, in: Zwingliana 37 (2010), S. 21–39.

47 Semler, a.a.O. (Anm. 1), S. 178f.

48 Vgl. Christine Christ-von Wedel und Urs B. Leu, Erasmus in Zürich. Eine verschwiegene Autorität, Zürich 2007, und Christine Christ-von Wedel a.a.O. (Anm. 39).

49 Vgl.Beutel, a.a.O. (Anm. 20), S. 24.

2. Welche kritischen Anfragen hat die evangelische Theologie zu Recht an die Aufklärung zu stellen?

Vernunft und Offenbarung hat die Aufklärung aus meiner Sicht nicht in ein überzeugendes Verhältnis setzen können. Immer wieder unterlagen die Denker des 18. Jahrhunderts der Gefahr, die Offenbarung ihren vermeintlich vernünftig-moralischen Vorstellungen unterzuordnen, statt sich vom biblischen Zeugnis zum Nachdenken anregen zu lassen. Über das Verhältnis von Vernunft und Offenbarung ist weiter nachzudenken.

3. Was können die reformatorischen Kirchen immer noch von der Aufklärung lernen?

In den christlichen, nicht nur den reformatorischen Kirchen hat sich historisch-kritisches Denken, wie es aus der humanistischen Philologie erwuchs, als Auslegungsmethode durchgesetzt. An historischem Bewusstsein aber mangelt es aus meiner Sicht trotz allem. Unsere reformatorischen Kirchen fordern heute mit den Aufklärern ökumenische Weite, aber fragen sie sich auch, ob die verschiedenen Ausformungen des Glaubens in der Geschichte und in den Kulturen gottgewollt sein könnten? Man beansprucht kontextuelle Theologie zu betreiben, aber denkt die Christenheit darüber nach, dass Gott sich in der Geschichte offenbarte und damit die Geschichte, auch in ihren Widersprüchen und Grausamkeiten, mit Gottes Handeln verquickt ist, und fragt man, was das für unseren Glauben bedeutet?

Weiter könnte es nützlich sein, mit den Aufklärern über das Verhältnis von privatem und öffentlichem Christentum nachzudenken, über das Verhältnis von wünschenswerter Mannigfaltigkeit in individuellen Glaubensbekenntnissen und Frömmigkeitsformen zu notwendiger gemeinschaftsstiftender Glaubenseinheit und allgemein anerkannten und geübten Frömmigkeitsformen in unseren Kirchen. Dass jeder «nach seiner Façon selig werden» kann (so Friedrich der Große), ist heute zum Glück unbestritten, aber kann auch jeder Amtsträger nach seiner Façon öffentlich in seiner Kirche und für seine Kirche auftreten? Wo schlägt öffentlich ausgesprochenes individuelles Glaubenszeugnis in Beliebigkeit um und wo ist es für eine lebendige Glaubensgemeinschaft notwendig?

Martin Wallraff, Basel

Neue Medien und neue Netzwerke

Die Reformation und das gedruckte Buch

«Reformation und Buchdruck» ist ein häufig bedachtes und viel beachtetes Thema. Zu Recht natürlich: Denn die Reformation hätte ohne den Buchdruck kaum den Verlauf genommen, den wir kennen. (Und übrigens natürlich auch umgekehrt: Der junge Buchdruck hat von den öffentlichen Debatten der Reformation ökonomisch und inhaltlich sehr profitiert.) Nicht umsonst hat Martin Luther den Buchdruck als «summum et postremum donum», als «höchstes und letztes Geschenk» bezeichnet – und selbst gekonnt und massenhaft davon Gebrauch gemacht. In Wittenberg entwickelte sich eine eigene Buchproduktion mit quasi-industriellen Zügen, die fast ausschließlich von Luther oder jedenfalls den Reformatoren lebte. Nun wäre es aber falsch zu meinen, dass die schwarze Kunst einfach als ein ebenso zufällig wie glücklich aufgefundenes Instrument dazu beitrug, die Reformation durch Europa zu tragen, gleichsam als Megaphon einer zunächst buchunabhängigen Botschaft. In der Tat wird das Verhältnis von Reformation und Buchdruck häufig auf diese Funktion reduziert, eben die «Megaphon-Funktion», Verstärkung und Ausbreitung einer Botschaft. Natürlich hat es diese Funktion gegeben. Um das zu illustrieren, würde man die kleinen Hefte vorstellen, in denen Luthers erste bedeutende reformatorische Schriften fast über Nacht einem riesigen Publikum bekannt wurden, hier etwa das Titelblatt der Schrift «An den christlichen Adel deutscher Nation, von des christlichen Standes Besserung» von 1520. Oder man könnte eine eindrucksvolle Zahl nennen: Während die berühmte Gutenbergbibel 1454 in 180 Exemplaren produziert und verkauft wurde, konnte Martin Luthers Neues Testament in den ersten 15 Jahren in 100 000 Exemplaren verbreitet werden. Man sieht an dieser Zahl eindrücklich, dass der Buchdruck zwar schon etwa zwei Generationen vor der Reformation erfunden wurde, dass er aber erst zur Zeit der Reformation und teilweise unter ihrem Einfluss zu einem wahren Massenmedium wurde.

Die Megaphon-Funktion also hat es gegeben, und sie ist zum Verständnis von Reformation und Buchdruck wichtig, doch erschöpft sich das Thema nicht in dieser Funktion. Das wird sofort deutlich, wenn man nicht aus der Wittenberger Sicht auf die Welt blickt, sondern als Beobachtungsstandort eine Stadt wie Basel wählt. Ich wähle sie aus zwei Gründen: Erstens in sachlicher Hinsicht, denn unter den Reformationsstädten ist Basel diejenige, in der die Tradition des Buchdrucks am längsten und auf höchstem Niveau auch schon vorher etabliert war. Es ist derjenige Standort, an dem die Interaktion zwischen Humanismus, Buchdruck und Reformation am vielschichtigsten sichtbar wird. Zweitens in institutioneller Hinsicht – das sei offen zugegeben –, denn ich spreche hier als Vertreter Basels und insbesondere seiner theologischen Fakultät. Reformation und Buchdruck ist ein Basler Thema bis heute, und es ist uns sehr daran gelegen, dies auch im Kontext der Reformationsfeierlichkeiten sichtbar zu machen.

Ich möchte drei Aspekte des Themas hervorheben, und in diesem Zusammenhang drei Thesen formulieren. Ich möchte sie an drei ganz konkreten Büchern, drei Basler Drucken, entwickeln und illustrieren.

Die Bücher ordne ich chronologisch an und beginne mit einem sehr berühmten (das zweite wird dann weniger bekannt sein). Ich spreche von der ersten Publikation des griechischen Neuen Testaments, veranlasst von Erasmus und erschienen in Basel 1516. Mit Absicht spreche ich von der ersten Publikation, nicht vom ersten Druck, denn das unmittelbare Konkurrenzprodukt, die Complutensische Polyglotte wurde schon früher gedruckt, konnte aber aus rechtlichen Gründen erst später vertrieben werden. Schon die Parallelität der beiden Projekte macht deutlich: Es gibt gewisse Ideen, die zu gewissen Zeiten schlicht in der Luft liegen. Wenn sie der eine nicht realisiert, dann realisiert sie der andere. Oder sie werden eben unabhängig voneinander an zwei verschiedenen Orten gleichzeitig realisiert. Im vorliegenden Fall ist zu sagen, dass die gelehrte Qualität des spanischen Projekts zweifellos höher war. Die handschriftliche Grundlage, die philologischen Ansprüche und die Breite der Materialerfassung waren besser. Erasmus hat aber seinen Vorteil nicht nur dadurch, dass er im Wettlauf gegen die Zeit letzten Endes die Nase vorn hatte, sondern auch durch die theoretische Reflexion seines Projekts – und auf die kommt es für die vorliegenden Zwecke an.

Erasmus' Neues Testament ist nicht nur einfach eine Art neue «Abschrift» der Bibel mit ungleich größerer Resonanz (eben nicht nur «Megaphon»). Es handelt sich um ein grundsätzlich neues Projekt. Der Herausgeber legt in seiner Vorrede darüber Rechenschaft ab. Es geht ihm darum, ein neues, «wahres» Bild Christi zu ermöglichen: ein Bild, das auf dem zuverlässigen Schriftzeugnis basiert. Dieses Zeugnis wird aus der Verfälschung der Vulgata befreit und auf eine ganz neue Basis gestellt. Tatsächlich erblickte Erasmus seine hauptsächliche Leistung darin, dass er den alten lateinischen Text des Hieronymus durch eine eigene, gänzlich neue Übersetzung aus dem griechischen Original ersetzt hatte. Dass – gleichsam zur Kontrolle – dann der griechische Text auch noch mitgegeben wurde, war im Grunde von sekundärer Relevanz. Wichtig war aber, dass das neue Medium, also der Buchdruck, einen ganz neuen Grad von historischer Tiefenschärfe bei der Textgestaltung ermöglichte. Während der mittelalterliche Bibeltext immer ein Fluidum gewesen war – einem Lavastrom gleich, der sich mit einer gewissen Trägheit, aber doch bis zu einem gewissen Grad dynamisch durch die Jahrhunderte schob – wurde jetzt eine fixe Momentaufnahme möglich: Der Lavastrom erstarrte im hundertfältig identisch gedruckten Text. Dieser fixe Text konnte in der Tat – zunächst mehr der Intention nach, später auch der Durchführung nach bis hin zu Nestle/Aland – einen präzisen Eindruck vom «Original» geben. In Erasmus' Intention eben ein wahres Bild Christi im Text. Es geht um «Echtheit», «Wahrheit» und «Originalgetreue», wie sie bisher nicht möglich und nicht angestrebt waren.

Ich habe auch deshalb mit diesem Buch eingesetzt, weil der 500. Jahrestag des Erscheinens bevorsteht. Im Jahr 2016 wollen wir in Basel mit diversen Initiativen dieses wichtige Buch wieder neu ins Bewusstsein heben. Dabei wird es auch eine große Ausstellung an drei Standorten geben – und unter anderem wird der berühmte «Tote Christus» von Holbein darin einbezogen sein. Unsere Überlegung dabei war nicht, dieses bekannte Bild gleichsam illustrativ neben das Neue Testament zu stellen, also als gemeinsame Zeugnisse der gleichen kulturellen Kontexte. Vielmehr geht der Zusammenhang tiefer: Im einen wie im anderen Fall soll mit ganz neuen technischen bzw. künstlerischen Mitteln ein Bild des «historischen Christus» gezeichnet werden, das es so bislang nicht gab. «Archäologie Christi» – so lautet ein möglicher Arbeitstitel, über den diskutiert wurde.

Das Buch von 1516 ist vor Beginn der Reformation erschienen, doch liegt auf der Hand, dass es in sehr engem inhaltlichen Zusammenhang mit ihr steht. Dies nicht nur deshalb, weil das griechische Neue Testament die direkte Textvorlage für die Übersetzungen sowohl Luthers als auch

Zwinglis bildete. Sondern vor allem deshalb – und das ist meine erste These –, weil das neue Medium ein neues Verhältnis zu Text und Schrift konstituierte. Die Fixierung des Textes im Druck bildet die Basis für eine neue historische und religiöse Wertschätzung – bis hin zum späteren protestantischen Schriftprinzip.

Mein zweites Buch ist, wie schon gesagt, weniger bekannt. Es ist ebenfalls ein Basler Druck, doch merkt man dies auf den ersten Blick nicht. Denn auf dem Titelblatt ist weder Ort noch Jahr noch Verleger angegeben. Das hat seine Gründe, denn es handelt sich um «heiße Ware». Es geht, wie ebenfalls dem Titelblatt zu entnehmen ist, um die Konzilsschrift des Enea Silvio Piccolomini, also den Kommentar zum Basler Konzil aus der Feder des seinerzeitigen Konzilsschreibers und späteren Papstes Pius II. Warum ist dies heiße Ware? Das Konzil lag doch zur Reformationszeit schon fast ein Jahrhundert zurück, und Pius II. war seit mehreren Jahrzehnten tot. Man muss sich nur wenige kirchenhistorische Eckdaten ins Gedächtnis zurückrufen, um die Brisanz zu verstehen. Der Ruf nach einem freien Konzil begleitete die ganze erste Phase der Reformation, und der spätmittelalterliche Konziliarismus bildete ihren ständigen theologischen Hintergrund, also die Überzeugung, dass im Konzil der archimedische Punkt gegeben sei, mit dem man das Papsttum aushebeln könne. Dass ein späterer Papst als junger Mann selbst diese Theorie vertreten hat und dass die Schrift bis dahin weitgehend unbekannt geblieben war, genügte, um die Publikation zu einem attraktiven, aber auch gefährlichen Vorhaben zu machen.

Mehr noch: der Titel steht nur sehr partiell für den Inhalt. Das Buch enthält zwar die groß angekündigte Piccolomini-Schrift, doch daneben auch sehr viel anderes. Bei näherem Zusehen handelt es sich um ein Quellenkonvolut mit scharf antipäpstlicher Tendenz. Der Herausgeber hat alles zusammengeführt, was er an mittelalterlichen Schriften in diesem Bereich finden konnte. Offensichtlich wurde das auf den Titel gesetzt, was die größte Aufmerksamkeit und demnach den besten Verkauf versprach – eben die konziliaristische Schrift eines künftigen Papstes.

Die weiteren Details des Inhalts sind für unsere Zwecke weniger interessant als die Hintergründe der Entstehung. Wann, wo und von wem wurde das Buch gedruckt? Dass es ein Basler Druck ist, habe ich gesagt, doch dies wie auch alle anderen Antworten auf die gestellten Fragen wissen wir erst aus der modernen Forschung. Das Buch selbst ist komplett anonym und ohne Hinweise auf die Entstehung. Doch wir wissen heute: Es ist 1523 in Basel von Cratander gedruckt worden. Herausgeber war ein

Kölner Humanist mit dem Namen Sobius. Interessant ist daran zweierlei: Zum einen die Tatsache, dass es sich keineswegs durch und durch um ein «Basler Produkt» handelt, sondern dass ein auswärtiger Gelehrter offensichtlich der Meinung war, in Basel finde er die richtige «Bühne» für sein brisantes Projekt. Und dies alles – zweitens – mehrere Jahre vor der offiziellen Einführung der Reformation in Basel. Leider ist es aus verschiedenen Gründen nicht leicht, nähere Details dieser Zusammenarbeit längs des Rheines zu rekonstruieren.

Jedenfalls aber lässt sich festhalten: Der Buchdruck liefert nicht nur ein Medium zur Verbreitung der Botschaft, sondern es formen sich schon vor der Reformation überregionale Netzwerke von Gelehrten und Druckern, die den Austausch von Handschriften, Informationen und religiösen Überzeugungen ermöglichen. Dies ist meine zweite These, die nicht zuletzt auch eine Art Schlaglicht auf die Stimmung in Basel in den 1520er Jahren wirft.

Diese These lässt sich auch an meinem dritten Buch illustrieren, in gewisser Weise sogar noch besser, weil wir mehr darüber wissen. Das dritte Buch ist wiederum relativ bekannt, genauer: Es sind mehrere Bände, eine ganze Reihe von gewichtigen Folianten, in Basel in den 1560er Jahren gedruckt. Es ist die Rede von den sogenannten «Magdeburger Zenturien» – sie sind sogenannt, weil ihr eigentlicher Titel viel zu lang ist, um ihn im täglichen Geschäft in voller Länge zu zitieren. Er beginnt mit den Worten «Ecclesiastica Historia», und es handelt sich bekanntlich um die erste monumentale Darstellung der Kirchengeschichte im protestantischen Sinne, ja eigentlich um die erste eigenständige Darstellung in diesem Genre seit etwa tausend Jahren. Der Titel ist in seiner Langform auch deshalb interessant, weil er eine Art theologisches Programm für die Geschichtsschreibung angibt: Geschichte formal geordnet nach Jahrhunderten (daher «Zenturien») und inhaltlich geordnet nach *loci,* also in diachronen Längsschnitten zu einzelnen Themen.

Für unsere Zwecke hier ist aber mehr der formale Erarbeitungsprozess von Interesse. Es handelt sich um ein groß angelegtes Gemeinschaftsprojekt («Drittmittelprojekt», würde man heute sagen) mit primärem Sitz in Magdeburg. Schon dies ist erstaunlich, denn, wie gesagt, der Druckort war weit entfernt, nämlich in Basel. Der Spiritus Rector des Unternehmens, der lutherische Theologe Matthias Flacius Illyricus, hatte aus alten Zeiten gute Beziehungen dorthin, und schon sein «Catalogus testium veritatis», eine Art Programmschrift für die eigentliche Geschichtsdarstellung, war 1556 bei Oporinus in Basel erschienen, trotz großer räumlicher Distanz. Der Verleger Johannes Oporinus spielte auch für das Großprojekt eine Schlüsselrolle, und zwar in viel höherem und umfassenderem Sinne, als die moderne Idee eines Verlegers erwarten lassen würde. Die Materiallieferungen erfolgten nicht einseitig von Magdeburg nach Basel (nämlich die fertigen Druckmanuskripte), sondern sie liefen auch in der Gegenrichtung. Oporinus war sehr darum bemüht, den Magdeburgern den Grundstoff ihrer Darstellung zu liefern, nämlich Quelleneditionen, wichtige neue Druckschriften, von denen ein guter Teil in Basel erschien. Das Netzwerk war indes noch größer, im Grunde über ganz Europa gespannt. Neben Flacius selbst, der weit reiste auf der Suche nach seltenen Handschriften, spielte darin der Diplomat Caspar von Nidbruck eine Schlüsselrolle. Er war kaiserlicher Rat in Wien und zugleich heimlicher Protestant. Aus persönlicher Leidenschaft, aber auch im kaiserlichen Auftrag kaufte er in ganz Europa Handschriften für die Wiener Hofbibliothek, doch bevor sie dort eingestellt wurden, lieh er sie den Magdeburgern zum Exzerpieren aus. Martina Hartmann hat diesen Austausch jüngst untersucht: «Die Handschriften und Drucke wurden in Wien in Fässer verpackt, mit Buchstaben nummeriert und auf der Donau nach Regensburg verschifft, wo sie im Haus des Superintendenten Nikolaus Gallus von Lohnschreibern kopiert wurden. Danach gingen sie auf demselben Weg zurück nach Wien.» Nidbruck stand auch seinerseits mit Oporinus in brieflichem Kontakt, um die Aktionen zu koordinieren.

Auf diese Weise entstand ein Netzwerk, das eine umfassende Informationsverarbeitung erlaubte, die bisher ohne Parallelen war. Dies ist meine dritte und letzte These. Tatsächlich ist bis heute eindrucksvoll zu sehen, wie umfassend die Zenturiatoren das Material aufarbeiten konnten: Wirklich alles, was man damals wissen konnte (und ein großer Teil dessen, was man heute weiß), liegt der Darstellung zugrunde. Es entsteht ein neuer Standard der Wissenschaft. Buchdruck ist auch hier bei weitem nicht nur die effiziente Verbreitung von Information («Megaphon»), sondern das neue Medium generiert eine ganz neue Kultur der Verarbeitung von Information.

Es ist im Sinne einer Abschlussbemerkung kaum nötig darauf hinzuweisen, dass Reformation sich nicht nur eines neuen Mediums «bediente», sondern dass sie auch selbst von diesem Medium stark geformt ist. Reformation wäre ohne Buchdruck nicht genauso verlaufen, nur etwas weniger schnell und etwas weniger laut. Vielmehr bedingen sich Medium und Botschaft gegenseitig. Vom Schriftverständnis über die persönlichen

Beziehungen bis zum Wissenschaftsideal haben die medialen Bedingungen der Kommunikation das geprägt, was wir heute die europäische Reformation nennen.

Athina Lexutt, Giessen

Fürstenreformation und Volksreformation

1. «Die» Reformation – ein Abschied

Es ist schon lange kein Geheimnis mehr: «Die» Reformation hat es nicht gegeben. Allen lang andauernden Heroisierungen vor allem des 19. Jahrhunderts, allen medialen Verzeichnungen und auch dem zum Trotz, was das groß angelegte Reformationsjubiläum 2017 suggeriert: Die vermeintlichen Hammerschläge am 31. Oktober 1517 in der kursächsischen Provinz haben nicht wie mit einem Paukenschlag «die» Reformation in Gang gesetzt, sie hat sich nicht allein in Kursachsen, in Wittenberg abgespielt und sie wurde nicht von einem aufsässigen, heldenhaften Hercules Germanicus Martin Luther allein angeführt. Reformatorische Bewegungen sind zum Teil weit vor 1517 zu beobachten, wenn man die Reformen eines Jan Hus oder eines John Wycliffe sowie diejenigen der europäischen Humanistenkreise einbezieht; sie sind weit außerhalb Wittenbergs zu beobachten, etwa in Zürich, in Genf, in England, in Schottland, in Frankreich, in Skandinavien, in Polen und in Ungarn; sie tragen nicht nur die Handschrift eines Luther, sondern eines Zwingli, eines Calvin, eines Bucer, eines Johannes a Lasco, eines Konrad Cordatus usw.; und sie umfassen einen weiten Zeitraum nach 1517, als sich allmählich und territorial sehr unterschiedlich die Reformation in Kirchenordnungen und im kirchlichen Alltag etabliert. Entscheidend hat die Konfessionalisierungsdebatte mehrere Steine ins Rollen gebracht und verdeutlicht, ein welch vielschichtiges und differenziertes Phänomen «die» Reformation ist.[1]

—

1 Einen Forschungsbericht dazu mit einer ausführlichen Bibliografie von Athina Lexutt: Konfessionalisierung – neuer Schlauch für alten Wein?, in: VuF 45 (2000), S. 3–24. Thomas Kaufmann spricht in seiner viel beachteten «Geschichte der Reformation» (Frankfurt a.M./Leipzig 2009) ganz selbstverständlich von «Reformationen» im Plural. Ob das eine geschickte Lösung ist, sei dahingestellt. Das Konfessionalisierungsparadigma ist allerdings keineswegs der einzige Versuch, den pluralen Phänomenen der Zeit gerecht zu werden. Einen Überblick über mehrere Forschungsansätze der jüngeren Vergangenheit bieten Stefan Ehrenpreis / Ute Lotz-Heumann: Reformation und konfessionelles Zeitalter (Kontroversen um die Geschichte), Darmstadt 2002; zu unserem Kontext vgl. insbesondere S. 29–47.

Dass Bücher zum Thema immer noch so betitelt werden, ist zweierlei Umständen geschuldet (und hat darin auch sein Recht). Zum einen ist mit dem Abschied von «der» Reformation nicht notwendig auch das Ende des Epochenbegriffs eingeläutet; dass hier die «profan»- und die kirchenhistorische Perspektive divergieren, ist evident und provoziert weitere Diskussionen. Damit hängt eng zusammen, dass zum anderen sauber unterschieden werden muss zwischen «der Reformation» und «dem Reformatorischen». Selbst dann, wenn die Reformation als historische Bewegung uneinheitlich genannt werden kann und muss, bleibt doch im Blick auf die Frage nach dem protestantischen Proprium und einer protestantischen Identität die Aufgabe, nach einem gemeinsamen Movens, einem gemeinsamen Kern, eben dem gemeinsam «Reformatorischen» zu suchen. Die Diversität der Reformation erledigt nicht die mögliche Eindeutigkeit des Reformatorischen.

Die Aufgabe jetzt liegt darin, die eine Seite, also die Diversität der Reformation genauer zu untersuchen. Der Leitgedanke, der sich im Titel des Workshops spiegelt, ist der, dass es – ganz grob gezeichnet – zwei Formen der «Reformation» gibt: eine, die von Landesherren, also gewissermaßen «von oben» gelenkt, ausgegangen ist, und eine, die vom Volk, von den Landständen, von den Gemeinden, also «von unten» gesteuert wurde. Wie vielschichtig dagegen das Phänomen tatsächlich ist, beweisen allein die sechs Bände[2] zur Konfessionalisierung in den Territorien des Reichs.[3] Neben, zwischen und mitten unter diesen beiden Etiketten gab es

---

2 Zur Vermeidung von Irritationen: Der 7. Band beinhaltet ein Resümee der Ergebnisse der Beiträge aus den ersten sechs Bänden.

3 Anton Schindling / Walter Ziegler (Hg.): Die Territorien des Reichs im Zeitalter der Reformation und Konfessionalisierung. Land und Konfession 1500–1650, Bd. 1: Der Südosten (KLK 49), Münster 1989; Bd. 2: Der Nordosten (KLK 50), Münster 1993; Bd. 3: Der Nordwesten (KLK 51), Münster 1991; Bd. 4: Mittleres Deutschland (KLK 52), Münster 1992; Bd. 5: Der Südwesten (KLK 53), Münster 1993; Bd. 6: Nachträge (KLK 56) Münster 1996; Bd. 7: Bilanz – Forschungsperspektiven – Register (KLK 57), Münster 1997. Dazu gesellen sich noch die drei großen Tagungsbände zur reformierten, lutherischen und katholischen Konfessionalisierung [Heinz Schilling (Hg.): Die reformierte Konfessionalisierung in Deutschland – Das Problem der «Zweiten Reformation». Wissenschaftliches Symposion des Vereins für Reformationsgeschichte 1985 (SVRG 195), Heidelberg 1986; Hans-Christoph Rublack (Hg.): Die lutherische Konfessionalisierung in Deutschland. Wissenschaftliches Symposion des Vereins für Reformationsgeschichte 1988 (SVRG 197), Heidelberg 1992; Wolfgang Reinhard / Heinz Schilling (Hg.): Die katholische Konfessionalisierung. Wissenschaftliches Symposion der Gesellschaft zur Herausgabe des

weitere Gestalten und Formen mit ihren je eigenen Besonderheiten, und in ein und demselben Territorium konnte es durchaus Mischformen oder erst das eine, dann das andere geben.[4] Diese sechs Bände verdeutlichen auch, dass im Folgenden recht schematisch und natürlich nur exemplarisch dargestellt werden kann, welche Erscheinungsformen der reformatorischen Bewegung es in den verschiedenen Regionen Europas gegeben hat.[5] Dazu wird auf die Ergebnisse der Konfessionalisierungsdebatte sowie auf die neuesten Dokumentationen der Reformationsgeschichte, soweit sie für diesen Kontext relevant sind, zurückgegriffen werden.

2. Die reformatorischen Bewegungen – eine Begegnung

2.1 *Allgemeine Beobachtungen*

Betrachten wir das Reformationsjahrhundert und die Jahrzehnte, die es vorbereitet haben, dann erleben wir zunächst und vor allem Verschiebungen auf verschiedenen Ebenen des Politischen, Sozialen und Kulturellen. Der Infragestellung der kaiserlichen Macht, die uns gleich noch näher beschäftigen wird, korrespondierte die Diskussion um die Autorität in der Kirche, die seit den Reformkonzilien des 15. Jahrhunderts zwar zugunsten der papalen Macht ausgegangen war, die Alternative «Konzil» jedoch dauerhaft zur Sprache gebracht hatte. Auf wirtschaftlicher Ebene hatte die Einführung der Geldwirtschaft u. a. dazu geführt, dass über Geldverleih Bankhäuser zu inoffiziellen Gestaltern der Politik werden konnten, indem sie Ämterkauf, Kriegsführung und Repräsentation finanziell förderten.

Corpus Catholicorum und des Vereins für Reformationsgeschichte 1993 (SVRG 198), Heidelberg 1995) sowie zahlreiche Einzeluntersuchungen außerhalb dieser Bände.

4 Kaufmann, a.a.O. (Anm. 1), S. 504, notiert: «Das Verhältnis von Fürstenreformationen und Gemeinde- bzw. landstädtischen Stadtreformationen ist komplex. In einigen Territorien, etwa Kursachsen, Braunschweig-Lüneburg und Ansbach-Bayreuth, wird man davon auszugehen haben, daß der in eine landesherrliche Rechtssetzung in Gestalt einer Kirchenordnung einmündende Normierungs- und Vereinheitlichungsprozess vielerorts nicht einfach erstmals reformatorische Neuerungen schuf, sondern eine bereits bestehende reformatorische Vielfalt einhegte beziehungsweise regulierte.»

5 Die Einzeldarstellungen werden nicht nach einem bestimmten Schema vorgenommen werden, auch nicht einen für alle gleichermaßen gesteckten Zeitrahmen abdecken. Es wird vielmehr darauf geachtet werden, keine vollständige Reformationsgeschichte zu schreiben, sondern die Informationen soweit auszuwählen, wie sie für den hier zur Debatte stehenden Zusammenhang relevant sind.

Auf der anderen Seite gab es eine Verarmung der Bauernschaft, des Landadels und der Ritterschaft zu beklagen, die Aufstände und Unruhen provozierten.[6] Die Blüte der Städte bedeuteten eine zusätzliche Konkurrenz und für diese wiederum einen Anstieg an Macht und politischem Einfluss. Auf kultureller Ebene begann mit der Renaissance eine Rückbesinnung auf anthropologische Fragen, die nicht notwendig in einem theologischen Kontext und/oder unter dem Dach ständischer Grundstrukturen verhandelt wurden. Sie suchten sich Ausdruck zunächst in der Kunst und der Philosophie, dann auch in der Theologie, und verdrängten nach und nach die Vorrangstellung der scholastischen Methode. Der Humanismus fügte diese verschiedene Fäden zusammen und bahnte den Weg für eine freie Wissenschaft, ein konstruktives Nebeneinander von Individualität und übergeordneten Interessen, eine durch Bildungsprogramme zu fördernde und zu erreichende Souveränität in Entscheidungen, für eine irenische, tolerante Grundhaltung und nicht zuletzt für eine überterritoriale, weltbürgerliche Sicht. Gemeinsam mit bestimmten mystischen Elementen schlug er sich zudem in der neuen Frömmigkeitsform der *devotio moderna* nieder, die nun auch eine ernste Anfrage an das theologische System, nicht mehr nur an die Methode der Scholastik bedeutete.

Zusammenfassend ist es nicht übertrieben, von einer Krisen-, mindestens einer Wendezeit Europas zu sprechen, in der vieles im Fluss und möglicherweise noch nicht ganz klar war, wohin die neuen Wege letztendlich führen würden. Jedenfalls können wir auf allen Ebenen ein Ringen der alten Kräfte mit den neuen ausmachen, das zu großer Unsicherheit und Instabilität führte. In welchem Maße die Jahrhundertwende, die zugleich eine Halbjahrtausendwende darstellte, zu dieser Unsicherheit beitrug, wird in neueren Forschungen zu Recht gefragt. Die Weltuntergangsszenarien sind kaum virulenter als an früheren Wendemarken. Viel relevanter ist das Fehlen einer alles zusammenhaltenden und ordnenden Macht – bzw. der Wunsch und Wille, eine solche Macht zu verhindern –, das uns ein zersplittertes und von vielen unterschiedlichen Interessen geleitetes Europa vor Augen führt, das eben genau das noch nicht ist: ein Europa. Wir sehen zahllose Kleinstaaten, die wiederum in den meisten Fällen aus mehreren Territorien bestehen, mit eigenen

---

6 Ob und in welcher Weise sich daraus eine Gemeindereformation ableiten lässt, ist im Anschluss an die Thesen Blickles viel diskutiert worden; vgl. dazu noch einmal Ehrenpreis/Lotz-Heumann, a.a.O. (Anm. 1), nun besonders S. 41–47.

Traditionen und Interessen, mit einer eigenen politischen und sozialen Struktur und eigenen religiösen Prägungen.

Der Blick auf die politische Landkarte Europas am Vorabend der Reformation unterstreicht diesen Eindruck und zeigt verschiedene Kräfte mit unterschiedlichen, konkurrierenden Interessen. Im Mittelpunkt der meisten Konflikte steht das Haus Habsburg, das durch geschickte Heirats- und Erbpolitik und erfolgreich geführte Eroberungszüge weite Teile Europas beherrschte, dessen Machtansprüchen aber drei Hauptgegner entgegenstanden: Frankreich, das sich zu einem souveränen Nationalstaat entwickelt hatte und selbst Ansprüche auf den Kaisertitel erhob, im Westen; das osmanische Reich im Osten, das permanent nach Westen drängte; und die Fürsten im Reich, die in ihren Souveränitätsbestrebungen zwar in den meisten Fällen Loyalität dem Kaiser gegenüber erzeigten, sich diese Loyalität aber teuer bezahlen ließen. Schon die Goldene Bulle von 1356, die den Kaiser als zu wählendes Oberhaupt installierte und damit den Wahl-, also den Kurfürsten nicht gekannte Macht an die Hand gab, beschritt diesen Weg; vollends aber übertrug die Reichsreform unter Maximilian I. den einzelnen Ständen des Reichs mit den drei Kollegien des Reichstages neue Verantwortung und Gewalt, die nicht nur dazu veranlassten, dem Kaiser zuzuarbeiten, im Gegenteil. Auch die niederländischen Erblande zeigten Unabhängigkeitsinteressen gegenüber der habsburgischen Hausmacht. England, Schottland und die skandinavischen Länder hatten an den kontinentalen Disputen wenig Anteil, waren aber selbst starke Königreiche und lauerten gewissermaßen auf die Ereignisse auf dem Festland, um sie sich gegebenenfalls zunutze zu machen. Seit dem Frieden von Basel 1499 politisch unabhängig, entwickelte die Schweizer Eidgenossenschaft sehr selbständige politische Formate in den Städten und Kantonen, wobei sozial, wirtschaftlich und auch politisch große Unterschiede zwischen den mit Landsgemeindeverfassungen ausgestatteten Länderorten der Innerschweiz und den zünftisch beziehungsweise patrizisch regierten Städten bestanden.[7]

Vergegenwärtigt man sich also diese Landkarte, so wird sofort deutlich, wie sehr die Habsburgermacht von allen Seiten gefährdet war und wie die Reformation als politisches Instrument all der Kräfte eingesetzt werden konnte, die nach Souveränität strebten und sich von

---

7 Vgl. dazu Hans Berner / Ulrich Gäbler / Hans Rudolf Guggisberg: Schweiz, in: Die Territorien des Reichs, a.a.O. (Anm. 3), Bd. 5, S. 278–323.

der Habsburger Umklammerung befreien wollten. Insofern erwies sich die Reformation durchweg als Gemisch von politischen und theologischen, religiösen Motiven. Der «Normalfall» ist dabei die Reformation «von oben», mindestens gefördert, meistens initiiert vom jeweiligen Landesherren oder – in den freien Reichsstädten und den Städten der Eidgenossenschaft – vom Rat der Stadt.[8] Allenfalls in den Niederlanden sind vermehrt Bewegungen spürbar, die unmittelbar vom Volk ausgingen, so dass man hier von einer Reformation «von unten» sprechen mag.

Die deutlichen politischen Interessen der Fürsten- und Stadtreformation erschweren es, den jeweiligen Anteil theologisch-geistiger Motivation daran herauszuschälen. So darf man etwa dem sächsischen Kurfürsten Friedrich sicher unterstellen, mit der Gründung einer eigenen Universität in Wittenberg unter humanistischen Vorzeichen einem bestimmten Reformdrang seiner Berater und durchaus auch eigenem Reformwillen nachgegangen zu sein. Zugleich aber bedeutete, über eine eigene Universität zu verfügen, eigene Professoren zu bezahlen und Studenten anzulocken, die den Ruhm des Landes in ihre je eigenen Territorien zurücktrugen, einen nicht zu unterschätzenden, breitflächigen und nachhaltigen Einfluss. Und bei Landgraf Philipp dem Großmütigen,

---

8 Vgl. dazu Manfred Rudersdorf: Die Generation der lutherischen Landesväter im Reich. Bausteine zu einer Typologie des deutschen Reformationsfürsten, in: Die Territorien des Reichs, a.a.O. (Anm. 3), Bd. 7, S. 137–170. Er hält gleich zu Beginn fest: «Der ständisch verfasste Fürstenstaat wurde so im Zeichen von Reformation und konfessionellem Dualismus zu einer dominierenden politischen Kraft, zu einem Wegbereiter und erfolgreichen Gestalter des frühmodernen Staates in Deutschland. [...] Dabei hatte sich schon frühzeitig erwiesen, daß gerade die Fürstenobrigkeit, das Fürstenengagement und die landesherrliche Initiative für den Durchbruch der Reformation konstitutiv waren. [...] Ohne den entscheidenden Willen und den Reformimpuls der reformationsgeneigten Fürsten hätte die Verkündigung der neuen Lehre, hätte der organisatorische und der personelle Aufbau der neuen Landeskirchen kaum diese Breitenwirkung und Ausstrahlung erreicht, wäre eine dauerhafte, quantitativ und qualitativ raumgreifende konfessionelle Verwurzelung in den Köpfen der Menschen nicht möglich gewesen, wie sie letztlich nur ein Flächenstaat mit seinem Steuerungspotenzial der herrschaftlichen Durchdringung und Vereinheitlichung bieten und gewährleisten konnte.» (a.a.O., S. 137f.) Rudersdorf stellt dieses Konzept einer Fürstenreformation neben das Konzept Bernd Moellers einer Stadtreformation und jenes einer Gemeindereformation von Peter Blickle, die ebenfalls ihr Recht in bestimmten Gebieten des Reichs haben. Zur Stadtreformation und ihren Bedingungen vgl. auch Kaufmann, a.a.O. (Anm. 1), S. 411–428.

der 1526 mit der Homberger Synode Hessen[9] der Reformation zuführte und 1527 mit der Gründung der ersten reformatorisch ausgerichteten Universität in Marburg nachzog, ist genauso ein doppeltes Motiv zu vermuten; dies wird durch sein späteres taktisches Verhalten zwischen Schmalkaldischem Bund und Kaiser im Blick auf seine Doppelehe noch unterstrichen. Auch sein Bemühen um einen Ausgleich im Streit um das Abendmahl ist von theologischem Interesse getragen gewesen, zugleich aber von einem politischen, das die Gefahren einer Zersplitterung der Reformation sah. Für sämtliche Territorien, die sich namentlich in den 20er und 30er Jahren der Reformation anschlossen, ist ein solches politisches Interesse nachzuweisen. Württembergs vertriebener Herzog Ulrich etwa konnte sein Land nur zurückerobern, indem er sowohl die Schweizer als auch Philipp von Hessen um Mithilfe bat; deshalb hatte «seine» Reformation beiden theologischen Linien Rechnung zu tragen.[10]

---

9 Vgl. dazu Manfred Rudersorf: Hessen, in: Die Territorien des Reichs, a.a.O. (Anm. 3), Bd. 4, S. 254–288; zur Person Philipps vgl. Gury Schneider-Ludorff: Der fürstliche Reformator. Theologische Aspekte im Wirken Philipps von Hessen von der Homberger Synode bis zum Interim, Leipzig 2006. Landgraf Philipp bekannte sich zunächst persönlich zur evangelischen Lehre, zu der er vor allem durch Gespräche mit Melanchthon gekommen war. Neben der Wittenberger Linie orientierte er sich aber ebenso nach Zürich und nach Straßburg und fand im Oberdeutschen Martin Bucer einen einflussreichen Berater. In einem stark innerlich, auf verwandtschaftlicher und bekanntschaftlicher Ebene vernetzten Beamtentum fand die reformatorische Bewegung eine Basis, die es ermöglichte, gezielt und dauerhaft starke Strukturen zu installieren und zu nutzen und diese auch in turbulenteren Zeiten aufrechtzuerhalten.

10 Vgl. dazu Hermann Ehmer: Württemberg, in: Die Territorien des Reichs, a.a.O. (Anm. 3), Bd.5, S. 168–192. Das hatte die kurios erscheinende Folge, dass der Süden des Landes durch Ambrosius Blarer im zwinglischen Sinne, der Norden durch Erhard Schnepf im lutherischen Sinne reformiert wurde. Erst mit der Wittenberger Konkordie 1536 setzte sich die lutherische Linie durch. Im Zuge dessen sollte auch die Tübinger Universität ein deutliches protestantisches Profil erhalten; erst eine Änderung des Statuts 1537 jedoch erlaubte es, eine herzogliche Besetzungspolitik durchzusetzen, nachdem sich der Rektor der Universität lange gegen die Einmischung des Herzogs gewehrt hatte. Auf dem Landesgebiet lagen etliche freie Reichsstädte (Weil, Schwäbisch Gmünd und Rottweil) sowie reichsritterschaftliche und geistliche Herrschaften, die katholisch geblieben waren oder rekatholisiert wurden. Dieser Umstand erschwerte eine lückenlose Reformation. Unter Ulrichs Sohn Christoph wurde die Reformation dann stärker organisatorisch und institutionell gefestigt, wobei einige der Strukturen auch für die politische Verwaltung vorbildhaft wurden und den altwürttembergischen Territorialstaat begründeten. Württemberg entwickelte sich unter Christoph zu einem lutherischen Musterland (das luthe-

Neben den in dieser Hinsicht progressiven Fürsten gab es auch eine Reihe von solchen, die als reformationsfreundlich galten, jedoch den entscheidenden Schritt zunächst nicht machten, vor allem, weil ihnen – wenn überhaupt – an einer Reform innerhalb der bestehenden Strukturen gelegen war. Sie nahmen zu unterschiedlichen Zeiten und unter bestimmten Bedingungen eine nicht bis ins Letzte eindeutige Haltung ein, was allerdings unterschiedliche Gründe hatte. Für die Kurpfalz, die ihre Vormachtstellung im Reich durch die Niederlage im Landshuter Erbfolgekrieg 1504 eingebüßt hatte, stand die Religion durchgängig im Dienst der Politik, so dass das Urteil Luttenbergers zutreffen dürfte, nach dem sich hier «ein Ordnungsverständnis erkennen» lässt, «dem eine eigentliche religiöse Dimension fehlt».[11] Dass hier überhaupt reformatorische Bewegungen spürbar wurden, wird eben genau als im Dienst dieses politischen Kalküls stehend verstanden werden müssen. Während das Herzogtum Jülich-Kleve aus humanistischem Einfluss heraus, unmittelbar von den Idealen eines Erasmus von Rotterdam geprägt, und das Kurfürstentum Brandenburg aus Interesse an Idealen urkirchlicher Reformen der reformatorischen Bewegung zuneigte, fehlte das religiöse, theologische Motiv in der Pfalz weitgehend, jedenfalls was die Kurfürsten selbst betraf. Man verschloss sich dem Gang der Dinge nicht, aber man beförderte ihn auch nicht wirklich. Diese unentschiedene Haltung erlaubte es indes den reformatorischen Kräften, relativ ungeniert, jedenfalls nicht ständig vom Fürsten beobachtet, sich so zu entfalten, wie es der Sache eigentlich am meisten angemessen war, nämlich akademisch-theologisch (man denke an die Haltung der brandenburgischen und jülich-klevischen Gesandten bei den Religionsgesprächen 1540/41, wo sie in der Rechtfertigungslehre ganz lutherisch argumentierten) und praktisch im Alltag des Gottesdienstes, vor allem in der Darreichung des Abendmahls *sub utraque*.

---

rische Spanien), wobei die Prägungen stets vom Herzog selbst und schließlich von Theologen der Tübinger Fakultät wie Jakob Heerbrand und seinen Schülern (u. a. Ägidius Hunnius und Polykarp Leyser), später vor allem von Jakob Andreae ausgingen, dessen Konkordienbemühungen nicht zuletzt auch den politischen Frieden fördern sollten.

11 Zit. nach Anton Schindling / Walter Ziegler: Kurpfalz: Rheinische Pfalz und Oberpfalz, in: Die Territorien des Reichs, a.a.O. (Anm. 3), Bd. 5, S. 17.

2.2 *Ausgewählte Beispiele*

Sachsen[12]

Von «Sachsen» zu reden, muss heißen, beide Sachsen im Blick zu haben: Das ernestinische Kursachsen, das bis 1547 die Kurwürde innehatte und als das Stammland der Reformation gilt, und das albertinische Herzogtum, das auf listigem Wege dem Bruderland die Kurwürde abspenstig machte. Wenden wir uns zunächst Kursachsen zu, dem Territorium, in dem Luther beheimatet war und den Schutz der Kurfürsten genoss, dann können wir dort starke humanistische Bewegungen ausmachen, die vor allem von Erfurt, das zum Erzstift Mainz gehörte, ausgingen. Insbesondere die humanistisch gesinnten Räte, dann der Geheimsekretär und Hofkaplan Georg Spalatin, dem auch Luther sehr verbunden war, setzten sich dafür ein, dass die Ideen dieser Bewegung am Hof Fuß fassten. Das Bemühen gipfelte in der Gründung einer eigenen Universität 1502 in Wittenberg, die durchaus als Wiege der Reformation gelten darf. Mit der Berufung Luthers auf die Professur der Lectura in Biblia und Melanchthons auf die Griechischprofessur hatte Wittenberg den beiden führenden Köpfen der neuen Bewegung eine Heimat gegeben. Kurfürst Friedrich (1486–1525) förderte und unterstützte die Bewegung, in politisch kluger Manier diplomatisch taktierend, und nutzte dazu insbesondere seinen Einfluss bei der bevorstehenden Kaiserwahl. Doch erst sein Bruder und Nachfolger Johann (1525–1532) sowie dann Johann Friedrich (1532–1554) bekannten sich öffentlich zu Luther und nahmen in der gesamtdeutschen Reformation als Bundeshauptleute des Schmalkaldischen Bundes eine prominente Rolle ein. Weitgehend gefördert wurde das reformatorische Anliegen auch von den Städten des Territoriums, in denen recht rasch die praktische Umsetzung des Programms erfolgte. Das unmittelbare Eingreifen des Landesherren war nicht nötig, Studenten, die Stadträte und die Gemeinden trugen die Neuerungen in alle Ebenen, vor allem wurden Schulen eingerichtet oder humanistisch umgebildet und eine institutionalisierte Armenfürsorge, der Gemeine Kasten, eingerichtet. Im Zuge der Visitationen vor allem gegen Ende der 20er Jahre, die den religiösen Wildwuchs beseitigten, für ein Ende der Verwirrungen sorgten und Ordnung im kirchlichen, sozialen und schulischen Bereich herstellten, erreichte die

---

12 Vgl. dazu Thomas Klein: Ernestinisches Sachsen, kleinere thüringische Gebiete, in: Die Territorien des Reichs, a.a.O. (Anm. 3), Bd. 4, S. 8–39, und Herbert Smolinsky: Albertinisches Sachsen, in: Die Territorien des Reichs, a.a.O. (Anm. 3), Bd. 2, S. 8–32.

Bewegung auch großflächiger die Landgemeinden und den Adel, wobei in vielen Fällen die Neuerungen aus eigener Initiative eingeführt, manchmal auch verordnet wurden. Die geordnete Ausbildung des Pfarrernachwuchses und die Ausrichtung nach einem verpflichtenden Bekenntnis brachte die nötige innere Stabilität und machte sie dauerhaft, vor allem dann auch im Gegenüber zum feindlich gewordenen Bruderland, dem Herzogtum Sachsen.

Dieses hatte bis 1539 unter Herzog Georg (1500–1539) eine prohabsburgische Linie vertreten. Zwar setzte sich Georg in Ausübung einer Art von landesherrlichem Kirchenregiment selbst für reformhumanistische Veränderungen ein – schon vor den Auswirkungen der reformatorischen Bewegung hatte es eine Verwaltungsreform gegeben (bürgerliche Beamte ersetzten mehr und mehr den Adel), das Bildungsprogramm wurde umgesetzt, und der Leipziger Buchdruck beförderte auf seine Weise das neue Gedankengut –, aber die Reformen sollten sich innerhalb der alten Ordnung bewegen. Mit der in seinem Territorium stattfindenden Leipziger Disputation 1519 merkte Georg, dass mit Luther die Sache in eine von ihm nicht mehr unterstützte Richtung lief. Die ständige Konkurrenzsituation zu Kursachsen tat ihr Übriges, dass der Herzog sich auf die Seite der Altgläubigen schlug und für eine strikte Umsetzung des Wormser Ediktes sorgte – gegen die Tendenzen vor allem in Leipzig, wo sich breite Schichten der Bürgerschaft, der Handwerker, der Universität und nicht zuletzt der Buchdrucker zur Reformation bekannten. Dass Georg auf diese nicht zu unterdrückenden Sympathien für die lutherische Sache stieß, ließ ihn einerseits den Druck gegen Luther und seine Anhänger erhöhen, andererseits die innerkatholischen Reformen antreiben. Diese Haltung sowie etliche Berater, die sich seinem Anliegen anschlossen, provozierten Religionsgespräche mit Mainz, Hessen und Kursachsen, die zwar scheiterten, aber die Reichsreligionsgespräche 1540/41 ideologisch und inhaltlich vorbereiteten.

Das Blatt wendete sich, als 1539 Georgs Bruder Heinrich die Herrschaft übernahm, der stark unter dem Einfluss seiner Gattin wie seiner Berater stand; er hatte die Reformation schon vorher in seinem Territorium eingeführt und setzte sie nun umgehend im gesamten Herzogtum durch. Mit seinem Sohn Moritz schließlich folgte eine Persönlichkeit, die sich sehr machtbeflissen und politisch taktierend zwischen Kaiser und Schmalkaldischem Bund, insbesondere seinem Schwiegervater Philipp von Hessen, bewegte. Als Mitte der 40er Jahre die Zeichen günstig waren, dass die Religionsfrage mittels eines Krieges zugunsten des Kaisers entschieden werden konnte, schlug er sich um einiger, nicht unwesentlicher Zusagen willen auf die Seite des Habsburgers. Unter anderem durfte er auf die Kurwürde hoffen, sollten der Schmalkaldische Bund und mit ihm Kursachsen im Krieg eine Niederlage erleiden. Sein «Verrat» brachte ihm den erhofften Vorteil nur teilweise, und weil er nie wirklich an eine Rekatholisierung Sachsens gedacht hatte, fiel es ihm leicht, die Seite erneut zu wechseln, als sich gegen Karl eine starke Fürstenopposition sammelte. Das Tischtuch zwischen dem ernestinischen und dem albertinischen Sachsen war allerdings zerrissen und dies drückte sich auf verschiedenen Ebenen aus. Eine, die akademische, sollte auf lange Sicht hin folgenreich sein: Im Wunsch, sich als wahre Erben der Reformation zu behaupten, gründeten die Ernestiner eine eigene Universität in Jena, die sich insbesondere nach der Berufung des Matthias Flacius als Hort des Gnesioluthertums erweisen sollte.

Bei alldem führte der neue Kurfürst Moritz die reformatorischen Anfänge in seinem Territorium konsequent weiter. Seinem Bruder und Nachfolger August fehlte das risikobereite Temperament, und so war seine Regierungszeit von zwei Faktoren begleitet: einer klaren Loyalität zum Kaiser (und damit einer Fortführung der albertinischen Politik) bei gleichzeitiger Abwehr des kurpfälzischen Vorpreschens und dessen Öffnung zum europäischen Calvinismus; sowie vom Versuch, mit der ernestinischen Linie zu einem Ausgleich zu kommen, was dann im Naumburger Vertrag 1554 auf politischer Ebene auch einen Anfang nahm. Fortan galt es, das reformatorische Programm auf akademischer und institutioneller Ebene festzuschreiben und die innerprotestantischen Streitigkeiten, die im Land durch die beiden Universitäten Wittenberg und Leipzig repräsentiert und im Gegenüber zu Jena noch forciert wurden, zu schlichten, um den Religionsfrieden nicht zu gefährden. Wenn man so will, wurde die Reformation wieder auf das Reformatorische konzentriert und an die Universität zurückgeholt. Die Öffnung zum Philippismus bedeutet dabei zugleich eine leise Öffnung auch zum Calvinismus, als Augusts Sohn Christian (1586–1591) die Regentschaft übernahm. Gegen diese «Calvinisierung» regte sich heftiger Widerstand auch aus den Städten und dem Adel, so dass nach Christians Tod diese Tendenzen ein schnelles Ende nahmen.

Pfalz[13]

Die Pfalz ist das vielleicht eindrücklichste Beispiel dafür, wie sehr die Kirchenpolitik vom jeweiligen Landesherren abhing, denn unter ihren verschiedenen Kurfürsten erlebte sie eine ausgesprochen wechselvolle Konfessionalisierung.

Die Kurpfalz hatte zu Beginn des Reformationsjahrhunderts ihre Vormachtstellung im Reich eingebüßt und eine dem taktischen Kalkül geschuldete schwankende Haltung in der Religionsfrage eingenommen. Insbesondere Kurfürst Ludwig V. (1508–1544) lavierte auffällig unentschieden zwischen Loyalität zum Kaiser, die der Pfalz zu altem Ruhm und alter Ehre gereichen sollte, und – sicher nicht zuletzt beeinflusst von den starken humanistischen Kreisen im Territorium und an der (allerdings zunächst nicht sehr bedeutsamen) Heidelberger Universität – reformationsfreundlichen Tendenzen, die zudem in einem freundschaftlichen Verhältnis zu Kursachsen begründet sein dürften. Ludwig beschäftigte evangelische wie katholische Beamte und Prediger gleichermaßen. Sein Bruder und Nachfolger Friedrich II. (1544–1556) hatte keine Probleme, die altkirchlichen Elemente erneut zu stärken, als es der Schmalkaldische Krieg verunmöglichte, länger eine neutrale Haltung zu wahren. Gewichtig ist für die Reformation einerseits und das Festhalten an den altgläubigen Traditionen andererseits der Einfluss der Nachbarterritorien und -städte gewesen. So sind Straßburg, Esslingen und Landau dafür verantwortlich zu nennen, dass der oberdeutsche Einfluss gegenüber dem lutherischen früh und deutlicher Fuß gefasst hat. Wittenberg und Nürnberg hingegen haben in der Oberpfalz das «gleitende […] Hineinwachsen in allgemein-kirchenreformerisches Leben»[14] unter lutherischen Überzeugungen forciert, wobei die Räte der Stadt und fürstliche Beamte zu Trägern der Bewegung wurden.

Erst unter Ottheinrich (1556–1559) ist dann die Reformation als landesherrliche Aktion durchgeführt worden, die unter dem Straßburger Johann Marbach starke oberdeutsche Akzente trug, ohne dass diese jedoch schon Übermacht gewannen. Im Gegenteil konnte Ottheinrich aus der Überzeugung heraus, dem Kaiser wie den Altgläubigen nur wirksam begegnen zu können, wenn die verschiedenen evangelischen Richtungen vereint waren, sämtliche reformatorischen Strömungen dulden und an

---

13 Vgl. dazu Schindling / Ziegler: Kurpfalz, Rheinische Pfalz und Oberpfalz, in: Die Territorien des Reichs, a.a.O. (Anm. 3), Bd. 5, S. 8–49.

14 Schindling und Ziegler: Kurpfalz, a a.O. (Anm. 3), Bd. 5, S. 21.

seinen Hof zusammenbringen. Die Hinwendung zum Calvinismus unter seinem Nachfolger Friedrich III. (1559–1576) hat ihren Grund vor allem darin, dass dieser seinen oberdeutsch-schweizerisch gesinnten Beratern mehr Vertrauen schenkte und sich der philippistischen Linie öffnete. Programmatisch dafür ist die Verfassung des Heidelberger Katechismus. Dass Friedrich die Reformation im calvinischen Sinne höchst gründlich durchführen ließ (u. a. mit Bilderstürmen und Entfernung aller Altäre), gefährdete einerseits die Stellung im Reich, weil der Schutz des Augsburger Religionsfriedens nicht sicher war (was man durch die Berufung auf die Confessio Augustana Variata zu umgehen suchte), andererseits gab es dadurch sowie durch entsprechende politische Maßnahmen (vor allem die Unterstützung von Exulanten und des Freiheitskampfes der Niederlande) eine bedeutende Öffnung zum westlichen Protestantismus.

Als Ludwigs Sohn Ludwig VI. (1576–1583) das Amt des Vaters übernahm, erlebte die Pfalz eine – allerdings nur kurzfristige – Rückkehr zum Luthertum, die sich an die Reformen Ottheinrichs anschloss. Im Herrschaftsgebiet seines Bruders Johann Casimir, Pfalz-Lautern, hielt sich indes der Calvinismus, so dass dieser sich, als Johann Casimir nach dem frühen Tod Ludwigs 1583 die Kuradministration übernahm, schnell wieder durchsetzen konnte. Politisch und kirchenpolitisch knüpfte Johann Casimir da an, wo sein Vater aufgehört hatte. Ihren Höhepunkt fand diese Politik 1608 unter Friedrich IV., als der antihabsburgische Widerstand in einem Ständebündnis unter kurpfälzischem Direktorium organisiert werden sollte. Abgesehen von internen Interessenskonflikten und der Provokation einer katholischen Gegenliga bedeutete vor allem das bewusste Fehlen des Kursachsen eine Schwächung dieses Bündnisses. Sein Kriegsratsvorsitzender Christian von Anhalt, ein glühender Antihabsburger, der alles tat, die Konfession zum Spielball machtpolitischer Interessen zu machen, betrieb erfolgreich das Bemühen, Friedrich V., den Nachfolger Friedrichs IV. und ansonsten nicht besonders hervorstechenden Kurfürsten, zum König von Böhmen zu machen.

Die Ereignisse, die zum Dreißigjährigen Krieg führten und aus Friedrich einen verspotteten «Winterkönig» machten, zeigen, dass das Konzept Christians in keiner Weise aufgegangen ist, im Gegenteil die Pfalz in eine Katastrophe führte. Die Opposition zum Kaiser kostete die Pfalz die Kurwürde (sie ging an Bayern über), das Territorium wurde linksrheinisch durch Spanien, rechtsrheinisch von Bayern besetzt. Eine Rekatholisierung war die unausweichliche Folge, wobei die Teile der

Bevölkerung, die lutherisch gesinnt waren (in der Oberpfalz die Mehrheit), einer Repression des Calvinismus durchaus zuarbeiteten. Mit dem Krieg schließlich begann für die Pfalz und ihre konfessionell verschieden geprägten Teile ein wahres Tauziehen, das in den Friedensverhandlungen noch einmal besonders zutage trat. Letztendlich führte der Versuch Karl Ludwigs (1649–1680), Kurfürst der im Friedensschluss als achtes Kurland restituierten Rheinpfalz, über konfessionell gemischte Zuwanderer dieses Gebiet wiederaufzubauen, dazu, dass vor allem die Rheinpfalz multikonfessionell geprägt wurde.

Zürich

Thomas Kaufmann spricht im Blick auf Zürich von der «erste[n] Reformation einer autonomen Stadt»[15]. Und in der Tat haben wir hier ein klassisches, vorbildhaftes Modell einer von einflussreichen Stadtoberen gelenkten Bewegung vor Augen, die dazu führen sollte, den eigenen Machtbereich zu vergrößern und den des Konstanzer Bischofs zurückzudrängen. Auch hier waren also politische Motive mindestens mit ausschlaggebend, und der bedeutendste Theologe in diesem Netzwerk, Huldrych Zwingli, stand nicht außerhalb der Stadtoberen, sondern kam ihnen sozusagen gerade recht, weil er sich mit seinem humanistisch, namentlich erasmisch geprägten Biblizismus, seiner antifranzösischen und antihabsburgischen Position (die sich besonders in seinem Angehen gegen das Reislaufen artikulierte) und dem Wunsch, das Evangelium auch in seiner gesellschaftsgestaltenden Kraft wahrzunehmen, hervorragend in ihre eigenen Interessen einfügte. Dass der Rat der Stadt in diesem Kräftespiel die entscheidende Kraft war, zeigte sich beim äußerlich sichtbaren Beginn der Reformation, dem von Zwingli gerechtfertigten Fastenbrechen 1522: Nicht die neue Praxis wurde unter Legitimationszwang gestellt, sondern die althergebrachte. Nach einer Disputation entschied der Rat über den «Sieger», was seine Vorrangstellung in kirchlichen Lehrfragen noch unterstrich. Als sich die Auseinandersetzungen zwischen Zwingli und dem Zürcher Rat einerseits sowie dem Konstanzer Bischof und der eidgenössischen Tagsatzung (dem politischen Beratungsforum der Bundesglieder) andererseits verschärften, war es wiederum der Rat, der eindeutig im Sinne der Auffassungen Zwinglis agierte und mit der Ersten Zürcher Dis-

---

15 Kaufmann, a.a.O. (Anm. 1), S. 392.

putation 1523 kenntlich machte, wie für die öffentliche Ordnung zu sorgen war und in wessen Zuständigkeit dies fiel – auch wenn betont wurde, dass die obrigkeitliche Leitung nur dem Notrecht entspreche und also interimistisch zu verstehen sei. Kaufmann konstatiert zutreffend: «[D]ie große Karriere, die der Veranstaltungstypus der städtischen Disputation in der weiteren Reformationsgeschichte erlebte, legt davon Zeugnis ab, daß das hier gefundene bürgerlich-öffentliche Präsentations-, Demonstrations- und Verhandlungsmodell besonders günstige Möglichkeiten bot, um über die reformatorische Lehre richterlich zu entscheiden, die Geistlichkeit eines Stadtgebietes beziehungsweise einer städtischen Territorialherrschaft auf eine bestimmte theologische Position einzuschwören, sie zur Loyalität gegenüber der städtischen Obrigkeit zu verpflichten und die eigenmächtige Verselbständigung gegenüber der kirchlichen Hierarchie wirkungsvoll zu inszenieren.»[16] Die Zweite Zürcher Disputation im gleichen Jahr offenbarte allerdings, dass nicht alle damit einverstanden waren, die Lehrautorität quasi in die Hände eines Laiengremiums zu legen. Zwingli erwuchsen Gegner aus den eigenen Reihen, die dann auch in der Folge ihre eigenen Wege gingen und sich vor allem zu Täufergemeinden zusammenschlossen, die den radikalen Schnitt zwischen geistlichen Fragen und weltlichen Herrschaften vollzogen. Zwingli mit seinen gemäßigteren und an ordnungstheologischen Inhalten ausgerichteten Vorstellungen – Luthers Auffassungen nicht unähnlich – traf dagegen das «sozial stabile, wirtschaftlich agile und politisch tonangebende zünftische Bürgertum»[17] und wusste es fortan hinter sich. Einen Höhepunkt erlebte diese Entwicklung mit der Einrichtung einmal der Prophezey, vor allem aber mit dem Ehe- und Sittengericht, einer städtischen Behörde, die mit vier weltlichen und zwei geistlichen Richtern besetzt war und so gut wie alle Elemente der Sozialdisziplinierung in den Händen hatte.

Genf[18]

Genfs Reformation ist von zweierlei nicht zu trennen: Wie Luther für Wittenberg und Zwingli für Zürich so war Johannes Calvin für Genf die herausragende Persönlichkeit, die in sehr eigener Weise dafür sorgte, dass

16 A.a.O. (Anm. 1), S. 402.

17 A.a.O. (Anm. 1), S. 408.

18 Vgl. dazu knapp, aber informativ für unseren Zusammenhang Hans Rudolf Guggisberg: Westschweiz und Genf, in: Die Territorien des Reichs, a.a.O. (Anm. 3), Bd. 5, S. 294–297.

die Öffnung für reformatorische Ideen mit politischen Interessen verbunden wurde und so eine langfristige und stabile Umgestaltung der Kirche und des öffentlichen Lebens Hand in Hand ging; zum anderen ist das Schicksal Genfs in starkem Zusammenhang mit dem Berns zu sehen, denn im Wunsch, sich aus der savoyischen Umklammerung zu lösen, suchte Genf den Schulterschluss mit Bern – und begab sich so in neue Abhängigkeit, die den Rat dazu brachte, neuerlich und endgültig die Unabhängigkeit zu erstreben. Dazu brauchte die Stadt einen Reformer, der über die Grenzen der Eidgenossenschaft hinausblickte – und eben dies war Calvin, der sich an Straßburg und Frankreich orientierte und nur wenig an Zürich, Basel oder Bern. Sie war angewiesen auf einen Kosmopoliten, und so arrangierte sie sich mit Calvin trotz aller Schwierigkeiten, die sie mit ihm aufgrund seiner Strenge und Unerbittlichkeit, wenn es um Lehre und Leben der Kirche ging, auf lange Jahre hin hatte.

Calvin verstand die Rolle der Obrigkeit anders als Zwingli und Luther; seiner Ansicht nach hatte die Geistlichkeit die Aufsicht über die Sittenzucht inne und für die Ordnung auch der bürgerlichen Gemeinde zu sorgen. Diese Aufsicht hatte sie auch gegenüber den Regierenden auszuüben. Kein Wunder, dass ihn diese Position in einen Konflikt mit dem Rat der Stadt brachte, der nun hin- und hergerissen war zwischen einerseits dem Wunsch, die Umklammerung durch Bern loszuwerden, andererseits dem nicht minder großen Wunsch, seine Souveränität nicht an die Kirche zu verlieren. Calvin richtete ein Konsistorium aus zwölf Ältesten und den Pfarrern ein, das strenge Aufsicht zu üben hatte, wobei die Ältesten zugleich Mitglieder des Rates der Stadt waren (zwei sollten aus dem Kleinen Rat, vier aus dem Mittleren und sechs aus dem Großen Rat kommen) und also auf diesem Weg die geistlichen Strafen schnell weltliche nach sich ziehen konnten.

Ungarn[19]

Ungarn fand sich in der Reformationszeit in der undankbaren Rolle, in der Regel nur als Pufferzone zum andrängenden Osmanischen Reich wahrgenommen zu werden. Nach der Eroberung Mohács (1526) und Budas (1541) war ein Großteil Ungarns fest in osmanischer Hand, lediglich ein relativ kleines Gebiet im Norden gehörte Habsburg unter Ferdinand I. Allerdings genossen hier Großgrundbesitzerfamilien, die Magnaten,

---

19 Markus Hein / Éva Zs. Hein: Artikel «Ungarn», in: TRE 34 (2002), S. 272–303.

ausgesprochenen Einfluss und Macht, selbst gegenüber dem Adel, der den Magnaten – etwa 30 bis 40 Familien – gegenüber wirtschaftlich abhängig war und nicht selten in den osmanisch besetzten Landesteil flüchtete. Den Magnaten ist es zu verdanken, dass sich die Reformation in besonderer Weise ausbreiten konnte. Ohne Glaubenszwang auszuüben, ermöglichten sie protestantische Predigt und Praxis, die eine «langsame, aber sichere» Reformation förderte: Es dauerte mitunter sehr lange, bis die Bevölkerung die Veränderungen annahm; wenn es denn aber geschehen war, dann hatte es auch Stabilität und Dauerhaftigkeit. Dies hatte seine weitere Ursache darin, dass die Konfessionalisierung in fast allen Fällen mit der Installierung eines Bildungs- und Schulsystems einherging, das an das Konzept Melanchthons angelehnt war. Wie in Deutschland auch, nur noch stärker, förderte die Reformation und der muttersprachliche Unterricht die Herausbildung der Volkssprache und infolgedessen die Neugestaltung und Etablierung einer ungarischen Literatur.

Die Magnaten konnten ihren Besitz zusätzlich erweitern, als nach dem Sieg der Türken bei Mohács viele geistliche Würdenträger ihr Leben gelassen hatten und in Folge nur noch drei Bischöfe im Land waren. Da beide ungarischen Könige kein Interesse daran hatten, die übrigen Bischofssitze wiederzubesetzen, ergab sich aus diesem Missstand de facto eine Säkularisation, die sich die Magnaten zunutze machten. Weil es daraufhin auf lange Zeit nur noch ein rudimentäres katholisch einflussreiches Leben gab, war der Boden bereitet, reformatorische Ideen aufzunehmen. Diese brachten vor allem Studenten mit, die in Wittenberg mit der neuen Lehre in Berührung gekommen waren und namentlich in den Städten mit deutscher Bevölkerung auf offene Ohren stießen. Mátyás Bíró Dévai hatte 1538 einen Katechismus verfasst, der ihn bei seiner – man darf es so nennen – breiten Missiontätigkeit unterstützte, die er unter dem Schutz der Magnaten trotz mancher Verfolgungen erfolgreich durchführen konnte. Schon 1549 arbeitete der ehemalige Wittenberger Student Leonhard Stöckel die Confessio Pentapolitana aus, die an die Confessio Augustana Variata angelehnt war und anderen Städten als Vorbild diente. Von Debrecen aus etablierte sich über István Szegedi Kis im osmanischen Teil Ungarns die reformierte Lehre, was seinen Höhepunkt in der Annahme der Confessio Helvetica Posterior 1567 fand.

Für Ungarn bedeutete die Reformation nach dem Verlust des alten Glanzes und seinen wirtschaftlichen und sozialen Folgen die Hoffnung auf einen Neubeginn. Schon von daher hatten es gegenreformatorische Bemühungen schwer, die namentlich über das Schulwesen versuchten,

Einfluss wiederzugewinnen. Erst als es dem Eztergomer Erzbischof Péter Pázmány (1570–1637) gelang, etliche der bedeutendsten Magnaten auf seine Seite zu ziehen und infolgedessen nur noch der mittlere und niedere Adel die protestantische Mehrheit im Reichstag stellte, waren die Maßnahmen einigermaßen von Erfolg gekrönt. Allein das Siebenbürgische Fürstentum erwies sich als Schutzherr der Protestanten, bis auch seine Macht aufgrund ungeschickter Politik und schließlich der Besetzung durch die Türken zusammenbrach und unter Leopold I., der seit 1658 auch Kaiser war, die Rekatholisierung des Landes begann.

Niederlande[20]

Für die Niederlande kann man vielleicht am ehesten von einer Volksreformation, einer Reformation «von unten», sprechen. Zwar wurde auch hier die reformatorische Bewegung genutzt, um sich von Habsburg zu befreien. Doch gehen die Anfänge der Bewegung selbst auf die Einflüsse des Humanismus und der *devotio moderna*, vor allem der in den Niederlanden in deren Sinne sehr aktiven Brüder vom gemeinsamen Leben zurück, zum anderen auf die starke täuferische Bewegung. Nachdem Melchior Hoffmann 1530 die Glaubenstaufe an vielen Erwachsenen vollzogen hatte, nahmen diese die damit verbundenen neuen Ideen mit in ihre Heimatgemeinden und kämpften dort für deren Etablierung. Trotz vieler Repressalien und Verfolgungen – viele Täufer fielen der Inquisition zum Opfer – gelang diese zu einem guten Teil, es fanden sich viele Anhänger aus allen Schichten, die vor allem dem sozialen Konzept und auch den apokalyptischen Elementen, für die Hoffmann stand, etwas abgewinnen konnten. Unter diesem Aspekt wurden neue Gesellschaftsstrukturen geschaffen, die im Täuferreich von Münster monströse Ausmaße erreichten und dazu beitrugen, dass die Täufer allerorten in Misskredit gerieten. Unter dem gemäßigteren Menno Simons fanden sich indes wiederum neue Anhänger. Später brachten dann vor allem französische Exulanten eine calvinische Prägung mit, und die französischsprachigen südlichen Provinzen standen in engem Kontakt zu Straßburg. Mit der «Confession de Foy» entstand 1561 das erste calvinische Bekenntnis auf niederländischem Gebiet. Die Verfolgung durch die Behörden zwang die Protestanten immer wieder zur Flucht, nach Emden, wo sie sich um Johannes a Lasco sammelten,

---

20 Vgl. dazu Antoon E. M. Janssen / Peter J. A. Nissen: Niederlande, Lüttich, in: Die Territorien des Reichs, a.a.O. (Anm. 3), Bd. 3, S. 200–235.

nach London, nach Frankfurt am Main. Der gegen die Herrschaftsausübung des Habsburgers Philipp II. gerichtete Widerstand der Niederlande, getragen vor allem von der Adelspartei und gestützt durch alte Traditionen des Widerstandsrechts, darf nur zu einem eher geringen Teil als religiös motiviert betrachtet werden. Selbst der Bildersturm 1566/67, der gemeinhin als «Startschuss» für die Erhebung gilt, ist nicht einem religiösen Interesse entsprungen: «Eine große Volksbewegung von wirtschaftlich-sozial Enterbten war [er] nicht. Bei der Unzufriedenheit waren mehrere Faktoren mit im Spiel: calvinistischer Idealismus, blinder Glaubenseifer, Antiklerikalismus, wirtschaftlich-gesellschaftliche Unzufriedenheit und materielle Ziele dominierten abwechselnd.»[21]

Nichtsdestoweniger hatten sich inzwischen calvinistisch orientierte Gemeinden etabliert, deren Ordnungen meist im Ausland vorbereitet waren, um dann im Untergrund in den Niederlanden selbst zum Einsatz zu kommen. Innerhalb dieser Gemeinden waren der Widerstand gegen das aufgezwungene Verwaltungssystem und die Frage, ob man glauben muss, was einem Behörden vorschreiben, ausgesprochen virulent, so dass die neuen religiösen Gruppen zugleich den Kern für einen politischen Widerstand bildeten. Die Dordrechter Synode von 1568 thematisierte dieses Verhältnis von Staat und Kirche, die Glaubensfreiheit stand zur Debatte und diese verschärfte den Gegensatz zwischen den spanisch-tridentinisch gesinnten südlichen und den calvinisch gesinnten nördlichen Provinzen. Ein geplanter Religionsfriede sah vor, dass überall dort, wo sich mindestens 100 Familien einer Religion anschlossen, die freie Ausübung dieser Religion möglich sein sollte. Sowohl die aufständischen Provinzen Holland und Seeland als auch die überwiegend katholischen Provinzen im Süden lehnten diesen Kompromissvorschlag vehement ab. Als sich einige aufständische Provinzen und Städte 1579 in der Utrechter Union zusammenschlossen, war die konfessionelle und politische Spaltung der Niederlande im Grunde perfekt.

Die Calvinisierung des Nordens – bei gleichzeitiger (Re)-Katholisierung des Südens – wurde obrigkeitlich insofern befördert, als sie stets mit einem Verbot katholischer Glaubenspraxis begann. Das Wirken der Obrigkeiten zielte eindeutig auf eine Entkatholisierung des öffentlichen Lebens ab, der – auch wenn sich die städtischen Regenten und die Provinzialbehörden als Schutzherren des neuen Glaubens deklarierten – nicht

---

21 A.a.O., S. 220.

umgekehrt eine «Calvinisierung» der Öffentlichkeit korrespondierte; bürgerliche und kirchliche Gemeinde waren nicht deckungsgleich, bei Ämterwahlen in Schulen, Universitäten, Armen- und Waiseneinrichtungen galt die «weltliche» Stimme als entscheidend usw. Dies führte dazu, dass sich in diesen Gebieten im Sinne der weltlichen Obrigkeit eine tolerante und pragmatische Religionspolitik etablierte.

3. Das Reformatorische – ein europäischer Neuanfang?

Der exemplarische Überblick hat verdeutlicht, dass in der Verquickung von politischen und religiösen Interessen und Motiven der Fürstenreformation im Reich eine herausragende Rolle zukommt. Oder vielleicht sollte man besser – um die verschiedenen, «von oben» gelenkten, meist auch initiierten Bewegungen einzuschließen – von einer obrigkeitlichen Reformation sprechen. Das würde die Stadtreformation einschließen und das – ohnehin in der Forschung zu Recht kritisch rezipierte – Konzept der Gemeindereformation ebenfalls, ohne die jeweiligen Spezifika zu ignorieren.[22] Jedenfalls könnte so dem Eindruck gewehrt werden, als habe es losgelöst von weltlich-obrigkeitlicher und behördlicher Unterstützung, ausschließlich «von unten», reformatorische Bewegung gegeben. Selbst das noch am ehesten dieser Vorstellung entsprechende Geschehen in den Niederlanden war auf obrigkeitliche Unterstützung angewiesen. Dass dabei das obrigkeitliche Interesse zum Teil auf etwas stieß, was im Volk und den Gemeinden gärte, und dass umgekehrt sicher auch die obrigkeitlichen Maßnahmen im Volk etwas angestoßen haben, steht dabei außer Frage. Mit Rudersdorf ist festzuhalten: «So wirkungsvoll bürgerliche Stadtreformation und bäuerliche Gemeindereformation mit ihrer zumeist doch eher begrenzten Ausstrahlung im lokalen oder regionalen Raum

---

22 Zumal gilt, was Kaufmann in Fortsetzung seines Lehrers Moeller und neuerer Forschungsergebnisse so festhält: «Die auf die religiöse Integration der städtischen Gemeinwesen abzielenden theologischen Konzepte der Reformatoren trugen im ganzen eher dazu bei, die obrigkeitlichen Züge magistraler Herrschaft zu stärken, als diese zu relativieren. […] Gemeindlich–genossenschaftliche beziehungsweise stadtrepublikanische Traditionen, die dazu beigetragen haben, daß die reformatorische Bewegung einen besonderen Rückhalt in der Bevölkerung besaß und vielfach von dieser ausging, sind auch in den nordwestdeutschen Hansestädten wirksam geworden. In den Inaugurations- und Etablierungsphasen waren die Stadtreformationen sowohl Magistrats- als auch Gemeindereformationen; mit der Zeit aber traten die herrschaftlichen Momente in den Vordergrund.» Kaufmann, a.a.O. (Anm. 1), S. 420.

durchaus waren, so hieße es aber doch, die Bedeutung der Fürstenreformation für die Glaubensentscheidung im Reich in unangemessener Weise zu relativieren, würde man die deutsche Reformation [...] allzu einseitig auf ein «urban event» reduzieren. [...] Das politische Kräftespiel, das das Überleben der neuen Konfession auf Dauer sicherstellte und gewährleistete, war ohne Zweifel angesiedelt auf der Ebene des frühneuzeitlichen deutschen Territorialstaates.»[23]

Da wir nun all unsere Beobachtungen nicht nur aus einem historischen Interesse festgehalten haben, sondern – im Sinne dieser Tagung – dem Nachdenken darüber verpflichtet sind, was diese Wurzeln für uns als Protestanten und im interkonfessionellen und interreligiösen Dialog heute bedeuten, will ich die Frage folgendermaßen zuspitzen und als Antwort nur eine These wagen. Die Frage lautet: Gibt es angesichts des Europas, in dem wir heute leben, Chancen für «die» Reformation, die im 16. Jahrhundert wegen des zersplitterten Reichs in viele «Reformationen» mündete?

Nun leben wir in unserem Zeitalter in Europa unter ganz anderen Bedingungen, von denen die Trennung von Kirche und Staat sicher herauszuheben ist. Die Debatten, ob «Gott» in einer europäischen Verfassung vorkommen sollte, haben verdeutlicht, wie konsequent diese Trennung gedacht wird (Gott sei Dank ist in Brüssel oder sonst wo noch niemand auf die Idee gekommen, Anfragen an die christliche Zeitrechnung zu stellen...). Insofern wäre also – gemäß dem auch für protestantische Kirchen geltenden Grundsatz «ecclesia semper reformanda» – eine obrigkeitlich gelenkte Reform undenkbar: Kirche hätte in ihren Grenzen zu bleiben und der Staat sich nicht einzumischen. Aufs Ganze gesehen ist das eine positive Entwicklung, an der nicht gerüttelt werden sollte. Auf der anderen Seite wäre eine Rückbesinnung der Politik und der Staaten auf ihre in engem Zusammenhang mit religiösen Momenten stehende Genese und Gestaltung wünschenswert, nicht so sehr auf die historische Seite der Kirchengeschichte insgesamt und der reformatorischen Bewegungen im Besonderen, sondern auf die Inhalte, auf «das Reformatorische», das sich durchweg als Neubetonung «des Christlichen» verstand – und mindestens darin bei aller Unterschiedenheit etwas Tragendes und kraftvolles Gemeinsames hat.

---

23 Rudersdorf, a.a.O. (Anm. 8), S. 139f.

Walter Fleischmann-Bisten, Bensheim

Reformation, radikale Reformation, Täufer und die Bauernkriege

Die Reformation zwischen Intoleranz und Revolution

1. Vorbemerkungen

In der Mitte der Reformationsdekade auf dem Weg zum großen Datum 2017 steht notwendigerweise eine unübersehbare Barriere: die Schattenseiten der Reformation des 16. Jahrhunderts, die bis in die jüngste Kirchen- und Konfessionsgeschichte Spuren hinterlassen haben. Der ökumenische und selbst der interreligiöse Dialog des 21. Jahrhunderts sind damit immer wieder konfrontiert. Christliche Intoleranz vergangener Jahrhunderte hat viel dazu beigetragen, dass eine Reihe geradezu revolutionärer Potenziale der Reformation erst nach Jahrhunderten Früchte bringen konnten. Aber gerade diese benötigen wir heute als eine Art evangelisches Lebenselixier. Gerne versuche ich daher, ein paar Schneisen in das reformatorische Dickicht von Toleranz, Intoleranz und Revolution zu schlagen.

Das lateinische Wort *tolerantia* findet sich 46 v. Chr. erstmals in Ciceros «Paradoxa Stoicorum». In der Stoa wie in den Schriften des Neuen Testaments wird *tolerare* im Sinne von dulden, zulassen und leiden verwendet, zur Bezeichnung freiwilligen Ertragens und «als Ausdruck der überlegenen Stärke und Geduld».[1] Schon der Kirchenvater Tertullian (160–220) verwendet den Toleranzbegriff im Zusammenhang theologischer Differenzen in der Alten Kirche. Umso schwerer erklärbar ist diese bittere Wahrheit: Wenige Jahrhunderte, ja schon Jahrzehnte nach dem Ende der Christenverfolgungen im Römischen Reich durch das «Toleranzedikt» des Kaisers Konstantin d. Gr. im Jahre 313 diskriminierten Christen mit staatlicher wie kirchlicher Billigung angebliche Außenseiter und theologisch unbequeme Gruppierungen als «Ketzer».

---

1 So Philipp David, Was ist Toleranz?, in: Tim Unger (Hg.) Fundamentalismus und Toleranz, Hannover 2009, S. 9–27, hier S. 12.

Das Christentum «war von einer verfolgten zu einer tolerierten, dann zu einer anerkannten und zur offiziellen Kirche geworden – und schließlich zu einer verfolgenden».[2] Ab dem 11. Jahrhundert standen nicht nur Judenpogrome, sondern auch die Verfolgung der Waldenser, Katharer, Hussiten und anderer Minderheiten auf der Tagesordnung.

Es nicht die Aufgabe des Historikers und Konfessionskundlers, auf diese für uns heute merkwürdigen Entwicklungen mit dem Zeigefinger zu deuten. Alle Quellen sind stets unter Berücksichtigung der jeweils herrschenden politischen Verhältnisse und theologischen Entwicklungen – also in ihrem historischen Kontext – zu interpretieren.[3] Ich versuche daher zunächst zu verstehen, warum auch die in den Zentren der Reformation des 16. Jahrhunderts (in Wittenberg, Zürich, Straßburg, Nürnberg, Genf u. a.) verantwortlichen Theologen durch ihre intolerante Haltung untereinander wie gegenüber dem «linken Flügel» der Reformation – aus heutiger Sicht – ihre Glaubwürdigkeit und theologische Unabhängigkeit eingebüßt haben. Eine besondere Rolle dürfte in diesem Kontext die Haltung der Reformation zu den Forderungen der Bauern und zum Bauernkrieg spielen. In einem zweiten Schritt werfe ich einen Blick auf die bis heute die innerevangelische Ökumene belastenden Konsequenzen protestantischer Intoleranz und versuche zuletzt thesenartig Konsequenzen vor allem im Blick auf das Reformationsjubiläum 2017 zu ziehen.

2. Schattenseiten der Reformation

Ausgerechnet von Martin Luther – so ein Hinweis Albrecht Beutels – ist das deutsche Lehnwort «Toleranz» geprägt worden. Schon 1518 erklärt er in seinen «Resolutiones», dass Ketzerei «sich nicht durch Feuer und

---

2 A.a.O., S. 13. Vgl. dazu auch den Erlass Kaiser Theodosius' d.Gr. von 380: «Wir glauben deshalb nach apostolischer Ordnung und evangelischer Lehre, es sei eine Gottheit des Vaters, des Sohnes und des Heiligen Geistes, in gleicher Majestät und einiger Dreiheit. Wir befehlen, dass alle, die solchem Gesetz folgen, den Namen der katholischen Christen behalten, dass aber die übrigen, die wir für verrückt und wahnsinnig erachten, die Brandmarkung häretischer Lehre auf sich laden und ihre Zusammenrottungen nicht den Namen von Kirchen erhalten; sie sollen zuerst von göttlicher Vergeltung, dann aber durch die Strafe unserer Willensregung … getroffen werden. […] Von nun an ist die Norm einheitlicher Religion über dem Reich aufgerichtet.» (Text lat. und dt. bei: Hermann Dörries, Wort und Stunde, Bd. 1, Göttingen 1966, S. 46 u. 52.)

3 Vgl. Ulrich H. J. Körtner, Reformation und Toleranz, MdKI 64, 2013, S. 3–8, hier S. 3f.

Schwert, sondern allein durch religiöse Überzeugungsarbeit bekämpfen» lasse.[4] Noch in der Obrigkeitsschrift von 1523 verwirft Luther jede Form von Zwang in Fragen des Glaubens und Gewissens: «Weil es denn einem jeglichen auf seinem Gewissen liegt, wie er glaubt oder nicht glaubt, und damit der weltlichen Gewalt kein Abbruch geschieht, soll sie auch zufrieden sein und ihres Dings warten und lassen glauben so oder so, wie man kann und will, und niemand mit Gewalt dringen. Ja, es ist ein göttlich Werk im Geist, geschweige denn, dass es äußerliche Gewalt sollt erzwingen und schaffen.»[5] Die Todesstrafe galt für Luther als ultima Ratio. Irrlehrer sollten wegen der Verdunkelung des Evangeliums aus dem Land verwiesen werden. Der 1525 bei Luther zu findende Grundsatz «Die Liebe erträgt alles, der Glaube erduldet nichts»[6] hatte seinen Ansatz in seinem Verständnis der Toleranz Gottes (*tolerantia dei*) im Kontext der Kreuzestheologie. Daher konnte Luther keine Gleichgültigkeit im Sinne «Jeder soll glauben, was er will» akzeptieren. Aber schon bald hatte Luther dann aus Angst vor Aufruhr und Gewalt für Mäßigkeit plädiert. Deshalb hat er auch bei den als notwendig erkannten politischen Veränderungen (etwa in der Frage der Forderungen des Bauernstandes) nach anfänglicher Unterstützung bald anders reagiert. Er tat dies mit theologischen Argumenten wie mit Rücksicht auf die ihn und seine Anhänger schützende Obrigkeit.

Jedenfalls ist zu beobachten, dass sich mehr und mehr Luthers eigene Toleranz gegen alle anderen Glaubensauffassungen abschwächte. Für die Reformatoren insgesamt lässt sich deren Toleranzverständnis – so Volker Leppin – als Weg zwischen Forderung, Verweigerung und Gewährung von Toleranz beschreiben und verstehen: Sich von den «Altgläubigen» tolerieren zu lassen, hätte Luthers eigenen Wahrheitsanspruch verdreht. «Sich vom Antichrist dulden zu lassen, hätte ja bedeutet, der widergöttlichen Macht die Entscheidung über die eigene Akzeptanz zu überlassen.» Die Verweigerung von Toleranz etwa gegen die Täufer ergab sich für Lu-

---

4 Albrecht Beutel, Der frühneuzeitliche Toleranzdiskurs. Umrisse und Konkretionen, in: Was ist Toleranz? (Anm.1), S. 28–48, hier S. 29.

5 Zit. nach der Münchner Ausgabe Bd. 5, ^{3}1952, S. 27.

6 «Caritas … omnia tolerat, fides … nihil tolerat.» (WA 14; 669, 14 f)

ther aus der «Einordnung des Täufertums in den Tatbestand der Blasphemie, wobei der entscheidende Punkt die Verwerfung des ordentlichen Predigtamtes durch die Täufer war».[7]

Aus einer anderen Gemengelage besteht die Haltung der Reformation zu den Forderungen der Bauernschaft und zum Bauernkrieg 1524/25. Der Vorwurf der Intoleranz ist hier aus meiner Sicht im Blick auf den historischen Sachstand unangemessen. Anders als bei den zahlreichen Bauernaufständen seit dem Ende des 13. Jahrhunderts spielt zwar der religiöse Faktor im deutschen Bauernkrieg ähnlich wie in der hussitischen Revolution eine wichtige Rolle. Ob und wie sich aber die Einflüsse von reformatorisch gesinnten Predigern auf Ursache und Verlauf des Bauernkriegs ausgewirkt haben, ist allein deshalb schwer zu beurteilen, weil sich gerade im oberdeutschen Bereich die Wirkung der Reformation erst 1524/25 nachweisen lässt. Die entscheidende Programmschrift der Bauernschaft, die «Zwölf Artikel», entstanden aber im März 1525 in Memmingen. Sie lassen in ihrer Betonung von Obrigkeit und Gewaltverzicht Luthers Einfluss erkennen. «Daneben finden sich zwinglisches Gedankengut im deutschen Südwesten, müntzerische Vorstellungen im Schwarzwald und in Thüringen u. a. m. Wichtige Punkte sind im Kern älter als die Reformation, so die Rede vom göttlichen Recht oder die geistlich begründete Ablehnung der Leibeigenschaft.»[8]

Zweifellos hat Luthers Polemik gegen das Papsttum und die gesamte kirchliche Autorität eine der tragenden Säulen der spätmittelalterlichen Gesellschaft erschüttert und schließlich zu Fall gebracht. In seinen zahlreichen Schriften der Jahre 1520/21 finden sich auch harte Anklagen an Fürsten und den Adel insgesamt. Seit seiner Schrift an den christlichen Adel deutscher Nation hat er immer wieder Fragen des Besitzes, des Zehnten und des Wuchers angeschnitten. Eine «Besserung des christlichen Standes» erwartet er nur noch von der Obrigkeit. Aber dennoch finden sich in der Adelsschrift auch Aussagen, dass «der Haufe und das weltliche Schwert dazu tun» sollen, wenn ein Konzil die Reformation der Kirche verweigern würde.

---

7 Volker Leppin, Toleranz im Horizont protestantischer Selbstverständigung, in: Schwierige Toleranz. Der Umgang mit Andersdenkenden und Andersgläubigen in der Christentumsgeschichte, hg. von Marianne Delgado u. a., Fribourg/Stuttgart 2012, S. 81–90, hier S. 82 u. 85.

8 Gottfried Maron, Art. Bauernkrieg, TRE 5, 1980, S. 319–338, hier S. 321.

«An der Breitenwirkung solcher Äußerungen ist nicht zu zweifeln», auch wenn die Wittenberger Unruhen von 1522 Luthers Wendung zur Gewaltlosigkeit in Glaubensfragen überdeutlich machen[9]. Ganz klar wird Luthers doppelte Position in seiner Schrift «Ermahnung zum Frieden auf die Zwölf Artikel der Bauernschaft in Schwaben» vom April 1525. Beide Parteien werden deutlich angesprochen, aber Luther lehnt die ihm zugedachte Rolle als Richter ab, er spricht vor allem als Seelsorger. Neben harten Vorwürfen an die Fürsten als Verursacher des Aufstandes spricht Luther aber auch den Bauern die Bezeichnung «christliche Vereinigung» ab: «Sie führen Gottes Namen zu Unrecht, denn sie greifen zum Schwert, lehnen sich gegen die Obrigkeit auf und wollen Richter in eigener Sache sein. Das Recht der Christen lautet jedoch: sich nicht wehren, sich nicht rächen, sondern leiden! Luther ist also gerade an dem Punkt empfindlich, wo soziale und politische Forderungen unter dem Titel des Evangeliums vorgebracht werden. Es wird häufig übersehen, dass Luther im letzten Teil seiner Schrift die beiden streitenden Gruppen durchaus auf einer Ebene sieht.»[10] Entscheidend für die Beurteilung Luthers über Jahrhunderte hinweg wurde aber Folgendes: Unter dem Eindruck einer Reise in das Zentrum der Bauernaufstände in Nordthüringen, wo er Thomas Müntzers falsches Prophetentum hautnah zu spüren meinte, fügte er dem zweiten Druck seiner Schrift Anfang Mai 1525 einen Anhang bei: «Auch wider die räuberischen und mörderischen Rotten der anderen Bauern»; der Text wurde aber erst bekannt, als die Bauern blutig geschlagen waren. Es kann hier nicht auf die unterschiedlichen Positionen anderer Reformatoren eingegangen werden; Melanchthon äußerte sich hier wesentlich schärfer als Luther und Johannes Brenz sehr einfühlsam und vermittelnd.

Dass die altgläubige Partei Luther und der Reformation die alleinige Schuld an diesen Aufständen und ihrem Ausgang gab, versteht sich. Aber selbst in der marxistischen Literatur, wo Luther lange Zeit einseitig als «Fürstenknecht» abqualifiziert wurde, gab es noch zu DDR-Zeiten andere Stimmen. So sprach etwa Gerhard Zschäbitz schon 1967 davon, dass Luther kein «Bauernverächter» war, sondern seine Stellungnahme eine Folge seiner «Klassenbindung».[11] Insgesamt ist in unserem Kontext festzuhalten, dass der Bauernkrieg jedenfalls «die Reformation als Volksbewegung nicht beendet» hat, sondern «in den betroffenen Gebieten den

---

9 A.a.O., S. 323f.

10 A.a.O., S. 327.

11 Vgl. a.a.O., S. 329.

Obrigkeiten die Notwendigkeit von Entscheidungen deutlich gemacht wurde». Auch bedeutete der Bauernkrieg keinen Gewinn für den «linken Flügel der Reformation», obwohl es Verbindungen zwischen den aufständischen Bauern und den Täufern sowohl in der Schweiz als auch andernorts gab.[12]

Für die Gewährung von Toleranz kann einmal an den Einsatz Sebastian Castellios gegen die Intoleranz Calvins in Genf und dessen Rolle bei der Tötung des unitarisch eingestellten Arztes Michael Servet 1553 erinnert werden.[13] Und dann vor allem an die Bemühungen des hessischen Landgrafen Philipps des Großmütigen, der sich nach Beratung durch Martin Bucer für eine tolerante Haltung den Täufern gegenüber einsetzte, die jedenfalls die Todesstrafe ausschloss.[14]

Der zweite Reichstag in Speyer 1529 machte das gesamte politische wie theologische Dilemma offenkundig: Auf der einen Seite protestierten 14 Reichsstände gegen seinen Beschluss, endlich die Reichsacht gegen Martin Luther zu vollziehen und ihn zu beseitigen. Sie begründeten dies mit ihrem Verständnis von Glaubens- und Gewissensfreiheit. Die ersten «Protestanten» forderten, dass «in den Sachen Gottes Ehre und unser Seelen belangend ein jeglicher für sich selbst vor Gott stehen und Rechenschaft geben» müsse.[15] Diese reformatorische Erkenntnis steht im Widerspruch zu dem vom gleichen Reichstag erneuerten Mandat, gegen alle sogenannten Wiedertäufer die Todesstrafe zu vollziehen. Mit Luthers und Melanchthons theologischer Unterstützung wurden auch in den

---

12 Gottfried Seebaß, Geschichte des Christentums III, Theol. Wissenschaft 7, Stuttgart 2006, S. 136f.

13 Vgl. Christian Link, Johannes Calvin. Humanist, Reformator, Lehrer der Kirche, Zürich 2009, S. 70f., der daran erinnert, dass Calvin bei seinen Mahnungen zu väterlicher Zurechtweisung als Merkmal der Kirchenzucht (Institutio IV, 12,8) in der ersten Ausgabe der Institutio von 1536 noch folgende Erweiterung formuliert hatte, die in den späteren Ausgaben leider fehlt: «So sind auch die Türken und Sarazenen und andere Feinde der wahren Religion zu behandeln. Ganz abzulehnen ist das Verfahren, mit dem viele unternommen haben, sie zu unserem Glauben zu bekehren, indem sie ihnen Wasser, Feuer und die gemeinsamen Lebensnotwendigkeiten versagen, alle Pflichten der Menschlichkeit ihnen verweigern und sie mit Eisen und Schwert verfolgen.»

14 Vgl. Gury Schneider-Ludorff, Der fürstliche Reformator, Leipzig 2006, S. 126–165.

15 Vgl. wörtliche Formulierung bei Wolf-Dieter Hauschild, Lehrbuch der Kirchen- und Dogmengeschichte, Bd. 2, Gütersloh 1999, S. 113.

meisten von der Reformation geprägten Territorien die Täufer als Wiedertäufer verfolgt.[16]

Auch Zwinglis Sympathie für weitaus radikalere Konsequenzen einer «Reformation an Haupt und Gliedern» endete schon bald bei den Forderungen der «Täufer» oder «Taufgesinnte» genannten Gruppierungen. Diese entstanden in den 1520er Jahren in der Schweiz, in Tirol, in Franken und anderen Regionen. Die Täufer hatten infolge eines intensiven Bibelstudiums die Erkenntnis gewonnen, dass das Evangelium nur die Glaubens- oder Bekenntnistaufe und eine strikte Trennung von Kirche und Staat zulasse. Sie verweigerten Eid und Kriegsdienst. Sie setzten sich selbst – abgesehen von den Exzessen im Täuferreich zu Münster 1534/35 – für Glaubensfreiheit ein. Dies kommt besonders eindrucksvoll in der Eingabe des in Haft sitzenden Seifensieders Leupold Scharnschlager an den Rat der freien Reichsstadt Straßburg vom Juni 1534 zum Ausdruck: «Und wenn man Euch nötigen will zu einem Glauben, den Ihr und jeder von Euch in seinem Gewissen nicht gutheißt, dann könnt Ihr ihn niemals ruhigen Gewissens annehmen und wünscht Euch stets hierin frei zu sein. Darum bitte ich treulich, bedenkt und beherzigt, dass es mit mir und meinesgleichen auch so steht und stehen muss, dass aber ich und meinesgleichen nicht die Absicht haben, uns und unseren Glauben mit Gewalt oder Gegenwehr zu erhalten, sondern mit Geduld und Leiden bis in den leiblichen Tod, aus Gottes Kraft, um die wir bitten. […] Was wäre es, was ich nur mir selbst mit Recht zuteil werden lassen wollte, und ich wollte es nicht anderen zuteil werden lassen? Ich meine die Freiheit im Glauben.»[17]

Die Bestimmungen des Augsburger Religionsfriedens von 1555[18] räumten nur den Anhängern der Confessio Augustana und deren Religionsverwandten eine gewisse reichsrechtliche Gleichstellung mit den

---

16 Vgl. dazu die Übersicht im Bericht der Internationalen lutherisch-mennonitischen Studienkommission, der im Zusammenhang der Versöhnungsfeier am 22. Juli 2010 bei der Vollversammlung des Lutherischen Weltbundes (LBW) in Stuttgart vorgelegt wurde: Heilung der Erinnerungen – Versöhnung in Christus, hg. von LBW und Mennonitischer Weltkonferenz, Genf/Straßburg 2010, S. 104–132.

17 Zit. nach Heinold Fast (Hg.), Der linke Flügel der Reformation, Klassiker des Protestantismus, Bd. 4, Bremen 1962, S. 119–130.

18 Die offizielle Formulierung lautete: «Ubi unus dominus, ibi una sit religio.» Daraus wurde dann «cuius regio eius religio» im Anschluss an das Handbuch des Juristen Johann Joachim Stephani «Institutiones iuris canonici» von 1599.

Altgläubigen, den römischen Katholiken, ein. Die Reformierten (Calvinisten) in der Kurpfalz etwa konnten nur deshalb nicht mehr als Ketzer verfolgt werden, weil sie die Fassung der Augsburgischen Konfession in der veränderten Fassung von 1540 akzeptierten. Wie intolerant man innerhalb des protestantischen Lagers miteinander umging, zeigt beispielsweise eine steinerne Hausinschrift in Wittenberg, die der Besitzer noch 1717 erneuern ließ: «Gottes Wort und Lutheri Schrift, ist des Bapst und Calvini Gift.»[19]

3. Der Weg evangelischer (In-)Toleranz zur Religionsfreiheit

Auch die Gesetzgebung des Westfälischen Friedens von 1648 hatte eine folgenschwere intolerante Schlagseite. Selbst nach den schrecklichen Erfahrungen des Dreißigjährigen Krieges wurden neben der römisch-katholischen Religionspartei und den Lutheranern nur die Reformierten reichsrechtlich gleichgestellt. So heißt es im «Instrumentum Pacis Osnaburgae» vom 24. Oktober 1648 in Art. VII, § 2: Neben den vorgenannten drei Religionsparteien möge keine andere aufgenommen noch toleriert werden («…nulla alia recipiatur vel toleretur»). Wie stark diese intolerante Haltung gegenüber anderen Kirchen der Reformation (Mennoniten, Baptisten, später auch Methodisten u. a.) noch Jahrhunderte nachwirkte, zeigt die Tatsache, dass selbst in einem renommierten Fachlexikon noch vor zehn Jahren ohne erklärenden Hinweis über die Entscheidungen von 1648 geschrieben werden konnte: «Die Sekten blieben jedoch aus den religionsrechtlichen Garantien des Westfälischen Friedens ausgeschlossen.»[20]

Am Beispiel der Entwicklung in England kann gut gezeigt werden, in welche Schräglage der Toleranzgedanke im 17. Jahrhundert gekommen war. So hatte der Arzt, Philosoph und Politiker John Locke mit seinen Schriften großen Einfluss bei der Durchsetzung der Aufklärung. Seine Formulierungen und Forderungen machten den für ihn engen Zusammenhang von christlich motivierter Toleranz mit dem Menschenverstand deutlich und er wagte einen Ausblick auf eine Trennung von Staat und Kirche als Problemlösung: «Die Duldung derer, die von anderen in Religionssachen abweichen, ist mit dem Evangelium Jesu Christi und der unverfälschten menschlichen Vernunft so sehr in Übereinstimmung, dass

---

19 Vgl. Volkmar Joestel / Jutta Strehle, Luthers Bild und Lutherbilder. Ein Rundgang durch die Wirkungsgeschichte, Wittenberg 2003, S. 25.

20 Thomas Kaufmann, Art. Westfälischer Friede, TRE 35, 2003, S. 679–686, hier S. 683.

es ungeheuerlich erscheint, wenn Menschen so blind sind, ihre Notwendigkeit und Vorzüglichkeit bei so hellem Lichte nicht zu erkennen. [...] Aber damit nicht einige ihre Verfolgungswut und unchristliche Grausamkeit mit dem Vorwand der Sorge für das öffentliche Wohl und die Beachtung der Gesetze schönfärben ... so halte ich es in jedem Fall für über alles notwendig, zwischen dem Geschäft der staatlichen Gewalt und dem der Religion genau zu unterscheiden und die rechten Grenzen festzusetzen, die zwischen beiden liegen.»[21] Wie deutlich aber die englische Toleranzakte von 1689 genau die Sorge freikirchlicher Theologen um die Verfassungsdiskussion im Staate Virginia verständlich macht, zeigt sich daran, dass in England zwar den Nonkonformisten Zugeständnisse in Fragen der Errichtung von Kapellen und der Anstellung von Pastoren gemacht wurden, ihnen aber dennoch entscheidende bürgerliche Grundrechte wie Universitätszugang und Bildungschancen verwehrt blieben.[22]

Die gerade von der Theologie Martin Bucers und Johannes Calvins beeinflussten Kräfte der Dissenters, Nonkonformisten und Kongregationalisten waren ja mit dem Ergebnis der Reformation im 16. und 17. Jahrhundert in England nicht zufrieden. Trotz der Toleranzakte noch weiter zur Auswanderung in die Neue Welt gezwungen, konnten sie dort in einem ebenfalls mühsamen Prozess unter den neuen politischen und konfessionellen Verhältnissen die Durchsetzung der Religionsfreiheit als Verfassungsrecht mühsam erreichen. Die Namen des Baptisten Roger Williams und des Quäkers William Penn verdienen hier besondere Würdigung.[23] Und Christian Link hat in diesem Zusammenhang darauf aufmerksam gemacht, dass bei der Einforderung der Religionsfreiheit gerade die von Calvin geprägten Kirchen «in der starken Betonung des Bundesgedankens und schließlich mit ihrem synodal-presbyterialen System» einen großen Einfluss auf die Entwicklung der modernen Demokratie ausgeübt haben.[24] Die in Deutschland bis in die Weimarer Republik als «Sekten» oder «Sondergemeinschaften» abqualifizierten evangelischen Freikirchen waren es also letztlich, die durch ihre Kritik des

---

21 Zit. nach Kirchen- und Theologiegeschichte in Quellen, hg. von Hans-Walter Krumwiede u. a., Bd. IV/1, Neukirchen-Vluyn 1979, S. 53f.

22 Vgl. Erich Geldbach, Freikirchen – Erbe, Gestalt und Wirkung (Bensheimer Hefte 70), Göttingen ²2005, S. 78–85.

23 Siehe dazu a.a.O., S. 70–78.

24 Christian Link, Johannes Calvin (Anm. 13), S. 72.

Toleranzgedankens und unter Aufnahme der reformatorischen Forderung von Glaubens- und Gewissensfreiheit dem Menschenrecht der Religionsfreiheit den Weg bereitet haben.

Selbst die infolge der Aufklärung in vielen deutschen Ländern zu Beginn des 19. Jahrhunderts entstandenen Unionen zwischen Lutheranern und Reformierten zeigten wegen der Differenz von Toleranz und Religionsfreiheit auch betrübliche Zeichen von Intoleranz. Denn die Lutheraner, die aus theologischer Überzeugung diese Unionen ablehnten und heute zu den lutherischen Freikirchen in Deutschland gehören, hatten über lange Zeit mit größten Problemen zu kämpfen, die ihnen von landeskirchlicher Seite auferlegt wurden.[25] In diesem Zusammenhang zeigt das bekannte Diktum Goethes aus seiner Zeit heraus eine verständliche und kritische Haltung: «Toleranz sollte eigentlich nur eine vorübergehende Gesinnung sein: sie muss zur Anerkennung führen. Dulden heißt beleidigen.»[26] Immerhin wurden ja noch bis in die Mitte des 19. Jahrhunderts selbst in Hessen Zwangstaufen durchgeführt und widerständige Eltern – wie der Fall des Buchdruckers Grimmel in Marburg zeigt – hart bestraft und zur Auswanderung in die USA gezwungen.[27]

Infolge des Scheiterns der demokratischen Paulskirchenverfassung von 1848/49 und trotz des nicht mehr aufzuhaltenden Wachstums evangelischer Freikirchen endete im Deutschen Reich erst mit dem Inkrafttreten der Weimarer Verfassung von 1919 dieses Unverhältnis von Landes- und Freikirchen. Es wurde nicht nur das Ende des Staatskirchentums besiegelt, sondern auch die Gleichheit aller Religionsgesellschaften und deren Selbstverwaltung verfassungsrechtlich festgeschrieben (Art. 137). Und allen Bewohnern des Deutschen Reiches wurde die «volle Glaubens- und Gewissensfreiheit» gewährt (Art. 135). Selbst zur Umsetzung dieser Gleichberechtigung, die den Adventisten, Baptisten, Freien evangelischen Gemeinden, den Methodisten und Mennoniten endlich die Körperschaftsrechte ermöglichten, blieb noch ein steiniger Weg. Die Gründung der «Vereinigung Evangelischer Freikirchen» (VEF, 1926) und die mit Hilfe vieler Freikirchen erreichte Gründung einer

---

25 Vgl. dazu Hartmut Bartmuß, Reformation und Toleranz – Anmerkungen zum Themenjahr, in: SELK.Info Nr. 383 (Jan. 2013), S. 2f.

26 Johann Wolfgang von Goethe, Maximen und Reflexionen Nr. 875; zit. nach Johannes Schwartländer (hg.), Freiheit und Religion, Mainz 1993, S. 238.

27 Vgl. Erich Geldbach (Anm. 22), S. 152–154.

«Arbeitsgemeinschaft Christlicher Kirchen in Deutschland» (ACK, 1948) hatten einen wesentlichen Anteil an der Überwindung alter Vorurteile.

Wie unterschiedlich etwa diese Entwicklung der Umsetzung von reformatorischer Glaubensfreiheit über einen fragwürdigen Toleranzbegriff hin zur verfassungsmäßig anerkannten Religionsfreiheit außerhalb Deutschlands in den letzten einhundert Jahren verlaufen ist, ließe sich beispielsweise an der rechtlichen Stellung aller aus der Reformation hervorgegangenen Freikirchen in Österreich und der Schweiz zeigen. Während in der Schweiz m. W. noch immer in den meisten Kantonen keine staatskirchenrechtliche Gleichstellung zwischen den einzelnen Landeskirchen und vielen sogenannten Freikirchen besteht, haben sich in Österreich im Sommer 2013 die Weichen in eine neue Richtung gestellt.

Mit einer Verordnung vom 26. August 2013[28] wurde der Zusammenschluss von folgenden fünf Freikirchen zu den «Freikirchen in Österreich» nach einem langen und konfliktreichen Prozess endlich gesetzlich anerkannt:

- Mennonitische Freikirche,
- Bund der Baptistengemeinden,
- Bund evangelikaler Gemeinden,
- Freie Christengemeinde – Pfingstgemeinde
- Elaia-Christengemeinden

Im Hintergrund der Anerkennungsprobleme standen die besonderen Grundlagen der österreichischen Religionsgesetzgebung, da ja letztlich auch erst 1961 mit dem Protestantengesetz den Evangelischen Kirchen Augsburgischen und Helvetischen Bekenntnisses in Österreich völlige Gleichberechtigung brachte. Die gesetzliche Anerkennung als Kirche oder Religionsgemeinschaft galt lange neben den historisch in Österreich vorhandenen Kirchen und Religionsgesellschaften (wie der römisch-katholischen, griechisch-katholischen, und griechisch-orthodoxen Kirche, dem Judentum und der lutherischen wie der reformierten Kirche) nur der Altkatholischen Kirche (1877), der Herrnhuter Brüderkirche (1880) und dem Islam des hanefitischen Ritus (1912); denn der Vertrag von St. Germain

28 Bundesgesetzblatt der Republik Österreich II 250/2013 – Eintrag vom 27. 8. 2013; vgl. dazu auch den Beitrag von Karl Schwarz, Staatliche Anerkennung der Freikirchen in Östereich, MdKI 64, 2013, S. 97–99.

1919 anerkannte die freie Religionsausübung nur als individuelle Glaubensfreiheit. Immerhin gelang es der methodistischen Kirche 1951 und den Mormonen 1955, in diese höchste staatliche Anerkennungsstufe aufzurücken. Auch das seit 1998 bestehende Bekenntnisgemeinschaftengesetz machte einen Unterschied zwischen staatlich registrierten Gemeinschaften und gesetzlich anerkannten Institutionen mit öffentlich-rechtlicher Stellung. Um diese zweite Hürde zu nehmen, bedarf es mindestens einer Mitgliederzahl von zwei Promille der Gesamtbevölkerung Österreichs, derzeit etwa 17000 Personen. Daran scheiterten aber bis zuletzt die oben genannten Freikirchen mit etwa 160 Gemeinden, die sich nun dem Staat gegenüber zusammengeschlossen haben, ohne dabei ihre eigene Selbständigkeit aufzugeben. Genau dies war aber der Grund, warum sich etwa die Freikirche der Siebenten-Tags-Adventisten in Österreich nicht diesem Bündnis anschließen wollte. Dieser Zusammenschluss bedeutet nämlich u. a. die gemeinsame Erteilung von konfessionellem Unterricht, wo die Adventisten um ihr eigenes Profil Sorge hatten.[29]

Nach diesem Blick auf innerevangelische Intoleranz erscheint es als Wunder, dass sich erstmals in der Geschichte der reformatorischen Kirchen in Deutschland bei der Zustimmung zur «Theologischen Erklärung der Bekenntnissynode von Barmen» vom 31. Mai 1934 Vertreter (und eine Vertreterin) lutherischer, reformierter und unierter Gemeinden und Kirchen auf einen Bekenntnistext einigen konnten. Auch wenn der Bekenntnisrang Barmens bis heute nicht unumstritten ist, war Barmen doch ein entscheidender Anstoß für die Lehrgespräche, die europaweit vor 40 Jahren, am 16. März 1973, zur Leuenberger Konkordie geführt haben.[30] Dass 1997 auch die Methodisten Europas in dieses Boot der evangelischen Kirchen in Europa stiegen und mit den europäischen Baptisten inzwischen wenigstens eine Art Assoziierungsabkommen möglich war, sind hoffnungsvolle Zeichen für weitere Brücken einer tragfähigen innerevangelischen Ökumene nach den vielen Jahren der Intoleranz.

---

29 Nachrichtenagentur APD Nr. 279/2013.

30 Vgl. Walter Fleischmann-Bisten, «Barmen» als Bekenntnis innerhalb der EKD. Konfessionskundliche Aspekte und Konsequenzen, MdKI 63, 2012, S. 8–11.

4. Zusammenfassende Thesen

4.1 Reformation zwischen Toleranz und Intoleranz ist und bleibt «ein Thema der Scham- und Schuldgeschichte der reformatorischen Kirchen».[31] Dieser These des EKD-Vizepräsidenten Thies Gundlach ist leider ebenso zuzustimmen wie der pointierten Einschätzung des Chefredakteurs von «Zeitzeichen», Helmut Kremers: «Mag die Toleranz den Reformatoren auch in die Wiege gelegt worden sein, sie blieb leider allzu oft – und ich möchte ergänzen viel zu lange – darin liegen.»[32]

4.2 Das geradezu revolutionäre Potenzial der Reformation im Blick auf die Forderungen der Bauern, die Auswüchse des Kapitalismus und für den Weg von der Glaubens- zur Religionsfreiheit muss heute neu erkannt und umgesetzt werden.

4.3 Auch wenn die Geschichte von Reformation und Gegenreformation im 16. und 17. Jahrhundert bis hin zum Dreißigjährigen Krieg «geradezu ein Sinnbild dafür (ist), die Überzeugungen der anderen nicht zu tolerieren» (so Margot Käßmann, die Botschafterin des Rates der EKD für das Reformationsjubiläum 2017), müssen trotzdem auch gegenteilige Positionen gesehen werden. Dazu zählt die Tatsache, dass einzelne Fürsten (wie Philipp der Großmütige von Hessen) oder Theologen (wie Martin Bucer und Johannes Brenz) oder der weit überwiegende Teil der Täuferbewegung sich mit biblischen Argumenten für Glaubens- und Gewissensfreiheit eingesetzt haben.

4.4 Die These des baptistischen Kirchenhistorikers und Konfessionskundlers Erich Geldbach macht auf eine Schieflage aufmerksam, die bei unserem Thema nicht neu ist: «Religionsfreiheit ist nicht die Gewährung einer Duldung, einer Toleranz, sondern ein angeborenes, unveräußerliches Menschenrecht.»[33] Deutlicher als bisher in Lexika, Hand- Lehr- oder gar Schulbüchern zu lesen, muss der Beitrag des freikirchlichen Flügels der Reformation gewürdigt werden. Von England in die Neue Welt Nordamerikas ausgewandert und geflüchtet, haben im 17. und 18. Jahrhundert gerade Baptisten, Quäker und Methodisten einen schweren Kampf um die Religionsfreiheit als Menschenrecht gekämpft. Erst auf

---

31 Thies Gundlach, Verdunkelter Christus, in: Schatten der Reformation, Der lange Weg zur Toleranz, hg. vom Kirchenamt der EKD, Hannover 2012, S. 4–6, hier S. 4.

32 Zit. nach Walter Fleischmann-Bisten, Die Stiefkinder der Reformation, in: Schatten der Reformation, S. 15-17, hier S. 16.

33 Erich Geldbach, Religionsfreiheit, MdKI 55, 2004, S. 87–92, hier S. 88.

Umwegen kamen die Grundgedanken der «Bill of Rights» (seit Dezember 1791 Teil der US–Bundesverfassung) in europäische Verfassungen, in Deutschland 1919.

4.5 Im Blick auf 2017 müssen zwischen allen Kirchen und Konfessionen, die sich seit rund 500 Jahren mit Intoleranz und Verfolgung begegnet sind, Zeichen von Versöhnung gesucht werden. Neben den schon erfolgten «Heilungen von Erinnerungen» – wie dem Schuldbekenntnis, der gegenseitigen Erklärung eucharistischer Gastbereitschaft zwischen den EKD-Landeskirchen und den Mennoniten (1996) und der gegenseitigen Erklärung voller Kirchengemeinschaft zwischen den Methodisten in Deutschland (EmK und EKD 1987) – sind weitere Schritte nötig.[34] Die in der EKD und ihren Landeskirchen Verantwortlichen müssen die VEF (Vereinigung Evangelischer Freikirchen)-Kirchen – und Ähnliches gilt für die Situation in Österreich und der Schweiz und letztlich für alle GEKE–Kirchen – rasch mit an den entsprechenden Projekten und Vorbereitungen für 2017 beteiligen. Für die meisten Freikirchen ist nämlich trotz aller Demütigung nicht vergessen, dass auch sie Kinder der unvollendeten Reformation sind.[35]

---

34 Gerade weil hier die VELKD eine wichtige Vorreiterrolle gespielt hat, ist es nicht verständlich, warum beim Versöhnungsprozess zwischen Lutheranern und Mennoniten auf Weltebene (zu den Texten vgl. Anm. 16) die in Deutschland und anderen Ländern bereits erreichten ökumenischen Konsequenzen ausgespart blieben. Vgl. Walter Fleischmann-Bisten, Schuldbekenntnis ohne Tischgemeinschaft, MdKI 61, 2010, S. 81f.

35 Vgl. Walter Fleischmann-Bisten, Kinder einer unvollendeten Reformation – Freikirchliche Rezeption von Reformations- und Lutherjubiläen, in: Freikirchenforschung 20, 2011, S. 12–29.

Erik A. de Boer, Amsterdam

Reformationsfeier und Bekenntnisbildung: Kirche und Credo

Bekenntnisse, Katechismen und «Ultra-Reformation»

Die christliche Kirche fängt mit Jesus Christus an, selbstverständlich. Keine Kirche ohne Christus. Von Seiten der Menschen könnte man sagen, dass die Kirche mit dem Bekenntnis der Jünger anfängt: «Du bist der Messias, der Sohn des lebendigen Gottes» (Mt 16, 16). Seitdem bekennen sich Menschen zum Glauben an den Sohn Gottes und finden wir diese Bekenntnisse im Neuen Testament.

Das Thema, das mir vorgeschlagen wurde, fragt, wie es im Reformationszeitalter zur Vielfalt der Konfessionen kam – sogar zum Kampf des Glaubens, auch zwischen Reformatoren – und wann diese konfessionelle Entwicklung zu «Ultra-Reformation» wird. Um diese Weiterentwicklung zu verstehen, führe ich meine Übersicht der Geschichte des Bekennens noch ein bisschen fort.

Bekennende Sätze

Ein Bekenntnis, das schon Züge einer Bekenntnisformel trägt, gibt Paulus in 1Kor 15, 3–5: «Denn ich habe euch vor allen Dingen weitergegeben, was auch ich empfangen habe: dass Christus gestorben ist für unsere Sünden gemäß den Schriften, dass er begraben wurde, dass er am dritten Tage auferweckt worden ist gemäß den Schriften und dass er Kefas erschien und dann den Zwölfen.» Empfangen und Weitergeben werden später zu den Begriffen der *traditio* und *redditio symboli*: bekennende Sätze des Glaubens an Gott als Vater, als Sohn und als Heiliger Geist. Solche Glaubensformeln werden nach dem Unterricht in der christlichen Lehre, nach der Enthüllung des Mysteriums des Glaubens und vor dem Empfang der Taufe ausgesprochen. Sie führen zur Taufe. Ohne Credo kein Zutritt zur Kirche. Man könnte sogar sagen: Es gibt keine Kirche ohne Credo.

Bekennende Erzählung

Bei den Apostolischen Vätern und Apologeten begegnen wir dem Verweis nach dem *kanōn tēs pisteōs* oder *regula fidei*. Dabei handelt es sich um eine bekenntnisartige Erzählung der Hauptthemen der Bibel anhand einer binarischen oder trinitarischen Struktur. Solche Erzählung oder Aufzählung der göttlichen und geschichtlichen Fakten der Bibel ist wegweisend für den rechten Glauben.

Es geschah auf Grund des trinitarischen Aufbaus der *regula fidei*, dass sich Bekenntnisse wie das Apostolicum herausbildeten und sich in dieser Form im Westen durchsetzten. Im Konzil von Nicaea, 325 n. Chr., arbeiteten Kirche und Obrigkeit zum ersten Mal beim Schreiben eines Bekenntnistextes zusammen. Im 4. Jahrhundert erfolgte eine Erweiterung zum Credo, das das Nicaeno-Constantinopolitanum genannt wird. Das Gottsein Christi und des Heiligen Geistes wurden bestätigt. Seitdem ist das kirchliche Bekennen nicht nur positive Glaubensregel, sondern auch Maßstab zur Aufdeckung der Häresie. Im 4. und 5. Jahrhundert finden wir jede Menge (handschriftlicher) Konfessionen einzelner Theologen oder Kirchendiener, die sich zum kirchlichen Bekennen verhalten (sollten) und demnach beurteilt wurden.

Kurz gefasst: Persönliches und gemeinsames Bekennen wird zum kirchlichen und öffentlichen Bekenntnis. Der positive Ausdruck des wahren Glaubens enthält auch das Verneinen falscher Lehre. So wird es im Westen Jahrhunderte lang bleiben – so lange wie die katholische Kirche sich durchsetzt und Außenseiter mit Hilfe der weltlichen Mächte unterdrücken kann. Erst im 16. Jahrhundert ändert sich die Lage grundlegend. Die Bewegung, die wir Reformation nennen, führt zu neuem Bekennen.

Das Jahrhundert der Konfessionen

Das 16. Jahrhundert ist das Jahrhundert der Konfessionen, als Konfessionstexte verstanden. Solche reformatorischen Konfessionstexte unterscheiden sich vom altkirchlichen, ökumenischen Credo in mancher Hinsicht:

1. Sie beschreiben, jedenfalls in den Katechismen, den kirchlichen Unterricht anhand der vier Hauptstücke: Dekalog, Credo, Vaterunser und Einsetzungsworte der Sakramente.
2. Die Konfessionstexte der Reformation anerkennen das ökumenische Credo und fahren fort in ihrer theologischen Entfaltung, in der

Confessio Belgica zum Beispiel in der Gotteslehre, der Schriftlehre, usw., und entwickeln einen heilsgeschichtlichen Grundriss. Wenn man die Vorlage der Belgica, die Confession de Foy aus Paris von 1559, damit vergleicht, fällt der Primat der Gotteslehre und die Breite der Schriftlehre im Niederländischen Glaubensbekenntnis auf. Diese Züge kann man als Annäherung an die römisch-katholische Kirche verstehen und als Klärung der eigenen Position in der konfessionellen Debatte (z. B. zum Wert der kanonischen Bücher).

3. Die konfessionellen Schriften der Reformation sind oft in einem Zusammenspiel weltlicher und kirchlicher Führung entstanden. Die Confessio Augustana – mit ihrem ersten Teil der mit Rom übereinstimmenden Lehrsätze und dem zweiten Teil der Streitpunkte – kann nicht ohne Kenntnis der politischen Situation des Jahres 1530 verstanden werden.

Wie gesagt, am Anfang der Reformation gab es eine solche Ausformulierung der Lehre in den Bekenntnisschriften nicht – auch auf der Seite Roms nicht. Die römisch-katholische Kirche entwickelte erst am Ende des Konzils von Trient im Jahre 1563 ihre Confessio Tridentina und den Catechismus Romanus. Zwar wurden schon früher Lehrsätze formuliert, um zwischen rechter und falscher Lehre unterscheiden zu können, aber das waren nur Initiativen der theologischen Fakultäten ohne päpstliche oder ökumenische Autorität.

Die Entwicklung der protestantischen Konfessionen spiegelt das Verhältnis von Kirche und Obrigkeit. Die ersten Ansätze sind oft Disputationsthesen, die in einer Stadt diskutiert werden und die obrigkeitliche Entscheidung zur Reformation vorbereiten sollten. Den Höhepunkt der Konfessionsbildung markieren die Jahre 1559 bis 1565. Die französischen Kirchen nahmen an der ersten nationalen Pariser Synode die Confession de Foy in vierzig Artikeln an. Die Kirche Schottlands besitzt seit 1560 die Confessio Scotica. Im Jahre 1561 schrieb Guy de Brès auch eine Confession de Foy, die auf die Umstände der (französischen) Niederlande unter König Philipp II. von Spanien ausgerichtet war und 1562 angenommen wurde. Das Zweite Helvetische Bekenntnis von Heinrich Bullinger entstand 1566 und wurde bald auch in Ungarn durch die reformierten Kirchen übernommen. In diesen Jahrzehnten wurde die Ebene der einzelnen Städte und Regionen verlassen; die konfessionelle Entwicklung kam auch in den reformierten Kirchen auf der Ebene der Reiche und ihrer Könige an. Das Zeitalter der Festschreibung der Konfessionen und der konfessionellen Abgrenzung begann.

Das Jahrhundert der Lehrsätze

Am Ende des 16. Jahrhunderts entwickelte sich die reformierte Theologie an den Universitäten und machte methodische Fortschritte. Diese Entwicklung wird als reformierte Scholastik bezeichnet, verstanden als Methode der Unterscheidungen und des Unterrichts. In den Niederlanden kam es zu Auseinandersetzungen über die Autorität der Confessio Belgica und des Heidelberger Katechismus, über die Lehre der Erbsünde, der Kindertaufe sowie der Prädestination. Die Synode von Dordrecht in den Jahren 1618–1619 nahm die Canones (die Lehrsätze oder Hinweise zum Unterricht) an, eine systematische Beantwortung der «Remonstrantion» (einer Schrift in fünf Kapiteln, die zur Änderung des Bekenntnisses und des Katechismus führen sollte). Eine solche Entwicklung gab es meines Erachtens im Luthertum nach dem Abschluss des Konkordienbuches nicht.

In der Forschung ist umstritten, inwieweit diese Canones vom Einfluss der philosophisch-theologischen Methode der Scholastik bestimmt sind. Es ist aber klar, dass diese Lehrsätze von Dordrecht erstens als eine positive Bestätigung des Heidelberger Katechismus und des Niederländischen Glaubensbekenntnisses gemeint waren und zweitens eine Widerlegung von als Irrlehre beurteilten Positionen.

Sind wir mit den Lehrregeln von Dordrecht an den Punkt gekommen, wo man von «Ultra-Reformation» sprechen muss?

Biographische Erkenntnis

Ich bin, wie wir das nennen, bekennendes Mitglied einer reformierten Kirche, die Teil eines Kirchenbundes der reformierten Kirchen in den Niederlanden ist. Merkmale dieser Kirchengruppe sind:

1. Dass nicht nur alle Theologieprofessoren und Pfarrer, sondern auch die Ältesten und Diakone die drei ökumenischen und die drei reformatorischen Bekenntnisschriften unterschreiben (womit diese eine bestimmte kirchenrechtliche Rolle haben).

2. Wir kennen weniger den Konfirmandenunterricht als die Katechese für die Jugend im Alter von 12 bis ca. 18 Jahren. Durch die Jahre der Schulausbildung hindurch werden die Kinder auch in der Lehre der Kirche unterrichtet. Dann findet ein öffentliches Glaubensbekenntnis statt, und die jungen Leute werden als bekennende Mitglieder zum Abendmahl zugelassen. In der Katechese wurde in meiner Jugend der

Heidelberger Katechismus unterrichtet. Heute steht er eher im Hintergrund.

3. Die Kirchen halten zwei Gottesdienste am Sonntag, wobei im Nachmittagsgottesdienst eine Lehrpredigt – fast immer zum entsprechenden Abschnitt des Heidelberger Katechismus – gehalten wird.

Das alles steht jetzt, am Anfang des 21. Jahrhunderts, unter schwerem Druck. Aber diese biographische Schilderung macht vielleicht klar, wie überaus positiv die Bekenntnisschriften in unserer Tradition verstanden werden. Ist das «Ultra-Reformation», vielleicht in Reinkultur, in einem kirchlichen Reservat erhalten?

Bekenntnisse feiern?

Feiern wir mit «500 Jahren Reformation» auch die Geburt der Konfessionen – als konfessionelle Dokumente verstanden? Dokumente im Sinne Röm 10, 9, dass sie schriftlich weitergeben, was von Herzen geglaubt und mit dem Mund bekannt worden ist und von uns heute übernommen wird?

In ökumenischen Begegnungen und Gesprächen sind die Konfessionen, die in ihrer kirchlichen Organisation und in ihren Symbolen gespalten leben, einander näher gekommen. Es gibt Konsensusformulierungen, z. B. die Leuenberger Konkordie. Im 20. Jahrhundert gab es auch neue Bekenntnisse, die angesichts bestimmter aktueller Fragen formuliert worden sind, etwa die Barmer Erklärung in Deutschland und das Bekenntnis von Belhar in Südafrika.

Ist damit das 16. Jahrhundert in konfessioneller Hinsicht überwunden? Können wir die Auseinandersetzungen zwischen Katholizismus, Luthertum, Calvinismus, Täufertum, usw. hinter uns lassen? Meines Erachtens kann man «500 Jahre Reformation» mit Hilfe der altkirchlichen Begriffe *traditio* und *redditio* erstens verstehen und zweitens feiern. Tradition in diesem Sinne heißt, dass das positive Bekenntnis der reformatorischen Bewegung des 16. Jahrhunderts an uns weiter gegeben wurde und dass wir als Erben es annehmen und zurückgeben. Zurückgeben als *redditio* heißt: mit unseren Worten sagen, wie wir den Glaubensunterricht verstanden haben. Erst wenn man sich zur Tradition verhält, kann man in der eigenen Zeit selbst traditionsbildend arbeiten: sie im kirchlichen Unterricht an die nächste Generation weitergeben.

Die Ausführlichkeit der Bekenntnisschriften des 16. Jahrhunderts soll vom Kontext her verstanden werden. Auch die systematische Reihenfolge der *capita* und die Form der *articuli* sind vom Zeitalter ihrer Entstehung bestimmt. Die wortwörtlichen Zitate der Bibel, so wie wir sie in den Bekenntnisschriften und Katechismen finden, werden nicht immer auch von uns als korrekte *loci probantes* verstanden. Aber die Bekenntnisschriften des 16. Jahrhunderts führen uns heute zurück zu den Büchern der Heiligen Schrift. Das Credo der Kirche wird im Hören des Wortes Gottes aufs Neue geboren und will zum Bekennen führen und verführen. Denn es gibt erst Kirche, wenn es das Credo gibt.

Martin Ernst Hirzel, Bern

Der Pietismus als zweite Reformation?

Das Motto «Ecclesia reformata semper reformanda» als pietistisches Leitprinzip

Der Bezug des Pietismus und der verwandten früheren und späteren kirchlichen Erneuerungsbewegungen zur Reformation ist sehr komplex. Wie sich dieses Traditionsverhältnis ausgestaltete, ist einerseits in der frühen Reformationsgeschichte selbst angelegt, andererseits durch die gesellschaftlich-kirchliche Situation im 17. und 18. Jahrhundert bedingt.[1]

Der Wunsch, Kirche nach dem urchristlichen Ideal der Apostelgeschichte und der Koinonia-Ekklesiologie der Paulusbriefe zu denken und zu gestalten, ist den Kirchen der Reformation inhärent. Dabei war es nicht der seit dem 4. Laterankonzil durchs ganze Hoch- und Spätmittelalter immer wieder gehörte Ruf nach der *reformatio in capite et in membris* («Reform an Haupt und Gliedern») der Kirche,[2] also konkrete und umfassende Reformmaßnahmen, welche die Reformatoren bewegten. Die Reformatoren erwarteten die *reformatio ecclesiae* primär von Gottes Handeln. Und dies geschieht durch das Hören auf das Wort Gottes. «Welches ist sin kilch? Die sin wort hört», sagte Zwingli einmal.[3] Die *reformatio ecclesiae* war für sie «eben nicht eine Reform der Kirchengestalt»[4]. Kirche erneuerte sich aus dem Innern heraus durch die Beschäftigung mit dem Wort Gottes im Kontext der geistlichen und sozialen Situation eines Luther, der persönlich mit der spätmittelalterlichen Bußpraxis rang, oder eines Zwingli, der als Leutpriester zur Einsicht kam, dass die Kirche ihre Aufgabe in einer städtischen Gemeinschaft nicht mehr evangeliumsgemäß wahrnahm. Was in der Reformationszeit an konkreten Reformen geschah, ging den «einen zu weit, den andern zu

---

1 Martin Brecht, Die Berufung von Pietismus und Erweckungsbewegung auf die Reformation, in: Freikirchenforschung Nr. 6 (1996).

2 Emidio Campi, «Ecclesia semper reformanda». Metamorphosen einer altehrwürdigen Formel, in: Zwingliana 37 (2010), S. 1–19 (hier S. 4).

3 A.a.O., S. 6.

4 A.a.O., S. 7.

wenig weit»[5]. Erasmus wandte sich von Luther ab, weil dieser seiner Ansicht nach Kirche und Papst zu sehr in Frage stellte. Thomas Müntzer und die Täufer trennten sich von den Reformatoren, weil sie neben der Erneuerung des Glaubens auch auf eine Erneuerung des Lebens und der Gemeinde zielten. In der Ablehnung von zu viel Zwang und Radikalität bei der Herbeiführung der wahren Kirche und des wahren christlichen Lebens waren sich Luther und Zwingli einigermaßen einig, wobei bekanntlich Luther überzeugt war, dass quasi automatisch «aus dem Glauben die Liebe und die Lust zu Gott [fließt] und aus der Liebe ein freies, williges, fröhliches Leben, dem Nächsten umsonst zu dienen»[6], während für Zwingli die ständige Ausrichtung der menschlichen an der göttlichen Gerechtigkeit wichtig wurde. Insofern nun, dass sich die Reformatoren früh entschieden, den Weg der konstantinischen Großkirche weiterzugehen und mit Hilfe der weltlichen Obrigkeit weiterhin «Volkskirche» zu sein, die ekklesiologisch ein *corpus permixtum* und nicht eine «Schar der Reinen» darstellt, wies sie den Weg der Täufer und Spiritualisten ab. Dazu kam, dass gegenüber einer zu großen Betonung der Heiligung und christlichen Gerechtigkeit der theologische Vorbehalt der Werkgerechtigkeit bestand und vor allem von Luther die Initiative Gottes bei der Gestaltung der erneuerten Kirche betont wurde. Die Einführung der Kirchenzucht in den reformierten Kirchen konnte diese Spannung zwischen urchristlichem Ideal und volkskirchlicher Realität nur ein Stück weit abmildern. Diese Spannung blieb dem Protestantismus eigen.

Wie es zum Pietismus kam

Der Pietismus versuchte, eine neue und andere Antwort als die Reformation zu geben. Wie kam es dazu? Verschiedene Gründe können für die Entstehung des Pietismus angeführt werden: theologie-, frömmigkeits- und sozialgeschichtliche. Traditionellerweise wird die «Verkopfung» und «Moralisierung» der von der orthodoxen Theologie geprägten Kirchen des konfessionellen Zeitalters angeführt, die den zu Herzen gehenden Glauben zugunsten der Lehre vernachlässigt habe. Als Illustration dazu kann etwa eine Aussage Goethes in «Dichtung und Wahrheit» zu seiner

---

5 Hier und im Folgenden a.a.O., S. 8.

6 Martin Luther, Von der Freiheit eines Christenmenschen (1520), in: Ders., Ausgewählte Schriften, hg. Von Karin Bornkamm und Gerhard Ebeling, Bd. 1: Aufbruch zur Reformation, Frankfurt am Main 1983, S. 260.

kirchlichen Unterweisung in der Mitte des 18. Jahrhunderts in Frankfurt am Main dienen: «Es versteht sich von selbst, dass wir Kinder, neben den übrigen Lehrstunden, auch eines fortwährenden und fortschreitenden Religionsunterrichts genossen. Doch war der kirchliche Protestantismus, den man uns überlieferte, eigentlich nur eine Art von trockener Moral: an einen geistreichen Vortrag ward nicht gedacht, und die Lehre konnte weder der Seele noch dem Herzen zusagen. Deswegen ergaben sich gar mancherley Absonderungen von der gesetzlichen Kirche. Es entstanden die Separatisten, Pietisten, Hernhuter, die Stillen im Lande und wie man sie sonst zu nennen und zu bezeichnen pflegte, die aber alle blos die Absicht hatten, sich der Gottheit, besonders durch Christum, mehr zu nähern, als es ihnen unter der Form der öffentlichen Religion möglich zu seyn schien.»[7]

Neuere Forschungen haben jedoch gezeigt, dass auch die Orthodoxie lebendige Frömmigkeitsformen und Kirchenreformen hervorbrachte. Das von Goethe erwähnte und auf die Frömmigkeitspraxis bezogene Motiv des Versuchs der größeren Annäherung an Gott, als es die offizielle Religion ermöglichte, kann auch sozialgeschichtlich erklärt werden. Hartmut Lehmann hat mehrfach darauf hingewiesen, dass der Pietismus als religiöse Bewegung als Reaktion auf die vielen Krisen seit dem späten 16. und dann vor allem im 17. Jahrhundert verstanden werden kann. Hatten Luther und zwei Generationen nach ihm noch auf das nahe Weltende gewartet und gehofft, erlebten die nachfolgenden Generationen von Gläubigen statt des Anbruchs von Gottes Heilszeit unzählige Kriege, Hunger- und Seuchenzeiten, schon vor und auch noch nach dem Dreißigjährigen Krieg. «Wie war es möglich, den strafenden Gott, dessen Allmacht man sich anvertraute, wieder zu versöhnen? Wie konnte man sein Seelenheil retten und das ewige Leben erlangen?»[8] Antwort auf diese Frage suchte nicht erst der kirchliche Pietismus eines Philipp Jakob Spener (1635–1705) im letzten Drittel des 17. Jahrhunderts zu geben; schon vor ihm suchte der Puritanismus in England, der Jansenismus oder die von Johann Arndt (1555–1621) ausgehende Frömmigkeitsbewegung die Antwort auf diese

---

7 Johann Wolfgang von Goethe, Träume und Legenden meiner Jugend. Texte über die Stillen im Lande, hg. von Paul Raabe, Leipzig 2000, S. 115, (Kleine Texte des Pietismus 3).

8 Hartmut Lehmann, Aufgaben der Pietismusforschung im 21. Jh., in: Ders., Transformationen der Religion in der Neuzeit. Beispiele aus der Geschichte des Protestantismus, Göttingen 2007, S. 103–119 (hier S. 112).

äußere und innere Not im wahren christlichen Leben.[9] Wie Lehmanns Argumentation nahe legt, ging es bei der «Reform des Lebens» um die Erlangung von Glaubensgewissheit angesichts der Frage nach Gott in den ständigen Katastrophen und Kriegen. Sicherlich aber ging es im Pietismus auch schlicht um die Bewältigung des ausgebliebenen Weltendes und um eine positive Weltgestaltung, um die Rolle der Kirche, die von vielen Pietisten negativ beurteilt wurde, und des einzelnen Christen in der Welt.

Theologie- und frömmigkeitsgeschichtlich gesehen vollzog sich im 17. Jahrhundert in diesem Zusammenhang nun ein Wandel der Eschatologie, der einen neuen Rahmen für eine positive Lebens-, Kirchen- und Weltgestaltung schuf. Während Luther, wie erwähnt, mit dem unmittelbaren Weltende gerechnet hatte und stark das Handeln Gottes im Leben des Einzelnen, der Kirche und der Welt betont hatte, waren die Pietisten Anhänger des Chiliasmus, der Lehre vom tausendjährigen Reich. Im Anschluss an Offb 20 umfasste diese die Vorstellung eines tausendjährigen Reiches auf Erden, in dem die Gerechten im himmlischen Jerusalem vor der allgemeinen Auferstehung regierten. «Sehen wir die Heilige Schrifft an/ so haven wir nicht zu zweifflen/ dass Got noch einigen bessern zustand seiner Kirchen hier auf Erden versprochen habe»[10], schreibt Spener in seinen «Pia Desideria». Damit setzten sich die Pietisten in einen klaren Gegensatz zur Reformation. In Confessio Augustana XVII war der Chiliasmus noch klar verworfen worden.

Verschiedene pietistische Bezugsweisen auf die Reformation

Die Art und Weise, wie sich der Pietismus auf die Reformation bezieht, ist sehr unterschiedlich. Sie reicht von völliger Identifizierung mit oder leichter Kritik an der Reformation im kirchlichen Pietismus bis zu teilweise starker Kritik im radikalen Pietismus. So etwa handelt beim radikalen Pietisten Gottfried Arnold (1666–1714) in seiner «Unpartheyschen Kirchen- und Ketzer-Historie» von 1729 ein ganzes Kapitel «Von dem verfall nach der reformation insgemein».[11] In den verschiedenen pietistischen Richtungen ist das Maß an Zustimmung zu einzelnen reformatorischen

9 A.a.o., S. 112f.

10 Philipp Jakob Spener, Pia Desideria, hg. von Kurt Aland, 3. durchgesehene Auflage, Berlin 1964, S. 43.

11 Brecht, a.a.O. (Anm. 1), S. 2.

Lehren wie der Rechtfertigungslehre oder der Ekklesiologie dabei umgekehrt proportional zur Aufzählung von Missständen in den evangelischen Kirchen. Entsprechend unterschiedlich präsentiert sich dann in den verschiedenen Richtungen des Pietismus das Selbstverständnis als Reformations- oder schlichtweg kirchliche Reformbewegung: Während die einen, vor allem die kirchlichen Richtungen, sich als Ergänzung, Weiterführung oder Vollendung der Reformation bezeichneten, waren andere, vor allem die radikalen, weit von der Reformation entfernt. Die Verwendung des Begriffs «zweite Reformation» als Selbstbezeichnung von Pietisten ist schwer zu belegen. Häufiger wurde er als kirchenpolitisches Schlagwort und Forderung angesichts von diagnostizierten Missständen in den Kirchen verwendet, auch außerhalb des Pietismus. So verlangte der reformierte und humanistisch gesinnte Hofprediger am brandenburgisch-klevischen Hof Werner Teschenmacher (1590–1638) im Jahre 1633 eine «zweite Reformation», die eine «völligere und bessere» sein sollte[12].

Und der 1674 geborene Berner Pietist Samuel Lutz (1674–1750) sprach von der Erwartung einer neuen, der zweiten Reformation. «Von dieser Erwartung sprach Lutz in seiner Kapitelspredigt, die er 1728 anlässlich der Zweihundertjahrfeier der Berner Reformation gehalten hat. Nicht Rückschau, sondern Ausschau auf ein Jubeljahr ganz anderer Art hielt er damals für geboten und erinnerte sich und seine Kollegen an ihrer aller Berufung, ‹Wächter Jerusalems› zu sein, ‹von Gott erweckt zu Zeichen und Vorbotten besserer Zeiten›.»[13]

Näher bei der klassisch-pietistischen Verhältnisbestimmung zur Reformation sind wir beim niederländischen Pfarrer Jodocus van Lodenstein (1620–1677), einem Vertreter der «Nadere Reformatie» (ausführlichere, vertiefte Reformation). «In ‹Beschouwinge van Zion› zeigt sich, wie sehr van Lodenstein in seinen letzten Lebensjahren vom Zustand der reformierten Kirche beunruhigt war. Ausführlich spricht er über die ‹Missgestalt› der Kirche: Die Lehre sei rein, aber das Leben stünde damit nicht in Übereinstimmung. Wichtig sei nicht das Bekennen der Wahrheit an sich, denn die Wahrheit müsse zur lebendigen, persönlich erfahrenen, das ganze Herz erfüllenden Wirklichkeit werden – ‹Christus selbst in unseren Seelen›. In diesem Kontext ist seine Beurteilung der Reformation

---

12 Campi, Ecclesia, a.a.O. (Anm. 2), S. 12.

13 Rudolf Dellsperger, Der Pietismus in der Schweiz, in: Geschichte des Pietismus, Band 2: Der Pietismus im achtzehnten Jh., hg. von Martin Brecht und Klaus Deppermann, Göttingen 1995, S. 588–616 (hier S. 603).

einigermaßen schillernd. Er sieht die Reformation als eine unvollendete, lediglich halbe Reformation, ja selbst als einen Körper ohne Geist. Das ist die Reformation, wie sie im geschichtlichen Prozess Gestalt angenommen hatte. Damit ist aber noch nicht das Letzte gesagt. Seine Kritik an der Gestalt oder ‹Missgestalt› der Kirche der Reformation führt ihn doch nicht zu einer Abwertung der Reformation als solcher: Das Wesentliche, nämlich die ‹Tötung des Fleisches›, das Leben aus dem Geist, sei in der Reformation doch intendiert und impliziert. Man dürfe aber nicht beim Buchstaben stehen bleiben, der Geist sei es, der lebendig mache. Der Gegensatz zwischen Buchstabe und Geist ist der rote Faden, der sich durch van Lodensteins ganzes Denken zieht.»[14] Letzterer Aspekt, das Verhältnis von Buchstabe und Geist, ist auch ein großes Thema bei Arndt, der ebenfalls eine «Reformation des Lebens»[15] anstrebte. Van Lodensteins Sicht entspricht, wie angedeutet, im Wesentlichen der späteren Selbstsicht der Pietisten; diese wollten die Reformation fortführen, vertiefen und vollenden. Nachweislich stammt übrigens das Motto Ecclesia semper reformanda von van Lodenstein.[16]

Das Beispiel Speners

Im Folgenden soll nun am Beispiel Speners, der zentralen Gestalt des kirchlich-lutherischen Pietismus, eine pietistische Bezugnahme auf die Reformation kurz dargestellt werden, um anschließend dann die systematisch-theologische Frage zu berühren, inwiefern der Pietismus Positionen der Reformation zu Recht für sich beansprucht und worin er sie allenfalls modifiziert an den neuzeitlichen Protestantismus weitergibt?[17]

---

14 Johannes van den Berg, Die Frömmigkeitsbestrebungen in den Niederlanden, in: Geschichte des Pietismus, Band 1: Der Pietismus vom siebzehnten bis zum frühen achtzehnten Jh., hg. von Martin Brecht, Göttingen 1993, S. 57–112 (hier S. 85).

15 Diesen Begriff verwendet Johann Friedrich Gerhard Goeters im Zusammenhang der Behandlung der von der «Nadere Reformatie» beeinflussten radikalen Pietisten am Niederrhein, vgl. Johann Friedrich Gerhard Goeters, Der reformierte Pietismus in Deutschland, in: Geschichte des Pietismus, Bd. 1, S. 239–277 (hier S. 268).

16 Campi, Ecclesia, a.a.O. (Anm. 2), S. 12.

17 Vorausgesetzt wird hier ein «weiter Pietismusbegriff» im Anschluss an Martin Brecht, mit dem versucht wird, theologische Traditionslinien und frömmigkeitsgeschichtliche Zusammenhänge aufzuzeigen, vgl. dazu Martin Brecht, Einleitung, Geschichte des Pietismus, Bd. 1, S. 1–10 (hier S. 10).

Rein formal diente Spener der Bezug zur Reformation zur Legitimation seiner Reformanliegen, die klassisch in den «Pia Desideria», einem umfassenden Kirchenreformprogramm, formuliert sind. Dieser Text erschien 1675 als Vorrede zu einem Neudruck eines Werks von Arndt. Für die Besserung der Zustände in der Kirche macht Spener im Wesentlichen drei Vorschläge: 1. vermehrte Bibellektüre (Privatlektüre, Collegia Pietatis). 2. Stärkung des «Allgemeinen Priestertums». 3. Stärkung des Bewusstseins dafür, dass Christentum in der Tat und nicht im Wissen besteht. Zum dritten Punkt äußert sich Spener in den «Pia Desideria» folgendermaßen: «...die Christliche Religion [bestehet] nicht eben in wissenschaft und spitzigkeit der vorwitzigen fragen so zu dieser zeit allzuviel erneuert werden: sondern darinnen bestehet dass wir den wahren Gott und unseren Erlöser Jesum Christum auss seinem wort recht erkennen /inniglich förchten/ und auss wahrem glauben lieb haben /Ihn anruffen/ihm in creutz und gantzem leben gehorsam seyn/ auch andere leute von hertzen lieben /denen mildiglich helffen».[18]

In allen genannten, aber besonders in diesem Anliegen des einerseits lebendig-innigen und andererseits tätigen Glaubens sah Spener sich vom jüngeren Luther bestätigt. Der beliebteste Text hierzu, auch bei den späteren Pietisten wie Francke oder bei John Wesley[19], steht in der Vorrede zum Römerbrief von 1522: «Aber Glaube ist ein göttlich werck in uns, das uns wandelt und new gebirt aus Gott [...]. Und tödtet den alten Adam, machtet uns gantz ander Menschen von herzen, mut, sinn, und allen krefften, und bringet den heiligen Geist mit sich. O es ist ein lebendig, scheftig, thettig, mechtig ding umb den glauben, das unmüglich ist, das er nicht on unterlas sollte guts wircken.»[20] Mit Luther ist Spener der Ansicht, dass der Glaube als Werk Gottes tatsächlich gute Werke hervorbringt. Trotz dieser richtigen lutherischen Lehre – bei der er auch die Bedeutung der Sakramente unterstreicht – seien viele Menschen jedoch im Irrtum, wenn sie davon ausgingen, dass durch das Gerechtsein allein durch Glauben Werke nicht notwendig, ja gefährlich seien. Dabei nähmen sie es mit der Moral nicht mehr so ernst. Solche Menschen besäßen einen falschen, eingebildeten Glauben.

---

18 Philipp Jakob Spener: Die Werke Philipp Jakob Speners. Studienausgabe. Hg. von Kurt Aland u. Beate Koster. Band 1: Die Grundschriften Teil 2, Giessen/Basel 2000, S. 128.

19 Brecht, Berufung, S. 4.

20 WA DB 7, S. 11, Z. 6–10.

Zum zweiten Vorschlag, dem Priestertum aller Gläubigen, ist zu sagen, dass dieses der Sache nach einer zentralen reformatorischen Einsicht Luthers entspricht, dem Begriffe nach aber vom Pietismus geprägt wurde und als ein wichtiges Erbe an den neuzeitlichen Protestantismus bezeichnet werden kann. Für Spener steckte im Ernstnehmen der Lehre vom allgemeinen Priestertum – der Aktivierung aller Getauften in der Kirche – ein großes Potenzial für die Kirche (mehr Lebendigkeit, mehr Ausstrahlung).

Der erste Vorschlag der Collegia Pietatis, der mit dem Priestertum aller Gläubigen eng zusammenhängt, ist das wichtigste Charakteristikum des spenerschen Pietismus. Seit 1670 hatte er in seinem Frankfurter Pfarrhaus diese Art von Gemeindeversammlungen durchgeführt, die ihren Ursprung in der reformierten Kirche hatten und von Jean de Labadie (1610–1674) praktiziert worden war.[21] Die Collegia Pietatis waren als eine Art Gemeindeversammlung – heute würden wir sagen Hauskreis – gemäß 1Kor 14 als Ergänzung zum Predigtgottesdienst gedacht. Ausgehend von dieser Praxiserfahrung entwickelte Spener sein Konzept von der Ecclesiola in Ecclesia. Zur Erneuerung der Kirche müsse eine ganz andere Strategie eingeschlagen werden als die bisher in der lutherischen Kirche befolgte. Man müsse sich um die Förderung und Sammlung der Frommen bemühen, wenn man die Kirche bessern und erneuern wolle.[22]

Dieses Modell einer Kerngemeinde, welche die ganze Gemeinde belebt, sollte nicht die Separation fördern. Während die evangelischen Kirchen nach der Reformation und zur Zeit der Orthodoxie mit dem Mittel der Kirchenzucht die Korrektur der Fehlbaren betrieben und so den Zustand der Gemeinde einigermaßen «rein» zu halten versucht hatten, zielte Spener umgekehrt auf die Besserung der Guten. In dieser Reformmaßnahme bezog sich Spener nun ebenfalls auf einen Text Luthers, der zu den beliebtesten Luthertexten der Pietisten zählt. Es ist die Vorrede zur deutschen Messe von 1526: Neben der lateinischen und deutschen Messe gibt es für Luther eine dritte Art der Gottesdienstgestaltung: «Aber die dritte Art, die die richtige Art der evangelischen Ordnung haben sollte, dürfte nicht so öffentlich auf dem Platz geschehen unter allerlei Volk. Sondern diejenigen, die mit Ernst Christen sein wollen und das

---

21 Johannes Wallmann, Philipp Jakob Spener, in: Martin Greschat (Hg.), Orthodoxie und Pietismus, (Gestalten der Kirchengeschichte Bd. 7) Stuttgart 1982, S. 205–223 (hier S. 210).

22 Markus Matthias, Collegium pietatis et ecclesiola. Philipp Jakob Speners Reformationsprogramm zwischen Wirklichkeit und Anspruch, in: Pietismus und Neuzeit 19 (1993), S. 46–59, hier S. 67.

Evangelium mit Hand und Mund bekennen, müssten sich namentlich einschreiben und irgendwo in einem Haus allein sich versammeln zum Gebet, zum Lesen, zum Taufen, das Sakrament zu empfangen und andere christliche Werke auszuüben. […] / Kurz, wenn man die Leute und Personen hätte, die mit Ernst Christen zu sein begehrten, so wären die Ordnungen und Weisen bald gemacht. Aber ich kann und mag eine solche Gemeinde oder Versammlung noch nicht ordnen oder einrichten. Denn ich habe noch nicht Leute und Personen dazu. Ich sehe auch nicht viele, die sich danach drängen.»[23]

Möglicherweise ist dieser Text der Niederschlag einer Unterredung mit Kaspar von Schwenckfeld (1490–1561) im Jahre 1525, dem die moralische Verwirklichung der Reformation am Herzen lag, schon bevor er später zum radikalen Flügel der Reformation überging.[24] Die Beispiele dafür, wie Spener Luther aufnimmt, könnten noch vermehrt werden. Insgesamt aber ist Speners Hochschätzung der Reformation Luthers deutlich geworden, so dass er von der «theuren Reformation» sprechen kann.[25] Für Spener war klar,[26] dass auch in der lutherischen Kirche Missstände weiterhin bestanden. Der Auszug aus Babel war nicht ganz vollzogen worden. Nach ihm «muss die Reformation ... vollendet werden. Dies ist nicht ohne Kritik an den bestehenden Missständen möglich. Sie ist berechtigt, wenn sie aus Liebe geschieht, und bedeutet so keine Beschmutzung des eigenen Nestes, über welche die Katholiken sich freuen könnten, zumal diese genug vor der eigenen Tür zu kehren haben. Wer des Herrn ist, muss an die Reformaufgabe mit Hand anlegen.»

Während Speners Bezug zur Reformation pragmatisch-sachbezogen war, war es dann Anton Wilhelm Böhme (1673-1722), der im Gefolge Speners ein Geschichtsbild vom Verfall der Reformation und ihrer Erneuerung im Pietismus entwickelte.[27] Ein positiveres Verhältnis zur Reformation sollte dann im frühen 19. Jahrhundert die Erweckungsbewegung

---

23 Vorrede zu: Deutsche Messe und Ordnung Gottesdienst 1526, in: Marin Luther, Ausgewählte Schriften, hg. von K. Bornkamm und Gerhard Ebeling, Bd. 5: Kirche, Gottesdienst, Schule, S. 77f.

24 Martin Brecht, Das Aufkommen der neuen Frömmigkeitsbewegung in Deutschland, in: Geschichte des Pietismus, Bd. 1.

25 Spener, Pia Desideria, Berlin 1964, S. 58.

26 Hier und im Folgenden Martin Brecht, Philipp Jakob Spener, sein Programm und dessen Auswirkungen, in: Geschichte des Pietismus, Bd. 1.

27 Martin Brecht, August Hermann Francke und der Hallische Pietismus, in: Geschichte des Pietismus, Bd. 1, S. 439–539 (hier S. 527).

gewinnen, die eine «Rückkehr zu den reformatorischen Grundanliegen» anstrebte.[28] Nach den Erfahrungen mit der Theologie und Kirche zur Zeit der Aufklärung erschien die Reformation als eine normative und in gewisser Weise nicht mehr überbietbare Epoche.

Fazit

Pietismus als zweite Reformation? Die Beantwortung dieser Frage fällt je nach theologischer Verortung unterschiedlich aus. In Ansätzen dürfte deutlich geworden sein, dass der Pietismus verschiedene Kernanliegen der Reformation aufnimmt; beispielsweise das Verständnis des Glaubens als eines persönlichen Vertrauensverhältnisses zu Gott, dass Glauben und eine entsprechende Lebenspraxis zusammengehören, das Konzept des Priestertums aller Gläubigen, die Wichtigkeit der Gemeinde oder der Bibelbezug. Wenn im Übrigen von der Bedeutung der Reformation für die Moderne gesprochen wird, dann spielte der Pietismus darin wohl eine wichtige Rolle, auch wenn er oft in Gegensatz zur Aufklärung trat. Die Wirkung des Pietismus auf den Einzelnen (Erfahrung, religiöses Selbst, Autobiographie, Tagebücher) bewirkte einen Individualisierungsschub, der auch Säkularisierung und Emanzipation befördern konnte, wenn eine pietistische Denk- und Lebenshaltung ihren Bezug zum Glauben und zur Bibel verlor. Für eine reformatorisch ausgerichtete Theologie problematisch wird das Verhältnis des Pietismus zur Reformation, wenn deren grundlegendes Verständnis vom Wort Gottes als *verbum efficax*, das als gnadenhaftes Wort Vergebung, Gerechtigkeit des Glaubens und Heiligung bewirkt, in Frage gestellt wird durch eine zu starke Unterscheidung von Wort bzw. Buchstabe und Geist. Das geschieht dann, wenn die Wirkkraft des Wortes gleichsam durch eine Wiedergeburtserfahrung oder ein beschreibbares Bekehrungserlebnis validiert werden muss. Die zu Recht im Anschluss an die Reformation betonte Dimension der Erfahrung kann dann leicht in einen Gegensatz zum Kernanliegen der Reformation geraten.

---

28 Gustav Adolf Benrath, Die Erweckung innerhalb der deutschen Landeskirchen, in: Geschichte des Pietismus, Bd. 3: Der Pietismus im neunzehnten und zwanzigsten Jh., hg. von Ulrich Gäbler, S. 150–271 (hier S. 155).

Sozialgeschichtlich

Anne-Marie Heitz-Muller, Straßburg

Auswirkungen der Reformation auf das Leben der Frauen in Straßburg im 16. Jahrhundert

Nach einstimmigem Urteil der Historiker führte die Reformation zu einem tiefgreifenden Wandel im Leben der Frauen des 16. Jahrhunderts, doch bei dessen Interpretation gehen die Meinungen wieder auseinander: Zeugen diese Veränderungen von einer Verbesserung der Stellung der Frau oder sind sie im Gegenteil Zeichen einer Verstärkung des patriarchalen Systems? Wir wollen versuchen, diese Alternative zu überwinden und richten zu diesem Zweck unsere Untersuchung auf eine der bedeutendsten deutschen Städte im 16. Jahrhundert, unter Berücksichtigung der demographischen wie der kulturellen und religiösen Aspekte: die freie Reichsstadt Straßburg. Eine Analyse unterschiedlicher Quellen – theologische Traktate, Bibelkommentare, Katechismen, Predigten, Korrespondenzen, Quellen juristischer oder medizinischer Art – erlaubte uns, den Diskurs der Straßburger Reformatoren über die Frauen, deren Reaktionen und die konkreten Auswirkungen der neuen religiösen Bewegung auf ihren Alltag zur Geltung zu bringen.

Es ist zum Beispiel allgemein anerkannt, dass die Straßburger Reformatoren hervorragende Bibelinterpreten und Sprachforscher waren. Diese dem Alltagsleben der Frauen anscheinend recht fern stehende Tatsache hatte jedoch direkte Auswirkungen auf ihr Leben. Bucer und seine Kollegen träumten davon, aus Straßburg eine heilige Stadt zu machen, deren Einwohner alle in der Lage waren, die Bibel täglich im Schoss ihres eigenen Familienhaushaltes zu lesen. Zu diesem Zweck schlugen sie die Veranstaltung von Erwachsenenkursen vor, und zwar für

Männer und Frauen.[1] Martin Bucer ermutigte sogar eine gelehrte Frau, Margarete Blaurer, zur ernsthaften Vertiefung ihrer Studien und zum Erlernen der griechischen Sprache, um das Neue Testament in seiner Ursprache lesen zu können.[2]

Die Reformatoren wollten aus Straßburg eine heilige Stadt machen, aber auch – und dies ist zweifellos verbunden mit der starken Prägung dieser Region durch den humanistischen Geist – eine Stadt der Gelehrsamkeit. Zur Erreichung dieses Ziels reichten Erwachsenenkurse nicht aus. Man musste sich der Ausbildung der Kinder annehmen. Wir denken dabei zunächst an die Gründung des Gymnasiums Jakob Sturm, dessen Unterrichtsqualität Knaben aus ganz Europa anzog. Doch – nach dem Beispiel Luthers – vergaßen die Straßburger Reformatoren keineswegs die Mädchen.[3]

Seit dem Jahr 1524 erließen sie einen entschiedenen Appell zur Einrichtung von Mädchenschulen für die Straßburgerinnen aller sozialen Schichten.[4] Sie erneuerten diesen Aufruf mehrmals und fügten Lösungen zur Erleichterung der Teilnahme der Mädchen am Schulunterricht hinzu. So dachten sie beispielsweise an eine Aufteilung der Stadt in mehrere Bezirke, von denen jeder mit einer Mädchenschule ausgestattet sein sollte, damit die Kinder keinen allzu langen Schulweg zur Teilnahme am Unterricht zurückzulegen hätten. Und zur Erleichterung und Förderung der Einschulung der Mädchen schlugen sie außerdem vor, dass die Mädchen bis zum Alter von acht Jahren gemeinsam mit ihren großen Brüdern die Knabenschule besuchen können.[5]

---

1 Eine Anzahl von Texten, wie die Apologie von Katharina Zell, belegen, dass diese an den Vorlesungen Bucers teilgenommen hat.

2 Briefwechsel der Brüder Ambrosius und Thomas Blaurer, 1509–1548, Bd. 2, hg. von Traugott Schiess, Freiburg i. Br. 1910, besonders der Brief vom 27. Juli 1534, S. 808.

3 Vgl. besonders zwei diesbezügliche Texte Martin Luthers: An die Ratsherren aller Städte deutschen Landes, dass sie christliche Schulen aufrichten und halten sollen WA, S. 15, 27–53, sowie Eine Predigt, dass man Kinder zur Schulen halten solle WA, 30/2, S. 517–588.

4 Martin Butzers Deutsche Schriften, Bd. 2, S. 397.

5 Für die Untersuchung der Mädchenschulen in Straßburg stützen wir uns, außer auf Quelleneinsicht, auf drei grundlegende Werke: Charles Engel, Les commencements de l'instruction primaire à Strasbourg au Moyen Âge et dans la première moitié du seizième siècle, Strasbourg, 1889; Joseph Knepper, Das Schul- und Unterrichtswesen im Elsass von den Anfängen bis gegen das Jahr 1530, Strasbourg, 1905; Ernst-Wilhelm Kohls, Die Schule bei Martin Bucer in ihrem Verhältnis zu Kirche und Obrigkeit, Heidelberg, 1963.

Auch wenn die Gewichtung der Schulausbildung für Mädchen im Vergleich zu jener der Knaben schwach blieb, erwarb sich das Schulwesen für Mädchen seinen nicht mehr wegzudenkenden Platz im Leben der Stadt Straßburg. 1535 gab es zwei Kommunalschulen, die 126 Mädchen aufnahmen, im Vergleich zu 304 Knaben, welche die Primarschulen besuchten – 220 Knaben besuchten die Lateinschulen. Die für Mädchen bestimmten Schuleinrichtungen entwickelten sich in der ersten Hälfte des 16. Jahrhunderts weiter, man dachte ab 1545 sogar daran, die Schulerziehung der Mädchen auf das Waisenhaus der Stadt auszudehnen. Unter dem Einfluss der Reformatoren, die die Bedeutung des Schulunterrichts für die Kinder aus allen Gesellschaftsschichten erkannt und hervorgehoben hatten, übernahm die Stadtregierung selbst die Entlöhnung der Lehrerschaft. Zuvor lebten die Lehrer von den freiwilligen Beiträgen der Eltern der Schulkinder. Und schließlich wurde von 1541 an eine Frau mit der Leitung einer der Stadtschulen beauftragt. Dieser Entscheid war von außerordentlicher Bedeutung; nehmen wir zum Vergleich das Beispiel der Stadt Stuttgart, die in diesem Bereich den Ruf einer Pionierin innehatte: Stuttgart errichtete eine Mädchenschule, deren Lehrerschaft – und das waren Frauen – erst ab 1563, also zwanzig Jahre später als in Straßburg, von der Stadtverwaltung entschädigt wurden.

Oberstes Ziel der Reformatoren war nicht die Einschulung der Mädchen als solche, sondern die Ausbildung zukünftiger guter Hausfrauen und christlicher Mütter. Doch im Ergebnis veränderten die Ideen der Reformatoren das Leben zahlreicher Mädchen, insbesondere jener, die bescheidener Herkunft waren. Ohne die reformatorischen Initiativen hätten diese nie Zugang zum Lesen und Schreiben gehabt. Dasselbe gilt für zahlreiche andere Bereiche des gesellschaftlichen Lebens: Auch wenn wir die Aussagen und Stellungnahmen der Reformatoren nicht im Sinne des Feminismus unserer Zeit interpretieren dürfen, hatten sie doch positive Auswirkungen auf das Leben der Frauen. Diese fühlten sich beispielsweise in ihrer Rolle als Mütter und Erzieherinnen anerkannt und aufgewertet. Dasselbe gilt für die Arbeit jener, die in den Sozialberufen und im Gesundheitswesen tätig waren.

Im 16. Jahrhundert erhielt Frauenarbeit – die im Mittelalter als solche durchaus anerkannt war – allmählich in den Augen der Gesellschaft einen schlechten Ruf. Die humanistischen Ideen, die die alten, misogynen Texte des Altertums wie die des Aristoteles wieder in Mode gebracht hatten, trugen zu einer verschärften Trennung zwischen der männlichen und weiblichen Sphäre bei. Den Frauen oblag demnach die Sorge um die

Privatsphäre. Dieser Faktor wurde durch das Aufkommen des Kapitalismus und die schwierige Wirtschaftslage der damaligen Zeit noch verstärkt, denn damals gewann der Eindruck an Bedeutung, Frauen und fremde Zuwanderer nähmen den einheimischen Männern der Stadt die Arbeit weg.[6] Und je mehr man befürchten musste, dass es an Arbeitsstellen fehlen könnte, desto mehr wurde die Frauenarbeit abgewertet.

Im 16. Jahrhundert gab es kein Recht auf Frauenarbeit. Für unverheiratet gebliebene Frauen, Witwen bzw. Frauen, deren Ehemann kein für den Haushalt ausreichendes Einkommen erwirtschaftete, war Arbeit jedoch eine Notwendigkeit. Es entwickelten sich kleine Nebenbeschäftigungen. Frauen stellten z. B. kleinere Artikel her. All dies während sie sich um ihren Haushalt kümmerten. Diese Artikel verkauften sie anschließend auf den Märkten. Andere kultivierten ein kleines Stück Land und trafen mit benachbarten Bauern Vereinbarungen zum Verkauf ihrer Produkte, in unverarbeitetem oder verarbeitetem Zustand. Sie machten Sauerkraut und Essig, brauten Bier und stellten Käse her.

Einige unter ihnen, darunter Familienmütter, befanden sich in einer so aussichtslosen Lage, dass sie sich zur Prostitution gezwungen sahen. Dies wurde durch die Tatsache, dass Straßburg eine Stadt mit vielen Durchreisenden war, vor allem zur Zeit der in ganz Europa bekannten Messen, gefördert.

In diesem Umfeld des zunehmenden Ausschlusses der Frauen von den sichersten und am besten bezahlten – durch Zünfte anerkannten – Berufen, aber auch durch die Professionalisierung und Maskulinisierung der Gewerbe,[7] kam den Reformatoren eine wichtige Aufgabe zu. Es stimmt, sie trugen zur Aufrechterhaltung niedriger Löhne bei, da sie von der Überzeugung ausgingen, die Frau finde ihre Erfüllung in der Ehe und in diesem Fall war ihre Aufgabe nur, den Lohn ihres Mannes zu ergänzen. Doch indem die Reformatoren die als spezifisch weiblich geltenden

---

6 Siehe Merry E. Wiesner, Working Women in Renaissance Germany, New Brunswick, 1986. Speziell zu Straßburg siehe Jean Rott, «Artisanat et mouvements sociaux à Strasbourg autour de 1525», in: Investigationes Historicae. Églises et Société au XVIe siècle. Articles rassemblés et réédités par Marijn de Kroon et Marc Lienhard, Strasbourg, 1986.

7 Merry E. Wiesner, Women and Gender in Early Modern Europe, Cambridge, [2]2000, S. 105f., erwähnt die Strickwarenherstellung als Beispiel. Die Einführung der Strickmaschine zu Beginn der Moderne hatte zur Folge, dass die Männer diese bisher von Frauen ausgeübte Tätigkeit an sich rissen. Fortan wurde die Arbeit der Strickerinnen herabgesetzt, als qualitätsmäßig minderwertig betrachtet und zu geringeren Preisen veräußert.

Tätigkeitsbereiche aufwerteten und ihnen eine theologische Begründung verliehen, trugen sie zugleich zur Aufwertung der Berufe im Sozial- und Gesundheitswesen bei, in denen bereits eine Mehrzahl von Frauen arbeiteten.

Unter den arbeitenden Frauen waren in der Tat viele in Spitälern, Armenhäusern, Waisenhäusern und Leprakolonien tätig. Hier erfüllten sie dieselben Aufgaben wie in ihrem eigenen Familienhaushalt, war es doch ihre Pflicht zu kochen, Einkäufe zu planen, Kranke, Kinder und Betagte zu pflegen. Sie putzten, wuschen das Geschirr und die Wäsche oder machten Näharbeiten. Zu den Frauen, die diese Aktivitäten ausübten, zählten insbesondere Witwen, deren Erfahrung und zeitliche Verfügbarkeit man hoch schätzte, sofern sie keine Kinder hatten oder diese bereits erwachsen waren. Diese Art von Beschäftigung wurde auch von gewissen verheirateten Frauen ausgeübt, deren Ehemann krank war oder kein ausreichendes Einkommen hatte, um den Lebensunterhalt der Familie zu decken. Und schließlich konnten die Tätigkeiten im Gesundheitsbereich auch von Mädchen ausgeübt werden. Auf diese Weise stellten sie sich in den Dienst ihres Nächsten, was ja den Kern des evangelischen Glaubens ausmacht. Sie bereiteten sich gewissermaßen auf das Familienleben und die Aufgaben der Haushaltsführung vor, welche bald ihre sein werden. Außerdem konnten sie sich so auch das notwendige Geld zur Anschaffung einer Mitgift zur Seite legen: Wir dürfen nicht vergessen, dass der hauptsächliche Zweck der Frauenarbeit bis zu Beginn der Neuzeit darin bestand, sich auf die sehnlichst erwartete Zukunft vorzubereiten, die die Ehe und Familie darstellte.[8]

Doch bis dahin genossen Frauen, die dieser Art von Tätigkeit nachgingen, nur ein geringes Maß an gesellschaftlicher Anerkennung. Die Straßburger Reformatoren verliehen der Arbeit dieser Frauen eine neue Dimension, indem sie versicherten, Frauen, die in Spitälern, Leprakolonien oder in der Waisenfürsorge tätig waren, gingen nicht einfach einer lukrativen Beschäftigung nach, sondern stellten sich in den Dienst ihres Nächsten und so in den Dienst Gottes selbst. In diesem Sinn präzisiert eine von der Überzeugung der Reformatoren geprägte Anordnung der Stadt aus dem Jahr 1547 die Pflichten der Diensttuenden im Spital und schließt mit den Worten: «nichts ausgenommen domit den

---

8 Olwen Hufton, Frauenleben. Eine europäische Geschichte 1500–1800, Frankfurt, 1998.

siechen mag gedient werden, und allwegen denken, was wir den notturftigen thun, dasselb Christo selbs thun».[9]

Wenn der Diskurs der Straßburger Reformatoren die Frauenanliegen in der Tat gefördert hat, muss man zugleich darauf hinweisen, mit welchem Geschick die Frauen sich auf den Diskurs der Männer zu berufen verstanden, um neue Formen der Anerkennung zu erobern und sich neue Rollen zu schaffen. Wir denken etwa an jene Frauen, die den Mut aufbrachten, die ersten Straßburger Reformatoren zu heiraten, und das Gewicht, das sie diesem Schritt und der damit von ihnen geschaffenen Funktion zu verleihen verstanden. Im 16. Jahrhundert bedurfte es einer gehörigen Dosis an Willenskraft, um einen Kleriker zu ehelichen. Der Beginn jenes Jahrhunderts war durch ein Aufwallen von Hass auf den Klerus gekennzeichnet. Die Laien, die eine reinere Kirche anstrebten, ertrugen es nicht mehr, das ausschweifende Leben der Kleriker mit ansehen zu müssen. Die Konkubinen der Priester waren zu bevorzugten Zielscheiben spöttischer Pamphlete und Kritiken geworden.[10] Trotz dieses schwierigen Kontextes fanden alle Straßburger Reformatoren der ersten Generation eine Ehefrau.

Was Martin Bucer betrifft, war dieser bereits verheiratet, als er in der elsässischen Stadt ankam. Er hatte sich mit Elisabeth Silbereisen vermählt.[11] Diese wurde im Alter von 16 Jahren zur Waise. Ihre nächsten Verwandten hatten sie darauf zum Eintritt in ein Kloster genötigt. Schockiert von Skandalen des Lebensstils der Ordensleute und überzeugt, dass die Ehe dem göttlichen Willen entspreche, war sie die erste, die diesen Schritt vollzog: Im Sommer 1522 heiratete sie Martin Bucer, einen aus dem Orden ausgetretenen Mönch. Mitte Mai 1523 zog das Ehepaar nach Straßburg. In der elsässischen Stadt kam es zu einer Reihe von Eheschließungen von Geistlichen. Die Motive waren je nach Ehepaar verschieden.

Es gab Pfarrerehen, die, so scheint es, ausschließlich durch gegenseitige Liebe motiviert waren. Margareta Treuss ehelichte den Prediger Caspar Hedio am 23. April 1524, mit Zustimmung ihrer Mutter, doch

—

9 Otto Winckelmann, Das Fürsorgewesen der Stadt Straßburg vor und nach der Reformation bis zum Ausgang des sechzehnten Jahrhunderts, Leipzig, 1922, S. 46.

10 Hans-Jürgen Goertz, Pfaffenhass und gross Geschrei. Die reformatorischen Bewegungen in Deutschland 1517–1529, München, 1987.

11 Siehe Doris Ebert, Bürgertochter – Klosterfrau – Ehefrau des Reformators Martin Bucer, Elisabeth Silbereisen: Familie und Lebensstationen, Kraichgau 2000.

gegen den Willen ihres Bruders. Dieser war entschieden gegen diese Heirat. Er beteuerte: Sollte seine Schwester einen Priester heiraten, würde man sie für eine Sünderin halten, und aufgrund ihrer illegitimen Ehe können ihre zukünftigen Kinder nicht anerkannt werden. In diesem Sinn richtete er mehrere Eingaben an den Stadtrat.[12] Er schlug seiner Schwester sogar andere Partien vor, doch Margareta ging darauf nicht ein. In seiner Enttäuschung stellte ihr Bruder bezüglich Hedios fest, «dieser allein habe ihr gefallen».[13]

Eine Anzahl von Eheschließungen diente der Legitimierung bereits existierender Lebensgemeinschaften. So ehelichte Anton Firn, von der Kirchgemeinde Sankt Thomas, im November 1523 die Frau, mit der er bereits seit mehreren Jahren im Konkubinat lebte.[14] Nicht weniger als fünf Geistliche folgten seinem Beispiel im Verlauf des Monats Januar 1524.

Andere Eheschließungen, die durchaus auf gegenseitiger Zuneigung beruhten, waren anfangs jedoch durch theologische Überzeugungen motiviert. Dies war zum Beispiel der Fall von Katharina Schütz, der berühmten Gattin des Predigers Zell.[15] Katharina stammte aus einer wohlhabenden und respektierten Familie. Sie hatte eine umfassende Bildung erhalten – was für ein Mädchen der damaligen Zeit eher eine Ausnahme war. Sie hatte die Wahl getroffen, ein heiliges Leben zu führen, und beschloss deshalb, unverheiratet zu bleiben. Als sie jedoch die Botschaft Luthers hörte, wurde sie eine begeisterte Anhängerin der evangelischen Bewegung. Sie beschloss, ihr Engagement für die Reformation dadurch zu besiegeln, dass sie einen Prediger heiratete: «das ich die pfaffen Ee hab helffen uffrichten»[16]; und weiter: «damit ich meint allen Christen ein hertz und weg zu machen/ als ich auch hoff ist gescheen».[17] Matthäus Zell selbst sei diese Union aus Überzeugung und nicht aus Begehren eingegangen.

---

12 Diese Dokumente wurden von Katherine G. und Thomas A. JR. Brady unter folgendem Titel herausgegeben: Documents on communalism and the control of women at Strasbourg in the age of the Reformation, in: Peter A. Dykema und Heiko A. Oberman (Hg.), Anticlericalism in late medieval and early modern Europe, Köln 1993, S. 213–228.

13 Augustin Drenss, in Brady (Hg.), Documents on communalism, S. 228.

14 Siehe zu dieser Eheschließung Supplication des pfarrhers/ unnd der pfarrkinder zu sant Thoman/ eim ersamen Rath zu Straßburg am rij December überantwurt, Strasbourg, 1523, Bibliothèque Nationale et Universitaire de Strasbourg (BNUS) M.12.618, fol. Aiij.

15 Katharina Schütz Zell wurden zahlreiche Studien gewidmet. Siehe insbesondere Elsie Anne McKee, Katharina Schütz Zell, Leiden 1999.

16 Katherina Zell, Entschuldigung, 1524, in: Elsie McKee, Katharina Schütz Zell, S. 39.

17 A.a.O., S. 39–40.

Katharina Zell bestätigt ihrerseits: «Dann weder hübsche, reichtumb/ oder ander tugent mich also überschüttet hant/ das einen möcht bewegen.»[18]

Es war ebenfalls aufgrund theologischer Überzeugungen, dass die hübsche Wibrandis Rosenblatt nacheinander drei Reformatoren ehelichte.[19] Diese junge Frau von 22 Jahren, Witwe des Basler Humanisten Cellarius, wandte sich selbst brieflich an Oekolamopad, den Prediger der Kirchgemeinde Sankt Martin in Basel, als dieser sich auf die Suche nach einer Lebensgefährtin machte. Sie wurden im März 1528 getraut, nachdem Oekolampad sich selbst zu diesem Schritt entschlossen hatte. Diese Ehe erregte so manche Kritik, nicht in erster Linie wegen des Status des Oekolampad als Pfarrer, sondern wegen des Altersunterschieds des Ehepaars: Der Reformator war 45 Jahre alt, als er die zwanzig Jahre jüngere schöne Frau heiratete. Erasmus äußerte sich dazu ironisch mit folgenden Worten: «Vor einigen Tagen hat Oekolampad geheiratet, eine nicht unfeine junge Frau, wohl in der Absicht, in der Fastenzeit sein Fleisch zu geißeln.»[20] Bonifacius Amerbach zeigte sich noch strenger als Erasmus: «Der Mann ist fortgeschrittenen Alters und sein Kopf zittert; außerdem ist sein Leib derart mager und geschwächt, dass es nicht unangebracht ist, ihn als einen lebendigen Kadaver zu bezeichnen! Doch er hat eine rund zwanzig Jahre jüngere, auffallend schöne Frau geheiratet, (…) die voller Lebenslust ist.»[21] Es war eine überaus glückliche Ehe. Doch Oekolampad starb im November 1531. Auf Rat der Kollegen und Freunde des verstorbenen Ehemanns heiratete Wibrandis den Straßburger Prediger Capito, der selbst Witwer war, nachdem er seine Frau durch die Pest, die die Stadt heimgesucht hatte, verloren hatte. Die beiden heirateten im Sommer 1532.

---

18 A.a.O., S. 40.

19 Diese biografischen Ausführungen beruhen auf zwei Studien: Roland Herbert Baintons Darstellung der Wibrandis Rosenblatt, in: Frauen der Reformation, Von Katharina von Bora bis Anna Zwingli, 10 Porträts, aus dem Englischen ins Deutsche übersetzt von Marion Obitz, Gütersloh 1995, S. 84–102, und Miriam Chrisman Usher, «Women and the Reformation in Strasbourg», Archiv für Reformationsgeschichte, 63, 1972, S. 156–158.

20 Halten wir immerhin fest, dass auch Erasmus selbst, als entschiedener Gegner der Reformation, seine Kritik mit dem Altersunterschied der Eheleute begründete und nicht mit dem Pfarrerstatus des Oekolampad. Erasmi Epistolae VII, ed. P.S. Allen, n° 1977, 20. März 1528.

21 Amerbach nach dem 15. April 1528, hg. von Alfred Hartmann, Die Amerbachkorrespondenz 3 (1947), n° 1253, S. 315.

Neun Jahre danach wütete die Pest erneut. Sie raffte Capito sowie Elisabeth, Martin Bucers Gattin, dahin. Gemäß dem letzten Willen Elisabeth Bucers auf ihrem Sterbebett heiratete ihr Ehemann Wibrandis.[22] Der Haushalt umfasste jetzt sechs Kinder. Nur eines stammte von Bucer und war körperlich und geistig behindert. Zudem lebte auch noch die kranke Mutter von Wibrandis in diesem Haushalt. Wibrandis leitete diesen neuen Familienhaushalt, schenkte Bucer zwei Kinder und adoptierte eine Waisennichte. Nach der Dekretierung des Interims, in dessen Folge Martin nach England flüchten musste, akzeptierte sie, ihm dorthin zu folgen; nach seinem Tod brachte sie die ganze Familie zurück auf den Kontinent. Sie starb 1564 an der Pest, die bereits so viele ihrer Familienmitglieder dahingerafft hatte.

Die Rolle dieser Ehefrauen der Reformatoren war in erster Linie – wie die aller Frauen jener Zeit – die einer Hausherrin und Familienmutter. Indem die Reformatoren diese Rolle in den Rang eines regelrechten «Standes» erhoben, werteten sie die Rolle aller Ehefrauen, Mütter und der von ihnen geleisteten Haushaltsarbeit im Verständnis der Männer auf.[23]

Doch diesen Frauen der Reformatoren kam noch eine größere Rolle zu. Ihnen wurde eine regelrechte Mission anvertraut: Man übertrug ihnen die Aufgabe, gewisse geistliche Werte zu demonstrieren und zu fördern, wie etwa die der Liebe und der Barmherzigkeit. Durch ihre Pflege der Bedürftigen, ihre gastfreundliche Aufnahme der vielen Durchreisenden – Katharina Zell sagt z. B., «ich nym uff wer zu mir kumpt/ hab ymer das huss voll lut»[24] – durch diesen außerordentlich offenherzigen Lebensstil und die den anderen gewidmete Aufmerksamkeit haben diese Frauen Familienheimstätten erschaffen, die zu regelrechten Modellen für ihre Mitbürgerschaft wurden. Durch ihren Haushaltseifer, ihre moralischen und intellektuellen Qualitäten haben diese Frauen den Geist ihrer Epoche wesentlich mitgeprägt. Dank der außerordentlich freundlichen Aufnahme vieler ausländischer Gäste haben sie außerdem dazu beigetragen,

---

22 Siehe Martin Bucer, Briefwechsel der Brüder Blaurer II, S. 92f.

23 Heide Wunder-Kassel, Frauen mischen sich ein – Protestantische und Katholische Frauenbewegungen im 16. Jh., in: Frauen mischen sich ein. Katharina Luther, Katharina Melanchton, Katharina Zell, Hille Feicken und andere. Wittenberger Sonntagsvorlesungen, Wittenberg 1995, S. 105f.

24 Katharina Zell, Brief an Konrad Pellikan, 4. Januar 1549, in: Elsie Anne McKee, Katharina Schütz Zell, a.a.O., S. 109.

die evangelischen Werte auf regionaler und internationaler Ebene zu verbreiten.

Diese Frauen verwirklichten ihre Berufung im Wesentlichen im Rahmen ihres Familienhaushaltes, aber nicht ausschließlich. Katharina Zell war beispielsweise der Ansicht, dass ihr Status sie auch zur Teilnahme an Verpflichtungen außerhalb ihres Haushaltes drängte.[25] Sie spielte eine bedeutsame Rolle in der Wahrnehmung unterschiedlicher pastoraler Aktivitäten, was dazu führte, dass ihr Mann sie als «seine Assistentin» bezeichnete. «ich aber in Armer unnd Reicher Leüth heuser gagen/ mit aller Lieb/ trew und mitleiden/ Pestilentz und Todten getragen/ die angefochtenen und leidenden inn Thürmen/ Gefencknüss und Todt heimgesucht/ und getröst/ alzeit den spruch des weisen mans bedacht/ Es ist besser in ein klaghauss dann inn ein freüden hauss gehen [Eccl. 7,2]/ hab ich auch (Gott sey lob) vil darinnen geleret/ und rede vor Gott/ das ich mehr arbeit meins Leibs/ unnd Mauls gethan habe/ dann kein helffer oder Caplan der Kirchen/ gewacht und gelauffen/ Nacht und Tag/ und vil mal zeen drey Tag nichts gessen noch geschlaffen/ Deshalb mich auch mein frummer Mann (dem es so wolgefallen) nur seinen helffer genant hat.»[26]

Katharina Zell konnte es sich schließlich sogar erlauben, eine politische Rolle zu spielen, für jene Zeit etwas völlig Neuartiges: Sie ergriff zum Beispiel das Wort, um ihre Ehe zu verteidigen, oder zögerte nicht, sich öffentlich zu engagieren, indem sie vor dem Rat der Stadt den elenden Zustand der städtischen Spitäler anprangerte.

Die enge Verbindung zwischen der in der ersten Hälfte des 16. Jahrhunderts in Straßburg verbreiteten Atmosphäre der Toleranz und der außerordentlich offenen Einstellung Martin Bucers und seiner Mitarbeiter ermöglichte es den Straßburgerinnen, in allen Sphären ihres Lebens voranzukommen. Indem die Reformatoren die Texte, die bisher im Sinne einer Unterordnung der Frauen gedeutet worden waren, einer neuen Interpretation unterzogen, vermochten sie in ihrer Stadt echte Fortschritte durchzusetzen und Vorurteile ihres Zeitalters zu überwinden.

---

25 Ein solches Engagement war unserer Ansicht nach nur durch das Zusammenkommen mehrerer Faktoren möglich: die Charakterstärke dieser Frau und ihr Unabhängigkeitssinn, die Tatsache ihrer Kinderlosigkeit sowie die überaus offene Einstellung ihres Gatten.

26 Katharina Zell, Brief an Ludwig Rabus, 30. Dezember 1557, in: Elsie Anne McKee, Katharina Schütz Zell,a.a.O. S. 231f..

Marianne Carbonnier-Burkard, Paris

Die Reformationsjubiläen: Protestantische Konstruktionen (17.–20. Jahrhundert)

In der Publikationsreihe der «Cérémonies et coutumes religieuses de tous les peuples du monde» (Amsterdam, 1723–1737) räumt der den Protestanten gewidmete Band auch den von Lutheranern gefeierten «Jubiläen der Reformation» eine Rubrik ein. Als Verfasser und Herausgeber dieser Reihe beschreibt Jean-Frédéric Bernard, Sohn eines Hugenottenpastors, der sein Land als Flüchtling verlassen musste, diese in lutherischen Staaten im Hundertjahresrhythmus veranstalteten Feiern. Deren Ursprung geht auf die am 31. Oktober 1617 erstmalig begangene Feier zurück, die damals «zum Gedenken an die vor 200 Jahren von Luther eingeleitete Reformation»[1] veranstaltet wurde[2]. Ganz von seinen Beobachtungen eingenommen, denkt der Verfasser nicht daran, den einzigartigen Charakter dieser von lutherisch-politischen Interessen getragenen Gedenkfeiern hervorzuheben, die ja *a priori* nichts mit der Tradition der von der Kirche seit der Mitte des Mittelalters ausgerufenen Jubiläumsjahren (heiligen Jahren) oder mit den Jubiläen (Erlassjahr/Sabbatjahr) alttestamentlicher Zeit zu tun haben. Der Verfasser erwähnt diese (lutherischen) Feiern, verweilt jedoch nicht länger bei diesen seltenen, zudem geografisch auf die Territorien lutherischer Konfession beschränkten Bräuchen. Einen Aufschwung erleben die Reformationsjubiläen dann in der zweiten Hälfte des 19. Jahrhunderts, eine Folge des wachsenden Nationalbewusstseins in protestantischen Ländern, so auch unter Reformierten.

Das Erwachen einer wahren Leidenschaft, mit der man solcher Anlässe gegen Ende des 20. Jahrhunderts gedachte, hat in den letzten zwanzig Jahren das Interesse der Historiker für die verschiedenartigen Formen der Konstruktion unseres kollektiven Gedächtnisses geweckt. Mehrere kürzlich veröffentlichte Untersuchungen befassen sich speziell mit den lutherischen Gedenkfeiern quer durch die Jahrhunderte und

---

1 Im französichen Original: «En mémoire de la Réforme commencée deux cents ans auparavant par Luther».

2 Cérémonies, III, 1733, S. 353f.

davon ausgehend mit den institutionalisierten Formen der Jubiläumspraxis. Dank dieser Forschungsarbeit wurden die konfessionellen und politischen Eigentümlichkeiten derartiger Gedenkfeiern klarer erkennbar.[3] Auf diesem Hintergrund will ich jene Fragen jetzt weiterführen, wobei ich auch reformierte Gedenkfeiern, insbesondere wie sie in Genf und Frankreich üblich wurden, miteinbeziehe, die ein Gegenstück zu den besser bekannten lutherischen Jubiläen darstellen.

Wir unterscheiden dabei zwei Epochen: das 17. und 18. Jahrhundert, beginnend mit der traditionsstiftenden Gedenkfeier des Jahres 1617; daran anschließend das 19. Jahrhundert, das goldene Zeitalter solcher Jubiläen. Letzteres findet seine Verlängerung am Anfang des 20. Jahrhunderts, einerseits im lutherischen Deutschland, andererseits im schweizerischen und französischen Kulturraum reformierter Prägung.

1. 17./18. Jahrhundert: Das Gründungsjubiläum von 1617 und dessen lutherische Konfessionalisierung

Das erste Jubiläum von 1617[4]

Man weiß, dass Jahrestage zum Gedenken an die Reformation Martin Luthers in Städten und Ländern des Reiches relativ früh eingeführt wurden. Deren Datum wurde entweder in Zusammenhang mit der offiziellen Einführung der vor Ort geltenden neuen Kirchenordnung oder aber – nach Luthers Tod – in Verbindung mit dessen Geburts- bzw. Todestag festgelegt. Die Idee aber, das Ereignis des Thesenanschlags gegen das Ablasswesen im Herbst 1517 als Termin für den Gedenktag der Auslösung der Reformation zu wählen, darin also das Gründungsereignis des Jahres 1 der Reformation zu sehen, diese Idee entstand erst 1617. Sie wurde von der theologischen Fakultät der Universität Wittenberg lanciert: Mehrere junge Professoren wandten sich an das Oberkonsistorium von Dresden,

---

3 Winfried Müller, Wolfgang Flügel, Iris Loosen, Das historische Jubiläum: Genese, Ordnungsleistung und Inszenierungsgeschichte eines institutionellen Mechanismus. Münster 2004; Wolfgang Flügel, Konfession und Jubiläum: zur Institutionalisierung der lutherischen Gedenkkultur in Sachsen 1617–1830, Leipzig 2005; Matthias Pohlig, Zwischen Gelehrsamkeit und konfessioneller Identitätsstiftung, Tübingen 2007; Hartmut Lehmann, Luthergedächtnis 1817 bis 2017, Göttingen 2012.

4 Hans-Jürgen Schönstedt, «Das Reformationsjubiläum 1617 – Geschichtliche Herkunft und geistliche Prägung», in: Zeitschrift für Kirchengeschichte 93 (1982), S. 5–57; vgl. Wolfgang Flügel, Konfession und Jubiläum, S. 54.

das Johann Georg I., Kurfürst von Sachsen, um die Genehmigung eines «primus Jubilaeus Lutheranus» als einer «in Dankbarkeit und Würde zu begehenden Gedenkfeier» am Freitag 31. Oktober 1617 für dessen gesamtes Hoheitsgebiet bitten sollte. Es gab bereits einige Präzedenzfälle von Gedenkjubiläen in der protestantischen akademischen Welt. So feierte etwa die Universität Wittenberg ihr hundertjähriges Jubiläum, «ein recht Evangelisch Jubelfest», im Jahr 1602 mit einer Prozession ihrer Dozenten und Pastoren, akademischen Reden und Predigten.[5] Diese begründeten ihren Autonomieanspruch gegenüber dem Papsttum mit der Tradition der Jahrhundertspiele des Altertums, mit dem «Carmen Seculare» des Horaz.[6] Indem sie diese Form von Gedenkfeiern «Jubiläen» nannten, gaben sie den traditionellen Jubiläen der Kirche, wie sie seit dem Jahr 1300 (und allen späteren Jahrhundertfeiern) vom Papst anlässlich runder bestimmter Jahrestage ausgerufen und mit der Gewährung von Ablässen verbunden wurden, eine neue Bedeutung.[7]

Die Innovation der Professoren von Wittenberg in 1617 besteht im Gedenken an ein Ereignis im Leben Luthers an einem bestimmten, gewählten Datum: 1517, 31. Oktober. Der Anschlag der 95 Thesen gegen den Ablasshandel, der im Mittelpunkt der römischen Jubiläen stand, wird als programmatischer Eröffnungsakt der Reformation dargestellt. Deswegen ist das Projekt eines «Lutherjubiläums» der Professoren in Wittenberg von 1617, begrenzt auf das albertinische Sachsen, als Gegenjubiläum zu verstehen, polemisch und ironisch zugleich.

Zwei Wochen später folgte eine andere Initiative eines «evangelischen» Jubiläums (ohne Unterscheidung zwischen Lutheranern und Reformierten) des reformierten Kurfürsten der Pfalz, Friedrich V., Führer

---

5 Andrea Lehmann, Die Säkularfeiern der Alma Mater Viadrina ((1606–1906), Diplomarbeit, Europa Universität Viadrina, 2005, S. 12.

6 Matthias Pohlig, Zwischen Gelehrsamkeit, S. 118.

7 Anlässlich dieses «Jahrhundert»-Datums, das im Volk von einer eschatologischen Erwartung gegenüber dem neuen Jerusalem, zu dem Rom wurde, begleitet war, rief Bonifatius VIII. 1300 ein «Heiliges Jahr» ins Leben, das den Pilgern in Rom den vollen Ablass im Rahmen des Sakraments der Reue gewährte. Daher das Wort «Jubiläum», in Anspielung auf das «yôbel» von Lev 25, durch Hieronymus als «jubilaeus» übersetzt und als «remissionis annus» definiert. Die päpstliche Bulle sah das Jubiläum alle hundert Jahre vor. 1343 nahm Clemens VI. das Jubeljahr der Juden zum Anlass, um den Abstand der Jubiläen zu kürzen, die von dann an alle fünfzig Jahre vorgesehen waren. Paul II. legte einen 25-Jahres-Rhythmus fest, was von Sixtus IV. bestätigt wurde, also: 1475, 1500, 1525, 1550, 1575, 1600, 1625.

der evangelischen Reichsstände, und dessen Ratgeber. Dabei verfolgte man ein doppeltes Ziel: Einerseits ging es um die Stärkung des Bündnisses der evangelischen Reichsstände gegen die Heilige Liga auf katholischer Seite – in der Perspektive eines zunehmenden Risikos militärischer Konflikte –, andererseits um die volle Anerkennung der Reformierten, indem sie den Kirchen des Augsburger Bekenntnisses gleichgestellt wurden und somit unter den Schutz des Augsburger Religionsfriedens von 1555 gerieten. Am 23. April 1617 beschloss also eine Versammlung von Delegierten der protestantischen Stände in Heilbronn, den Donnerstag, 2. November 1617 zu einem Gedenktag zu erklären, zum Gedächtnis an den Segen, den die Reformation gebracht hat, und zur Fürbitte um Erhalt des evangelischen Bekenntnisses.

Die Initiative des pfälzischen Prinzen soll den Kurfürsten von Sachsen irritiert haben, der auf die lutherische Konkordie bestand und sich weigerte, der Union beizutreten. So nahm er das Jubiläum selbst in die Hand. Am 12. August 1617 befahl er, dass das Jubiläum in Sachsen wie ein hochkirchliches Fest gefeiert werden solle, nach dem Modell eines *Triduums*: 31. Oktober, 1. und 2. November. Für die verschiedenen gottesdienstlichen Anlässe dieser Feiertage wurden bestimmte Predigtperikopen, Predigtmodelle und Lieder vorbereitet.

Das großartige sächsische Programm wurde von fast allen lutherischen Gebieten übernommen, sogar in einigen der Union (so in den Städten Straßburg, Nürnberg und Ulm) und außerhalb des Reiches (in Dänemark und Schweden). In den Städten mobilisierten die offiziellen Zeremonien alle politischen, kirchlichen und akademischen Behörden.[8]

Die Vielzahl von Reden und Predigten, denen entsprechende Veröffentlichungen folgten, hatten die wichtigsten *Loci* der evangelischen Lehre zum Thema, jeweils mit der entsprechenden antirömischen polemischen Spitze. Luther wurde als der Held dargestellt, der den eschatologischen Kampf gegen den Papst von Rom geführt hatte, den man mit dem Antichristen identifizierte.

Ein eher begrenztes Thema war die Rechtfertigung des Reformationsjubiläums; es betrifft zunächst die Aneignung des Wortes «Jubiläum» außerhalb eines seit drei Jahrhunderten üblichen Sprachgebrauchs.

---

8 Die Wahl des Datums von 1517, also des Anschlags der 95 Thesen durch Luther, als Ereignis, durch das die Reformation ausgelöst wurde, fand bereits seit 1555 die Unterstützung des Historikers Johann Sleidan, dessen Ansicht von der reformierten Geschichtsschreibung übernommen wurde (in Genf durch Jean Crespin und Théodore de Bèze).

Ein Jubiläum ohne jeden Schuldenerlass war für die katholischen Gegner bestenfalls ein «Pseudo-Jubiläum», ein Unding im Vergleich zu den Jubiläen der katholischen Kirche mit deren Ablasserteilung (von Sündenstrafen). Die protestantischen Prediger setzten sich jedoch rücksichtslos über dieses Argument hinweg: Nach ihrer Überzeugung war das Jubeljahr von Lev 25 eine Stiftung zum Gedenken an die Befreiung des Volkes von seiner Knechtschaft (Luther als neuer Moses). Indem sie den Akzent auf seinen Charakter als Gedenkanlass legten, präsentierten sie das Jubiläum als eine (willkommene) Gelegenheit zur Belebung der Gemeindefrömmigkeit.[9]

Das protestantische Jubiläum wollte zur Erweckung des Volkes, insbesondere der Jugend, beitragen. Jean-Frédéric Bernard schrieb dazu folgenden Bericht:

«Als die Stadt Ulm im Jahr 1617 das große Jubiläum feierte, veranstaltete man anlässlich dieser Feierlichkeit einen außerordentlichen Gottesdienst; die Jugend sämtlicher Schulklassen der Stadt wurde in einer Zeremonie in die Kirche geleitet, wo sie nach der Predigt vor versammelter Gemeinde einer katechetischen Unterweisung unterzogen wurde. Darauf bat man Gott, er möge sie und ihre Nachkommen in der lutherischen Religion erhalten und bewahren. In der Woche danach wurde jedem Schüler eine Medaille und ein Exemplar des Jubiläumsgebetes überreicht.»[10]

Häufung der Reformationsjubiläen

Das Jubiläum von 1617 hatte zur Union des protestantischen Lagers im Reich einiges beigetragen; doch allein die lutherischen Länder führten diese Gedenkpraxis weiter und verliehen ihr einen streng konfessionellen Charakter. So beging man 1630 die Hundertjahrfeier des Augsburger Bekenntnisses in Sachsen und mehreren anderen Ländern nach dem Modell des Jubiläums von 1617.

---

9 Jean Schillinger, Jubilé ou Pseudojubilé? Polémiques entre protestants de Strasbourg et jésuites de Molsheim à l'occasion de la commémoration du centenaire de la Réforme (1617), in: Thomas Nicklas (Hg.), Glaubensformen zwischen Volk und Eliten. Frühneuzeitliche Praktiken und Diskurse zwischen Frankreich und dem Heiligen Römischen Reich/ Autorités, foi, perceptions. Croyances populaires et pratiques religieuses en France et dans le Saint Empire à l'époque moderne, Halle an der Saale 2012, S. 179–201.

10 Cérémonies, III, S. 354.

Während des Dreißigjährigen Krieges fielen die Jubiläumsfeierlichkeiten sehr diskret und bescheiden aus, um die katholischen Staaten nicht unnötig zu provozieren. Die von Kurfürst Johann Georg II. von Sachsen für das Jahr 1667 (den 150. Jahrestag von 1517) angeordnete Gedenkfeier war dagegen wieder bedeutender. Er bestimmte den 31. Oktober als Datum für das Reformationsfest, ohne jedoch diesem Datum einen kanonischen Charakter zu verleihen (es war durchaus Usus, das Fest auf den Sonntag vor bzw. danach zu verlegen).

Erst 1717 wurde das Reformationsjubiläum in der Mehrheit lutherischer Territorien erneut begangen. Bernards Beschreibung von dessen Ablauf stützt sich auf Berichte der Zeremonien, die vom 31. Oktober zum 2. November 1717 sowie vom 25. bis 27. Juni 1730 in Dresden stattfanden:

«Für den Ablauf der Jubiläumsfeiern besteht keine feste Regelung. Es handelt sich um Volksfeste mit Frömmigkeitscharakter: Jedes Land gestaltet das Fest mehr oder weniger nach eigenem Geschmack, wie es wohl bei der Siegesfeier über einen überwundenen Feind der Brauch sein mag. Um ihren eigenen geistlichen Triumph und die Niederlage des Papsttums dank der siegreichen Waffen des Antipapstes Luther auf einem beträchtlichen Gebiet Norddeutschlands zu demonstrieren, eröffnen die Lutheraner bisweilen den großen Jubiläumstag mit einer großen Versammlung der Herrschaft der Stadt oder des Landes in schwarzem Mantel. Der Zug formiert sich vor dem Ratshaus und begibt sich von dort frühmorgens in Prozession zur Hauptkirche. Dort treffen sie auf die Geistlichen und die Lehrerschaft, die auch in Prozession zur Hauptkirche gekommen sind, um die Oberhäupter der Stadt dort zu treffen. Darauf nimmt man in der Kirche Platz zur Teilnahme an der gottesdienstlichen Feier. Der Festgottesdienst besteht aus Psalmen- und Liedgesang mit instrumentaler Begleitung und Chorgesang, aus Gebeten zu Gott und einer speziell zu diesem Anlass ausgearbeiteten Predigt. Die Kirchen sind mit Blumen geschmückt usw., und oft feiert man das Abendmahl während dieses Jubiläums.»[11]

Wir halten fest, dass pietistisch gesinnte Lutheraner anlässlich der Jubiläumsfeier von 1717 in Martin Luther den «frommen» Menschen erkennen, dessen Werk es weiterzuführen gilt, während orthodoxe

---

11 A.a.O., S. 353. – Die umfassendste Beschreibung des Jubiläums von 1717 in den verschiedenen Staaten findet sich zusammengefasst in Hilaria evangelic, Gotha, 1719, des lutherischen Theologen Ernst Salomon Cyprian (1673–1745).

Lutheraner in ihm den Helden feiern, der den Aberglauben der mittelalterlichen Papstkirche niedergeschmettert hat. Mehrere deutsche Universitäten weisen bei dieser Jahrhundertfeier auf die Gesamtheit der Reformatoren und der «Wahrheitszeugen» neben Luther hin.

2. Die dreißiger Jahre des 19. Jahrhunderts: Die Nationalisierung der Reformationsjubiläen in Deutschland

Die Nationalisierung der Reformationsjubiläen in Deutschland ist verbunden mit dem wachsenden deutschen Nationalbewusstsein im Lauf des 19. Jahrhunderts.

– *1817*: Der politische Kontext ist durch die «Reaktion» bestimmt, eine Folge des Wiener Kongresses und dessen feindseliger Haltung gegenüber demokratischen Ideen.

18–19. Oktober 1817: das Wartburgfest. Etwa 500 Studenten von zwölf Universitäten versammeln sich auf der Wartburg, um den Sieg über Napoleon und zugleich das Reformationsjubiläum zu feiern. Bei diesem Anlass lassen sie auch die Forderung nach nationaler Einheit und Gewährung bürgerlicher Rechte laut werden. In den Ansprachen wird Luther zum deutschen Patrioten, der die nationale Kultur begründet, den Papst besiegt und den Deutschen ihre Freiheit wiedergegeben hat.

In Tübingen verbinden Professoren, Studenten, Vertreter der Bürgerschaft und der Zünfte am 31. Oktober das Reformationsjubiläum eng mit der Erinnerung an den Sieg von Leipzig, das Ganze umrahmt von einem großartigen Fackelumzug quer durch die Stadt.

Die Interpretation der Figur des Reformators nimmt anlässlich des Jubiläums von 1817 je nach Redner und Prediger unterschiedliche Züge an. Für die Aufklärer ist Luther der Begründer der deutschen Volkssprache, der Kultur, der Gewissensfreiheit. Für die preußische Regierung unter Friedrich-Wilhelm III. ist er der gemeinsame Vater der Reformation; das Fest gilt so als willkommener Anlass zur Werbung für die Kirchenunion zwischen Lutheranern und Reformierten. Für die orthodoxen Lutheraner ist Luther zuallererst der Theologe der grundlegenden Glaubenswahrheiten. Für die Pietisten ist er der Mann, der die Verbreitung der Bibel gefördert hat und für die Heidenmission eintrat. Alle Redner preisen die Taten Luthers und das Werk der Reformation, doch keiner interessiert sich speziell für das, was Luther am 31. Oktober 1517 getan hat.[12]

– *1867* (350. Jahrestag von 1517): Die Jubiläumsfeiern spielen sich vor dem Hintergrund des militärischen Triumphs des protestantischen Preußen über das katholische Österreich im Kampf um das symbolische Erbe des «Heiligen Römischen Reiches» ab.

Am 25. Juni 1868 erfolgt in Worms im Rahmen großer Festlichkeiten die Enthüllung des Lutherdenkmals von Ernst Rietschels. Dieser Anlass markiert den Beginn von Festen im Freien (statt im Kirchenraum): ein Volksfest. Moderne Verkehrsmittel (Dampfschiff, Eisenbahn) erlauben die Mobilisierung von geschätzten 100 000 Besuchern. Nach einer Aussage von Abt Marbach ähnelte das Ganze eher einem «Fest Freigeistiger» als einer religiösen Feier. Unter anderem war dort der Ruf zu hören: «Es lebe der König von Preußen, der Kaiser von Deutschland!»[13]

– *1883*: das Lutherjubiläum (die Vierhundertjahresfeier seiner Geburt) im Deutschen Kaiserreich. Diesmal liefert der Triumph des protestantischen Deutschland über das katholische Frankreich seit dem Krieg von 1870–1871 und die Bildung des Deutschen Kaiserreiches den politischen Hintergrund. Aber auch der durch die Proklamation der päpstlichen Unfehlbarkeit (1870) ausgelöste Kulturkampf gehört mit dazu, ebenso das zunehmende politische Gewicht des Zentrums als katholischer Partei im Reichstag. Luther wird hier mit der germanischen Nation identifiziert, und man erkennt in der Reformation die deutsche Revolution gegen Klerikalmacht und Rom.

In Wittenberg, Erfurt, Eisleben und Eisenach kommt es zu Festen, zur Errichtung von Museen und Denkmälern, man pflanzt Eichen und gründet das Archiv für Reformationsgeschichte.

Auch in den Vereinigten Staaten löst das Lutherjubiläum gewisse Nachwirkungen aus, selbst außerhalb der lutherischen Kirchen. Luther wird als einer der vier Gründungsväter der Neuen Welt dargestellt, gemeinsam mit Kolumbus, Gutenberg und Calvin.

---

12 Nur wenige Illustrationen zeigen in der Zeit nach 1806 den Thesenanschlag an der Tür der Schlosskirche von Wittenberg (Hartmut Lehmann, Luthergedächtnis, S. 25).

13 Revue catholique d'Alsace, Juni 1868.

– *1917*: Die vierte Jahrhundertfeier des Thesenanschlags durch Martin Luther im Herbst 1917 findet mitten im Weltkrieg statt, im vierten Kriegsjahr. Luther, der Deutsche, sein Gottesvertrauen und sein unbeugsamer Kampfeswille gelten den Deutschen als Vorbild.

Im September 1917, als die protestantischen Kirchen in den USA die Feier des Jubiläums der Reformation Luthers vorbereiteten, übermittelte Frank Puaux, Präsident der SHPF (Société de l'histoire du protestantisme français), dem Präsidenten des Organisationsausschusses des Jubiläums «brüderliche Sympathien, die die Nachkommen der Hugenotten Frankreichs mit den Nachkommen der Puritaner Amerikas einen», ohne Erwähnung von Luther. Im Dezember 1917 verband Puaux in seiner Jahresrede als Präsident der SHPF die Proklamation von Präsident Wilson anlässlich des Kriegseintritts der Vereinigten Staaten mit der Deklaration Luthers in Worms für Gewissensfreiheit und Gerechtigkeit, die in Deutschland, das zur «Geißel und zum Schrecken Europas» geworden sei, verhöhnt würden.[14]

– *1933*: Man begeht in Deutschland den 450. Geburtstag Martin Luthers. Die Deutschen Christen erheben den Reformator zum Verkünder und Botschafter des deutschen Führers. Das bezweckt ihre Parole: «Mit Luther und Hitler für Glaube und Rasse». Doch auch die Bekennende Kirche beruft sich auf Luther und verteidigt in seinem Namen die Autonomie der protestantischen Kirchen.

Der 455. Geburtstag Luthers fällt auf den 10. November 1938, also den Tag nach der «Kristallnacht». Die Nazis verkünden die «Deutsche Reformation» und ehren in Luther den «größten Antisemiten seines Zeitalters, Beschützer des deutschen Volkes gegen die Juden». Ihrerseits stellt die alliierte Gegenpropaganda im Weltkrieg eine Verbindung zwischen Luther und Hitler her.

---

14 BSHPF, 66 (1917), S. 271f., 276f.

3. Vom 17. bis Anfang des 20. Jahrhunderts: Schweizerische und französische Repliken zum Reformationsjubiläum

Obwohl die Ausrufung des Jubiläums von 1617 teilweise auf die Initiative eines reformierten Kurfürsten zurückging, fand es keine große Beachtung außerhalb des Reiches.

In Genf kommt Théodore Tronchin (1587–1657), Rektor der Akademie, in seiner Rede zu den Promotionen von 1617 auf das Reformationsjubiläum zu sprechen: Zunächst skizziert er den historischen Hintergrund der Jubiläen seit der Zeit der säkularen Spiele im Altertum, prangert dann das Jubiläumsmodell Roms an, wie es von den Päpsten zur Sanierung der päpstlichen Finanzen praktiziert wird, und lobt schließlich das Werk der beiden Reformatoren Luther und Zwingli. Die Idee einer Genfer Reformationsfeier ist jedoch im Kommen. Im August 1635 gedenkt man – ohne öffentliche Veranstaltung – des Tages im Jahr 1535, an dem die Messfeier per Dekret des Rates der Zweihundert abgeschafft wurde. Frédéric Spanheim (1600–1649), Rektor der Akademie und Theologieprofessor, veröffentlicht zu diesem Anlass eine Schrift unter dem Titel «Geneva restituta»: Darin rechtfertigt er das Jubiläum als Jahrhundertfeier der Geburt Genfs – als Republik, Kirche und Akademie – durch die Reformation von 1535, das Licht, das nach der Finsternis scheint (die Parallele zu den «Jahrhundertfestspielen» zur Feier der Gründung der Stadt Rom ist offensichtlich).[15]

Die reformierten Kirchen in Frankreich scheinen dagegen das Jubiläum von 1617 ignoriert zu haben.[16] Ganz wie die vorangegangenen katholischen Jubeljahre (1550, 1600) wird auch das von Rom dekretierte Heilige Jahr 1625 einer harschen Kritik unterzogen. Dies übernimmt Charles Drelincourt, Pastor in Charenton: Nach seinem Urteil handelt es sich bei diesen Feierlichkeiten um Zeremonien jüdischer und heidnischer Art. Sie dienen lediglich als Rahmen für die Fortführung des Ablasswesens, und ihre Rechtfertigung dürfte selbst dem Konzil von Trient

---

15 Geneva restituta, Genève, 1636. Eine weitere Schrift wurde von Jacob Laurent verfasst: Le Genevois jubilant, 1635.

16 Es gibt keinerlei Erwähnung an der Nationalen Synode in Vitré vom Mai 1617 und natürlich auch nicht an der darauf folgenden Synode, die im Oktober 1620 in Alès stattfand.

schwerfallen. Auf die providentielle Rolle Luthers im Jahr 1517 wird zwar hingewiesen, aber nicht mehr.[17]

Die schweizerischen und Genfer Jubiläen

Die deutschen Jubiläumsfeiern von 1717, 1817 und 1883 gaben den Anstoß dazu, dass Schweizer Städte – vor allem Zürich, Bern und Genf – ihre eigenen Jubiläen zu veranstalten begannen, wobei jede dieser Städte ihrem eigenen Reformationskalender gemäß das entsprechende Datum für ihre Feierlichkeiten festlegte, also gegenüber dem Thesenanschlag Luthers von 1517 in autonomer Weise vorging.[18]

Das zweite Lutherjubiläum des Jahres 1717 scheint der entscheidende Auslöser für die Organisation analoger Reformationsjubiläen in der Schweiz gewesen zu sein. Die erste Feier dieser Art war das Zwinglijubiläum in Zürich, das am 1. Januar 1719 in Zürich stattfand, dem 200. Jahrestag der ersten Predigt Zwinglis im Zürcher Grossmünster. Die Berner verliehen ihrem eigenen Reformationsjubiläum von 1728 einen größeren Glanz als die Zürcher, konnten sie doch auf den Sieg von 1712 über die katholischen Kantone zurückblicken.

Genf wartete mit der Veranstaltung seines Jubiläums das Jahr 1735 ab und folgte dem Beispiel der Berner.[19] Dieses gut vorbereitete Jubiläum wurde am 21. August 1735 als eine Art Nationalfeier begangen, begleitet von passenden Predigten, zu denen auch ein speziell von Jean-Alphonse Turrettini verfasstes Gebet gehörte. Natürlich fehlte auch der feierliche Umzug der Pastoren, Professoren und Magistraten der Stadt nicht, auch nicht die entsprechende Festbeleuchtung und ein großes Bankett.[20]

---

17 Du Jubilé des Eglises réformées. Avec l'examen du jubilé de l'Eglise romaine, Charenton 1627, S. 154, eine Schrift, die ihre Inspiration teilweise folgendem Werk verdankt: Traitté des indulgences, contre le decret du Concile de Trente (französische Übersetzung eines Traktates des lutherischen Theologen Martin Chemnitz). Briefve consideration sur l'an du Jubilé. Le vrai et grand pardon general de pleniere remission des pechés. Genf 1599.

18 Diese Jubiläen hatten keine jährlichen Gedenkfeiern zur Folge; dies hätte zu einer Doppelspurigkeit gegenüber dem Jahrestag des «jeûne genevois» (des Genfer Buß- und Bettages) geführt, der seit dem 16. und besonders seit dem 17. Jahrhundert regelmäßig begangen wurde.

19 Der Promotor des Jubiläums, Mitglied der Compagnie des pasteurs de Genève, bezog sich auf die früheren Jubiläen von Zürich, Bern und Neuenburg (5. November 1730).

20 Jean-Moïse Paris, Le jubilé de la Réformation célébré à Genève le 21 août 1735. Genf 1870, S. 37–59.

Das Wartburgfest von 1817 fand in der Zürcher und Berner Studentenschaft ein Echo: Am 23. Oktober 1818 versammelten sich die Studenten zur 300-Jahresfeier der Ankunft Zwinglis als Prediger in Zürich. Sie taten dies in Form eines Marsches zu den Stätten, wo Zwingli den Tod fand, und gründeten einen Studentenverein zur Förderung eines liberalen Bundesstaates (Zofingia). Doch das offizielle Datum für das Zwinglijubiläum blieb der 1. Januar 1819. Diesem Jubiläum folgten jene der Städte Bern (1828), Basel (1829) und Neuenburg (1830). Das Genfer Jubiläum vom August 1835 blieb dem Modell von 1735 treu. Doch der zu diesem Anlass gewählte Wahlspruch «Religion – Vaterland – Toleranz» lässt ein gewisses Bestreben erkennen, das Jubiläum zu entkonfessionalisieren. Der Staatsrat musste sich in der Tat einer gewissen Konfessionsneutralität befleißigen, denn die neuen Territorialgrenzen des Kantons umfassten auch katholische Gemeinden.[21]

Der Fokus der lutherischen Jubiläen des 19. Jahrhunderts auf die Person Luthers brachte auf reformierter Seite eine Akzentuierung anderer Gründungsväter hervor.

Der Reformationshistoriker, Calvinverehrer und Pastor der Freikirche von Genf (Eglise libre de Genève), Jean-Henri Merle d'Aubigné (1794–1872), der seit seinen Studienjahren in Deutschland von den Luther-Gedenkfeiern beeindruckt war, lancierte 1861 die Errichtung eines Genfer Monumentes zum Gedächtnis Calvins: ein Gebäude, das «einer nützlichen Institution dienen» würde, insbesondere zum Zweck öffentlicher Evangelisationsveranstaltungen. Die Nähe zur 300-Jahr-Feier von Calvins Tod sollte die nötigen Impulse dafür fördern. Lediglich das für diesen Zweck notwendige Grundstück konnte zeitgerecht eingeweiht werden, und zwar am 24. Mai 1864, ohne jeden Gedanken an ein zu veranstaltendes «Calvinjubiläum». Man gedachte allenfalls des 300. Todestages Calvins. Auch bei der Einweihung des «Salle de la Réformation» im Jahr 1867 kam es zu keiner Calvingedenkfeier.[22]

---

21 Mireille Lador, Le Jubilé de la réformation de 1835 à Genève: «Religion-Patrie-Tolérance», Bulletin de la Société d'histoire et d'archéologie de Genève, Bd. 25, 1995, S. 97–110. – In Lausanne stießen die Jubiläumsprojekte zum Gedenken an das Streitgespräch von Lausanne 1636 und 1736 bei den Herren in Bern auf Gleichgültigkeit; 1836 war es hingegen die kantonale Regierung, die ihre Zustimmung verweigerte.

22 Souvenir du troisième anniversaire séculaire de la mort de Jean Calvin ou inauguration du terrain de la Salle de la réformation, le 27 mai 1864, Genf 1864. – S. Luc Weibel, Croire à Genève: la Salle de la Réformation (XIXe-XXe siècle), Genf 2006.

1884: Der 400. Jahrestag der Geburt Zwinglis gab der Stadt Zürich die Gelegenheit zu einem parallelen (jedoch bescheideneren) Jubiläum zu dem 1883 zu Luthers Ehren in Deutschland gefeierten, und im darauffolgenden Jahr wurde das Zwinglidenkmal in Zürich feierlich eingeweiht (15. August 1885).

Auch die Protestantische Kirche von Genf hielt sich an das Modell des Lutherjubiläums von 1883, als die Perspektive einer Gedenkfeier zum Anlass des 400. Jahrestages der Geburt Calvins aufkam (1909). Doch die Figur Calvins traf in der Genfer Bevölkerung nicht auf denselben Grad von Zustimmung wie die Annahme der Reformation durch den Beschluss des Genfer Stadtrates (1535). Und zu Beginn des 20. Jahrhunderts weniger als je zuvor: Der Scheiterhaufen Michel Servets störte die Vorstellung des Protestantismus – besonders des Calvinismus – als Avantgarde der Ideale von Freiheit und Menschenrecht. Um diesem vorhergesehenen Problem zu entgehen, trat Emile Doumergue, Dekan der protestantischen theologischen Fakultät in Montauban und bekannter Verfechter von Calvins Werk, mit dem Vorschlag an die Öffentlichkeit, vorgängig zum Calvinjubiläum anlässlich der 350-jährigen Wiederkehr (1903) der Hinrichtung Michel Servets ein «monument expiatoire», ein Sühnemahnmal, zu errichten. Und so geschah es: Damit war der Weg geebnet für die Verwirklichung des Projekts eines «Monument de la Réformation» zum Gedächtnis der Reformatoren – nicht nur Calvins – und der Helden der Geschichte der Menschenrechte und des Völkerrechts.

Gereinigt von den dunklen Schatten der Vergangenheit dank der Errichtung des Sühnemahnmals für Servet, hatte Calvin im Juli 1909 in Genf Anrecht auf ein Bouquet von drei Jubiläen: dem der «Eglise nationale protestante de Genève» (2.–4. und 6.–7. Juli 1909), die gerade ihre Unabhängigkeit vom Staat erlangt hatte, dem des Collège (vom 5. Juli) und dem der Universität (7.–10. Juli). Die beiden zuletzt genannten Institutionen feierten zugleich den 350. Jahrestag ihrer Gründung. Hinzu kam die Grundsteinlegung des Reformationsdenkmals (5.–7. Juli).

Die reformierten Jubiläumsfeiern in Frankreich

In den protestantischen Kreisen Frankreichs tauchten die ersten Jubiläumsideen zum Gedächtnis der Reformation erst in der zweiten Hälfte des 19. Jahrhunderts auf.[23]

Das erste Jubiläum, dem sich alle reformierten Kirchen in Frankreich anschlossen, fand am 29. Mai 1859 anlässlich der dritten Jahrhundertfeier der Reformation in Frankreich statt, zum Gedenken an die erste Nationalsynode der reformierten Kirchen in Frankreich (Mai 1559). Die Idee dazu stammte von der Pastoralkonferenz, die sich im April 1858 in Paris versammelt hatte, zweifellos inspiriert von der Genfer Jubiläumsfeier von 1835 und weiteren Jubiläen, die von französischen reformierten Auslandsgemeinden seit 1850 begangen wurden.[24] Vertreten war die gesamte theologische Vielfalt des damals bereits durch den Streit um das Glaubensbekenntnis gespaltenen Protestantismus; es gelang der mit der Durchführung des Jubiläums beauftragten Kommission, alle reformierten Pastoren Frankreichs für diesen Anlass zu mobilisieren sowie die Lutheraner und die Vertreter der protestantischen Kirchen des Auslandes einzuladen: «Die reformierten Kirchen könnten dem Sonntag, 29. Mai 1859, eine besondere Predigt über die historischen Tatsachen der Epoche, der man gedenkt, widmen […], und dies mit den Umständen entsprechenden Gedanken und Ermahnungen verknüpfen.»[25]

Die von 78 Kirchgemeinden der SHPF eingesandten Berichte über die Jubiläen bezeugen den Erfolg der Gedächtnisfeier. Die größte Gedenkfeier erstreckte sich über drei Tage. Sie fand in Nîmes statt und gipfelte im Höhepunkt einer Massenversammlung unter freiem Himmel an dem Ort, wo die Wüstenversammlungen (les assemblées du désert) in alter Zeit stattgefunden hatten[26]. Predigten und Ansprachen, gemischt mit Chorälen, unter anderen auch von Luther, erinnerten an die Reformation in Frankreich und an die Märtyrerzeit im 16. Jahrhundert und in der Epoche der Versammlungen im «Désert» (der Wüste). Alle Redner riefen das Volk

---

23 Abgesehen vom Jubiläum der lutherischen Kirchen in Paris und Straßburg im Jahr 1817, im Anschluss an das Lutherjubiläum in Deutschland.

24 Jubiläen der «Eglise protestante française de Londres» vom 24. Juli 1850, der Kirche in Frankfurt vom 18. März 1854 und in Emden vom 5. November 1854.

25 Troisième jubilé séculaire de la Réformation en France, 29 mai 1859, Paris 1859, S. 11.

26 A.a.O., S. 143–162.

angesichts der allgemein nachlassenden Glaubensstärke und im zeitgemäßen Kontext konfessioneller Befriedung zur Buße und Toleranz gegenüber «unseren katholischen Brüdern» auf[27].

Doch dieses Jubiläum der französischen Reformation legte deshalb noch kein für die französischen reformierten Kirchen verbindliches Datum für jährliches Gedenken der Reformation fest. Als das Komitee der SHPF im Jahr 1866 die Idee eines Reformationsfestes lancierte, berücksichtigte es das zu bekannte Datum der französischen Nationalsynode von 1559 nicht. Trotz Zögerns vor dessen «deutscher» Einfärbung wählte das Komitee den Jahrestag des Anschlags der 95 Thesen durch Martin Luther, als Signal des «Erwachens des christlichen Bewusstseins»; also den Tag Allerheiligen (Toussaint), der in Frankreich als Feiertag gilt. Zugleich «löste man ihn von seiner zu engen Verknüpfung mit den Thesen [Luthers]», um ihn mit «echt französischen geschichtlichen Erinnerungen zu verbinden».

Für die Reformierten in Frankreich war die Gedenkfeier zum Anlass des 200. Jahrestages des Widerrufs des Edikts von Nantes im Jahr 1885 das zweite bedeutsame Gedenkereignis. Um ehrlich zu sein: Das SHPF-Komitee ergriff die Initiative zu diesem öffentlichen Gedenken nur mit Vorbehalt. Es wurde zu diesem Schritt durch den auf ihn ab 1883 ausgeübten Druck der Gesellschaften der Nachkommen der Hugenotten im Ausland (Sociétés de descendants huguenots à l'étranger) veranlasst.[28] Doch im Kontext des Wiederauflebens antiprotestantischer Strömungen seit der französischen Niederlage von 1870 war das Komitee darum besorgt, keinen Vorwand für den Vorwurf zu liefern, es wolle «neuen konfessionellen Hass schüren», indem es der Öffentlichkeit ein unheilvolles Datum der französischen Geschichte in Erinnerung rufe und seine Solidarität mit denen bekunde, die man «ausländische Brüder» nannte. Aus diesem Grund bemühte sich die an die Pastoren gerichtete Aufforderung der SHPF zur Veranstaltung von Gedenkgottesdiensten am

---

27 A.a.O., S. 230–232.

28 Schon 1785 hatten Kirchen von Flüchtlingen (réfugiés) hugenottischen Ursprungs in Deutschland das «Jahrhundertjubiläum» des Ediktes von Potsdam gefeiert (so geschehen in Berlin: Jean A. Bocquet, Sermon a l'occasion du jubilé séculaire de l'édit de Potsdam en faveur des réfugiés de France: prononcé dans le temple du Werder le 29 octobre 1785, Garde, 1785; Erman, Sermon prononcé dans le temple du Werder le 30 octobre [1785] à l'occasion du jubilé de la fondation des colonies francoises dans les Etats du roi, Berlin, s.d.).

18. Oktober 1885 um die Festlegung eines bestimmten thematischen Rahmens: Das Gedenken solle als ein «Akt der Demütigung und der nationalen Trauer» begangen werden, mit «inbrünstigen Gebeten zu Gott für … den Triumph der Ideen von Toleranz und Gerechtigkeit»[29]. Im Anschluss an die Gedenkfeiern vom Sonntag in den Gemeinden fand die von der SHPF selbst veranstaltete Zeremonie am Donnerstagabend, 22. Oktober, im Temple de l'Oratoire in Anwesenheit eines einzigen ausländischen Delegierten – eines Vertreters der Wallonischen Kirche – statt. Die dort gehaltenen Ansprachen des Pastors Eugène Bersier (1831–1889) und des Pastors und Senators Edmond de Pressensé (1824–1891), die von Gebeten und dem Gesang von Kirchenliedern (darunter auch eines Chorals Luthers) begleitet waren, dienten der Illustration patriotischer Themen.

Der zunehmende Nationalismus und Antiprotestantismus legte sich wie ein Mantel des Schweigens auf den 300. Jahrestag des Edikts von Nantes im Frühjahr 1898. Dieses ersten «Toleranzediktes» wurde in Nantes in diskreter Weise im Anschluss an die Legislativwahlen gedacht, und zwar im großen Temple, der mit den nationalen Farben geschmückt war. Auch diesmal wurden die wenigen mit der SHPF verbundenen Vertreter ausländischer Gesellschaften sowie die französischen reformierten Kirchen nicht aufgefordert, das Wort zu ergreifen.

Die Perspektive eines Jubiläums anlässlich des 400. Geburtstages Calvins im Juli 1909 war den reformierten Kirchen in Frankreich nicht entgangen, obwohl der Jahrestag dieses gebürtigen Franzosen sogleich von der damals noch «national» genannten Kirche Genfs für sich beansprucht wurde. Diese konnte sich damals noch auf die wohlwollende Unterstützung der öffentlichen Institutionen und auf ein lebendiges nationales Gedächtnis berufen. Im Kontext der Trennung von Kirche und Staat und der «Konfrontation zwischen den beiden Frankreichs» (la guerre des deux Frances) war das Jubiläum von 1909 zum Gedächtnis des Reformators für die französischen Protestanten eine heikle Angelegenheit. Die vom historisch bewanderten Pastor Paul de Félice geleitete Kommission für die Jahrhundertfeier Calvins, die sich aus einer Mehrheit von Pastoren und Mitgliedern der SHPF zusammensetzte, zog es vor, sich vom Modell der Genfer Jubiläumsfeiern zu distanzieren: In Frankreich

---

29 BSHPF, 1885, S. 50.

ging es darum, den «berühmten Franzosen» zu feiern und zu ehren. Der Termin für die öffentliche «nationale» Gedächtnisfeier blieb derselbe wie das Datum des Reformationsfestes, doch fanden die Feierlichkeiten an einem säkularen Versammlungsort, dem Trocadéro in Paris, und nicht in einem «Temple» statt. In den abschließenden Worten seiner Ansprache zögerte der Dekan Doumergue nicht, Calvin als «ein gewaltiges Instrument des französischen Geistes und des Geistes Gottes» zu bezeichnen: «Gesta Dei per Francos». Nüchterner im Ausdruck, betonte Pastor Jules-E. Roberty vor allem die Rolle, welche die englische calvinistische Minderheit bei der Entstehung der Menschenrechtserklärungen in Amerika gespielt hat, die als Modell für die französische Deklaration von 1789 gedient haben[30].

Epilog: Das Jahrzehnt der 80er Jahre des 20. Jahrhunderts oder «die Ära des Gedenkens» (Pierre Nora)

Seit Ende der 1970er Jahre hat die Leidenschaft, mit der Gedenkfeiern veranstaltet werden, generell in Europa und im Besonderen in Frankreich alle Dimensionen des «Patrimoniums» erfasst, die von einem beschleunigten Schrumpfungsprozess der gesellschaftlichen und institutionellen Strukturen bedroht sind und als bisherige Garanten der Stabilität in der Tradierung kulturellen Erbgutes gelten. Dank dieser Leidenschaft wurde das seit Mitte des 20. Jahrhunderts nachlassende Interesse an solchen Reformationsjubiläen aufgefrischt.

Der Erfolg des Lutherjahres 1983 in Deutschland erklärt sich nicht nur aus dieser allgemeinen Entwicklung, sondern muss vor dem Hintergrund der politischen Spaltung Deutschlands in zwei Länder, die BRD und die DDR, und der Abenddämmerung kommunistischer Herrschaft in Osteuropa gesehen werden. Die Aufwertung der Rolle Luthers durch die Historiker der DDR – Luther als (ost)deutscher Wegbereiter moderner Revolutionen – hat indirekt zur Wiedervereinigung Deutschlands um die Figur des gemeinsamen Helden beigetragen.

In Frankreich verursachte das Gedenken des Widerrufs des Edikts von Nantes im Jahr 1985 in der Sphäre der SHPF und der Reformierten Kirche

---

30 Valentine Zuber, La commémoration du quatrième centenaire de la naissance de Jean Calvin en 1909, in: Calvin. De la réforme à la modernité, sous la dir. de François Clavairoly, Paris 2010, S. 66–79.

in Frankreich (Eglise réformée de France) zunächst einige Verlegenheit: Man äußerte die Befürchtung, dies könne zu einer Form von Hagiografie führen und für das ökumenische Klima Kollateralschäden zur Folge haben. Man forderte deshalb, dass sich alle diesbezüglichen Kolloquien und kirchlichen Veranstaltungen in Frankreich an die Linie einer streng «entkonfessionalisierten» Geschichte hielten.

Die erfolgreich gestalteten Gedenkfeiern von 1985 hatten einen Zyklus von protestantischen Gedenkereignissen zur Folge: 1987 (Toleranzedikt), 1989 (Französische Revolution), 1998 (Edikt von Nantes). Dieser Zyklus erwies sich als stärker konsensfähig, weil die Thematik unter dem Vorzeichen der Toleranz als höchsten Werts behandelt wurde.

Darauf folgte nun das Jubiläum des Jahres 2000, das Rom in die Hand nahm, unter schüchterner Mitfeier vonseiten der protestantischen Kirchen. Nur die Protestanten konnten sich darüber wundern, dass das von Papst Johannes Paul II. in Rom eröffnete «Heilige Jahr» mit der Verkündung eines Ablasses verbunden war, in bester Tradition der von der katholischen Kirche seit sieben Jahrhunderten ausgerufenen Jubiläen. Dieses konfessionelle Missverständnis des Jubiläums war (und ist?) immer noch vorhanden.

Die gezielte Förderung der Reformationsjubiläen in Deutschland von 1617 bis 1917 ist Anzeichen einer Konvergenz gemeinsamen Willens politischer, universitärer und kirchlicher Behörden der protestantischen Länder. Diese verschiedenen Institutionen erfanden gemeinsam ein Alternativmodell für Gedenkfeiern als Gegenstück zu den Ablassjubiläen der römisch-katholischen Kirche. Indem sie periodisch eine zum Ersatz der Ablassfeste errungene Identität reaktivierten, konstruierten diese Autoritäten – jede in Befolgung ihrer eigenen Interessen – ein konfessionell geprägtes, lutherisches Gedächtnis.

Was die Schweizer und Genfer Jubiläen auf reformierter Seite betrifft, die mit Unterstützung derselben Institutionen vom 18. bis zum Anfang des 20. Jahrhunderts durchgeführt wurden, so erscheinen sie – angesichts einer mangelnden zentralen Figur, die für alle konsensfähig gewesen wäre – wie abgeschwächte Nachbildungen der lutherischen Jubiläen, wie man sie in Deutschland zu feiern gewohnt war.

In Frankreich, einem (ursprünglich) katholischen, später laizistischen, unkonfessionnellen Land, war der Begriff eines protestantischen Jubiläums als solcher problematisch und ist es wohl heute noch. Seit Ende des

20. Jahrhunderts hat das Gedächtnis anhand von Kriterien wie Minderheit, Ethnie oder Gender Aufschwung erhalten, doch die protestantischen Kirchen widerstreben der Idee, Anspruch auf eine Identität als Minderheit zu erheben. Deshalb sind die Jubiläen der Protestanten, die in einer Minderheitssituation leben – ohne sich auf ein gesamtnationales Gedächtnis und Identitätsmodell abstützen zu können – zum intimen Rahmen oder zur Beschönigung ihrer Trennungsidentität verurteilt.

Frédéric Elsig, Genf

Die Rolle der satirischen Darstellung im Zeitalter der Reformation und Konfessionalisierung[1]

Vom 16. Oktober 2013 bis 16. Februar 2014 hat das Internationale Museum der Reformation (IMR) in Genf eine Ausstellung mit dem Titel «Hölle oder Paradies: die Ursprünge der Karikatur (16. –18. Jahrhundert)» veranstaltet. Anlass dazu gab der 2011 getätigte Erwerb zweier Gemälde von Egbert II van Heemskerck (London, um 1700–1710), die den triumphalen Einzug Luthers bzw. Calvins in die Hölle darstellen (Genf, IMR, Inv. 2010–71 bzw. 2010–72, siehe folgende Seite). Diese Bilder gaben der Ausstellung ihren thematischen und zeitlichen Rahmen. Ziel war es, die ikonographische Tradition, die zu diesen zwei Bildern geführt hatte, zu veranschaulichen und einen Streifzug durch die Periode der satirischen Darstellung zu unternehmen, die von den Anfängen der Reformationszeit bis in die Aufklärung durch intensive Nutzung einer neuen Waffe der Massenpropaganda, sprich den Druck, gekennzeichnet war. Wir wollen daraus eine erste Bilanz ziehen, indem wir darüber nachdenken, welche Rolle solche satirischen Bilder zu Zeiten von Reformation und Konfessionalisierung gespielt hat.

Die Ausstellung und ihre Struktur

Die Ausstellung war in drei Abschnitte unterteilt, mit einer Einführung, die klarstellte, dass die durch die Reformation übernommenen satirischen Themen bereits im Mittelalter existierten; sie hatten sich bereits seit dem 12. Jahrhundert in unterschiedlichen Ausdrucksträgern entwickelt – von der Bildhauerei über die Drolerien der Randillustrationen bis hin zur Monumentalmalerei.[2] Unter den ausgestellten Werken befindet sich ein französisches Stundenbuch aus der Mitte des 15. Jahrhundert (Bibliothek von Genf, ms. lat. 33), das eins der häufigsten Motive des Zeitalters zeigt: einen

---

1 Dieser Text ersetzt den Vortrag, den Isabelle Graesslé, Direktorin des Internationalen Museums der Reformation in Genf, am Kongress gehalten hat.

2 Frédéric Elsig, La ridiculisation du système religieux, in: Les marges à drôleries des manuscrits gothiques, hg. Jean Wirth, Genf 2008, S. 276–305.

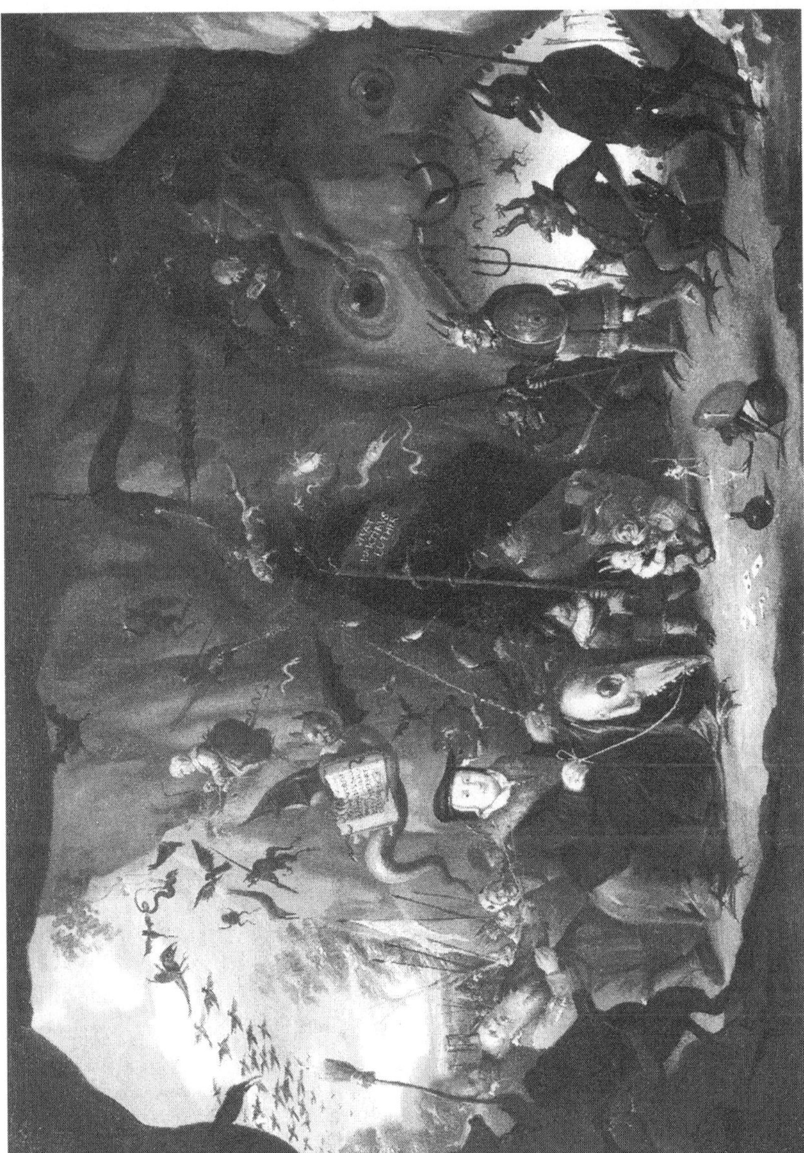

Egbert II van Heemskerck: Luther in der Hölle. Musée international de la Réforme, Genf (cat.38).

als Mönch verkleideten Fuchs, der einer Geflügelschar predigt, bevor er sie verschlingt. Um den Übergang von einzelnen Werken zu den vervielfältigten Bildern hervorzuheben, haben wir diese Darstellung mit zwei Drucken nebeneinander angeordnet, die die protestantische Propaganda rechtfertigen, indem sie die polemischen Modelle des Mittelalters neu interpretieren, und zwar gerade zu dem Zeitpunkt, auf den der Historiker Matthias Flacius Illyricus die Ursprünge der Reformation ansetzt. Zum einen handelt es sich um ein Plakat, das ca. 1536 in Genf entstand, angeregt durch das 1410 von Giacomo Jaquerio gemalte Höllenbild, das allerdings 1535 im Zuge des Bildersturms vernichtet wurde (Genf, Zentrum der Ikonographie, Inv. 44M02); zum andern um ein 1576 von Tobias Stimmer kreiertes Flugblatt mit Tierparodien von Prozession und Messe an den Säulenkapitellen des Straßburger Münsters im 13. Jahrhundert (Zürich, Zentralbibliothek, Inv. PAS II 14/10).[3]

Der erste Teil besteht aus notwendigen Erörterungen über den Status solcher Bilder, die ein Phänomen einerseits der Anbetung, andererseits der Zerstörung darstellen. Wir haben dieses Phänomen veranschaulicht anhand eines Exemplars des Septembertestaments (Zürich, Zentralbibliothek, Inv. Zwingli 248), das von Lucas Cranach dem Älteren illustriert wurde, angeregt durch Ideen von Luther selbst. Es zeigt die berühmte Abbildung, die den Papst mit der babylonischen Hure in eins setzt, indem sie das siebenköpfige wilde Tier reitet und dabei die päpstliche Tiara trägt, das Anbetungsobjekt katholischer Gemeinden. Auf diese starke Darstellung wurde mehrmals im Laufe des 16. Jahrhunderts zurückgegriffen, wie z. B. in einem bemerkenswerten emaillierten Teller (Gandur-Stiftung für Kunst, Inv. FGA-AD-OBJ-53), der von Martial Courtois in Limoges ca. 1585 mitten in den Religionskriegen hergestellt wurde.[4] Wir haben die Darstellung aus der Sicht eines kleinen Buches von Bernhard von Luxemburg betrachtet, der nur wenige Monate nach dem Septembertestament die Protestanten beschuldigt, einen Personenkult mit der Person Luthers zu betreiben, und ihn als vom Teufel inspiriertes Idol zeigt: die «Statua hereticalis» (Zürich, Zentralbibliothek, 13.430,5, Fol. 7). Auf der

---

3 Iconoclasme. Vie et mort de l'image médiévale, Ausstellungskatalog (Historisches Museum in Bern, 2. November 2000–16. April 2001; Straßburg, Frauenhausmuseum, 12. Mai–26. August 2001), hg. Cecile Dupeux, Peter Jezler und Jean Wirth, Paris, 2001, S. 386-387, Kat. 214 (Anmerkungen von C. Dupeux und R. Recht).

4 Camille Grand-Dewyse, Emaux de Limoges au temps des guerres de Religion, Rennes 2011, S. 402–404.

gegenüberliegenden Seite wurde der protestantische Bildersturm, der zwei große Wellen im 17. Jahrhundert kannte, durch zwei Werke repräsentiert, aus katholischem bzw. protestantischem Blickwinkel. Zum einen zeigt «De tristibus Galliae» (Lyon Stadtbibliothek, ms. 156), ein um 1585 im Lyoner Milieu der Heiligen Liga entstandenes illuminiertes Manuskript, Protestanten als Affen, nach einem Wortspiel von *huguenot* (Hugenotte) und *guenon* (Äffin).[5] Darin werden Protestanten als Wilde und Dummköpfe herabgesetzt. Und sein Frontispiz zeigt einen Prediger, der die Hugenotten zur Plünderung der Stadt Lyon, symbolisiert als Löwe (*lion* im Französischen), und zur Entweihung ihrer heiligen Bilder, insbesondere eines Kruzifixes, aufruft. Zum anderen rechtfertigt ein Druck im Rijksmuseum in Amsterdam (Inv. RP-P.OB-76.780) den niederländischen Bildersturm von 1566 und zeigt die Protestanten mit Besen, die die Welt von abstoßenden Gegenständen des katholischen Gottesdienstes befreien.[6]

Besonderes Augenmerk ist im zweiten Teil der Ausstellung auf das System gerichtet, d.h. auf die protestantische Kritik gegen die katholischen Dogmen und Rituale. Dieser Teil wird mit einem gedruckten Buch eingeleitet, das bereits 1521 für feindselige Stimmungen gesorgt hat. Es wurde von Philipp Melanchthon auf der Grundlage von Luthers Ideen herausgegeben. Cranach hat wieder die Illustrationen geschaffen. «Passional Christi und Antichristi» (Zürich, Zentralbibliothek, Inv. 18.516.11) nutzt das Format des traditionellen Gebetbuchs zweckentfremdend, um jeweils auf Doppelseiten das beispielhafte Leben Christi und die Untaten des Antichristen in einer päpstlichen Gestalt gegenüberzustellen.[7] Daraus können zwei Hauptphänomene hergeleitet werden: 1) Parodierende Verfremdung mittelalterlich-ikonographischer Themen und Motive, z. B. das in Münzen verwandelte Blut Christi in einem Druck, hergeleitet aus dem ikonographischen Thema «Christ in der Kelter» (Genf, Internationales Museum der Reformation, Inv. 2011-031); 2) Bipolarität zwischen Gut und

---

5 Sara Petrella, Les Guerres de religion en images: le De tristibus Galliae et Jean Perrissin, in: Peindre à Lyon au XVIe siècle, hg. Frédéric Elsig, Milan 2014, S. 119–145.

6 Luther und die Folgen für die Kunst, Ausstellungskatalog (Hamburg, Hamburger Kunsthalle, 11. November 1983–8. Januar 1984), hg. Werner Hofmann, München 1983, S. 144–145.

7 Roberta J. Dykema, Lucas Cranach the Elder, Martin Luther, and the Passional Christi und Antichristi. Propaganda and Prayer in an Early Lutheran Flugschrift, San Francisco 2010.

Böse oder Himmel und Hölle, wie wir es zeigen konnten anhand eines 1581 in Leyden entstandenen schönen Bildes (Utrecht, Museum Catharijneconvent, Inv. STCC s47); es stellt das Gleichnis vom guten Hirten dar, von dem die Christen in den Schafstall hineingeführt werden und sich dann den Schwindlern entgegenstellen, die mit allen Mitteln in das Haus Gottes einzudringen versuchen. Auf der Links-rechts-Achse ist eine demütige und junge protestantische Gemeinde dargestellt, die artig Christus zuhörten und sich gegen die alternde und gierige katholische Kirche wehrten. Wir konnten das Bild einem 40 Jahre zuvor in Nürnberg hergestellten Druck gegenüberstellen, durch den diese Abbildung höchstwahrscheinlich inspiriert wurde (Nürnberg, Germanisches Nationalmuseum, Inv. HB24).[8] Ein wenig abseits ausgestellt, um seine museographisch einzigartige Stellung hervorzuheben, bezeugt ein Kupferstichdruck (Genf, Internationales Museum der Reformation, Inv. 2005-198) die innerprotestantische Kritik, genauer gesagt auf Calvinisten zielende Kritik vonseiten der Lutheraner.[9] Es zeigt einen sterbenden Mann, dem Calvin höchstpersönlich, statt ihm Trost zu sprechen, die fünf härtesten Artikel seiner Prädestinationslehre vorträgt.

Der dritte Teil konzentriert sich auf kritische Dartsellungen, welche die Embleme einer – in der Regel katholischen – Gemeinde oder von – meist protestantischen – Einzelpersonen als Zielscheibe nehmen. Ein in Nürnberg in den 1520er Jahren hergestellter Druck (Berlin, Staatliche Museen zu Berlin – Stiftung Preußischer Kulturbesitz, Kupferstichkabinett, Inv. 282-10) prangert den Verkauf von Ablassbriefen und die damit verbundene Bilderanbetung an: die *imago pietatis*.[10] Dabei ist der Altar durch eine mit Ablassgeld gefüllte Truhe ersetzt und der Oberkörper des Christus durch den des siebenköpfigen apokalyptischen Tieres, in Anspielung auf die gesamte Hierarchie der römischen Kirche (siehe folgende Seite).

---

8 Robert W. Scribner, For the Sake of Simple Folk. Popular Propaganda for the German Reformation, Oxford 1994, S. 27f., 53f.

9 Calvinismus. Die Reformierten in Deutschland und Europa, Ausstellungskatalog (Berlin, Deutsches Historisches Museum, 1.April-19. Juli 2009), hg. Ansgar Reiss und Sabine Witt, Dresden 2009, S. 60.

10 Jenseits der Bilderkriege in Wissenschaft, Religion und Kunst, Ausstellungskatalog (Karlsruhe, Zentrum für Kunst und Medientechnologie, 4.Mai–4. August 2002), hg. Bruno Latour und Peter Weibel, Karlsruhe 2002, S. 184–188.

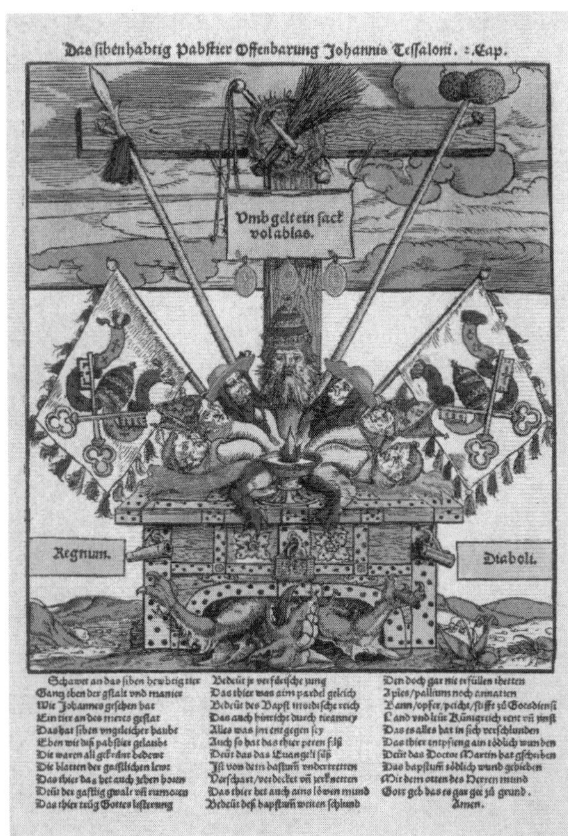

Das siebenköpfige Papsttier (Papst), Holzschnitt, koloriert (1543), 34,8 x 25,3 cm © bpk / Kupferstichkabinett, SMB / Jörg P. Anders.

Kurz danach, 1529, dreht Johannes Cochläus den Spieß um und karikiert Luther als das siebenköpfige Tier, um seine Identitätsspaltung und Boshaftigkeit anzuprangern (Zürich, Zentralbibliothek, Inv. 18.536).[11] Und dieser Revancheprozess setzt sich fort, da die Lutheraner dasselbe Motiv aufnehmen, um gegen «den calvinistischen Geist mit sieben Köpfen» (Coburg, Kunstsammlungen der Veste Coburg, Inv. XIII, 422,59) zu sticheln. Er bezeugt eine immer schärfer werdende Rhetorik seit der Eröffnung des Konzils von Trient im Jahre 1545 – eine Verhärtung, die sich in vielen Drucken widerspiegelt, die sich im Bereich von Skatologie bewegen, z. B. im «Ursprung der Mönche» (Berlin, Staatsbibliothek zu

---

11 The Apocalypse and the Shape of Things to Come, Ausstellungskatalog (London, British Museum, Dezember 1999–April 2000), hg. Frances Carey, London 1999, cat. 99.

Berlin, Inv. YA 850). Parallel dazu spielt man gerne mit Bildern, die den Betrachter einbeziehen, z. B. bei den Köpfen von Papst, Kardinal oder Bischof, die sich, um 180° gedreht, in die Köpfe eines Dämons, Satyrs oder Verrückten verwandeln und die in der Ausstellung zu Medaillen gezeigt wurden (Bern, Historisches Museum, Inv. MA 914-916, 918): einen Krug (Bonn, LVR-Landesmuseum, Inv. 74,4219) und ein kleines Gemälde (Utrecht Catharijneconvent Museum, Inv. BMH s0056).[12]

Die katholische Seite revanchierte sich mit direkten Angriffen auf Personen, insbesondere die Gründer der Reformation. So verdreht ein Kupferstichdruck (Coburg, Kunstsammlungen der Veste Coburg, Inv. XIII,419,387), der zu Beginn des Dreißigjährigen Krieges entstand, das ikonographische Motiv der reisenden Zigeuner in eine Fluchtszene des unverkennbar dargestellten Luther, mit einem Bauch voller Bier, mit seiner Frau und seiner ganzen geistigen Nachkommenschaft, die er buchstäblich gezeugt hat.[13] Unweit davon war eine Zeichnung ausgestellt (München, Privatsammlung), allem Anschein nach Ende des 17. Jahrhundert entstanden, die die katholische Sichtweise in Bezug auf die innerprotestantischen Machtkämpfe bezeugt. Sie parodiert die Schlacht von Karneval und Fasten, zeigt eine lächerliche Streitszene zwischen Calvin und Luther, der einen Staubwedel in der Hand hält, wodurch die Eitelkeit des Streits symbolhaft gezeigt wird. So vollzieht sich ein Übergang in den beiden Gemälden von Egbert II van Heemskerck, die als Ausgangspunkte der Reflexion wie als Zielpunkte des Museumsrundgangs dienten.

Schließlich hat sich ein Epilog mit der Frage jener Bilder befasst, die die interkonfessionelle Toleranz befürworten. Dabei handelte es sich nicht darum, den Ausstellungsstreifzug mit einem Happy End abzuschließen, sondern klarzustellen, dass es doch eine Ikonographie gab, wenn auch eher marginal, die die verheerenden Auswirkungen der Streitigkeiten kritisierte und ein friedliches Ideal ausstrahlte. Dies ist insbesondere der Fall bei einem Druck, der um 1600 aus einem niederländischen calvinistischen

---

12 Pierre Wachenheim, A l'école d'Arcimboldo. Portraits politiques satiriques allemands et français (XVIe-XXe siècle), in: Francia. Forschungen zur westeuropäischen Geschichte, 37, 2010, S. 413–431.

13 Illustrierte Flugblätter aus den Jahrhunderten der Reformation und der Glaubenskämpfe: Kunstsammlungen der Veste Coburg, hg. Wolfgang Harms, Coburg 1983, S. 62f.

Umfeld stammt und worin verschiedene Konfessionen an einem Tisch Gespräche führen unter der Schirmherrschaft der *Ratio*.[14]

Bilanz der Ausstellung

Eine Besonderheit der Ausstellung bestand darin, die Frage der satirischen Darstellung in einem historischen Streifzug vom Mittelalter bis ins 18. Jahrhundert hinein zu untersuchen. Die Ausstellung bot Gelegenheit, nachvollziehbar zu machen, dass bestimmte Motive und Themen diesen ganzen Zeitraum überdauert haben. Vor allem beschäftigte man sich mit der Verteufelung oder Verspottung der verfeindeten Lager, wobei am häufigsten die Verhaltensweisen in Bezug auf Geld und Sex mit erhobenem Zeigefinger dargestellt wurden. So war es von Interesse hervorzuheben, dass der Rückbezug auf das apokalyptische und allgemein höllische Repertoire, in aller Regel in höllischen Darstellungen, die Jahrhunderte durchzieht. Zum Beispiel findet man die Gleichstellung der Kirche mit dem siebenköpfigen wilden Tier der Apokalypse sowohl in der Zierbemalung der Taufkapelle der Kathedrale von Padua (Mitte des 14. Jahrhundert) von Giusto de' Menabuoi als auch in den berühmten Illustrationen von Cranach im Septembertestament (16. Jahrhundert) und in nachfolgenden Werken.[15]

Diese Feststellung wird bestätigt durch die entscheidende Rolle, die das Darstellungsmedium spielt. Zunächst auf die Literatur beschränkt, schafft sich die Satire schon im 12. Jahrhundert greifbarere Medien, die ihr Sichtbarkeit verleihen. Sie lässt sich sowohl in der Monumentalmalerei und Bildhauerei finden als auch in illuminierten Handschriften und in unterschiedlichen Arten von Objekten vertraulicher und einzigartiger Natur. Ein wichtiger Wendepunkt tritt ein, als der Druck Vervielfältigung und breit angelegten Vertrieb in Form eines Buches, Flugblatts und Plakats ermöglicht, d. h., des Vorfahren des allgegenwärtigen Posters. Es ist also das Medium, das die verschiedenen Entwicklungsphasen der satirischen Darstellungen bestimmt. So ist der von der Ausstellung erfasste Zeitraum voll und ganz von den Auswirkungen des Drucks als Vertriebsmittel gekennzeichnet. Satirische Darstellungen durchlaufen weitere Epo-

---

14 Luther und die Folgen für die Kunst, S. 318f.

15 Silke Tammen, Manifestationen von Antiklerikalismus in der Kunst des Mittelalters, Frankfurt/M. 1993.

chen mit der Unterstützung durch neue Vertriebsmedien: Presse, Propagandaposter, Fernsehen und nun Internet. Heutzutage unterscheiden sich religiöse Karikaturen kaum von den damaligen bezüglich Struktur und Inhalt, indem sie nach wie vor versuchen, die Gegner zu verteufeln und ihre Anbetungsobjekte zu verspotten oder in den Schmutz zu ziehen. Zwar haben sie nicht mehr die Intensität oder Virulenz, die ihre Vorfahren im Mittelalter und in der Renaissance einst besaßen, sie reisen aber sekundenschnell um die Welt und haben daher unmittelbare Auswirkungen, und das wirkt umso tiefgreifender, wenn sie Religionen angreifen, die nicht denselben bildbezogenen, noch weniger denselben bildbezogen-satirischen Traditionen angehören.

Aus dieser Sicht versteht man die schreckliche Effizienz des Bildes zu Zeiten der Reformation und Konfessionalisierung besser. Es handelt sich um eine Effizienz, die mit den wachsenden konfessionellen Spannungen und dann auch mit den Religionskriegen Schritt halten musste. Ein seltener Kupferstichdruck in der Ausstellung veranschaulicht dieses Phänomen (Paris, Bibliothèque nationale de France, Reserve QB-01-7).

Wolfgang Meyerpeck, Caricature contre la papauté (1569). Bibliothèque nationale de France, département Estampes et photographie.

Die Zielscheibe dieses von Wolfgang Meyerpeck 1569 hergestellten Kupferstichs ist Johannes Nas, Bischof von Brixen und erklärter Gegner Luthers. Im Wortspiel mit Nas (Nase), ist sein Kopf in einen Dudelsack verwandelt, ein Instrument, das Lust symbolisiert, das der Teufel spielt, um den Papst zu trösten. Der Papst, als Hiob an seinem Leidenshöhepunkt dargestellt, trauert um den Fall der römischen Kirche, die sich in babylonischer Gestalt präsentiert.[16] Interessant ist, dass der Papst sich an einen Baum lehnt, an dem ein berühmtes Bild hängt, das 1545 im Umfeld Luthers geschaffen wurde und auf dem zwei Landwirte die päpstliche Tiara mit einem Nachttopf verwechseln. Mit diesem Zitat unterstreicht Meyerpeck die zentrale Rolle der satirischen Bilder im Konfessionskonflikt. Hinzuweisen ist auch darauf, dass er in bildlicher Darstellung und ikonographischer Gelehrsamkeit auf ein im Jahr zuvor von Johannes Nas gegen Luther gerichtetes Pamphlet antwortet: «Die Anatomia Lutheri».

Eine weitere Erkenntnis resultiert aus diesem zeitlich und räumlich weitangelegten Streifzug. Während Protestanten mit beißenden und verletzenden Angriffen aufgetreten sind, blieben die Repliken der Katholiken eher zurückhaltend, sowohl in ihrer Anzahl als auch in ihrem Einfallsreichtum. Sie scheinen literarische Medien, wie etwa das Flugblatt, zu bevorzugen, während sie das Bild im Wesentlichen dem Dogma der religiösen Malerei vorbehalten. Es lässt sich jedoch erkennen, dass sie sich auf dem Gebiet der satirischen Darstellung zu Beginn des Streits am stärksten hervortaten. Wir finden dies bezeugt in der «Statua hereticalis» des Bernhard von Luxemburg (1523), die direkt auf das Septembertestament (1522) reagiert; oder im «Siebenköpfigen Luther» (1529), der das Cochläus-Pamphlet illustriert, unzweifelhaft als Antwort auf das «Papsttier mit sieben Köpfen», das kurz zuvor in Nürnberg verfasst wurde. Es ist auch darauf hinzuweisen, dass sich die satirischen Bilder der Katholiken niemals – und das aus gutem Grund – in dogmatischen Fragen ergingen, vielmehr ausschließlich auf einzelne Personen zielten, meist Reformationsbegründer, vor allem Luther und Calvin. Dies trat relativ spät ein, weil es sich als notwendig erwies zu warten, bis sich eine offizielle Ikonografie dieser Begründer etablierte. Solche Ikonografien sind eben wichtig beim

16 Scribner, For the Sake of Simple Folk, S. 82, 134.

Heraufkommen eines neuen Genres, der Karikatur, definiert als lächerliche Verzerrung von individuellen Zügen – ein Genre mit einer vielversprechenden Zukunft.

Ausklang

Die Sonderausstellung «Hölle oder Paradies: die Ursprünge der Karikatur (16.–18. Jahrhundert)» hat sich als ein authentisches Laboratorium konstituiert, in dem sich anregendes Nachdenken über die Funktionen der satirischen Darstellung entwickelt hat. Es wurde vermittelnd begleitet, was einer breiten Öffentlichkeit erlaubte, Fragen zur Aktualität des Phänomens zu stellen, wobei insbesondere Illustratoren und Karikaturisten zu einem Blick auf die ausgestellten Arbeiten eingeladen wurden. Im Rahmen eines Masterseminars an der Universität Genf wurden wissenschaftliche Betrachtungen im Ausstellungskatalog schriftlich festgehalten. Indem er der Struktur der Ausstellung folgt, ist er konzipiert, die Reflexion über die Funktionen der satirischen Darstellung zu vertiefen.[17]

---

17 Enfer ou paradis. Aux sources de la caricature XVIe-XVIIIe siècles, hg. Fédéric Elsig und Simona Sala, Ausstellungskatalog (Genf, Internationales Museum der Reformation, 16. Oktober 2013-16. Februar 2014) Genf 2013.

Martin Sallmann, Bern

Reformation und Demokratie: Die Bedeutung von Subsidiarität und Priestertum aller Gläubigen

Die Frage nach den Zusammenhängen zwischen Reformation und Demokratie ist komplex. Zum einen liegen zwischen frühneuzeitlicher Reformation und moderner Demokratie mehrere Jahrhunderte, zum andern sind die Begriffe keineswegs eindeutig. Um die Verbindungen zwischen Reformation und Demokratie mit besonderem Blick auf Subsidiarität und allgemeines Priestertum sorgfältig zu behandeln, ist es notwendig, sowohl die geschichtliche Zeitspanne als auch die Begriffe entsprechend zu differenzieren.

1. Zur Differenzierung der Begriffe

Reformation umfasst zunächst den Prozess im 16. Jahrhundert, der aus der traditionellen christlichen Kirche der westlichen Welt die drei Kirchen lutherischer, reformierter und römischer Konfession, aber auch das Täufertum oder die anglikanische Kirche hervorbrachte. Damit ist auch gesagt, dass es unterschiedliche Formen der Reformation gab, die lutherische, die zürcherische und oberdeutsche sowie die täuferische Reformation, später die Genfer Reformation, die alle unterschiedliche Zentren und verschiedene Persönlichkeiten umfassten. Angestoßen in der ersten Hälfte des 16. Jahrhunderts, bildeten und festigten sich in der zweiten Hälfte des 16. Jahrhunderts Kirchen mit theologischer Lehre und kirchlichem Bekenntnis, mit Leben im Gottesdienst und Alltag sowie kirchlicher Verfassung. Diese konfessionellen Kirchen formten auch ihre besonderen Beziehungen zur weltlichen Obrigkeit aus. In den folgenden Jahrhunderten entwickelten sich diese Kirchen an unterschiedlichen Orten in verschiedener Weise und führten zu einer vielfältigen kirchlichen Landschaft. Erst im 19. Jahrhundert wurde der Begriff Reformation zur Bezeichnung einer historischen Epoche. Für unseren Zusammenhang aber ist der diachrone Aspekt der Reformation, die historische Entwicklung von der Frühen Neuzeit hinein in die Gegenwart von besonderer Bedeutung.

Auch der Begriff der Demokratie ist historisch zu differenzieren. Als Urbild gilt die Demokratie im antiken Griechenland: Stimmrecht besaßen nur die männlichen Vollbürger, Gewaltentrennung gab es keine und Demokratie umfasste das gesamte gesellschaftliche Leben. Demokratie als «Selbstregierung des Volkes» kam erst im 18. und 19. Jahrhundert auf. Elemente solcher Selbstregierung können im mittelalterlichen Wahlkönigtum oder in europäischen Stadtstaaten auftreten. Im 16. Jahrhundert wurde die Eidgenossenschaft von Luther als Demokratie wahrgenommen. Die Begriffe und Konzepte von Demokratie wurden im 19. und 20. Jahrhundert ausdifferenziert und sind heute kaum mehr zu übersehen. Die Ausgestaltung von Demokratie zeigt sich auf unterschiedlichen Ebenen, nämlich auf den Ebenen der Ideen, der Verfahren, der Institutionen und des Verhaltens. Wesentliche Punkte auf der Ebene der Ideen sind die Auffassungen von Freiheit und Gleichheit. Für den modernen Begriff von Demokratie ist Freiheit nicht nur als Freiheit im Staat, sondern auch als Freiheit gegen den Staat zu umschreiben. Es gibt einen Bereich menschlicher Individualität, in den der Staat nicht eingreifen darf. Freiheit bezieht sich nicht mehr nur auf einen bestimmten Stand von Vollbürgern, sondern grundsätzlich auf alle Menschen. Damit sind Freiheit und Gleichheit auf der Ebene von Menschenrechten artikuliert.[1]

Der Begriff der Subsidiarität ist schwierig, weil er in unterschiedlichen Bereichen wie der Politik, der Wirtschaft oder des Rechts auftritt. Subsidiarität umschreibt ein bestimmtes Verhältnis zwischen Individuum und Institution. Die individuellen Größen der Selbstbestimmung und Eigenverantwortung beschränken den Anspruch auf Regulierung durch die Institution, der das Individuum angehört. Dort, wo Selbstbestimmung und Eigenverantwortung des Individuums nicht ausreichen, um Aufgaben oder Probleme zu lösen, greift die höhere Organisationsform ein, um Unterstützung zu leisten. Durch das Prinzip der Subsidiarität wird staatliches Handeln zugleich begrenzt und eingefordert.[2]

Das allgemeine Priestertum vertrat Martin Luther vehement gegen den geistlichen Stand seiner Zeit. Für die Vermittlung zwischen Gott und Mensch sei ein Priestertum nicht notwendig, vielmehr seien alle Christen

---

1 Pia Letto Vanamo, Art. Demokartie I.-III., in: Religion in Geschichte und Gegenwart, Bd. 2, 1999[4], Sp. 649-651; Immo Meenken: Reformation und Demokratie. Zum politischen Gehalt protestantischer Theologie in England 1570–1660 (Quaestiones. Themen und Gestalten der Philosophie, Bd. 10.), Stuttgart-Bad Cannstatt 1996, S. 31–33.

2 Jochen-Christoph Kaiser, Art. Subsidiarität. I. Sozialwissenschaftlich, in: Religion in Geschichte und Gegenwart, Bd. 7, 2004[4], Sp. 1822f.

gleich und besäßen die gleiche Würde vor Gott. Obwohl Luther dieses Prinzip in späterer Zeit zurückhaltend behandelt und nicht ausgebaut hat, ist es zu einem Signum reformatorischer Theologie überhaupt geworden, das den besonderen Stand der Geistlichen aufhob. Das allgemeine Priestertum steht für das Christsein, das in sich nicht mehr in Stände oder Stufen gegliedert ist.

2. Zur historischen Differenz zwischen Reformation und Demokratie

Die Frage nach dem Zusammenhang zwischen Reformation und Demokratie gewann auf dem europäischen Festland erst mit dem Niedergang der feudalen Gesellschaftsordnung im *Ancien Régime* durch die Französische Revolution an Relevanz und kam daher relativ spät auf. Zwischen der Reformation als Epoche in der Frühen Neuzeit und dem modernen Verständnis der Demokratie nach der Französischen Revolution liegen nicht nur Jahrhunderte, sondern auch geistesgeschichtliche Welten. Zudem entwickelte sich die Reformation an unterschiedlichen Orten in unterschiedlichen politischen, wirtschaftlichen und gesellschaftlichen Zusammenhängen in unterschiedlicher Weise. Die Darlegung der Zusammenhänge mit einem hochausdifferenzierten Begriff der Demokratie ist schwierig, weil direkte historisch-genetische Linien aus dem 16. Jahrhundert in unsere Gegenwart hinein nur schwer aufzuzeigen sind.

Für die Darlegung ist daher zwischen primären, direkten Auswirkungen und indirekten, vermittelten Auswirkungen der Reformation auf die moderne Demokratie zu unterscheiden.[3] Direkte Auswirkungen können durch explizite oder implizite Bezugnahmen auf Theologen der Reformation oder auf Lehre und Leben der Konfessionskirchen gefunden werden. Vermittelte Wirkungen entstehen durch verwickelte Überlieferungen, durch Leben und Handeln von Gruppen, die Ideen und Einsichten weitertragen, modifizieren, verändern. Diese vermittelten Wirkungen sind zwar elastischer, aber auch schwieriger aufzuzeigen. Direkte Einflüsse von Persönlichkeiten oder Gruppierungen auf andere Personen und Gruppen sind historisch-genetisch oft nur schwer zu belegen. Es braucht dazu

---

3 Vgl. Dietrich Ritschl: Der Beitrag des Calvinismus für die Entwicklung des Menschenrechtsgedankens in Europa und Nordamerika, in: Menschenrechte. 1. Historische Aspekte (Forschung und Information, Bd. 30), hg. v. Ruprecht Kurzrock, Berlin 1981, S. 58–70, hier S. 60f.

ausdrückliche Erwähnungen in Werken, Äußerungen in Briefen oder explizite Kommentare in anderen Quellen. Ungleich schwieriger sind solche Verbindungen aufzuzeigen, wenn sie sich von einzelnen Personen oder Gruppen lösen und in einen weiteren Zusammenhang konfessioneller, gesellschaftlicher oder politischer Größen eingehen und sich über mehrere Jahrhunderte in unterschiedlichen historischen Zusammenhängen entwickeln und entfalten. Stehen dann auf der anderen Seite zugleich ausdifferenzierte Komplexe wie Demokratie, Menschenrechte oder Subsidiarität, die selbst ebenfalls einer historischen Entwicklung unterliegen, sind die Aufgaben außerordentlich schwierig und die Resultate sorgfältig abzuwägen. Es bleibt in jedem Fall viel Interpretationsspielraum.

3. Verschiedene reformatorische Topoi der Modernität

Die positive Zuordnung zwischen Reformation und Menschenrechten hatte Georg Jellinek, deutscher Staatsrechtler mit österreichischer Herkunft, Ende des 19. Jahrhunderts dargelegt, wobei der Gewissensfreiheit eine zentrale Rolle zukam, die er in der Reformation verwurzelt sah. Max Weber und Ernst Troeltsch zeigten in ihren religionssoziologischen Studien zu Beginn des 20. Jahrhunderts die Zusammenhänge zwischen protestantischen Traditionen und der aufkommenden Moderne auf. Weber sah als wesentlichen Antrieb für die Entstehung des modernen Kapitalismus die Haltung einer innerweltlichen Askese, die sich aus der puritanischen Frömmigkeit ergebe, weil die calvinistische Lehre von der doppelten Prädestination die Gläubigen ihres Heils nicht versichern konnte. Troeltsch legte dar, dass der Protestantismus die kirchliche Autorität im Übergang vom Mittelalter zur Neuzeit relativierte und damit Freiräume für die moderne Welt schuf. In dieser älteren Forschung wird der Ursprung der Moderne der calvinistischen Tradition zugeordnet, während der lutherischen Tradition eine konservative Zurückhaltung gegenüber der Moderne bescheinigt wird, was allerdings auch schon frühen Widerspruch provozierte.[4]

---

4 Siehe Angelika Dörfler-Dierken, Luthertum und Demokratie. Deutsche und amerikanische Theologen des 19. Jahrhunderts zu Staat, Gesellschaft und Kirche, Forschungen zur Kirchen- und Dogmengeschichte, Bd. 75, Göttingen 2001, S. 11f.

Im Folgenden werden einzelne Topoi, die immer wieder für den Zusammenhang zwischen Reformation und Demokratie herangezogen werden, skizziert und der mögliche Interpretationsspielraum angezeigt.

3.1 Allgemeines Priestertum – Gleichheit der Menschen

Martin Luther formulierte auf dem Höhepunkt der Auseinandersetzungen mit der römischen Kirche das Prinzip des allgemeinen Priestertums. Je nach argumentativem Zusammenhang konnte er dieses mit der Taufe, dem Glauben oder der Rechtfertigung durch Christus begründen. Das allgemeine Priestertum steht dabei für das Ganze der christlichen Existenz. Die Unterscheidung zwischen Klerikern und Laien als kirchlichen Ständen wurde aufgehoben. Allen Christen kommt die gleiche Stellung vor Gott zu und alle haben grundsätzlich die Aufgabe zum Dienst an Wort und Sakrament. In der frühen Zeit billigte Luther einer Kirchgemeinde das Recht zu, alle Lehre zu beurteilen sowie Lehrer zu berufen und wieder abzusetzen. Allerdings führte er das allgemeine Priestertum nicht als Grundlage einer evangelischen Kirchenverfassung ein. Kongregationalistische Schlussfolgerungen zog Luther aus dem allgemeinen Priestertum nicht. Auch waren seine Äußerungen über das allgemeine Priestertum in späteren Jahren zurückhaltender.

Huldrych Zwingli sah in der frühen Phase der Reformation das Gemeindeprinzip vor: Die einzelnen Kirchgemeinden sollten die Lehre selbst beurteilen und dementsprechend auch die Pfarrer wählen. Dieses Prinzip hat die politische Gemeinde, die eine gewisse administrative und jurisdiktionelle Autonomie sowie Wahlrechte übte, gestärkt. Die Bauern und die Täufer haben dieses Gemeindeprinzip aufgenommen, doch konnte es sich nicht durchsetzen. Sowohl in Zürich als auch in Bern blieb den einzelnen Gemeinden allenfalls das Recht der Zustimmung zu den von den weltlichen und kirchlichen Obrigkeiten vorgeschlagenen Pfarrern.

Der Grundsatz des allgemeinen Priestertums ist auch in Johannes Calvins Theologie unbestritten. Durch die Erwählung wird der Gläubige mit Christus verbunden. Der Leib Christi ist vom Heiligen Geist durchwirkt, so dass alle Glieder ohne Unterschied vom Geist geleitet sind. Die Verschiedenheit der Glieder zeigt sich in der Ausdifferenzierung der äußeren Ordnung der Kirche.

Das Prinzip des allgemeinen Priestertums ist von grundlegender Bedeutung. Alle Reformatoren haben die Unterscheidung zwischen Klerus und Laien abgelehnt. Hervorgerufen wurde diese Ablehnung durch die Privilegien und Missstände im Klerus der traditionellen Kirche, so dass der Ursprung des allgemeinen Priestertums ein innerkirchlicher war. Die konsequente Übertragung dieses Prinzips auf die feudal geordnete Gesellschaft blieb aber aus. Zwingli bevorzugte als Regierungsform die Aristokratie, wie er sie in Zürich aus eigener Erfahrung kannte. Calvin gab einer aristokratischen Staatsform, die durch demokratische Rechte ergänzt war, den Vorzug und lehnte Monarchie und Demokratie ab.[5]

3.2 *Synodal-presbyteriale Verfassung der Kirche*

Die *Ordonnances ecclésiastique* sah für die Kirchenleitung in Genf ein vierfaches Amt vor. Die Pfarrer (*ministres*) und die Lehrer (*docteurs*) sollten den Dienst am Wort tun. Die Pfarrer wurden vom Kollegium kooptiert, vom Rat bestätigt und ernannt sowie von der Gemeinde durch Zustimmung übernommen. Älteste (*anciens*) und Diakone (*diacres*) wurden vom Rat nach Rücksprache mit den Pfarrern gewählt. Die Ältesten stammten aus dem Kreis der Genfer Bürger. Zusammen mit den Pfarrern bildeten sie das Konsistorium, das wöchentlich tagte, um die Kirchenzucht zu üben. In schweren Fällen konnte das Konsistorium den Ausschluss vom Abendmahl verhängen. Die weltliche Obrigkeit war also bei der Besetzung der Ämter beteiligt. Das Konsistorium war ein gemischtes Gremium, das über die Kirchenzucht wachte. Zugleich aber waren kirchliche Zucht und weltliche Disziplin klar unterschieden.

In Frankreich übernahmen die Gemeinden das dreifache Amt, Pfarrer, Älteste und Diakone, die zusammen das Konsistorium bildeten. Das Konsistorium hatte die kirchliche Leitung inne, repräsentierte die Ortsgemeinde, wählte den Pfarrer und übte die Kirchenzucht. Die Gemeinden waren in Provinzial- und Generalsynoden zusammengefasst. Damit erhielt die protestantische Kirche in Frankreich eine eigenständige Gestalt, die der weltlichen Obrigkeit zum Gegenüber wurde.

Exulanten, die während der Regierung von Maria der Katholischen auf dem Kontinent Zuflucht gesucht hatten, brachten das presbyteriale

---

5 Bernhard Lohse, Luthers Theologie in ihrer historischen Entwicklung und in ihre systematischen Zusammenhang, Göttingen 1995, S. 308–310; Peter Blickle, Die Reformation im Reich, Stuttgart 2000[3] (UTB 1181), S. 201f.; Joachim Staedtke, Demokratische Traditionen im westlichen Protestantismus, in: Kirche und moderne Demokratie, hg. v. Theodor Strohm u. Heinz-Dietrich Wendland, Darmstadt 1973 (Wege der Forschung, Bd. 205), S. 346–369, hier S. 354.

Kirchenmodell nach England. Sie forderten die Abschaffung der bischöflichen Verfassung der anglikanischen Kirche und die Einführung einer biblischen Gemeindeordnung. Die presbyteriale Kirchenverfassung entsprach der politischen Mitbestimmung des niederen Adels und des Bürgertums im Parlament, widersprach aber den Privilegien von Hochadel und Bischöfen. Da eine Reform der Kirchenordnung nicht möglich war, ging ein Teil der puritanischen Bewegung in den Separatismus, lehnte den anglikanischen Episkopalismus und den calvinistischen Presbyterianismus ab und votierten für die Unabhängigkeit der einzelnen Gemeinde, die einen Bund (*covenant*) mit Christus schließe. Diese Gemeinden nahmen die täuferische Ekklesiologie auf und bereiteten den Kongregationalismus vor.[6]

3.3 *Verfolgung und Widerstand in Frankreich und den Niederlanden*

In Frankreich entwickelte sich die calvinistische Kirche zu einer starken Minderheit, die auch politisch an Einfluss gewann. Im langen Bürgerkrieg der zweiten Hälfte des 16. Jahrhunderts bildeten sich nach den blutigen Verfolgungen der Bartholomäusnacht im Südwesten und im Süden unabhängige Gebiete mit eigener Verwaltung und ausgezeichneten Bildungsanstalten. Oft wird darauf hingewiesen, dass in dieser Situation die Hugenotten das calvinistische Modell der Kirchenleitung auf den politischen Bereich übertragen hätten.

Der Bürgerkrieg in den Niederlanden führte zur Abtrennung der Sieben Vereinigten Provinzen, den Generalstaaten, unter der Leitung von Holland. Zuvor waren Calvinisten als Exulanten aus dem Süden in das Land eingereist. Auf einer Synode in Emden 1571 wurde eine synodal-presbyteriale Kirchenverfassung für die Gemeinden beschlossen. In den Nordprovinzen wurden diese Kirchenverfassungen umgesetzt und Konsistorien in den Städten eingerichtet.

Unter der Verfolgung entwickelten die Monarchomachen das Widerstandsrecht gegen die ungerechte und tyrannische Obrigkeit. Berücksichtigt wurden das geltende positive Recht, das römische Recht und die

---

6 Robert M. Kingdon, Kirche und Obrigkeit, in: Calvin Handbuch, hg. v. Herman J. Selderhuis, Tübingen 2008, S. 349–355; Raymond A. Mentzer, Calvin und Frankreich, in: Calvin Handbuch, hg. v. Herman J. Selderhuis, Tübingen 2008, S. 78–87, hier S. 84–87; Willem van't Spijker, Calvin, Göttingen 2001 (Die Kirche in ihrer Geschichte, Bd. 3/J2), S. 157–162.

biblischen Stellen zum Bund. Das Lehensrecht sehe die Gegenseitigkeit von Rechten und Pflichten der Herrschaft vor, so dass der Monarch seinerseits gebunden sei. Biblisch wurde der doppelte Bund begründet zwischen Gott und dem Monarchen mit seinem Volk einerseits sowie zwischen Monarch und seinem Volk andererseits. Das Widerstandsrecht wurde allerdings nicht allein von den Hugenotten entwickelt, sondern auch von der katholischen Partei in Anspruch genommen.[7]

3.4 *Bund und Gesellschaftsvertrag*

Die Bundestheologie, von Heinrich Bullinger und Johannes Calvin angeregt, wurden im Puritanismus aufgenommen und weiterentwickelt. Es wurde ein Bund der Werke (*covenant of works*) und ein Bund der Gnade (*covenant of grace*) unterschieden. Der Bund der Werke verpflichtete zur Einhaltung des Dekalogs, die zum ewigen Leben führt. Den Sünder aber brachte der Dekalog zu Verzweiflung, Reue, Umkehr und schließlich zu Christus. Der Bund der Gnade sprach dem Sünder die Gerechtigkeit Christi zu, die durch den Glauben empfangen wird. Der Glaube, der von Gott geschenkt ist, sucht aus Freude die Heiligung des Lebens in der Ausrichtung am Dekalog. Obwohl die Föderaltheologie mit einer Prädestinationslehre kombiniert war, wonach Gott den Menschen endgültig zum Heil oder zum Unheil erwählt hatte, kam früh auch der Gedanke der wechselseitigen Verpflichtung auf. Weil Gott seine Gnade erwiesen hatte, beispielsweise durch die Rettung vor den Spaniern oder später durch die Landnahme in der Neuen Welt, schuldete das Volk die Einhaltung der göttlichen Gesetze. Wurde diese Verpflichtung nicht eingehalten, drohte dem ganzen Volk Unheil.

Im frühen Kongregationalismus bekam diese wechselseitige Verpflichtung im Bundesgedanken eine aktive Verstärkung auf der Seite der Menschen. Die Versammlung der Gläubigen, die unter der Herrschaft Gottes steht, schloss einen Bund mit Gott, in dem sie die Einhaltung der göttlichen Gesetze bekundete, Gott seinerseits erklärte diese Versammlung zu

---

[7] Joachim Staedtke, Demokratische Traditionen im westlichen Protestantismus, in: Kirche und moderne Demokratie, hg. v. Theodor Strohm u. Heinz-Dietrich Wendland, Darmstadt 1973 (Wege der Forschung, Bd. 205), S. 346-369, hier S. 356-360; Kaspar von Greyerz, Calvin und der monarchomachische Widerstandsdiskurs des 16. Jahrhunderts – insbesondere bei Theodor Beza, in: Calvins Erbe. Beiträge zur Wirkungsgeschichte Johannes Calvins, hg. v. Marco Hofheinz, Wolfgang Lienemann u. Martin Sallmann, Göttingen 2011 (Reformed Historical Theology, Bd. 9), S. 207–221.

seinem Volk. Robert Browne sah diese gegenseitige, freiwillige Vereinbarung als konstitutiv für eine Kirchgemeinde, aber darüber hinaus für jede Form von Ausübung der Herrschaft – also auch im politischen Bereich.

Aus dem französischen Protestantismus wurde die Unterscheidung eines zweifachen Bundes aufgenommen: Zwischen Gott und dem König mit seinem Volk einerseits und zwischen dem König und seinem Volk anderseits wird ein Bund geschlossen. Der König ist zwar Statthalter Gottes, doch wenn er seiner Aufgabe nicht entspricht, besteht ein Widerstandsrecht des Volkes.[8]

4. Beurteilung und Einschätzungen

Es ist kaum umstritten, dass die reformatorische Tradition insgesamt und die reformierte Theologie besonders im vielfältigen Puritanismus einen Einfluss auf den Werdegang der modernen Gesellschaft hatten. Allerdings ist das Ausmaß der Wirkungen umstritten. Vor allem der Übergang von der Theologie zur Politik, vom Gottesdienst zur Gesellschaft ist schwierig einzuschätzen. Sicherlich ist zu beachten, dass weder der Presbyterianismus noch der Kongregationalismus ihre Motivation in der Modernisierung der Politik, sondern im Streben nach dem wahren Glauben und der diesem entsprechenden Kirchenverfassung hatte. Trotzdem dürften allgemeines Priestertum, presbyteriale Kirchenverfassung und föderaltheologische Gedankengänge die Mentalitäten geprägt haben, so dass demokratische Vorstellungen befördert wurden. Die Wirkungen sind jeweils im einzelnen historischen Kontext zu erheben. Wichtig ist zudem der Hinweis, dass die lutherische gegenüber der reformierten Tradition nicht einfach die konservative Position einnahm. Vielmehr sind die historischen, die politisch-gesellschaftlichen Umstände von größerem Gewicht für die Aufnahme und Entwicklung der unterschiedlichen theologischen Traditionen.

---

8 Meenken, Reformation und Demokratie, a.a.O. (Anm. 1), S. 169–180.

Systematisch

Christophe Chalamet, Genf

Die Reformation und ihre unvorhergesehenen Konsequenzen

Überlegungen zur Reformation, zum Individualismus und zur Säkularisation

In der westlichen Welt einschließlich der Vereinigten Staaten schreitet die Säkularisierung immer weiter voran. Die Menschen verspüren das Bedürfnis, über diese lang andauernde und weitgehende Entwicklung nachzudenken, und suchen in der Geschichte nach Erklärungen für die heutige Situation. Bisweilen kommt dabei Nostalgie auf: Die Menschen trauern den Zeiten nach, in denen die Kirchenbänke voll waren und, wie ein frankophones Sprichwort sagt, die Kirche «noch mitten im Dorf stand» – nicht nur geografisch, sondern in jeder Hinsicht. Der Geistliche war eine Autoritätsperson mit großem Einfluss auf seine Umgebung.

Wie ist es dazu gekommen – von der massiven Beteiligung am christlichen Gottesdienst zu praktisch leeren Kirchen, weitgehender Gleichgültigkeit und der Ansicht, dass Religion eine streng «persönliche», «intime» und «private» Angelegenheit bildet? Könnte die protestantische Reformation, von Martin Luther am Anfang des 16. Jahrhunderts in die Wege geleitet, damit zusammenhängen?

Die These, wonach die Reformation der Säkularisierung und dem Individualismus Auftrieb verliehen hat, ist keineswegs neu. Bereits im 16. Jahrhundert waren viele römisch-katholische Beobachter besorgt, dass die Reformatoren willkürlichen und sich manchmal gegenseitig widersprechenden Deutungen der Schrift Tür und Tor öffnen würden, indem sie die Schrift vor die Traditionen der Kirche stellten. Etliche moderne Theologen – nicht nur römisch-katholische – sind sich einig, dass die

Theologie der Reformation individualistische Tendenzen aufweist, und bezeichnen die Ekklesiologie als das «schwache Glied» in der protestantischen Theologie.[1]

Einige Jahrhunderte später wurde diese Kritik von einem anderen Genfer Denker aufgegriffen. Im zweiten Brief der «Briefe vom Berge» schreibt Rousseau: Mit den Reformatoren wird die Auslegung der Schrift

---

1 Albrecht Ritschls Deutung der Rechtfertigung im Bezug zu Reich Gottes kann als Versuch gesehen werden, den Individualismus im Protestantismus durch die Übernahme der gesunden Lehre des «Reichs» und der «Kirche» zu überwinden. Hier lag sein allgemeines Ziel, dass - entgegen allen pietistischen Fokussierungen auf das Individuum (vgl. z. B. Johann Christian von Hofmann) – «[…] unter dem leitenden Gedanken des Reiches Gottes die Versöhnung durch Christus und die Rechtfertigung im Glauben […] als die Hauptsache oder als das Ein und Alles der christlichen Lehre gelten können.» Die christliche Lehre von der Rechtfertigung und Versöhnung, Band 1: Die Geschichte der Lehre, Göttingen 1870, S. 561. Ritschl lobt Calvin, für den der Gläubige nur als Mitglied der Gemeinde ein Gläubiger ist (S. 194–196, 203); Calvin hätte allerdings noch einen Schritt weiter gehen müssen (S. 245). Die lutherische Orthodoxie und später der Pietismus halfen bei der Entwicklung zum Individualismus weiter (S. 302, 347, 349, 364). Bekanntlich setzte Karl Barth in seiner Auseinandersetzung mit Rudolf Bultmann die «Schlacht» gegen die individualistische Reduktion fort. Für Barth geht das *pro nobis* dem *pro me* voran. Dass Calvin das Thema Kirche nur im Schlussband seiner Institutiones behandelt, ist für Brunner gleichzeitig Äußerung und Ursache des «oft beklagten protestantischen Individualismus». Emil Brunner, Das Missverständnis der Kirche, Zürich, TVZ, [3]1988, S. 11. Zu Calvin: «[…] la foi est considérée essentiellement comme une réalité individuelle à laquelle la communauté de la foi s'ajoute, mais comme ne faisant pas partie de sa nature. Ce qui signifie que Calvin, bien qu'il soit dans la pratique et éminemment homme d'Église et fondateur d'Église, sépare de l'Église la foi comprise dans un sens individualiste. À supposer que les croyants aient besoin de l'Église, ils sont croyants même indépendamment de l'Église. C'est aussi la conception actuellement en cours chez les protestants réformés. À cette conception s'oppose diamétralement la conception catholique, non seulement la catholique romaine, mais également la conception de l'orthodoxie grecque, des anglicans et des vieux-catholiques qui, marquant au fer rouge cet individualisme, le considèrent comme une hérésie essentielle, parce que pour eux […] Église et foi constituent une unité de même nature et que l'on ne peut absoluement pas s'imaginer la foi sans l'Église» Emil Brunner, Dogmatique, Band 3. La doctrine chrétienne de l'Égise, de la foi et de l'achèvement, französische Übersetzung Frédéric Jaccard, Genf 1967, S. 33–34. Tillich schreibt: «Das Interesse des frühen Protestantismus galt überwiegend der individuellen Rechtfertigung, so dass sich der Gedanke der ‹Gestalt der Gnade› in unserer historischen Entwicklung nicht entwickeln konnte.» Paul Tillich, The Protestant Era, englische Übersetzung James Luther Adams, Chicago 1948, S. XX. Für eine «klassische» Kritik der protestantischen «Reduktionen» auch mit ihren individualistischen Tendenzen siehe Alfred Loisy, L'Évangile et l'Église, Paris 1902.

allein dem individuellen Verstand überlassen; die Autorität der Kirche wird damit abgelehnt, jeder für die Doktrin seiner eigenen Gerichtsbarkeit unterstellt. Dies sind die beiden Grundlagen der Reform: die Bibel als Richtschnur für den eigenen Glauben anzuerkennen und keinen anderen Ausleger der Bedeutung der Bibel als sie selbst zuzulassen.[2]

Rousseau erhebt darauf den folgenden möglichen Einwand: Wie konnten kirchliche Gemeinden entstehen, wenn willkürliche und individualistische Auslegungen der Schrift einen der beiden Hauptbestandteile der protestantischen Reformation bildeten? Wie konnten sie in einer Kirche «Gestalt» annehmen («comment ont-ils fait corps»)? Rousseau gibt darauf eine klare Antwort: Sie sind sich darin einig, dass alle jeden einzelnen von ihnen als für sich selbst zuständigen Richter anerkennen.[3] Das Bindemittel der protestantischen Kirche bestand gemäß Rousseau ebengerade im individualistischen Dogma. Gerade die Unterschiede in ihren Denkweisen über die andern bildeten das Band, das sie vereinigte.[4] Als reformierte Kirche kann und darf die Genfer Kirche nicht über ein genaues, klares und für alle Mitglieder gemeinsames Glaubensbekenntnis verfügen.[5]

Diese «Freiheit» schätzte Rousseau am Protestantismus besonders. Wenn mir heute jemand beweist, dass ich mich in Glaubensfragen den Entscheidungen eines andern unterwerfen muss, dann werde ich ab morgen katholisch, und jeder folgerichtig und ehrlich denkende Mensch wird dasselbe tun.[6]

Die Kernfrage lautet, wie wir von Punkt A (Reformatoren und ihre Theologien) zu Punkt B (Rousseau, moderne liberale Theologie als Fortschreibung von Rousseau, und von uns) gelangen?

---

2 Jean-Jacques Rousseau, Letter to Beaumont, Letters Written from the Mountain, and Related Writings, Christopher Kelly und Eve Grace Hg., Christopher Kelly und Judith R. Bush Übers., Hannover-London 2001 (Collected Writings of Rousseau, Bd. 9), S. 154. Jean-Jaques Rousseau, Œuvres complètes, Raymond Trousson und Frédéric S. Eigeldinger Hg. Bd. 6, Genf-Paris 2012, S. 255.

3 A.a.O.

4 A.a.O.

5 A.a.O., S. 260.

6 A.a.O., S.256. «Qu'on me prouve aujourd'hui qu'en matière de foi je suis obligé de me soumettre aux décisions de quelqu'un, dès demain je me fais catholique, et tout homme conséquent et vrai fera comme moi.»

Die Antwort auf diese Frage fällt nicht leicht. Sie kann auf verschiedenen Ebenen gesucht werden: auf der Ebene der Theologie, besonders in Bezug auf die angenommenen Präsenz individualistischer Tendenzen in bestimmten Theologien. Ekklesiologische Erwägungen spielen hier eine wichtige Rolle. Theologie und Rezeption der Theologie sind jedoch nicht ein und dasselbe. Calvin und der Calvinismus sind nicht ein und dasselbe. Calvin mag gewünscht haben, die Heilsgewissheit des Gläubigen zu begründen, doch die Anhänger der breiteren Glaubensrichtung, zu der er beitrug und die wir Calvinismus nennen, hatten womöglich trotzdem tiefe und existenzielle Zweifel an ihrem ewigen Leben. Diese Zweifel haben vielleicht bestimmte Lebensweisen hervorgerufen. Hier liegt eindeutig der Ausgangspunkt von Max Webers bekannter These zur Nähe die es seiner Meinung nach zwischen Calvinismus und Kapitalismus gibt.

Rousseau projizierte offensichtlich seine eigenen Ansichten von Freiheit und Gewissen (sowie die seiner Anhänger unter den Deisten) auf die Welt der Reformatoren. Weder Luther noch Calvin, sondern Kant dachte, dass es nicht Gott gewesen sei, der von Abraham verlangt habe, seinen Sohn Isaak zu opfern (Gen 22). In der Tat waren die Reformatoren an die Schrift «gebunden» und zeigten keinerlei Neigung zu einer willkürlichen Auslegung der Schrift. Ihr einziger Wunsch war es, das Evangelium neu zu entdecken, nicht nach ihrer Lust und Laune ein neues Evangelium zu schreiben. Sie sahen sich als Hörer, nicht als Kritiker der Schrift. Deswegen «standen sie da» (wie Luther es 1521 in Worms sagte) und konnten nicht anders. Die Vorstellung, dass die Reformatoren die Gewissensfreiheit befürworteten, erscheint abwegig. Heute sind sich die meisten Menschen dessen bewusst (anders als im 18., 19., im frühen 20. Jahrhundert und – wer kann es glauben — heute noch).

Damit ist aber die drängende Frage nicht gelöst: Wie verhält es sich mit den unvorhergesehenen Folgen der protestantischen Reformation? Die Reformatoren waren zwar durch Gottes Wort in der Schrift gebunden, aber ermöglichten sie durch den Widerstand gegen «die» Kirche nicht vielleicht eine willkürliche und falsche Haltung, die eher Konfrontation als (kritische) Treue gegenüber der «Gemeinde» – der Kirche – bedeutete? Hatten sie durch die überdeutliche Betonung der «Rechtfertigung» nicht die Theologie und den christlichen Glauben auf ein individualistisches Verständnis des Christentums hin ausgerichtet? Was ist schließlich Gegenstand von Rechtfertigung? Eine Gemeinde oder ein Individuum, das an Gottes Versprechen und an Gottes Gabe glaubt?

Das kürzlich erschienene Buch von Brad S. Gregory, «The Unintended Reformation» will laut Untertitle zeigen: «How a Religious Revolution Secularized Society» (Cambridge-London 2012). Gemäß Gregory «ist heute alles erlaubt, was Wahrheitsansprüche und religiöse Praktiken anbelangt»; diese bedauernswerte Lage ist «eine Ausdehnung und neuzeitliche Ausdrucksform einer der zahlreichen von der Reformation hervorgebrachten schrankenlosen Ansichten».[7] John Milton, Roger Williams und andere «radikale Protestanten» des 17. Jahrhunderts, die «behaupteten, dass der einzelne Christ nicht mehr an Institutionen, Traditionen und Behörden gebunden ist als ein einzelner Philosoph, wie es von Descartes, Spinoza, oder Hobbes verstanden ist», äußerten «lediglich explizit, was Luther, Calvin und die andern protestantischen Reformatoren des 16. Jahrhunderts implizit meinten»[8]. Was die Reformation «mangels der Macht der politischen Behörden, die hinter hermeneutischen Behörden stehen, hervorbrachte», ist Folgendes: «die Gesamtheit all dessen, was Individuen zufällig vorzogen»[9]. Die *sola scriptura* führte zu «Willkür mit offenem Ergebnis»[10]. Der protestantische Pluralismus» geht auf die *sola scriptura* zurück. Dies ist laut Gregory eine Tatsache. «Mit der Ablehnung der Autorität der römischen Kirche zerstörte die Reformation jeglichen gemeinsamen Rahmen für die Einbindung von Wissen»[11]. Das «Scheitern der Reformation ging direkt auf das offensichtliche Unvermögen zurück, das eigentliche Gründungsprinzip der Reformatoren erfolgreich anzuwenden»[12] – nämlich die *sola scriptura,* was bereits um 1520 «radikaler, doktrinärer Skepsis und Relativismus»[13] den Weg bereitete. «Mit der Ablehnung der Autorität der römischen Kirche und weitgehend auch des mittelalterlichen Christentums trieb die Reformation die Gelehrtenrepublik zur Säkularisierung: aus einem Netz, das sich der Erneuerung des christlichen Glaubens widmete, wurde sie zu

---

7 Bard S. Gregory, The Unintended Reformation, Cambridge-London 2012, S. 112. Auf der gleichen Seite nimmt Gregory Luthers Sorge wegen der willkürlichen Auslegung des christlichen Glaubens zur Kenntnis.

8 A.a.O., S. 215.

9 A.a.O., S. 355.

10 A.a.O., S. 374.

11 A.a.O., S. 326.

12 A.a.O., S. 368.

13 A.a.O., S. 369.

einem Refugium vor trennenden, zerstörerischen und umkämpften religiösen Angelegenheiten.»[14] Gregory bringt seine These am klarsten im Schlusskapitel zum Ausdruck: «Die Reformation ist die wichtigste weit zurückliegende historische Quelle für den zeitgenössischen Hyper-Pluralismus des Westens, was die Wahrheitsansprüche zu Sinn, Moral, Werten, Prioritäten und Ziele anbelangt. […] Entgegen den Absichten der antirömischen Reformatoren, doch als Konsequenz ihres Handelns wurde aus der einen Kirche mehrere Kirchen.»[15]

Sicherlich stimmt Gregorys Auffassung, dass die protestantische Reformation zur Entstehung zahlreicher kirchlicher Gemeinschaften führte; doch existierten nicht lange vor dem 16. Jahrhundert bereits mehrere christliche «Kirchen»? Und Gregory ist sich bewusst, dass die Reformatoren mit Bestürzung auf die Auslegung des Protestantismus durch Rousseau reagiert hätten. Trägt er aber den zahlreichen lebhaften Debatten vor 1517 und dem Scheitern des mittelalterlichen Christentums angemessen Rechnung?[16] In gewisser Weise vertritt er ähnliche Standpunkte wie Alasdair MacIntyre in seiner hochdramatischen Sicht zum heutigen Zusammenbruch der Ethik in den ersten Kapiteln von «After Virtue».[17] Obwohl das Schlusskapitel den Titel «Against Nostalgia» trägt, erhält der Leser den Eindruck, dass Gregory das Schisma des 16. Jahrhun-

---

14 A.a.O., S. 335.

15 A.a.O., S. 369.

16 Gregory teilt Rousseaus naive «Nostalgie» nicht: «Quand les premiers Réformateurs commencèrent à se faire entendre, l'Église universelle était en paix; tous les sentiments étaient unanimes […].» Rousseau, Œuvres complètes, Bd. 6, Genf-Paris 2012, S. 267. In einer öffentlichen Diskussion zu Gregorys Buch am 8. Mai 2012 argumentierte Mark Noll, dass «der Schaden, den die Protestanten dem mittelalterlichen Ideal zufügten, praktisch in allen Fällen auf das Scheitern des mittelalterlichen Christentums zurückging». Nolls Antwort ist in einem Videofilm zu sehen http://vimeo.com/41909963 (Zugang 10. September 2013).

17 Gregory räumt (a.a.O., S. 5) ein, dass er MacIntyre viel schuldet, und MacIntyre zollt dem Werk auf dem Buchrücken großen Tribut. Im Buch (a.a.O., S. 359) finden wir natürlich heftige – aber unbegründete – Kritiken von MacIntyres vehementestem Gegner Jeffrey Stout. Wie MacIntyre und Hauerwas interessiert sich Gregory für die «Habituation der christlichen Tugenden in einer gemeinsamen Lebensweise» (a.a.O., S. 530). Er bedauert dies: «Es gibt kein gemeinsames wesentliches Gut […]» (a.a.O., S. 377) Gregory scheint «anders als gewisse Protestanten» überzeugt, dass die Theologie ohne Metaphysik intellektuell unhaltbar ist (a.a.O., S. 332).

derts bedauert. Sollen Historiker wirklich der Vergangenheit nachtrauern? Ihre Priorität sollte sicherlich darin bestehen, die Vergangenheit zu verstehen und im Lichte der Vergangenheit die Gegenwart; zu seinen Gunsten sei gesagt, dass Gregory sich genau darum bemüht. Doch lässt dieses «Bedauern» nicht den Verdacht aufkommen, dass in diesem Narrativ trotz des Titels des Schlusskapitels eine gewisse Nostalgie spürbar ist? Das Körnchen Wahrheit in Brad Gregorys gewagter, aber stark vereinfachender These[18] besteht in der Gefahr der Willkür im Protestantismus, bisweilen im Namen der «Erleuchtung» durch den Geist. Gregorys Buch geht jedoch über die sicherlich weit wichtigere Quelle für die Säkularisierung unserer Welt als die protestantische Reformation hinweg: die moderne Revolution und besonders das deistische religiöse Gedankengut. Der «Wendepunkt», wie Charlos Taylor schreibt, liegt nicht im 16. Jahrhundert, sondern am Ende des 17. Jahrhunderts mit der Entfaltung dieser Ideen im 18. Jahrhundert.[19] Für unser «säkulares» Zeitalter gibt es viele Ursachen, die sich nicht auf ein bestimmtes geschichtliches Ereignis reduzieren lassen. Ausserdem sollte genau geprüft werden, auf welche Art und Weise sich der Protestantismus im späten 16. Jahrhundert und besonders im 17. Jahrhundert entwickelt hat, wenn man auf der Suche ist nach einer der Strömungen, die zu unserer westlichen säkularisierten Welt führte.

Mein Ziel in diesen Ausführungen war es nicht, den protestantischen Reformatoren des 16. Jahrhunderts die Absolution zu erteilen und den

---

18 Der Untertitel des Buchs, für den Gregory selbst Verantwortung übernehmen muss, scheint eine Monokausalität zu postulieren: Unsere säkulare Welt geht auf eine einzige religiöse Revolution – jene von Luther – zurück.

19 Siehe Teil 2 von «A Secular Age» (Cambridge-London 2007) mit dem Titel «The Turning Point» (S. 221–295). Taylor schreibt: «[…] Wie wurde ein ausschließlicher Humanismus für zahlreiche Menschen zu einer Lebensoption – zuerst für die Oberschicht und dann allgemein? Die Entstehungsgeschichte durchlief eine Zwischenphase, die oft als ‹Deismus› bezeichnet wird. Dies hat zahlreiche Facetten […] […] um den Wechsel vom 17. zum 18. Jahrhundert – plus minus ein paar Jahrzehnte – kommt es zu einer auffallenden anthropozentrischen Verlagerung» (S. 221f.). «Der Übergang, auf den ich mich beziehe, beginnt im zweiten Teil des 17. Jahrhunderts und setzt sich im 18. Jahrhundert fort» (S. 259). Dafür, dass sein Buch fünf Jahre nach Taylors Werk veröffentlicht wurde, setzt sich Gregory nach meiner Meinung viel zu oberflächlich damit auseinander (6 Verweise in einem Buch von fast 400 Seiten).

Protestantismus von jeglicher Verantwortung innerhalb der großen geschichtlichen Strömungen, die unsere gegenwärtige Welt geformt haben, freizusprechen. Es ist klar, dass das Schisma im Westen zu einer Fragmentierung des Christentums und zu hartnäckigen Diskussionen zu theologischen und philosophischen Fragen geführt hat (ohne gar von den blutigen Konflikten zu sprechen). Doch Monokausalität hilft nicht weiter, und provokante und griffige Untertitel wie der von Gregory sind vielleicht erfolgreich in Buchhandlungen, sonst aber inadäquat und bedauernswert.

François Dermange, Genf

Die ökonomische Ethik von Calvin – «kapitalistisch», «sozialistisch» oder ganz anders?

Calvin mit dem Kapitalismus oder mit dem Sozialismus in Verbindung zu bringen ist ein Anachronismus. Erstens sind diese Begriffe viel später entstanden und zweitens wäre der eigentliche Grundgedanke im 16. Jahrhundert unverständlich gewesen. Die Begriffe lassen sich einander nur annähern, wenn wir sie auf ihre Wahlverwandtschaft hin prüfen, wie es Max Weber vor über einem Jahrhundert (1864–1920) in «Die protestantische Ethik und der Geist des Kapitalismus»[1] und in jüngerer Vergangenheit André Bieler (1914–2006) für den Sozialismus taten.

Bei der protestantischen Ethik, von der Weber schreibt, handelt es sich nicht um die Ethik im eigentlichen Sinne – eine theologisch fundierte normative Theorie – sondern um ein Ethos, d. h. eine Gesamtheit an in den Sitten kulturell verinnerlichten Normen, deren Verletzung sozial sanktioniert wird, die jedoch keiner näheren Erklärung bedürfen. In diesem Sinn bezeichnet die protestantische Ethik nicht jene von Luther oder Calvin, sondern die psychologische und pragmatische Tragweite ihres Gedankenguts für das soziale Handeln in den durch ihren Einfluss geprägten Gruppen. Aus dieser Warte gesehen weiß Weber, dass er bei Calvin keinerlei Zuspruch für den Kapitalismus finden würde.[2] Der Sinn erschließt sich ihm in der Wirkungsgeschichte von Calvin, im Calvinismus, Puritanismus und schließlich im säkularisierten Ethos der Industriekapitäne.

Beim Kapitalismus handelt es sich weder um das Wirtschafts- und Gesellschaftsmodell der Liberalen noch um das von Marx angeprangerte System, sondern um eine «Geisteshaltung», die sich z. B. in den Ratschlägen äußert, die Benjamin Franklin einem jungen Mann erteilt[3] – d. h. in der Denkweise, die systematisch und rationell über die Ausübung

—

1 Max Weber, L'éthique protestante et l'esprit du capitalisme: suivi d'autres essais [1904–1905]; Hg., übersetzt, annotiert und vorgelegt von Isabelle Kalinowski, Paris 2000.

2 A.a.O., S. 150, 160.

3 A.a.O., S. 89.

eines Berufs einen rechtmäßigen Gewinn anstrebt: «Ein kapitalistischer Wirtschaftsakt soll uns heißen zunächst ein solcher, der auf Erwartung von Gewinn durch Ausnützung von Tausch-Chancen beruht: auf (formell) friedlichen Erwerbschancen also.»[4]

Der «Geist des Kapitalismus» bezieht sich auf eine verinnerlichte Weltsicht mit den folgenden Hauptmerkmalen: individuelle Initiative, instrumentelle Rationalität (der Verstand ist auf das Streben nach den Mitteln und nicht nach dem Zweck ausgerichtet), materielles Gewinnstreben, Tausch, Wettbewerb und Risikofreude.

Weber vertritt die Ansicht, dass die Entwicklung des modernen Kapitalismus sich weder durch das «natürliche» Spiel der «reinen» Wirtschaftsgesetze erklären lässt, wie der ökonomische Liberalismus glaubt, noch dadurch, dass die Wirtschaft letztlich die Beziehungen zwischen sozialen Schichten prägt, wie die Marxisten behaupten. Ebenso wenig lässt er sich auf den Wunsch des Einzelnen reduzieren, seine Lebensbedingungen zu verbessern (Adam Smith), seinen Ertrag zu steigern (Werner Sombart) oder Gewinne zu erzielen. Das Aufkommen von Verhaltensweisen und neuen wirtschaftlichen Konzepten hängt mit einem neuen Ethos zusammen, das unter andern komplexen Faktoren insbesondere durch die neue Geisteshaltung der Reformation genährt wird. Die Reformation habe also dem jungen Kapitalismus so lange gedient, bis dieser auf seinem Siegeszug die Hilfe nicht mehr brauchte, weil er über seine eigene mechanische Grundlage verfügte.

Heute sei der Kapitalismus nicht mehr nur eine Geisteshaltung («der Geist des Kapitalismus»), sondern eine bezwingende soziale Kraft: Der Puritaner wollte ein Erwerbsmann sein – wir müssen es.[5] Weber spricht vom «stahlharten Gehäuse», in dem wir uns nach und nach haben einsperren lassen. Niemand hat heute die Freiheit, seinem Leben einen anderen als den von aussen gesellschaftlich vorgegebenen Sinn zu verleihen: Individualismus, Konkurrenz, Erfolg, streng definierte Nützlichkeit usw. Auch die Wirtschaftswissenschaft geht davon aus, dass die Menschen rational handeln, das heisst dass sie für sich alleine ihre egoistischen Interessen verfolgen, um ihren Genuss zu vergrößern. Diese

---

4 Max Weber, Avant-propos au «Recueil d'études de sociologie des religions», in Sociologie des religions [1922], Gallimard, 1996, S. 493f..

5 A.a.O., S. 300.

Definition der Rationalität ist aber nicht gottgegeben; alle ernstzunehmenden Ökonomen wissen auch, dass es sich um eine Fiktion handelt. Dennoch handeln wir, als wäre sie wahr, ja wir erheben sie zu einem der wichtigsten Schlüssel des sozialen Lebens. Der Kapitalismus folgt demnach einer nihilistischen Logik, in der alle in einer Tretmühle gefangen sind: «Man stelle sich die Folgen der allgemeinen Bürokratisierung und Rationalisierung vor, deren Vorzeichen wir heute erleben. In den Privatunternehmen der Großindustrie und in allen modern organisierten Wirtschaftsbetrieben ist die ‹Kalkulierbarkeit›, die rationelle Berechnung, auf sämtlichen Ebenen anzutreffen. Sie macht jeden Werktätigen zu einem Rädchen in der Maschinerie und bringt ihn dazu, sich in seinem Innersten immer mehr als ein solcher zu fühlen und sich nur noch eine Frage zu stellen: nämlich ob ein kleines Rädchen ein grösseres werden kann. [...] Es geht hier nicht um die Frage, wie man diese Entwicklung ändern kann – das ist unmöglich – sondern wir möchten deren Konsequenzen ermitteln.»[6]

Diese These soll hier nur am Rande und nicht auf ihrem angestammten soziologischen Gebiet, sondern in Bezug auf ihr Verhältnis zur Theologie erörtert werden. Calvin steht zwar nicht im Mittelpunkt von Webers Untersuchungen, aber Weber übernimmt von Calvin mindestens zwei wesentliche Aspekte, die er mit der Rationalisierung der Reformation verknüpft: die neue Bedeutung der Askese und die Selbstbestätigung des Auserwähltseins durch den beruflichen Erfolg.

Die von den israelischen Propheten bereits eingeleitete Rationalisierung findet bei Calvin ihre Vollendung.[7] Die Reformation habe die Welt entzaubert, weil sie die magischen Mittel des Heils und die Beichte abgeschafft habe; außerdem habe Calvin die Bewegung der Rationalisierung mit seiner Auffassung zu den Sakramenten und zum Heil noch weiter getrieben.[8] Mit der Absage an das Verdienst der Werke konfrontierte die Reformation ihre Anhänger zwangsläufig mit der Frage, ob sie denn gerettet seien. Luther beruhigte sie mit einer spirituellen und mystischen Antwort: Christen könnten erfahren, dass sie «Gefässe Gottes»

—

6 Zitiert von Isabelle Kalinowski, «Leçons wébériennes sur la science et la propagande», in Max Weber, La science, profession et vocation, Agone, 2005, S. 255.

7 Weber, L'éthique protestante et l'esprit du capitalisme, a.a.O., S. 166f.

8 A.a.O., S. 166f.; S. 190.

seien und mit Christus eins werden. Calvin habe sich jedoch gegen affektive und mystische Gedanken verwahrt. Es genüge, sich an Gottes Ratschluss zu halten, der die Auserwählten zum ewigen Heil vorbestimme, und in unerschütterlicher Zuversicht auf Christus zu hoffen, die sich aus dem wahren Glauben ergebe.[9] Mit dieser Antwort gab sich vielleicht Calvin zufrieden, aber nicht seine Schüler.

Gemäß demselben Vorgang der Rationalisierung habe sich auch der Sinn der Askese verschoben. Während langer Zeit bestand Askese im Verzicht auf weltliche Güter und in der Zuwendung zu den echten Gütern, die Christen in Gott fanden. Askese bestand darin, sich freiwillig seiner Habe zu entledigen. Calvin habe die Askese neu vom Verzicht weg zum Handeln ausgerichtet.[10] Die Welt sei da, um dem Ruhm Gottes zu dienen, und Christen seien da, um den Ruhm Gottes nach ihren Möglichkeiten hier auf Erden durch die Befolgung der göttlichen Gebote zu vermehren.[11] Christen sollen also die Welt geniessen, wie wenn sie sie nicht genössen, ohne aber darauf verzichten, weil die Welt ja den andern nützlich sein und so dem Ruhm Gottes dienen konnte.

Calvins Schüler stellten zwischen den beiden Aspekten eine Verbindung her. Nachdem die Vorbestimmung sie in Einsamkeit und Angst verharren gelassen hatte,[12] fanden sie in der mit möglichst großer Wirksamkeit ausgeübten beruflichen Tätigkeit einen Weg, um sich ihres Auserwähltseins zu vergewissern. Die Reformierten und anschließend die Puritaner bekundeten zwar, durch die Gnade und durch den Glauben gerettet worden zu sein, aber eigentlich hätten sie ihren wirtschaftlichen Erfolg zum Fundament ihrer *certitudo salutis* gemacht.[13] Mit dem Erfolg im Beruf erfüllten sie Gottes Erwartungen an sie als seine Diener und Werkzeuge und waren sicher, auf der richtigen Seite zu stehen. Der Glaube bewährte sich durch greifbare Zeichen.[14]

Hat Weber Calvin richtig gelesen? Ja und nein. Nein, weil er seinen Standpunkt radikalisiert und bestimmten Aspekten, besonders der

---

9 A.a.O., S. 164.
10 Julien Freund, Etudes sur Max Weber, Genf 1990, S. 157f.
11 Weber, L'éthique protestante et l'esprit du capitalisme, a.a.O., S. 185.
12 A.a.O., S. 165.
13 A.a.O., S. 178, 180.
14 A.a.O., S. 184.

Prädestination, eine Bedeutung verleiht, die sie in der Ethik des Reformators offensichtlich nicht besitzen. So ist nicht zu vergessen, dass der «Traicté très excellent de la vie chrestienne» – ab 1539 verfasst, 1551 separat veröffentlicht und in allen aufeinanderfolgenden Ausgaben der Institutio[15] wieder aufgegriffen – das Einssein mit Gott in den Mittelpunkt stellt. Mit der schrittweisen Regeneration der menschlichen Fähigkeiten – dem Ziel der Heiligwerdung – wird der Gegensatz zwischen Freiheit und Gehorsam, Passivität und Aktivität, göttlicher Gerechtigkeit und menschlichem Willen überwunden: «Unsere Regeneration soll uns helfen, in unserem Leben eine Melodie und eine Übereinstimmung (auf lateinisch: *symmetria et consensus*) zwischen Gottes Gerechtigkeit und unserem Glauben zu erkennen: Damit bestätigen wir die Adoption, durch die Gott uns als seine Kinder angenommen hat.»[16]

Der Zustand, in dem man sich Gott und den Menschen symmetrisch und übereinstimmend vorstellt, heißt «geheiligte Einheit» (auf lateinisch: *mystica)*. Dadurch findet der Gläubige in Christus und in allen Gütern, die in ihm sind, seine Erfüllung.[17]

Max Weber behauptet allerdings zu Recht, dass Calvin den Sinn der Askese verschiebe. Calvin formuliert zunächst eine Antithese zwischen der Liebe zu den himmlischen und jener zu den irdischen Gütern,[18] sieht jedoch gute Gründe, nicht einfach auf die Güter dieser Welt zu verzichten: «Es passt nicht zur christlichen Liebe, dass ein Mensch gleichsam aus Hass gegenüber den Mitmenschen in die Wüste flieht, dort abgeschieden lebt und allem entsagt, was unser Herr vor allem von uns will, nämlich einander zu helfen.»[19]

Das Evangelium entdeckt eine neue Antithese: Die Güter sind zwar an sich gefährlich, aber für andere nützlich, und wenn sie andern dienen, kann man damit Gott dienen.[20]

---

15 Der «Traité de la vie chrétienne» – während langer Zeit der Schlussteil der Institutio (Kap. XVII. der Auflage von 1541 und Kap. XXI. der Auflage von 1545 ff.) – wird von Calvin in der letzten Auflage (1559) im Buch III Kap. VI–X untergebracht.

16 Institutio Christianae religionis, (Inst.)., III, VI, 1.

17 Inst. III, XI, 10.

18 Commentaires du Nouveau Testament, Paris 1853, Bd. 1, S. 187, zu Mt 6, 19.

19 Inst., IV, XIII, 16.

20 Commentaires du Nouveau Testament, Bd. 1, S. 189, zu Mt 6, 24; Bd. 1, S. 371 zu Lk 16, 1–15.

Weil Christen Gott lieben, bemühen sie sich, «Gottes Gaben mit reinem Gewissen» ohne Gier, unnützen Aufwand und Überheblichkeit zu nutzen.[21] Christen enthalten sich «des Überflüssigen und des eitlen Scheins des Überflusses»[22] und führen nach dem Vorbild der Urchristen ein einfaches, nüchternes und fröhliches Leben.[23] Weil ein Christ aber auch seinen Nächsten liebt, wird er sich nicht eines Gutes entledigen, das auch Gutem dienen kann.[24] Gott hat nicht gewollt, dass seine Kinder hier auf Erden unnütz sind, sondern dass sie sich füreinander einsetzen,[25] indem sie «einander dienen», da sie «durch das gegenseitige Band der Liebe» verbunden sind.[26]

Die Ethik des Reformators strebte also tatsächlich nach Nüchternheit und sozialer Wirksamkeit bei der Verwendung der Güter, besonders indem Arbeitsplätze geschaffen werden, die allen erlauben, ihre Berufung zu finden. Auch wenn man hier Weber Recht geben sollte, steht doch fest: Die Motivation dieser Ethik hatte keinen Zusammenhang mit der Prädestination. Wenn die «christliche Nächstenliebe» sich als berufliche Tätigkeit im Dienst des Erdenlebens der Gemeinschaft äußerte, dann weder deshalb, um die Einsamkeit des Gläubigen aufzuheben, wie Weber[27] glaubt, noch um eine Theologie der Werke einzuführen, wie die Lutheraner bisweilen vermuteten, sondern weil «einander zu helfen»[28] die Möglichkeit bot, dem Sinn der Liebe Gestalt zu verleihen.

So hat Calvin nichts mit dem von Weber beschriebenen Lebensideal des stahlharten puritanischen Kaufmanns aus den glorreichen Zeiten des

---

21 Inst. III, XI, 9.

22 Inst., III, X, 4.

23 Commentaires du Nouveau Testament, Bd. 2, S. 483, zu Apg 2, 46.

24 A.a.O., Bd. 1, S. 372, zu Lk 16, 1–15.

25 Predigten zum Brief an die Epheser, in Opera quae supersunt omnia, Hg. Guilielmus Baum, Eduardus Cunitz und Eduardus Reuss, Braunschweig und Berlin 1863–1890, Bd. 51, Kol 736, zu Eph 5.

26 A.a.O., Kol 732, zu Eph 5.

27 Weber, L'éthique protestante et l'esprit du capitalisme, a.a.O., S. 172.

28 Inst. IV, XIII, 16.

Kapitalismus gemeinsam;[29] sofern der Utilitarismus egoistischer und hedonistischer Individuen überhaupt im Christentum wurzelt, wie Nietzsche dachte,[30] dann nur als dessen erschreckende Karikatur.

War Calvin deshalb der erste aller Sozialisten? Das glaube ich auch nicht. Ein Argument genügt: Der Sozialismus bezweckt in seinen verschiedenen Spielarten die Abschaffung der sozialen Schichten und kämpft für die Gleichheit aller;[31] Calvin aber lehnt die Herrschaft nicht ab. Seine Vision ist die eines Körpers, der von der wechselseitigen Abhängigkeit und von den Unterschieden aller Körperteile lebt. Das Modell ist auf politische und wirtschaftliche Beziehungen und sogar auf das Verhältnis zwischen den Geschlechtern übertragbar. Gott verlangt nämlich vom Überlegenen immer, dem andern das zu geben, was er ihm der Gerechtigkeit halber schuldet. In diesem Sinne steht die Ethik des Reformators weniger für Gleichheit und Freiheit als für Verantwortlichkeit und Gerechtigkeit. Sie soll die Unterschiede von Klasse, Reichtum und Intelligenz nicht aufheben, weiß aber aus dem Evangelium, dass von dem, dem viel gegeben wurde, auch viel gefordert wird. Wie im Gleichnis von den anvertrauten Talenten ist jeder nur der Verwalter dessen, was er erhalten hat. Seine Güter gehören ihm nicht. Sie sind für den Dienst an den andern da.

Jeder Mensch ist seinen Mitmenschen gegenüber verpflichtet und muss die Goldene Regel befolgen: Was du nicht willst, das man dir tu, das füg auch keinem andern zu. Gemäß dem Evangelium schuldet ein Christ seinem Nächsten noch mehr: ihn zu lieben, mit noch mehr Gerechtigkeit – ihm zu tun, was der Christ will, dass man ihm selbst tut, angefangen bei den Ärmsten und Schwächsten.

---

29 Weber, L'éthique protestante et l'esprit du capitalisme, a.a.O., S. 180.

30 Friedrich Nietzsche, Par-delà le bien et le mal, Übersetzung Patrick Wotling, Paris 2000, § 228.

31 S. besonders André Bieler, La pensée économique et sociale de Calvin, Genf, Georg, 1959 und L'humanisme social de Calvin, Genf 1961 (wie Willem A Visser't Hooft festhält, beschreibt Bieler dort Calvin als «personalistischen Sozialisten», S. 5). In Calvin, prophète de l'ère industrielle, Genf 1964, nuanciert Bieler seinen Standpunkt und plädiert für einen «realistischen Humanismus», der sich von den liberalen und sozialistischen Theologien unterscheidet (S. 55).

Douwe Visser, Hannover

Reformation und Politik: Zwischen Prophetenstimmen und Obrigkeitshörigkeit

Während des Zweiten Weltkriegs gab es in der Bekennenden Kirche in Deutschland gewisse Bedenken, für Dietrich Bonhoeffer zu beten. Einige Kirchenmitglieder fanden sich nicht damit ab, dass er sich der Widerstandsbewegung angeschlossen hatte, die dem Hitler-Regime – auch mit gewaltsamen Mitteln – ein Ende bereiten wollte. Aus dem gleichen Grund gab es nach dem Krieg Einwände dagegen, eine Straße in Berlin nach Bonhoeffer zu benennen. Dass die Kirche und ihre Verantwortlichen das Recht auf freies Bekennen ihres Glaubens nicht opfern wollten, war der eigentliche Daseinsgrund der Bekennenden Kirche; allerdings sollte dies nicht bis zum Sturz der – damals noch als gesetzmäßig angesehenen – Regierung in Deutschland gehen. Bonhoeffer selbst hatte sehr stark damit zu kämpfen. Bekannt geworden ist seine Begründung des bewaffneten Widerstands: Er verglich die Situation mit einem betrunkenen Fahrer auf dem Kurfürstendamm, der Menschen verletzt und sogar tötet. Bonhoeffer argumentierte, dass es in diesem Fall nicht hilfreich sei, den Opfern Seelsorge zu geben. Am besten wäre es, so Bonhoeffer, den betrunkenen Fahrer mit allen Mitteln aufzuhalten. Dagegen vertrat er stets die Auffassung, dass die letztliche Rechtfertigung seines Tuns in Gottes Händen lag. So werde er als Sünder vor Gott treten und auf Gottes Vergebung hoffen.

Als das südafrikanische Apartheidsystem nach 1948 die Gesellschaft in allen Aspekten durchdrang, leisteten die Kirchen in Südafrika und im Ausland wachsenden Widerstand. Einige Christen betrachteten den bewaffneten Widerstand gegen das zerstörerische System letztlich als unausweichliche Lösung. Der Reformierte Weltbund verabschiedete auf der Vollversammlung von 1982 in Ottawa den Antrag, die theologische Rechtfertigung der Apartheid als Häresie zu verurteilen. Der sehr starke Begriff Häresie bezeichnet eine Sache, die mit allen Mitteln bekämpft werden muss. Die Auffassung, wonach dies letztlich auf den Widerstand gegen eine gesetzmäßige Regierung in einem Rechtstaat hinauslaufe, fand kaum Beachtung. Das Apartheidsystem wurde als ungesetzmäßige und keineswegs gottgegebene Regierung betrachtet. Das Belhar-Bekenntnis, das die Apartheidideologie kritisiert, äußert sich in Artikel 5 klipp und klar: «Wir glauben, dass die Kirche aufgerufen ist – im Gehorsam gegenüber Jesus Christus, ihrem einzigen Herrn – all dies zu bekennen und zu tun, auch wenn die Obrigkeiten und die Gesetze der Menschen sich dagegen stellen und Strafen und Leiden damit verbunden sein sollten.»

Seine Stimme gegen die Macht zu erheben und sich sogar der Regierung zu widersetzen, lässt sich durch zahlreiche Beispiele aus der Bibel rechtfertigen. Apg 5, 29 enthält dazu sehr klare Worte: «Man muss Gott mehr gehorchen als den Menschen.» Diese Worte sprach der Apostel Petrus, als er zusammen mit dem Apostel Johannes vor dem Hohen Rat stand. Sie waren verhaftet worden, weil sie im Namen Jesus predigten. Als Antwort auf die Frage des Hohepriesters, warum sie weiter predigten, obwohl es ihnen verboten worden war, sagte Petrus – mit den oben zitierten Worten – dass sie nicht anders konnten. Sie müssten Gott mehr gehorchen als der menschlichen Obrigkeit.

Die Worte von Petrus sind sehr ähnlich wie andere, zu einem andern Zeitpunkt und an einem andern Ort in der Geschichte gesprochene Worte. Im Jahr 399 v. Chr. stand Sokrates vor dem Gerichtshof in Athen. Er wurde angeklagt, die jungen Männer in der Stadt dazu zu verleiten, dem hergebrachten Glauben abzuschwören. Sokrates sagte damals: «Ich bin euch, ihr Athener, zwar zugetan und Freund, gehorchen aber werde ich dem Gotte mehr als euch …». Sokrates weigerte sich, auf seine herausfordernde Art jungen Männern von Athen Fragen zu stellen, zu verzichten. Unter den Gebildeten in der Antike waren Sokrates Worte allgemein bekannt. Es ist denkbar, dass der Verfasser der Apostelgeschichte, Lukas, sie auch kannte.

Der Unterschied zwischen Sokrates und Petrus liegt allerdings darin, dass Sokrates sich auf einen andern Gott bezog als der Gott oder genauer die Götter, an die seine Richter glaubten. Petrus und seine Richter dagegen teilen denselben Glauben. Für Petrus und für seine Gegner ist Gott der Gott Israels. Gott mehr zu gehorchen als der menschlichen Obrigkeit gehört zu den Traditionen der Religion Israels. In Dan 1 steht, dass Daniel und seine Freunde sich weigerten, das zu essen, wozu der König sie zwang. Das nicht «koschere» Essen zu verzehren wäre Ungehorsam gegen Gott. In 2 Makk 7 wird das entsetzliche Martyrium der sieben Brüder und ihrer Mutter beschrieben, die sich weigerten, Schweinefleisch zu essen, und als Märtyrer starben. Die Juden haben mehr als deutlich gezeigt, dass sie Gott mehr gehorchen als jeder menschlichen Obrigkeit.

Petrus und seine Richter sind sich also im Grundsatz einig, dass man Gott mehr gehorchen muss als den Menschen. Uneinig sind sie sich, was Jesus anbelangt und ob Jesus zu gehorchen Gehorsam oder im Gegenteil Ungehorsam gegen Gott bedeutet. Fürs erste geht es aber nicht um die Auseinandersetzung um Jesus, sondern um den in der Tradition Israels tief verwurzelten Grundsatz, den die Jünger Jesu bestätigen, dass man nämlich Gott mehr gehorchen muss als den Menschen. Beispiele aus der Geschichte Israels und auch aus der Kirchengeschichte zeigen, dass dies zu schlimmen Konflikten mit der menschlichen Obrigkeit führen kann.

Allerdings scheint eine Bibelstelle den Worten von Petrus zu widersprechen, dass man Gott mehr gehorchen muss als der menschlichen Obrigkeit. Paulus schreibt in Röm 13, 2: «... Wer sich nun der Obrigkeit widersetzt, der widersetzt sich Gottes Ordnung; die sich aber widersetzen, werden über sich ein Urteil empfangen.» Diese Äußerung scheint anderen Bibelstellen zu widersprechen, und Paulus selbst scheint sich überdies nicht an seine eigenen Worte gehalten zu haben. Paulus wurde ins Gefängnis geworfen und reiste schließlich nach Rom, weil er mit der Obrigkeit in Konflikt geraten war. Demnach befolgte er offenbar Apg 5, 29 mehr als Röm 13.

Röm 13, 1–7 folgt auf eine Stelle in Röm 12, in der Paulus sich ausführlich zum Thema «Gutes tun» äußert. Diese Stelle endet mit den folgenden Worten (12, 21): «Lasse dich nicht vom Bösen überwinden, sondern überwinde das Böse mit Gutem.» Nach 13, 1–7 folgt Vers 8: «Bleibt niemandem etwas schuldig, außer dass ihr einander liebt ...». Der Gehorsam gegenüber den Behörden kann demnach nicht mit den ihn umfassenden Grundsätzen von 12, 21 und von 13, 8 in Konflikt geraten. Selbst in 13, 3 spricht Paulus davon, Gutes zu tun: «Denn nicht die gute Tat muss die Machthaber fürchten, sondern die böse.» Dem muss also die Annahme zugrunde liegen, dass Gehorsam gegenüber der Obrigkeit im Einklang steht mit «Gutes tun». Wenn nicht, muss man Gott mehr gehorchen als den Menschen.

Die Reformation ging vom Grundsatz aus, dass man Gott mehr gehorchen muss als jeglicher menschlichen Obrigkeit. Luther sprach 1512 vor dem Reichstag zu Worms: «Hier stehe ich, ich kann nicht anders» – eine unmittelbare Anwendung von Apg 5, 29. Ob er dies tatsächlich so gesagt hat oder nicht, ist unerheblich, denn die Worte bilden heute eine Communis Opinio. Ob Realität oder Legende, diese Worte bestätigen jedenfalls Luthers Verhalten. Der Ungehorsam gegenüber der Obrigkeit stand am Ursprung der Reformation, auch wenn später widersprüchliche

Entwicklungen folgten. Ungehorsam steckt auch im Wort, mit dem die Anhänger der Reformation allgemein bezeichnet werden, nämlich «Protestanten». Die Wortwurzel bezeichnet nicht den Protest im Sinne von Auflehnung, sondern enthält das lateinische Wort «protestari», d. h. «öffentlich bekunden». In diesem Sinne bedeutet es, nicht zu schweigen, ganz gleich mit welchen Folgen. Im Namen «Protestant» wird also Apg 5, 29 Wirklichkeit.

Sicherlich haben sich die Christen nicht immer so verhalten wie Petrus, auch in Zeiten nicht, in denen die Machthaber ein absoluter Schrecken für das gute Tun waren. 2014 liegt der Anfang des Ersten Weltkriegs schon 100 Jahre zurück. Protestantische Prediger beider kriegführenden Parteien duldeten die gewaltätigen Übergriffe. «Der Heilige Geist ist heute der Geist des Kriegs», meinte ein deutscher Prediger. Ein englischer Prediger dankte für die gottgegebene Stunde des Ruhms. Im Zweiten Weltkrieg standen die Deutschen Christen geschlossen hinter Hitler. Schon Luther, der dem Reichstag zu Worms die Stirn geboten hatte, stellte sich später auf die Seite der Mächtigen, die den Bauernaufstand niederschlugen. Die Kirchen sagten bösen Mächten die Wahrheit ins Gesicht, aber sie verbündeten sich auch mit bösen Mächten. Für den letzten Fall gibt es viele Beispiele.

Selbst in den krassesten Situationen jedoch, in denen Kirchen sich auf die Seite der bösen Mächte stellten, widersprachen sie dem Grundsatz nicht, dass man letztlich Gott mehr gehorchen müsse als den Menschen. Allerdings argumentierten sie, dass sie mit dem Gehorsam gegenüber der Obrigkeit, der sie halfen, Gott gehorchten. Genau wie bei Petrus und seinen Richtern geht es nicht um den Grundsatz, sondern darum, was es konkret bedeutet, Gott zu gehorchen. Der Grundsatz, Gott mehr zu gehorchen als der menschlichen Obrigkeit, wird aber dadurch zu einer gefährlichen Angelegenheit. Der eigentliche Grundsatz könnte wie folgt eingeschränkt werden:

- Wie weiß ich, was ich nach Gottes Willen tun soll? Spreche ich vom Willen Gottes, obwohl es eigentlich darum geht, was ich will und was mir Vorteile bringt – wie beim Apartheid-System, das die weiße Rasse allen andern gegenüber bevorzugte?
- Wenn man jemandem befiehlt, etwas zu tun, weil sie Gott gehorchen müssen, bleibt wenig Raum für Zweifel oder Debatten. Die Kreuzzüge waren nach dem Grundsatz des Gottes-

gehorsams organisiert – «Deus lo vult!» Es gibt zahlreiche weitere Beispiele von Menschen, die zumindest moralisch genötigt wurden, etwas zu tun, weil Gott es von ihnen verlange.

- Bereits in der Vergangenheit und sicherlich auch heute fällt es schwer, die richtige Antwort auf die komplexen wirtschaftlichen, sozioökonomischen und politischen Fragen zu geben und zu sagen, was Gott von uns will.
- In der Postmoderne stehen die «großen Wahrheiten» weniger im Vordergrund. Die Theologie hat sich zu einem komplexen Gebiet entwickelt und die Bibelexegese bildet einen Prozess unendlicher Nuancierungen. Wir leben mit mehr Fragen als Antworten.
- In weiten Teilen der Welt haben die Kirchen an Macht und Autorität eingebüßt. Christen nehmen eine Stellung am Rand von Gesellschaften mit mehreren Religionen ein.
- Die Religion, auch das Christentum, dient häufig vor allem zu Therapiezwecken und zur Selbstbestätigung. Damit hat die Religion viel von ihrer Konfrontationskraft verloren.

Vor dem Hintergrund dieser Hindernisse kommen wir nun zur eigentlichen Frage, ob die Kirche und besonders die Reformations-kirchen weiterhin mit Prophetenstimme sprechen können – im Sinne eines Zeugnisses für den Weg, den wir gehen sollen, auch wenn dies bedeutet, einzelnen Menschen und der Gesellschaft die Stirn zu bieten. Welche Autorität für eine Prophetenstimme gibt es denn überhaupt noch? Abschließend folgen einige Grundsätze:

1. Für Calvin sollte der ideale Staat eine religiöse Rolle haben, insofern er religiöse Verbrechen (Sakrilege) verhindert und eine Form von öffentlichem Raum für Religion gewährleistet. Weiter hatte für Calvin der Staat die Pflicht, das persönliche Eigentum zu schützen, den öffentlichen Frieden zu wahren und eine durch Betrug oder andere Verbrechen ungehinderte Wirtschaftstätigkeit zu ermöglichen. In Johannes Calvins Theologie wird das Leben des Menschen mit dem Leben Gottes in Bezug gebracht. Das Leben zu Gottes Ehre beruht auf dem Glauben an Gott, der sein eigenes Leben zum Wohl der Menschheit aufs Spiel gesetzt hatte. Unsere gemeinsame Reise in die Zukunft als Volk des Glaubens wird von unserem

lebensspendenden Gott begleitet. Calvins Grundsatz des idealen Staats kann von einem modernen, säkularisierten Staat in einigen Teilen, jedoch nicht als Ganzes übernommen werden. Der britische Politikwissenschaftler Quentin Skinner schreibt dazu zu Recht: «Die Religionsaufstände der Reformation leisteten einen paradoxen und gleichzeitig wesentlichen Beitrag an die Entstehung des modernen, säkularisierten Staatsbilds. Sobald die Protagonisten der rivalisierenden Konfessionen zeigten, dass sie einander bis zum Tode bekämpfen würden, erkannten einige politische Theoretiker, dass die Staatsmacht von der Pflicht, einen bestimmten Glauben zu wahren, getrennt werden musste, um auch nur geringste Aussichten auf bürgerlichen Frieden zu bewahren.»

2. Zudem sollte von Anfang an klar sein, dass ein moderner säkularer Staat nicht mit dem Grundsatz argumentieren kann, dies oder jenes sei Gottes Wille. Wir können nicht wie alttestamentarische Propheten vor dem Hintergrund einer theokratischen Gesellschaft sprechen. Eine solche Gesellschaft sollten wir uns nicht einmal wünschen.

3. Prophetisches Zeugnis muss ein überzeugendes Zeugnis sein. Bevor wir die Botschaft verkünden, muss sie nuanciert und gründlich vorbereitet werden. Wir sollten aber nicht denken, dass eine klare Botschaft nicht möglich ist. Die Auslegung und Befolgung der Bibeltexte ist zwar ein kompliziertes Verfahren, aber es ist möglich, klare Standpunkte zu vertreten. Nehmen wir z. B. Ps 146, 7–9: «Der Herr befreit die Gefangenen; der Herr macht die Blinden sehend. Der Herr richtet die Gebeugten auf; der Herr liebt die Gerechten. Der Herr behütet die Fremdlinge und erhält die Waisen und Witwen, doch in die Irre führt er den Weg der Frevler.» Dies ist nicht bloss ein Schmuckstück der Klarheit in einem Meer von wahllos treibenden Wörtern. Es ist das Leitmotiv des Alten Testaments. Zum Neuen Testament: Jesus zeigt sich als vielschichtige Persönlichkeit voller Überraschungen. Doch wer sich um Ehrlichkeit und Aufrichtigkeit bemüht und für Frieden und Gerechtigkeit kämpft, ist Jesus nahe, auch wenn uns Jahrtausende von ihm trennen.

4. In den komplexen modernen Gesellschaften ist es schwierig, aber nicht unmöglich, zu zeigen, was böse ist. Der Reformierte Weltbund verabschiedete im Jahr 2004 das sogenannte Bekenntnis von Accra (einige ziehen den Begriff Erklärung von Accra vor), das für viel Gesprächsstoff sorgte. Wahrscheinlich hätte man manches besser ausdrücken können, aber niemand bestreitet, dass etwas faul ist in der heutigen Weltwirtschaft. Eine Kirche, die schweigt, gewinnt keinen Respekt. Lieber eine Kirche, die Konfrontation auslöst, als eine Kirche, die ignoriert wird. Die prophetische Stimme ist nicht bloss eine laute Stimme. Sie braucht gründliches Fachwissen. Emotionen mögen einen guten Ausgangspunkt bilden, aber sie sollten das kritische rationale Denken nicht behindern. Die Kirche muss Selbstkritik üben und nicht nur die politisch korrekte Ideologie wählen. Zudem muss sie fest in der eigenen Tradition verwurzelt sein. Wir sind nicht die ersten, die ihre Stimme erheben.
5. In den meisten Gesellschaften nimmt die Kirche eine Randposition ein, was sich letztlich als Segen erweist. Eine mächtige Kirche lässt sich leicht verleiten, sich auf die Seite der andern Mächtigen zu schlagen, um ihren Einfluss nicht zu verlieren. Schließlich steht die Reformation grundsätzlich für ein bestimmtes Ausmaß an antiklerikalem Denken.
6. In der ganzen Geschichte bewegten sich die Kirchen im Spannungsfeld zwischen Prophetenstimme und Obrigkeitshörigkeit. Dies sind aber keine Alternativen. Gott zu gehorchen bedeutet auch heute noch, die Geschichte des Evangeliums nicht zu verschweigen, auch wenn sich dies bescheiden, fast lautlos und beiläufig zeigt. Zu einem ganz bestimmten Zeitpunkt und in einer ganz besonderen Situation könnte dies immer noch genügen. Wenn jedoch die Leidenschaft fehlt, Gott zu gehorchen, indem man über das redet, was man gesehen und gehört hat, erlischt der Geist. Eine Kirche, die schweigt, stirbt.

Ökumenisch

Wolfgang Thönissen, Paderborn

Luthers Streit mit seinen katholischen Gegnern in den Jahren 1517/1518 am Beispiel der Frage nach dem Fegefeuer

1. Spätmittelalterliche Ablasskritik als Voraussetzung des Ablassstreits

Seit dem 11. Jahrhundert war der Ablass zu einer der zentralen religiösen Handlungsformen des Mittelalters geworden.[1] Die Verbreitung des Ablasses im Mittelalter war freilich von Anfang an mit schweren Missbräuchen verbunden. Das geht im Wesentlichen aus den Arbeiten von Nikolaus Paulus hervor, der zwischen Theologie und Praxis des Ablasses zu unterscheiden vorschlug, weil er nachweisen konnte, dass viele Ablässe missbräuchlich vergeben und auch gefälscht worden waren.[2] Selbst bei der durchaus missverständlichen Formel eines Ablasses *a poena et culpa* war in Theologie und Erbauungsliteratur immer klar, dass nicht an einen Schulderlass zu denken war, sondern an den Nachlass der zeitlichen Sündenstrafen. In dieser Sicht ist Paulus auch die protestantische Geschichtsschreibung gefolgt, wenngleich seine Hauptthese, wonach der Ablass den Gläubigen immer korrekt vorgetragen worden sei,[3] heute wohl deutlich kritischer eingeschätzt werden muss.[4] Während Joseph Lortz für die ka-

---

1 Thomas Lentes, Nikolaus Paulus (1853–1930) und die «Geschichte des Ablasses im Mittelalter», Einleitung zur 2. Auflage, in: Paulus, Geschichte des Ablasses im Mittelalter, Bd. 1, Darmstadt [2]2000, S. XXXVIII.

2 A.a.O., S. XXII.

3 Nikolaus Paulus, Geschichte des Ablasses am Ausgang des Mittelalters, Darmstadt [2]2000, S. 121.

4 Dazu Gustav Adolf Benrath, Art. Ablass, in: TRE 1, 1977, S. 351.

tholische Reformationsgeschichtsschreibung des 20. Jahrhunderts im Ablass einen Spiegel des Verfalls der spätmittelalterlichen Kirche gesehen hatte, vor dessen Horizont er den Einspruch Luthers gegen einen verderbten Katholizismus besser darstellen konnte,[5] urteilt der evangelische Kirchenhistoriker Bernd Moeller weitaus differenzierter, wenn er festhält, dass von einer Auflösung der mittelalterlichen Welt im Blick auf das religiöse Leben in Deutschland im späten 15. Jahrhundert nicht die Rede sein kann.[6] Das 15. Jahrhundert kann eine «der kirchenfrömmsten Zeiten des Mittelalters»[7] genannt werden. Vor dieser Einschätzung erweisen sich die Missstände in der Frömmigkeitspraxis um 1500 als «ein komplexer Tatbestand»[8]. Trotz der Allgegenwärtigkeit des Ablasses und der vielfachen Kritik an seinen Missbräuchen möchte auch der evangelische Theologe urteilen, dass angesichts rigoroser Bußbestimmungen in der Erfindung des Ablasses eine «Spur des Evangeliums» wirksam wurde und zutage trat.[9] Aber auch Moeller leugnet nicht, dass im Rahmen der Konzentration der wirklich großen Ablässe in der Hand des Papstes der Ablass selbst «zu einem universal einsetzbaren Finanzierungsmittel» geworden war.[10] Muss in der zweiten Hälfte des 15. Jahrhunderts der Ablass, wenn auch nur in manchen Gebieten, als omnipräsent bezeichnet werden,[11] so besteht an der Reichweite und der Intensität der ablasskritischen Stimmung in Deutschland heute kein Zweifel mehr. Hinweise auf zunehmende Ablassverachtung finden sich in zahlreichen Quellen, nicht nur bei Luther.[12] «Der volkstümliche, alle Gesellschaftskreise umspannende Ablaßverdruß

---

5 Vgl. Joseph Lortz: Die Reformation in Deutschland, Freiburg-Basel-Wien [6]1982, S. 193–210; ihm folgte auch Erwin Iserloh.

6 Bernd Moeller: Frömmigkeit in Deutschland um 1500, in: ders., Die Reformation und das Mittelalter. Kirchenhistorische Aufsätze, hg. von Johannes Schilling, Göttingen 1991, S. 73–85.

7 A.a.O., S. 81.

8 A.a.O., S. 84.

9 Bernd Moeller: Die letzten Ablasskampagnen. Der Widerspruch Luthers gegen den Ablass in seinem geschichtlichen Zusammenhang, in: ders., Die Reformation und das Mittelalter, a.a.O., S. 54f.

10 A.a.O., S. 55.

11 So Christiane Neuhausen: Das Ablaßwesen in der Stadt Köln vom 13. bis zum 16. Jahrhundert, Köln 1994, S. 274.

12 So Wilhelm Ernst Winterhager, Ablaßkritik als Indikator historischen Wandels vor 1517. Ein Beitrag zu den Voraussetzungen und Einordnung der Reformation, in: ARG 90 (1999), S. 16f.

war … der entscheidende Nährboden für Luthers Erfolg.»[13] Der ablasskritische Diskurs ist wohl schon vor Luthers Auftreten Realität. Aber auch bei dieser These von Wilhelm Ernst Winterhager ist Vorsicht geboten. Die Ablasskritik zwischen 1500 und 1517 verdankt sich unterschiedlichen Motiven, Anlässen und Zwecksetzungen. Wie Christoph Volkmar nachweisen konnte, ist für Herzog Georg von Sachsen der Ablass nicht an sich fragwürdig, sondern die Verkündigungspraxis eines einzelnen Ablasspredigers, in diesem Fall Johannes Tetzels. Herzog Georg, der die 95 Thesen Luthers in Sachsen verbreiten ließ, verfocht keine generelle Ablasskritik, sondern er nutzte Luthers Kritik am Ablass für seine eigenen Zwecke. Was Herzog Georg letztlich kritisierte, war die ausufernde Verbreitung reichsweiter Ablasskampagnen, die seine eigenen Ablasskampagnen finanziell bedrohten und dringend benötigte Einnahmen außer Landes führten. Insoweit kam Herzog Georg Luthers Ablasskritik entgegen, freilich wurde diese Kritik nur vorgeschoben, um fremde Ablässe abzuwehren. «Eine grundsätzliche Distanz Herzog Georgs zum Ablasswesen kann hieraus kaum abgeleitet werden.»[14] Zwar ist die Formel «ohne Ablass keine Reformation» trotz ihrer Knappheit nach wie vor richtig, aber das Reformanliegen war keineswegs das Grundmotiv nur der Reformatoren. Somit gehen allgemeine kirchliche Reformbestrebungen und die Anliegen der Wittenberger Reformbewegung durchaus gleichzeitig und in gewissem Maße auch gleichsinnig miteinander einher.

2. Die Ablassthesen im Kontext des spätmittelalterlichen Bußwesens

Wer die Ablassthesen Martin Luthers verstehen will, muss die Auseinandersetzung um das Ablassinstitut der frühneuzeitlichen Kirche vor dem Hintergrund der spätmittelalterlichen Praxis und Lehre der Kirche zur Buße angemessen rekonstruieren. Das sich aus monastischen Wurzeln entwickelnde Bußwesen in Form der Mönchsbeichte zeichnet sich durch das Fehlen der Rekonziliation als der einmaligen Wiedereingliederung des Pönitenten in die Kirche aus. An deren Stelle tritt als ein ordentliches Mittel der Seelsorge die Satisfaktion, die Bußleistung, die durch das westliche Bußsystem in starkem Maße verrechtlicht wird. Die Berechnung der

---

13 A.a.O., S. 20.

14 Christoph Volkmar: Reform statt Reformation. Die Kirchenpolitik Herzog Georgs von Sachsen 1488–1525, Tübingen 2008, S. 379, vgl. S. 373–384.

Bußleistung durch die in sogenannten Bußbüchern verzeichneten Tarife hat die Auffassung von einer Tathaftung zum Hintergrund, «wonach die Schuld nur auf Grund der objektiv geschehenen Tat bewertet und durch eine berechenbare kompensatorische Leistung wiedergutgemacht wird».[15] Die Praxis, statt der Ableistung der Buße diese durch Redemptionen (Loskauf) und Kommutationen (Umwandlung) abzulösen oder gar durch Stellvertreter verrichten zu lassen, bildet den Nährboden für die Herausbildung des Ablasses.[16] Wenngleich das Festsetzen, Erleichtern und Erlassen von Bußleistungen durch kirchliche Amtsträger schon immer mit dem kirchlichen Bußwesen verbunden war, stellt der Ablass nach den Forschungen von Nikolaus Paulus doch eine Neubildung in der Geschichte der abendländischen mittelalterlichen Kirche dar. Generelle, außerhalb des Bußaktes erteilte Ablässe lassen sich erst im 11. Jahrhundert nachweisen.[17] Der Ablass (*indulgentia*) richtet sich nicht auf den Nachlass der auferlegten Bußleistungen, also nicht auf die Tilgung der Schuld, sondern auf die auch nach der Sündenvergebung verbleibenden zeitlichen Sündenstrafen, auf die der Priester und auch die Gemeinde durch Gebet und Fürbitte Einfluss auf den Pönitenten nehmen können. Im Ablass muss man daher einen Straferlass sehen, der sich eindeutig und klar auf die Satisfaktion, also den nach Reue (*contritio*) und Bekenntnis (*confessio*) dritten Wesensteil der sakramentalen Buße, richtet.

Im Zuge der Verinnerlichung der Buße nach der ersten Jahrtausendwende verlagerte sich der Akzent des Bußgeschehens auf das Bekenntnis und der diesem zugrunde liegenden Reue, durch welche die Schuld vor Gott vergeben, die Satisfaktion hingegen abgewertet wird.[18] Das entscheidende Gewicht der Strafe und Schuld tilgenden Umkehr bildet die wahre Liebesreue; infolgedessen kommt es auch zu einer Unterscheidung von *contritio* und *attritio*.[19] An die Stelle des fürbittenden individuellen Strafnachlasses für den Pönitenten (*absolutio*) tritt die «allgemeine, möglichst gleichmäßig zu taxierende und rechtskräftige Zuteilung (*dispensatio*) von

---

15 Reinhard Messner: Feiern der Umkehr und Versöhnung (Gottesdienst der Kirche. Handbuch der Liturgiewissenschaft 7/2), Regensburg 1992, S. 165.

16 Benrath, a.a.O. (Anm. 4), S. 459.

17 Nikolaus Paulus, Geschichte des Ablasses im Mittelalter. Vom Ursprunge bis zur Mitte des 14. Jahrhunderts, 2 Bde., Darmstadt [2]2000; ders., Geschichte des Ablasses am Ausgang des Mittelalters, Darmstadt [2]2000.

18 Messner, a.a.O. (Anm. 15), S. 173f.

19 Herbert Vorgrimler: Buße und Krankensalbung (HDG IV(3), Freiburg i. Br. 1978, S. 144f.

Gnaden an jeden bußwillig Gesinnten, gespeist aus dem von der Kirche verwalteten unendlichen Fundus geistlicher Verdienste».[20] Sie beruht auf der Grundlage einer Unterscheidung der Sündenstrafen, nämlich der zwischen ewigen und zeitlichen Sündenstrafen. Damit wird das schwierige Problem aufgeworfen, welche Wirkung noch von der vom Priester auferlegten Bußleistung ausgeht.[21] Die Schwerpunktverlagerung von der Satisfaktion auf die Reue führt zu einer Veränderung der Bußpraxis. Innerhalb dieser Veränderung der kirchlichen Frömmigkeitspraxis gewinnt der Ablass eine für die spätmittelalterliche Frömmigkeit geradezu allgegenwärtige Funktion.[22]

3. Luthers Beweggründe im Ablassstreit

Zu den Schlüsselsituationen der Kirchengeschichte gehört der Beginn des Ablassstreits im Herbst 1517.[23] Schon Zeitgenossen wie Melanchthon haben im Rückblick auf die Ereignisse von 1517 in ihnen die entscheidende Weichenstellung für jene geschichtlichen Entwicklungen wahrgenommen, die schließlich als Reformation bezeichnet werden.[24] Der Gothaer Superintendent Friedrich Myconius charakterisierte den Ablassstreit rückblickend als Folge eines seelsorgerlich motivierten Widerspruchs gegen die bestehende Ablasspraxis.[25] Das Bild des um seine Beichtkinder besorgten Seelsorgers bestimmt, wie Lothar Vogel jüngst herausgearbeitet hat, bis heute wissenschaftliche wie populäre Darstellungen des Reformators. Wenngleich die Zusammenhänge zwischen Ablassstreit und anderen, gesellschaftlichen und politischen Faktoren inzwischen von der Forschung herausgearbeitet wurden, so bleibt hinsichtlich der Ursachen des Ablassstreits und der unmittelbaren Beweggründe für das Handeln

---

20 Benrath, a.a.O. (Anm. 4), S. 349.

21 Berndt Hamm: Von der Gottesliebe des Mittelalters zum Glauben Luthers. Ein Beitrag zur Bußgeschichte, in: Lutherjahrbuch 65 (1998), S. 25.

22 Bernd Moeller: Die letzten Ablasskampagnen. Der Widerspruch Luthers gegen den Ablaß in seinem geschichtlichen Zusammenhang, in: ders., Die Reformation und das Mittelalter, a.a.O., S. 53–72.

23 Lothar Vogel: Zwischen Universität und Seelsorge. Martin Luthers Beweggründe im Ablassstreit: ZKG 118 (2007), S. 187–212, hier S. 187.

24 So in der Vorrede zum zweiten Band von Luthers Werken von 1546 (CR 6, 155–170, Nr. 3478).

25 Geschichte der Reformationsgeschichte, hg. von Otto Clemen, Leipzig 1914, S. 20–23.

Luthers das seelsorgerliche Motiv im Vordergrund. Doch lässt sich diese Charakterisierung auch in Eigenaussagen Luthers verifizieren?

Folgt man Luthers Aussagen, so wird rasch deutlich, dass die 95 Thesen für Luther ein akademischer Text waren, der zunächst nicht für die allgemeine Öffentlichkeit bestimmt war.[26] Die Thesen sollten eine Disputation ermöglichen, die eine lehramtliche Definition vorbereiten sollte. Als Fazit ergibt sich: Nicht der Beichtstuhl, sondern «Kanzel und Katheder waren der entscheidende Sitz im Leben für Luthers Einstieg in den Ablassstreit».[27] Nicht seiner Übung als Beichtvater, der Luther zweifelsohne war, sondern seiner eigenen Bußpraxis entsprang wohl seine entscheidende soteriologische Erkenntnis, dass «die wahre Buße nur aus der Liebe zu Gott und zu seiner Gerechtigkeit ausgehen kann».[28] Als Luther diese von Staupitz empfangene Einsicht mit der Heiligen Schrift zu kombinieren begann, erschloss sich ihm der Sinn der Buße aus dem griechischen Wort «metanoia» als Sinnesänderung, als Erkenntnis der eigenen Sündhaftigkeit. Die erste Ablassthese enthält eine entscheidende theologische Einsicht, die Luther gerade nicht in Gegensatz zu scholastischer Theologie und mittelalterlicher Bußtheologie insgesamt bringt, sondern auf den Spuren spätmittelalterlicher Theologien eine neutestamentliche Einsicht wiedergewinnen lässt, die in der Entwicklung zum mittelalterlichen Bußinstitut als sakramentale Beichte beinahe untergegangen war, nämlich die Übung der lebenslangen täglichen Buße im Hören auf das Wort Gottes als einer eigenständigen Realisierungsweise von Umkehr und Versöhnung im Leben der Kirche und des einzelnen Christen. Damit scheint sich der Problemzusammenhang von Bußtheologie und Ablasskritik zu bestätigen. Ob sich in der Rückführung auf die biblische Kernbotschaft neuzeitliche theologische Rationalitätserwägungen und christliche Heilssuche im Zeichen des Schriftprinzips zusammenführen lassen, mag dabei nur ein Nebenaspekt sein.[29]

---

26 Vogel, a.a.O. (Anm. 23), S. 197.

27 A.a.O., S. 203.

28 So in seinem Brief an Staupitz vom 30. Mai 1518 (WA 1, 525–527). Vgl. Richard Wetzel: Staupitz und Luther, in: Martin Luther. Probleme seiner Zeit, hg. von Volker Press und Dieter Stievermann, Stuttgart 1986, S. 75–87.

29 Vgl Winterhager, a.a.O. (Anm. 12), S. 67.

4. Luthers Intentionen im beginnenden Ablassstreit

Luther hat mehrfach ausführlich selbst Stellung zum Ablassstreit bezogen. In Briefen an verschiedene Personen innerhalb eines halben Jahres gab er Einblick in seine Motive. Luther wandte sich gegen den seit dem Jubeljahr 1500 verstärkt aufgekommenen Ablasshandel. Er kritisierte aber nicht nur den dabei aufgetretenen Missbrauch, sondern die den Ablasshandel begleitenden Schriften, in erster Linie die «Instructio summaria» Albrechts von Mainz, die von Johannes Tetzel verbreiteten Predigten und die Gegenthesen von Wimpina-Tetzel. Um das entstandene Ärgernis für die Gläubigen zu beseitigen, verstand Luther die Thesen als Warnung an einige Kirchenfürsten. Er zweifelte deren theologische Positionen an und schlug eine Disputation unter Gelehrten vor. Dazu gab er einen, wie er selbst ihn nannte, Disputationszettel heraus, mit dem er die Gelehrten aufforderte, die Streitsache zu disputieren. Luther sah sich dazu durch die Tatsache berechtigt, dass er Professor an einer vom Papst bestätigten Hochschule sei, der dem akademischen Brauch folge, öffentlich über strittige Sachen zu disputieren.[30]

Ablässe bedeuten Luther eine «Selbsttäuschung der Seelen». Um diese Einbildung zu beseitigen und aus Liebe zur Wahrheit sei er in das «gefahrvolle Labyrinth dieser Disputation» eingestiegen.[31] Ablässe nützen «überhaupt niemanden etwas … als den Schläfrigen und Trägen auf dem Kreuzeswege Christi». Aber nicht nur über Ablässe wollte Luther disputieren, «sondern auch über die von Gott verliehene Vollmacht zum Erlass der Strafe und Vergebung der Sünden, also über unvergleichlich wichtigere Fragen», wie Luther selbst befindet.[32] Damit rückt er die Buße selbst in das Zentrum seiner Disputation. Luther richtet seine Aufmerksamkeit auf die drei Teile der Buße, der *contritio*, der *confessio* und der *satisfactio*, insbesondere aber auf deren dritten Teil. Er hält die Ansicht derer für verkehrt, «die den Werken der Bußfertigkeit so viel Gewicht beilegen, dass uns von der ganzen Buße fast nichts übrig bleibt als einige rein äußerliche Leistungen der Genugtuung und die höchst umständliche Beichte»[33]. Indem er Anstoß nimmt an dem geringfügigsten Bestandteil der Buße, allerdings nicht an der Genugtuung selbst, sondern am «Erlass

---

30 Luther an Papst Leo X., Ende Mai 1518, in: WA 1, 528.

31 Luther an Spalatin, 15. Februar 1518, in: WA. B 1, 146.

32 WA 1, 528.

33 Luther an Johannes von Staupitz, 30. Mai 1518, in: WA 1, 526.

dieser minderwertigen Leistung», will er zur Lehre von der wahren Buße durchstoßen.

Luther will nicht normieren, sondern disputieren. Das ist sein ausdrückliches Ziel. Dazu beruft er sich selbst auf die Ansicht und Lehre der ganzen Kirche, indem er den Scholastikern, den scholastischen Philosophen, die Mystiker und die Bibel vorzieht.[34] Er sieht sein Amt nicht darin, in dieser Sache eine verbindliche Lehre aufzustellen, sondern Bedenken vorzutragen, um denen zu widersprechen, «von denen ich dringend wünschte, dass sie in ihren Predigten nichts als die Wahrheit verkündet hätten».[35] Er sucht dabei die «wissenschaftliche Verkehrtheit und Haltlosigkeit jener Lehren nachzuweisen». Er verwirft nicht alle diese Ansichten, kann sich aber auch nicht alle zu eigen machen.[36] Er will weder der einen noch der anderen Seite zustimmen, sondern wichtige Fragen in der Disputation erörtern, «bis die heilige Kirche festsetzen würde, wie man in Zukunft darüber zu denken habe».[37] Luther will dazu die Bibel, die Kirchenväter und das kirchliche Recht heranziehen, zu denen er sich in den von ihm aufgeworfenen Fragen nicht im Widerspruch sieht. Vielmehr scheint ihm widersinnig zu sein, dass in Gottes Kirche Dinge gepredigt werden, «die wir nicht rechtfertigen können».[38] Er sieht es daher als Pflicht seines Amtes als Professor an, diese strittigen Fragen zur Erörterung zu bringen.

5. Der Streit um das Fegefeuer: Eine vorläufige Rekonstruktion der Disputation

Die 95 Thesen, die Resolutionen Luthers, Johannes Ecks und Silvester Prierias Einwürfe sowie Luthers Antworten darauf stehen in einem inneren, logischen, kausalen und zeitlichen Zusammenhang, der nicht immer leicht zu durchschauen ist. Ein besonderes Problem stellt die zeitliche Abfolge der verschiedenen Dokumente dar, so dass die Frage zu klären bleibt, welche Erwiderung auf welche Herausforderung durch die Thesen folgt. Luthers Resolutionen zu den Thesen sind die Antwort auf die nicht

—

34 Luther an Johannes von Staupitz, 31. März 1518, in: WA.B 1, 160.

35 Luther an Hieronymus Schulz von Brandenburg, 22. Mai 1518, in: WA. B 1, 138.

36 Luther an Johannes von Staupitz, 31. März 1518, in: WA. B 1, 160.

37 Luther an Hieronymus Schulz von Brandenburg, a.a.O. (Anm. 35).

38 Luther an Hieronymus Schulz von Brandenburg, in: WA. B 1, 139.

gedruckten Thesen Tetzels. Die Resolutionen, im Mai 1518 verfasst, dürften sich aber auch auf die Obelisken von Eck und Luthers Asterisken vom März 1518 beziehen bzw. sie einbeziehen. Aber der Dialog über bestimmte Fragen geht über das zweite Halbjahr 1518 hinaus, ebenso der Streit mit Prierias, der im Juni 1518 beginnt. Schließlich stellt sich die Frage, inwiefern nicht auch die späteren Repliken der Gegner Luthers über 1518 hinaus, etwa jene von Prierias bis 1520, auch mit einbezogen werden müssten. Hier werden als Beispiele die Thesen herangezogen, die sich mit dem Fegefeuer beschäftigen. Das Folgende kann nur einen kleinen Einblick in die Werkstatt Luthers bieten und ist notwendigerweise Abbreviatur.

These 14: *Unvollkommene Frömmigkeit oder unvollkommene Liebe des Sterbenden bringt notwendig große Furcht mit sich, ja, um wieviel die Liebe geringer ist, um soviel ist die Furcht größer.*[39]

Alle Furcht und Schrecken kommen aus dem Misstrauen, Misstrauen ist also die Ursache des Schreckens, der Verzweiflung und der Verdammnis,[40] bringt Luther die These 14 in den Resolutionen auf den Punkt. Diese These erscheint Eck albern. Worum geht es hier? Um die Begründung des Fegefeuers, worauf Eck in seiner Gegenthese entschieden hinweist: Nicht die vollkommene oder die unvollkommene Liebe, nicht die vollkommene oder unvollkommene Gnade haben mit dem Fegefeuer zu tun, sondern die für die Sünde geschuldeten Strafen.[41] Deshalb führt Eck das Argument an, dass die unvollkommene Liebe eines Kindes diesem keinen Schrecken einbringe. Luthers These scheint in eine andere Richtung zu führen. In seiner Erwiderung auf Eck macht er klar, dass auch die vollkommenste Liebe eines Erwachsenen diese nicht vor Furcht und Schrecken schütze, er steht in einer umso größeren Versuchung. Letztlich sei es wohl unerheblich, ob ein Kind unvollkommene

---

39 «Imperfecta sanitas seu charitas morituri necessario secum fert magnum timorem, tantoque maiorum, quanto minor fuerit ipsa.»

40 «Venit ergo omnis turbatio ex diffidentia, omnis securitas ex fiducia in deum, fiducia autem ex caritate, quia necesse est, ut is tibi placeat, in quem confidas» (Luthers 95 Thesen samt seinen Resolutionen sowie den Gegenschriften von Wimpina-Tetzel, Eck und Prierias und den Antworten Luthers darauf. Kritische Ausgabe mit kurzen Erläuterungen von Lic. Dr. W. Köhler, Leipzig 1903, S. 48).

41 Hier steht als Streitpunkt im Hintergrund, ob zur Sündenvergebung die unvollkommene Reue genüge, also eine Reue ohne Liebe zu Gott, gemeinhin Furchtreue (attritio) genannt.

Liebe, ein Erwachsener eine vollkommene Liebe besitze, die ihn vor Furcht oder Schrecken schütze. Aber dieser Streit führt offenbar nicht weit, denn Luther stimmt Eck zu, die entscheidende Frage sei doch die, was Vollkommenheit oder Unvollkommenheit der Liebe oder die noch nicht gebüßte Strafe mit dem Fegefeuer zu tun habe. Hier kommt Luther nun auf den Punkt: Mit Verweis auf die Dist. 35 (aber muss wohl heißen 25 des Decr. Gratiani[42]) macht Luther klar, dass es nicht um die noch nicht gebüßten Strafen gehe, sondern um Schuld und Sünden (*culpa et peccata*); das Fegefeuer ist um der Sünden, nicht um der Strafen willen da. Eine solche Sünde nennt Luther die unvollkommene Liebe, jene also, mit der die Menschen sich selbst und ihr Leben mehr lieben als Gott. Weiteres führt Luther dann in den Resolutionen aus.

These 15: *Diese Furcht und dieser Schrecken sind an sich selbst – um von anderen Dingen zu schweigen – hinreichend, um des Fegfeuers Pein und Qual fühlen zu lassen, weil sie der Angst der Verzweifelung ganz nahekommen.*[43]

Massiv wirft Prierias Luther Ketzerei in These 14 und 15 vor. Ebenso klar antwortet Luther, dass für ihn es vollkommen sicher ist, dass es ein Fegefeuer gibt. Drei Sätze Luthers sind es, die Prierias im Einzelnen verwirft: (1) Diejenigen, die sich im Fegefeuer befinden, wissen nicht, ob sie selig werden.[44] (2) Diejenigen, die gereinigt werden, fürchten große Übel wie Kinder.[45] (3) Die Furcht ist allein genug, um das Fegefeuer auszumachen.[46] Luther wehrt sich massiv gegen diese Vorwürfe, daher nimmt er sich vor, gründlich auf sie zu antworten. Zunächst viel Raum nimmt der Streit um die Autoritäten ein. Doch Luther reagiert präzise auf die erhobenen Vorwürfe: (1) Die Folgerung, die Prierias ziehe, halte dem Beweis nicht stand: Kann man im Ernst behaupten, dass die, die im Fegefeuer sind, wissen, dass sie selig werden? Könnte nicht auch das Gegenteil wahr sein? Scheint nicht auch das Gebet der Kirche, dass die Hölle sie nicht verschlingen möge, darauf hinzuweisen, dass manche der Hölle entgegengehen? Wer kann also leugnen, dass es Unsicherheiten in Bezug auf das Fegefeuer gibt? (2) Wie kann jemand Schmerz empfinden

---

42 Decr. Gratiani Pars I, dist. XXV. can IV «Qualis».

43 «Hic timor et horror satis est se solo (ut alia taceam) facere penam purgatorii, cum sit proximus desperationis horrori.»

44 «Quod hi, qui in purgatorio continentur, nesciant se salvandos.» (Köhler, S. 53)

45 «Quod qui purgantur timeant, praeterquam filialiter.» (Köhler, S. 53)

46 «Quod hic timor se solo satis sit facere poenam purgatorium.» (Köhler, S. 53)

über eine Strafe, die er nicht fürchtet? Wenn es aber so wäre, wie Prierias sagt, so müsste es zweierlei Arten des Schmerzes geben, die eine auf Erden, die andere im Fegefeuer. Zudem: Welchen Sinn macht es, wie Prierias vorgibt, von Furcht nur zu reden in Bezug auf ein künftiges Übel, da die Seelen ja im gegenwärtigen Übel seien? Deshalb ist wohl eher davon auszugehen: Die Strafe des Fegefeuers ist ein Schrecken vor der Verdammnis, so ist sie eine Furcht vor den zukünftigen Übeln, die ein Sterbender erleidet.[47] (3) Zum dritten Vorwurf: Luther will nicht sagen, dass die Furcht alleine hinreichend sei, die Strafe auszumachen oder zu verstehen, welche die Seelen erleiden. Diese ist sicher nicht die ganze Strafe, aber der Schrecken vor der Verdammnis ist, so müsste man sagen, ein eingängiges Bild oder besser noch ein Symbol, um die Strafe des Fegefeuers anschaulich zu machen. Darauf macht das «sit proximus» der These 15 aufmerksam. In den Resolutionen zur These 15 findet sich schließlich ein klärender Hinweis auf den Kern des Streits: Mit Augustinus gegen Thomas von Aquin plädiert Luther für die Unanschaulichkeit des Fegefeuers, jener verborgenen Zufluchtsstätte der Seelen, von der wir nichts wissen können.[48] Fast wie ein moderner Theologe scheint Luther seine Widersacher zu warnen, Wissen über eine Sache vorzugeben, die dem Menschen schlechthin verborgen sei. Von daher ist auch sein klares Bekenntnis zum Fegefeuer zu verstehen. Luther leugnet es nicht, disputieren will er dagegen über die Art und Weise seiner Vorstellung.

These 16: *Hölle, Fegfeuer und Himmel scheinen sich voneinander zu unterscheiden wie rechte Verzweifelung, beinahe Verzweifeln und Gewißheit des Heils.*[49]

Der Streit um das Verständnis des Fegefeuers geht weiter. These 16 steht in einem engen Zusammenhang mit These 15. Luther vergleicht das Fegefeuer mit der Verzweiflung, sie sei gewissermaßen (*prope*) Verzweiflung, zwischen der Hölle (Verzweiflung) und dem Himmel (*securitas*). Schon Wimpina-Tetzel haben das *prope desparatio* als Irrtum eingestuft. Eck hält es für eine freche These. Die Seelen wissen, dass sie errettet werden, aber durchs Feuer. Luther hält entgegen, woher er denn sein

---

47 «Poena purgatorii est timor future mali i.e. horror damnationis.» (Köhler, S. 54)

48 «Nihil de igne et loco purgatorii loquor, non quod ea negem… Ego vero interim cum b. Augustino remaneo, scilicet quod receptacula animarum abdita sint et remota a nostra cognition… Mihi certissimum est purgatorium esse.» (Köhler, S. 49f.)

49 «Videntur infernus, purgatorium, celum differre, sicut desperatio, prope desperatio, securitas differunt.»

Wissen beziehe, wenn so viele Theologenmeinungen umhergingen wie gerade unter Scotisten und Thomisten. Luther wiederholt sein Argument: Der Schrecken der Seele macht den Menschen von Natur aus ungewiss.[50] Wenn alle Lehrer der Auffassung seien, die Strafe des Fegefeuers sei dieselbe wie die der Hölle mit Ausnahme der Verzweiflung, dann kann doch die Annahme nicht falsch sein, das Fegefeuer sei nahe der Verzweiflung. Auch Luther behauptet demnach nicht, das Fegefeuer sei die Verzweiflung wie die Hölle, er vermeidet aber die Aussage, das Fegefeuer sei die Seligkeit, aber durchs Feuer. Der Streit scheint sich hier auf die Frage der Gewissheit der Errettung zuzuspitzen. Auch Prierias beharrt darauf, dass die, welche gereinigt werden, eine gewisse Zuversicht ihrer Seligkeit haben und folglich nicht verzweifelt sind, weil sie die Hoffnung haben herauszukommen. Dahinter steht allerdings die entscheidende Frage, wie die Strafen hinweggenommen werden.

These 17: *Wie es scheint, bedürfen die Seelen im Fegfeuer, daß Angst und Schrecken abnehme, zugleich aber auch die Liebe bei ihnen wachse und zunehme.*[51]

Zwei Fragen stehen im Mittelpunkt des Streits mit Eck und Prierias. Eck spießt Luthers These vom Wachsen und Zunehmen der Liebe von der Frage des Verdienstes her auf. Wohin der Baum fällt, da bleibt er liegen, argumentiert Eck mit Koh 11, 3, nach Verdienst oder Unverdienst. Luther will sich offenbar auf diese Frage gar nicht einlassen, doch er fragt noch einmal genauer nach: Will Eck behaupten, dass durch die Tilgung der Sünden im Fegefeuer der Gereinigte nicht besser werde? Finde im Fegefeuer keine Zunahme im Guten oder im Bösen statt? Kann der Gereinigte wirklich nicht besser werden? Wieder scheint Luthers Skepsis durch: Wer will letztlich wissen, wie es den Seelen im Fegefeuer gehe? Von einer anderen Seite her beleuchtet Prierias das vorliegende Problem, das Luther mit dem Wachsen und Zunehmen der Liebe anspricht. Prierias wirft Luther Ungereimtheiten in der Argumentation vor. Diese bestehe darin, dass Luther von der Furcht, dem Schrecken und der Verdammnis ausgehe. Wenn Luther nun einen Weg ausfindig machen will, wie die Furcht vertrieben werden könne, dann wohl nur den der Liebe. Furcht wider Liebe, scheint die Alternative in den Augen Prierias' zu sein.

---

50 «Addo, quod horror animae natura sua facit incertum hominem.» (Köhler, S. 56)

51 «Necessarium videtur animabus in purgatorio sicut minui horrorem ita augeri charitatem.»

Demgegenüber behauptet Prierias nun, derjenige, der das Fegefeuer erleide, sei ein Pilger, soweit er von der Seligkeit zurückgehalten werde, mit der Einschränkung allerdings: nicht schlechthin (*non autem simpliciter*). Prierias folgert: Er wächst nicht in der Liebe. Würde er wachsen, wäre es für ihn eine Wohltat, lange im Fegefeuer zu sein, damit er umso vollkommener aus dem Fegefeuer hervorgehe. Luther kontert diese Gegenthese des Prierias mit dem Einwurf, dann müsse es auch eine Wohltat sein, wenn kein Heiliger stürbe oder Märtyrer bis an den Jüngsten Tag litten, denn wenn die Liebe immer vollkommener werden könnte, dann müssten alle in dem Zustande verharren, in dem sie sich befinden, um noch vollkommener zu werden. Wenn diese Argumentation aber schon hier nicht greife, dann dürfte sie auch im Falle des Fegefeuers nicht hilfreich sein.

These 18: *Es scheint auch unbewiesen zu sein, weder durch vernünftige Gründe noch aus der Schrift, daß die Seelen im Fegfeuer sich nicht in dem Stande des Verdienstes oder des Zunehmens an Liebe befinden.*[52]

Gegenüber seinen Gegnern beharrt Luther auf seinem Argument von These 17, dass die Seelen im Fegefeuer entweder im Stande des Verdienstes oder des Zunehmens an Liebe sind. Wimpina-Tetzel halten diese These schlicht für Irrtum. Eck hält sie für vermessen, ebenso Prierias. Der Grund ist klar: Die Seelen verdienen nicht, sondern bezahlen (*solvendi non merendi*). Die Liebe muss im Leben und nicht im Fegefeuer verdient werden, so Eck. So stehen sich nun zwei Behauptungen gegenüber: Die Seelen seien im Stande des Verdienstes oder nicht (*in statu merendi*). Luther greift zur Polemik, ruft Eck aber zur Disputation auf, einschränkend, dass auch er letztlich nicht in jeder Frage sicher sei. Prierias gesteht ein, dass es für das eine oder das andere Argument weder einen Beweis der Schrift noch einen der Kirche gebe. So lässt sich diese Frage wohl nicht klären. Luther bestätigt das, indem er zugibt, dass es nur um einen wahrscheinlichen Beweis gehen könne. Ob man nun den Thomas dafür oder dagegen hat, ändert an der Wahrscheinlichkeit der These nichts, wenn es nicht um Glaubensfragen geht. Luther bekennt, dass er leugnet, was Prierias positiv behauptet. So hält er die Disputation für beendet. Luther muss zugestehen, dass diese Frage nicht weiter geklärt werden könne.

---

52 «Nec probatum videtur ullis aut rationibus aut scripturis, quod sint extra statum meriti seu augende charitatis.»

These 19: *Es scheint auch dies unerwiesen zu sein, daß die Seelen im Fegfeuer, zum wenigsten alle, ihrer Seligkeit gewiß und unbekümmert seien, wenn wir auch dessen ganz gewiß wären.*[53]

Wimpina-Tetzel und Eck halten Luthers These für Irrtum. Eck hält für sicher: Die Seelen wissen mehr als die Lebenden. Sie wissen, dass sie tot sind und nicht verzweifeln. Luther greift noch einmal auf, was er sagen wollte: Nicht alle, die im Fegefeuer sind, sind ihrer Seligkeit gewiss.[54] Luther hält die Gewissheit, ja die Sicherheit des Wissens für vermessen. Er leugnet daher nicht, dass einige gewiss seien, aber nicht alle. Im Hintergrund steht hier für Luther die Erfahrung der Anfechtung im Glauben. Doch was heißt Gewissheit im Glauben? Wer tot im Glauben ist, dem tut nichts weh; erst wer seinen Unglauben empfindet und im Schmerz darüber ist, der weiß, dass der Glaube in ihm lebt. Gegen Eck führt Luther ins Feld, indem er das Argument umdreht: Wenn nur die Seelen wissen, dass sie der Seligkeit entgegengehen, so wissen wir das eben nicht. Das alles zeigt Luther, wie leicht es ist, den Disput in Spitzfindigkeiten auslaufen zu lassen. Wissen, Gewissheit, Glaube und Unglaube sind offenbar Fragen, die nur schwer zu beurteilen sind. Ein Disput kommt so nicht zustande.

These 25: *Die gleiche Gewalt, die der Papst über das Fegfeuer im allgemeinen hat, hat auch ein jeder Bischof und Seelsorger in seinem Bistum und seiner Pfarre im besondern.*[55]

Luther schließt mit These 25 den Disput sowohl mit Eck als auch mit Prierias über die Frage der Jurisdiktion des Schlüsselamtes ab. Sein Fazit in Übereinstimmung mit der ganzen Kirche lautet: Die Gerichtsbarkeit des Papstes und des Schlüsselamtes erstreckt sich nicht über das Fegefeuer.[56] Luther spricht sich dagegen für die Macht zu beten und für die Fürsprache aus (*potestas orandi et intercedendi*). Wird mit dieser Ansicht die ganze Ordnung der Kirchenregierung verkehrt, wie Eck Luther vorwirft?

---

53 «Nec hoc probatum esse videtur, quod sint de sua beatitudine certe et secure, saltem omnes, licet nos certissimi simus.»

54 «Non omnes sint certae in purgatorio de sua beatitudine.» (Köhler, S. 70)

55 «Qualem potestatem habet papa in purgatorium generaliter, talem habet quilibet Episcopus et curatus in sua diocesi et parochia specialiter.»

56 «Ego cum universa ecclesia nego esse clavibus potestatem in purgatorium.» (Köhler, S. 85)

Luther behauptet nicht, alle Gewalt in der Kirche sei die gleiche. Der Papst kann sich für die Seelen durch die allgemeine Fürbitte und das Gebet der ganzen Kirche verwenden wie der Bischof für seine Diözese und der Pfarrer am Allerseelentag, den allgemeinen Bußtagen und bei den Totengottesdiensten. Aber eine Gerichtsbarkeit des Schlüsselamtes über das Fegefeuer hält Luther für einen Irrtum.

6. Der Ertrag einer Rekonstruktion des Disputes zwischen Luther und seinen Gegnern

Welche Themen sprechen Eck und Prierias an? Sind Linien einer konsistenten Theologie zu erkennen? Eck verteidigt mit seinen Thesen die Würde des Sakraments der Buße. Der Streit bezieht sich in seiner Sicht auf den dritten Teil der sakramentalen Buße, die *satisfactio*. Das sakramental-instrumentale Verständnis des Sakramentes macht es für Eck notwendig, das Amt der Schlüssel auszudehnen auf die von Gott selbst und von ihm selbst auferlegten Strafen. Das zieht die Folgerung nach sich, dass auch dem Verstorbenen, der im Fegefeuer ist, Strafen, die er sich im Leben zugezogen hat, durch das Schlüsselamt erlassen werden können. Das wiederum heißt für die Theologie, die Eck vertritt: Sie weiß mehr über das Fegefeuer und seine Wirkweise, als allgemein disputiert wird. Silvester Prierias äußert sich noch umfassender. Im Mittelpunkt seiner theologischen Auffassung stehen das Bußsakrament und insbesondere das Verständnis der Reue. Prierias vertritt die Überzeugung, dass die unvollständige Reue (*attritio*) durch das Amt der Schlüssel geheilt werden könne. Damit vertritt er unzweideutig eine scotistische Position. Wenn Luther nun auf die sündentilgende Bedeutung der Reue verweist und sie vertritt, dann steht er offenbar der Theologie des Thomas näher. Damit liegt auch in diesem Zusammenhang der Schwerpunkt der theologischen Argumentation auf der Ausdehnung der Kraft und der Wirkung des Schlüsselamtes und der Absolution, einer der schwerwiegendsten Fragen im späten Mittelalter.

Immer wieder werfen Luthers Gegner ihm vor, er leugne die Lehre der Kirche in dieser oder jener Frage, wenn er diese These so vertrete, wie er es tue. Die genaue Analyse zeigt aber, dass Luther keineswegs kirchliche Lehre leugnet, er vertritt in manchen Fragen nur bestimmte Auffassungen und bietet Interpretationen, über die er disputieren will. Mehrfach taucht folgende Redewendung auf: Ich will disputieren. Seine Gegner wollen jedoch nicht disputieren, um eine Frage zu klären, sie wollen ihm Häresie nachweisen. Luther gesteht seinen Gegnern zu, dass er nicht in allen Fragen gewiss sei.

Luther wendet sich mehrfach gegen die Philosophie und Theologie des Johannes Duns Scotus. Der Streit um die Thesen erscheint dann als ein Streit um die Spitzfindigkeiten spätscholastischer Theologie. Gegenüber Prierias wird die Auseinandersetzung weithin auf die Theologie des Thomas von Aquin eingeschränkt, was verständlich ist, da Prierias sich auf seinen Ordensbruder verlässt. Aber Thomas erscheint nicht als der absolute Gegner Luthers, sondern implizit als Gewährsmann. Zum Beweis seiner Thesen greift Luther zuerst auf die Heilige Schrift, zweitens auf die Väter, vor allem Augustinus, dann schließlich auf das Kirchenrecht zurück. Die Frage der Autoritäten spielt im Disput eine hervorragende Rolle.

Was sagt Luther theologisch Neues? Der Glaube macht nicht nur vollkommen reuig, er rechtfertigt auch. Luther sucht mit seinen Thesen diese wahre Theologie zu verteidigen. Diese scheint nach der für Luther wichtigsten Autorität in der Theologie des Augustinus zu liegen. Indem Luther in der Frage der Reue so den Glauben einbezieht, erscheint hier bereits in Umrissen die spätere exklusive Zweiteilung von Reue und Glauben auf, die hier aber nicht als Alternative zur Dreiteilung des Bußsakraments verstanden werden kann, da Luther unzweideutig die traditionelle Dreiteilung vertritt. Aber hier stellt sich die theologische Spitzenthese wie von selbst ein: In der Auseinandersetzung mit der traditionellen Bußlehre des späten Mittelalters entwickelt Luther die endgültige Gestalt seiner Rechtfertigungslehre.[57] Sie ist ein Produkt seiner Auseinandersetzung mit der spätmittelalterlichen Theologie und nicht deren Voraussetzung. Von daher betrachtet ist die Frage der reformatorischen Wende nicht auf die Fragestellung eines Bruches und damit eines unvermittelten Übergangs in eine andere Theologie, nicht nur eine andere Gestalt der Theologie, einzuengen, sondern auf die Vorstellung eines überaus komplexen Zusammenwirkens von historischer Voraussetzung, tatsächlichem Verlauf und geschichtlicher Wirkung zu beziehen.

---

57 «Aus seiner Erfahrung mit dem Bußsakrament erwuchs die endgültige Gestalt seiner Rechtfertigungslehre, wonach der Sünder durch den Zuspruch des Evangeliums (*promissio*) im äußeren Wort (hier der Absolution), in dem das Wort als gewiss wahr ergreifenden (und dadurch Heilsgewissheit schaffenden) Glauben (*fides*) gerechtfertigt wird, weil er in diesem Vorgang durch den Heiligen Geist zu Christus geführt und mit ihm verbunden wird.» (Messner, a.a.O. (Anm.15) S. 192)

Von daher widerspreche ich der These Reinhold Seebergs, die Gustav Adolf Benrath zustimmend zitiert: «Nicht nur hat die Reformation an einer Kritik der mittelalterlichen Bußlehre ihren Anfang genommen, man kann vielmehr die zentralen und wesentlichen Gedanken derselben als einen Ersatz des Bußsakramentes bezeichnen … Indem also das Bußsakrament von dem Protestantismus gesprengt wurde, wurde die ganze mittelalterliche Auffassung des religiösen Lebens aufgehoben, und es war notwendig, für dieselbe einen entsprechenden Ersatz aufzustellen. Der liegt aber in der evangelischen Rechtfertigungs- und Heiligungslehre vor.»[58] Von einem Ersatz des Bußsakraments durch die neue Theologie der Rechtfertigung kann man also zumindest zu diesem Zeitpunkt nicht sprechen.

Luther weist den Vorwurf seiner Gegner, er sei ein Ketzer, zu Recht zurück. Luther leugnet nicht, was seine Gegner ihm vorwerfen, er bestätigt mehrfach die Lehre der Kirche in zentralen Fragen des Glaubens, er nimmt für sich allerdings in Anspruch, innerhalb eines breiten Spektrums unterschiedlicher theologischer Auffassungen im komplexen Zusammenhang des Sakraments der Buße das Schlüsselamt deutlicher von Gottes Handeln zu unterscheiden. Dazu gehört in erster Linie eine klare Unterscheidung von *culpa* und *poena*, dann ein Festhalten an der hochmittelalterlichen Reuelehre und eine Erneuerung der deklaratorischen Absolutionslehre, die in der Frühscholastik noch vorherrschend war. Entschieden weist Luther allerdings jeden Versuch zurück, die Wirkkraft des Schlüsselamtes auf das Fegefeuer auszudehnen. Damit tritt Luther als entschiedener Verfechter des Sakraments der Buße und seiner Integrität auf. Der Ablass und seine Praxis erscheinen in seinen Augen als Verwässerung und Verschleierung der kirchlichen Bußlehre. Von einer grundsätzlichen Bekämpfung des Bußsakraments durch Luther, wie sie die ältere Dogmengesichtsschreibung behauptete, kann hiernach nicht gesprochen werden.

---

58 Reinhold Seeberg: Die Theologie des Johannes Duns Scotus, Leipzig 1900, S. 397f.

Viorel Mehedinţu, Stuttgart

Der Dialog, der zum Monolog wurde

Zum Briefwechsel zwischen Tübinger Theologen und dem Patriarchen Jeremias II. von Konstantinopel (1573–1581) – eine systematische Betrachtung

Vorbemerkung

Bei der Lektüre der Briefe[1] sind mir zwei Themen aufgefallen, denen eine zentrale Bedeutung zukommt und die sich durch den gesamten Briefwechsel ziehen. Es sind die Themen «Schrift und Tradition» und «Rechtfertigung». Mein Vortrag konzentriert sich auf diese Themen, die ich jeweils aus der Sicht der beiden Theologien betrachte.

Im Briefwechsel zwischen einigen Tübinger Theologen und dem Patriarchen Jeremias II. von Konstantinopel ist das Verständnis von Schrift und Tradition und von der Rechtfertigungslehre zum ersten Mal in der Geschichte der beiden Kirchen zu einem ernsthaften Thema geworden. Während der Jahrhunderte hat sich mehr oder weniger die Meinung gebildet und bis fast in unsere Zeit gehalten, dass die evangelische Kirche eine Kirche der Schrift, die orthodoxe Kirche eine Kirche der Tradition ist. Die Vorstellung «hier Schrift und dort Tradition» bedeutet eine Verkürzung ihrer tatsächlichen Stellung in den beiden Kirchen.

1. Das Verständnis von Schrift und Tradition

1.1 In den Briefen der Tübinger Theologen

In ihrer Korrespondenz mit dem Patriarchen Jeremias II., von dem sich die Tübinger Theologen eine Zustimmung zur evangelischen Lehre erhofften, legten sie viel Wert auf die Klärung der Bedeutung von Schrift und Tradition in ihrem Verhältnis zueinander. Ich habe bewusst vermieden, von diesem Verhältnis «in der Kirche» zu sprechen, weil in beiden Briefen, in denen dieses Thema behandelt wurde (S. 133–142 bzw. 192–

---

1 Veröffentlicht in und im Folgenden zitiert nach: Wort und Mysterium, Witten 1958.

196, insgesamt 15 Seiten), nur ein einziges Mal das Wort Kirche (und dies an einer unbedeutenden Stelle) vorkommt. Für die Tübinger ist die Schrift der «Maßstab zur Beurteilung aller Dogmen und Satzungen, Glaubensübungen, menschlichen Überlieferungen und Werke als das Wort Gottes, des Allherrschers aller Dinge …» (2. Brief, S. 133).

Die Einschätzung der Tradition reicht von ihrer Wertschätzung bis zur Haltung, sie sei entbehrlich. Die ambivalente Haltung der Tübinger Theologen den Kirchenvätern gegenüber kommt in der folgenden Beurteilung zum Ausdruck: «Wenn wir auch die von den Vätern bei der Schrifterklärung angewendete Mühe wahrhaftig hochschätzen und nicht selten davon Gebrauch machen, so muss man sie doch nicht für so unentbehrlich halten, als dass man nicht glauben könnte, auch ohne die Auslegungen und Anmerkungen der Väter könne der wahre und echte Sinn und Bedeutung der Schrift mit Hilfe des Heiligen Geistes gefunden werden.» (S. 141)

Die besondere Bedeutung des Dogmas der ökumenischen Synoden liegt einzig und allein in der Übereinstimmung mit der Heiligen Schrift. Die Übereinstimmung mit der Schrift gleicht einem Gütesiegel jeder Tradition. Die Wahrheit des Dogmas liegt «im Einklang mit den göttlichen Worten» (S. 136). Das bedeutet aber nicht, dass nur angenommen wird, was unmittelbar deutlich von der Schrift hergeleitet werden kann. «So nehmen wir für den Gottessohn die Bezeichnung ‹wesensgleich› bereitwillig an, auch wenn sie sich nicht in den Heiligen Büchern findet» (S. 142). Die Begründung für die Annahme dieses Dogmas ist dieselbe, «weil der Sinn dieses Wortes vielfach in den Heiligen Schriften … keimhaft bezeichnet ist» (S. 142). Hier könnte man ergänzen: Es werden auch andere Begriffe wie «Person, Substanz, Natur in den altkirchlichen Bekenntnissen gebraucht und in den lutherischen Bekenntnisschriften wieder aufgenommen, wenngleich sie die Schrift nicht kennt».[2]

Das wäre im Wesentlichen und in aller Kürze die Auffassung der evangelischen Theologen von Tübingen über Schrift und Tradition. Dieses Thema beschäftigte sie in besonderer Weise in ihren beiden Briefen. Die Schrift, die sie wiederholte Male als Regel und Richtschnur, als den «unfehlbaren und unverrückbaren Maßstab» bezeichneten, wird bei ihnen zu einem Raster, zu einem formalen Prinzip, an dem alles zu

---

2 Edmund Schlink: Theologie der lutherischen Bekenntnisschriften, München [3]1948, S. 37.

messen ist.[3] Man bekommt den Eindruck, dass der Schrift, nachdem sie auf ein hohes Podest gestellt wurde, vor allem eine überwachende und richterliche Funktion gegenüber der Tradition zugedacht wird, damit diese ihre Grenzen nicht überschreitet. Ihre Beziehung zur Tradition scheint nur darin zu bestehen. Es entsteht der Eindruck, dass die Tübinger mit der Schrift in der Hand alle vorhandenen Traditionen einer strengen Prüfung unterziehen wollten. Unter dem Begriff der Tradition kommt in ihren Briefen hauptsächlich die Auslegungstradition zum Tragen.

Dass die Tradition eine wichtige Funktion in der Kirche erfüllt, darauf sind sie nicht eingegangen. Der weit geöffnete Blick auf die Schrift verengte ihre Sicht auf die Tradition, und dass diese in einem inneren, lebendigen Zusammenhang mit der Schrift in der Kirche steht, ist den Tübinger Theologen entgangen. Das geschah möglicherweise deswegen, weil die Kirche in ihren Ausführungen so gut wie keine Rolle spielte. Abgesehen von den altkirchlichen dogmatischen Entscheidungen, die die Prüfung der Schriftgemäßheit bestanden, hatten sie gegenüber der Tradition eine sehr kritische Haltung. Sie argumentierten in ihren Briefen so, als hätten sie keine Kirche und in ihr keine lebendige Tradition. Im Grunde sind sie weder ihrer Kirche noch ihrer Tradition gerecht geworden, weil sie einseitig nur die Bedeutung der Schrift im Sinne hatten und sie sich allein ohne Lebensbezüge zu Kirche und Tradition vorstellten. Wo sollte sich die Schrift als Maßstab bewähren, wenn nicht in der Kirche in lebendiger Beziehung zur Tradition?

Die Tübinger Theologen machten sich damals nicht klar, dass die Reformation in der westlichen Tradition stand, obwohl sie sich von einem großen Teil der römisch-katholischen Überlieferung distanziert hatte. Das Filioque z. B., das zu den Themen des Briefwechsels gehörte, ist ein Kapitel der westlichen Tradition und geht auf Augustinus zurück. Die Confessio Augustana Graeca, die sie dem Patriarchen Jeremias sandten, ist nichts anderes als ihre eigene Tradition. Sie wird bis heute geschätzt und gilt als Grundlage der evangelischen Lehre, als Glaubensbekenntnis dieser Kirche. Grundsätzlich gilt was Edmund Schlink über die Tradition schreibt: «Die Stellung der Reformation zur Tradition wird noch nicht

---

3 Emund Schlink,in: Ökumenische Rundschau 1960, H.1, S. 48.

erkannt, wenn man allein ihren Traditionsbegriff berücksichtigt. Vielmehr ist zu untersuchen, welchen Gebrauch sie *faktisch* von der Überlieferung gemacht hat.»[4]

Auch das evangelisch-lutherische und das evangelisch–reformierte Christentum haben eine Tradition. Das große Buch der «Bekenntnisschriften der evangelisch-lutherischen Kirche» stellt eine umfangreiche Tradition dar, die sich nicht nur auf die Heilige Schrift stützt, wenn auch auf sie in besonderer und programmatischer Weise, sondern bewusst auch auf die altkirchlichen dogmatischen Entscheidungen und die Kirchenväter, wie der «Catalogus testimoniarum» beweist, der dem Konkordienbuch angehängt wurde. Zum Begriff der Tradition gehört weiterhin das grundlegende Werk Martin Luthers wie auch jenes von Johannes Calvin für die evangelisch-reformierte Kirche, um hier nur von diesen beiden zu sprechen. Werden sie nicht häufiger zitiert als jeder andere Kirchenvater des östlichen und westlichen Christentums?

Der wichtigste, wesentlichste und heilsnotwendigste Teil der apostolischen Tradition ist in den neutestamentlichen Schriften aufgenommen, aber nicht nur, damit diese Tradition als Schrift vor Entstellungen besser bewahrt oder gelegentlich als Nachschlagewerk verwendet wird, sondern damit sie weiterhin als lebendige Wirklichkeit in der Kirche präsent bleibt und tätig wird. Die Tradition bedarf der Schrift und diese der Tradition. Die Schrift bedarf der Tradition, damit das apostolische Zeugnis vom Christusgeschehen nicht in ihr verschlossen bleibt, sondern in der Überlieferung Gegenwartsgeschehen wird.

Zum Kirchesein gehört unabdingbar nicht nur die Schrift, sondern auch die Tradition. Es gibt keine Kirche ohne Tradition.

Die Neubesinnung auf das Phänomen der Tradition und ihre Neubewertung hat in der evangelischen Theologie schon seit geraumer Zeit zu grundlegenden Studien geführt. Das traditionelle *sola scriptura* wurde im Hinblick auf die Bedeutung der Tradition als «interpretationsbedürftig» erachtet, um Fehldeutungen im Verständnis der Tradition zu korrigieren.[5]

Zum Abschluss dieses Kapitels möchte ich auf einen anderen Aspekt der Tradition zu sprechen kommen, auf den evangelische Studien verweisen, nicht zuletzt deswegen, weil dieses Verständnis der Tradition

---

4 Edmund Schlink: Zum Problem der Tradition, in: Schriften zu Ökumene und Bekenntnis, hg. von Klaus Engelhardt, et al., Göttingen 2004, S. 199.

5 Gerhard Ebeling: «Sola Scriptura» und das Problem der Tradition, in : Wort Gottes und Tradition, Göttingen [2]1966, S. 91.

auch die orthodoxe Theologie teilt. Die neutestamentlichen Schriften nehmen einen Teil der mündlichen apostolischen Tradition auf. Auf diese Frage kamen die Tübinger Theologen auch kurz zu sprechen, ohne näher auf sie einzugehen (1. Brief, S. 138). Die ursprüngliche Tradition ist in der Schrift nicht in ihrem gesamten Umfang aufgenommen. Das bedeutet jedoch nicht, dass in der Schrift etwas am Heilsnotwendigen fehlt, sondern nur, dass die apostolische mündliche Tradition umfangreicher war, als sie in der Schrift aufgenommen wurde. Dieser Meinung war lange vorher auch Luther. Eine Bestätigung dafür finden wir sogar in der Heiligen Schrift am Ende des Johannesevangeliums (21, 25). Bezogen auf diese Stelle schreibt ein anderer evangelischer Theologe: «Das Johannesevangelium ... betont sogar ausführlich nicht etwa die Endgültigkeit seiner Darstellung, sondern vielmehr die Unerschöpflichkeit der Überlieferung und gibt damit, gewollt oder ungewollt, erst recht den Weg für neue Gestaltungen und Umbildungen des überlieferten Gutes frei – die auch nicht ausbleiben.»[6]

1.2. *Schrift, Tradition und Kirche in den Briefen des Patriarchen Jeremias II.*

Obwohl die Tübinger Theologen in ihrem 1. und 2. Brief über die Bedeutung der Schrift als Maßstab der Dogmen und aller übrigen Traditionen schrieben, antwortete der Patriarch nicht direkt darauf, wie sie es von ihm erwartet hätten. Eine explizite, theologisch begründete Rangordnung zwischen Schrift und Tradition findet man bei ihm nicht. Wenn man aber auf die Schriftstellen in seinen Briefen achtet, stellt man fest, dass, verglichen mit den Hinweisen auf die Kirchenväter, der Patriarch die meisten seiner Aussagen mit Texten aus der Heiligen Schrift untermauert. Seine Briefe sind übersät mit biblischen Stellen.

Die Norm der Wahrheit ist nach dem Patriarchen Jeremias folgende: «Die Gemeinde Christi ist, mit dem göttlichen Paulus zu sprechen, Pfeiler und Grundfeste der Wahrheit. Sie werden die Pforte der Hölle nach der göttlichen Verheißung des Herrn nicht überwältigen ... da sie fest erbaut ist auf dem Felsen und auf denen, auf welche die Wahrheit sich gründet. Wer nur der Gemeinde Christi angehört, der gehört ganz und gar der Wahrheit an, und wer nicht völlig der Wahrheit angehört, der gehört auch nicht der Gemeinde Christi an.» (1. Brief, S. 53). Wir haben es diesmal mit

---

6 Hans Freiherr von Campenhausen: Die Entstehung des Neuen Testaments, in: Das Neue Testament als Kanon, hg. von Ernst Käsemann, Göttingen 1970, S. 113f.

einer anderen Vorstellung zu tun. Wurde die Schrift etwa entthront? Ich meine: Nein. In diesen Kernsätzen drückt sich die Vorstellung von der Einheit zwischen Schrift, Tradition und Kirche aus. Der Patriarch begründet nur formal, nicht inhaltlich, worin die Norm der Wahrheit besteht. Formal ist sie für ihn die Kirche, mit allem was es in ihr gibt: Schrift und Tradition. Seine Darstellung versteht sich nicht als theologischer Traktat und ist theologisch dennoch relevant. Er stellt die Kirche als die «Grundfeste der Wahrheit» dar. Die Kirche ist bei ihm nicht eine Größe, die diese Norm aus sich bestimmt. Wenn wir genau hinschauen, stellen wir fest, dass Jeremias diese Autorität der Kirche mit einem biblischen Zitat aus 1Tim 3, 16 begründet. Die letzte und die überzeugendste Begründung geht auf die Schrift zurück. Die Kirche ist diejenige, die die Schrift während des Gottesdienstes zur Sprache bringt. Ihre Worte versteht sie als Christusworte. Was bedeutet weiterhin in seinem Text die Aussage, dass die «Gemeinde Christi … Pfeiler und Grundfeste der Wahrheit» sei? Mit der Gemeinde meint er die Gemeinschaft der Gläubigen. Er bringt Wahrheit und Gemeinschaft zusammen. Die Gemeinschaft hat sich nicht zusammengesetzt, um die Wahrheit zu bestimmen, sondern herauszufinden, was Wahrheit ist. Jeremias nennt sie «Gemeinde Christi», d. h. die Gemeinschaft um Christus, mit ihm in ihrer Mitte. Die Kirche ist nicht einfach die Gemeinschaft derer, die an Christus glauben. In dieser Gemeinschaft sind die Gläubigen nicht unter sich, sondern diese Gemeinschaft ist eine besondere, eine Gemeinschaft der Gläubigen zusammen mit den göttlichen Personen. In der Kirche «begegnen sich die trinitarischen Personen mit den Menschen».[7] Die Wahrheit hat mit dieser Art von Gemeinschaft zu tun. Die Wahrheit der Kirche ist eine Person, Jesus Christus.

Für den Patriarchen Jeremias spielt in seinen Briefen neben der Heiligen Schrift die Tradition eine große Rolle.

---

7 Viorel Mehedinţu: Die Einheit der Kirche aus orthodoxer Sicht nach Johannes 17, 21, in: Einheit als Gabe und Verpflichtung. Eine Studie des Deutschen Ökumenischen Studienausschusses, hg.von Wolfgang A. Bienert, Frankfurt am Main 2002, S. 79.

1.3 *Der liturgisch-sakramentale Charakter der Tradition als Werk des Heiligen Geistes*[8]

Die Kirche ist in ihrem Wesen mit Tradition eng verbunden. Unter dieser Tradition versteht sich nicht nur die Übermittlung von Heilswahrheiten, sondern das durch den Heiligen Geist immer wieder im Hier und jetzt bewirkte Gegenwartsgeschehen der Heilsgeschichte in Christus. Hier wird ersichtlich, welch innerer Zusammenhang zwischen Schrift, Tradition und Kirche besteht. Alle drei werden vom Patriarchen Jeremias als eine lebendige Einheit gesehen. Alle bilden für ihn ein einheitlich Ganzes, und so erlebt er es im gottesdienstlichen Leben seiner orthodoxen Kirche. Diese einheitliche Sicht hat sich bei ihm vielleicht so ausgewirkt, dass er nicht die Notwendigkeit sah, auf die Eindringlichkeit, mit der die Tübinger Theologen zwischen Schrift und Tradition unterschieden und das eine vom anderen trennten, einzugehen.

Vielleicht ist er deswegen auf sie nicht eingegangen, weil er darauf bedacht war, die Lehre seiner Kirche vorzustellen. Das lag ihm zunächst am Herzen. Die Tübinger Theologen haben es ihm nicht leicht gemacht, aber er ihnen auch nicht. Dieses integrative Verständnis der Tradition war den Tübinger Theologen nicht geläufig, wie sich in ihren Briefen zeigt. Wenn man dies vielleicht von ihnen nicht erwartet hätte, so hätte man von dem Patriarchen mehr erwarten können. Er hätte auf den pneumatischen Charakter der Tradition aufmerksam machen können, wenn er selbst in seiner Darstellung der Liturgie zum inneren Geschehen dieses Gottesdienstes vorgedrungen wäre, d. h. auf die Wirkung des Heiligen Geistes, kraft dessen die Heilsgeschichte Gegenwartsgeschehen wird, hingewiesen hätte. Das gerade bringt er nicht auf den Punkt. Ohne die Wirkung des Heiligen Geistes verkommt die Tradition zur leblosen Übermittlung eines Traditionsgutes. Ohne die Wirkung des Heiligen Geistes geschieht absolut nichts in der Kirche.

Die Besprechung der Liturgie gerät bei Patriarch Jeremias zu einer formalen Darstellung der Heilsgeschichte nach ihrem äußeren Ablauf. «Der pneumatische Charakter der Tradition ist in der orthodoxen Kirche eng mit ihrem liturgisch-sakramentalen Aspekt verbunden … Das Erlösungswerk Christi, das das zentrale Thema der liturgisch-sakramentalen

---

8 Viorel Mehedinţu. Offenbarg und Überlieferung. Neue Möglichkeiten eines Dialogs zwischen der orthodoxen und der evangelisch-lutherischen Kirche, Göttingen 1980, S. 255ff.

Tradition darstellt, bliebe den Menschen eine äußere, unzugängliche Tat ohne den Heiligen Geist, in dem und durch den Christus in der Kirche gegenwärtig ist.»[9]

Durch dieses Traditionsverständnis wären beide Seiten des Briefwechsels einander näher gekommen. Sie hätten die Möglichkeit gehabt, festzustellen, dass trotz der verschieden gestalteten Gottesdienste etwas Ähnliches im Inneren ihrer Gottesdienste geschieht. Diese Chance haben damals beide Seiten verpasst. Aber nicht nur sie. Auch im weltweiten ökumenischen Dialog wurde das gottesdienstliche Geschehen der Kirchen allzu lange vernachlässigt und nicht als ein wichtiges Thema gesehen. Vielleicht war damals die Zeit nicht reif und der Stand der Theologien erlaubte es nicht. Ganz frei kann man die Teilnehmer des Briefwechsels dennoch nicht sprechen, weil sie nicht hellhöriger aufeinander gehört haben, statt nur darauf bedacht zu sein, die eigene Lehre darzustellen.

2. Von der Rechtfertigung aus Glauben und von guten Werken

2.1. *Bei den Tübinger Theologen*

«Rechtfertigung» versteht sich als «richtig fertig machen / korrekt zu Ende bringen». Damit ist der Mensch gemeint. Er wurde von Gott gerecht gemacht. In der Confessio Augustana 4 wird auch gesagt weshalb. Der Mensch wurde nicht umsonst, nicht ohne Grund gerechtfertigt, sondern «um Christus willen durch den Glauben, so wir glauben, daß Christus für uns gelitten habe und daß uns um seinen Willen die Sunde vergeben, Gerechtigkeit und ewiges Leben geschenkt wird». Gerechtfertigt ist der Mensch umsonst, aber dies war nicht umsonst zu haben. Jesus ist für uns eingetreten und hat dafür einen sehr hohen Preis bezahlt. Wer so tief und schwer gefallen ist wie der Mensch, kann nicht mehr allein aufstehen. Nur Jesus ist vor Gott gerecht. Seine Gerechtigkeit hat Gott uns zugeschrieben. Was von uns erwartet wird, ist, dass wir daran glauben.

Dieses «so wir glauben» ist das Hauptanliegen der Tübinger Theologen. Den Glauben vergleichen sie mit einer Hand, «durch welche wir empfangen, was unser Erlöser Christus uns erwirkt hat» (1. Brief, S. 148). *Sola fide* und *sola gratia* sind zwei zentrale Grundbegriffe der evangelischen Rechtfertigungslehre, die sich auch in den beiden Briefen oft

---

9 A.a.O., S. 258.

wiederfinden. Diese beiden «Solas» werden unermüdlich und unerbittlich gegen die guten Werke verteidigt. Nur so, gänzlich ohne Werke, bleibt die Rechtfertigung Gottes souveränes und absolutes Heilswerk. Bei der Rechtfertigung geht es um die Alleinwirksamkeit Gottes. Der Mensch ist nur Empfänger, sonst würde er in irgendeiner Weise zu seiner Rettung beitragen können. Diese Vorstellung würde die rechtfertigende Tat Gottes in Jesus Christus schmälern, es wäre «ein unwürdiges Unterfangen, unsere Errettung zwischen uns und Christus aufzuteilen ...» (2. Brief, S. 201). Weil die Tübinger Theologen meinten, dass Patriarch Jeremias Glaube und Werke miteinander verband und nicht deutlich voneinander trennte, beschäftigten sie sich intensiver mit diesem Thema. Wer glaubt, auf dem Wege der Gesetzeserfüllung gerechtfertigt zu werden, dem wird versichert: «So wird unser Heil dahin sein.» Das Gesetz Gottes kann nicht erfüllt werden. «Es verlangt von uns nicht nur einen äußerlich sichtbaren Gehorsam und fromme Sitte ... Ausschließlich auf das Herz schaut Gott» (2. Brief, S. 200). Der Mensch kann die ursprüngliche Gerechtigkeit und die Beziehung mit Gott nicht wiederherstellen. Nur Jesus Christus hat uns mit Gott versöhnt.

Wenn die Werke von der Rechtfertigung völlig ausgeschlossen werden, so bedeutet dies keineswegs, dass sie nicht dennoch dringend notwendig sind. «Trotzdem ermahnen wir unsere Hörer – und nicht nur beiläufig – gute, von Gott gebotene Werke zu tun» (1. Brief, S. 153). In den guten Werken sind wir nicht allein tätig, sondern auch Jesus Christus, der sie in «uns gewirkt hat». Die guten Werke sind vom Glauben nicht zu trennen. Deswegen gelten sie als Zeichen eines guten Glaubens. Nur ein guter Baum kann gute Früchte tragen. So gilt es, dass wir allein durch den Glauben, aber dieser nicht ohne Werke gerechtfertigt werden. «Sola fide nusquam sola.»

Die Folgen der Rechtfertigung bestehen nicht nur in der Vergebung der Sünden oder in der Anrechnung der Gerechtigkeit Christi auf Grund des Glaubens, in der Gerechtmachung oder in der Gerechterklärung. Dadurch bekommt der Mensch nicht nur einen anderen Status vor Gott, sondern die rechtfertigende Tat Gottes am Menschen bleibt nicht ohne Wirkung in uns, in unserem Wesen und in unserem Leben. Gottes rechtfertigende Tat ist umfassender. Nach der ersten Schöpfung des Menschen schafft Gott ihn noch einmal. Aus dem alten schafft Gott einen neuen Menschen. Auf diesem Gebiet der Folgen der Rechtfertigung befinden sich die Tübinger Theologen in mancher Hinsicht in Übereinstimmung mit dem Patriarchen Jeremias. «In diesem Artikel über die

Rechtfertigung ist nun von Euch vieles aufgeführt, was auch bei uns völlig unbestritten ist.» (2. Brief, S. 196)

2.2. *Glaube und Werke in den Briefen des Patriarchen Jeremias II.*

Obwohl er in den beiden Briefen mit der Rechtfertigungsterminologie reichlich konfrontiert wurde, findet sich bei Jeremias deren Terminologie kaum in irgendeiner Weise wieder, nicht einmal annähernd eine Rechtfertigungslehre selbst. Entsprechend fehlen bei ihm die neutestamentlichen Stellen, die die Tübinger Theologen verwendet haben. Er geht auf deren Rechtfertigungslehre nicht ein und stellt keine Verständnisfrage an seine Briefpartner. Stattdessen spricht er von seinem Verständnis des Heilswerkes in Christus. Dabei bezieht er sich nicht auf ein festgelegtes Kapitel der Dogmatik, die es damals und auch später nicht gab. Die Erlösung wurde nicht gesondert behandelt, sondern innerhalb der Christologie und Pneumatologie, da, wo sie eigentlich geschieht. Wenn der Patriarch vom Gericht spricht, dann ist das Endgericht gemeint. In seinen Briefen schreibt der Patriarch von «der großen und unaussprechlichen Liebe Gottes und seines Christus für uns» als dem Grund unserer Rettung. Der Begriff der Menschenfreundlichkeit Gottes kommt immer wieder vor wie auch der der Gnade.

Einen größeren Raum nimmt die Problematik von Glaube und Werken ein. Das war auch bei den Tübinger Theologen der Fall. Eine gegenseitige Bedingtheit ist sicher anzunehmen. Der Patriarch Jeremias spricht viel vom christlichen Leben. Seine Briefe verstehen sich vor allem als paränetische Schriften, in denen er Empfehlungen zu einem tugendhaften Leben gibt. Den Weg der Tugenden nennt er den königlichen Weg. Hier ein paar Beispiele: «Die Gnade … werde dem nicht zuteil werden, der sich nicht bemüht.» (1. Brief, S. 59) «So laßt uns des Bösen völlig enthalten,» «… so laßt uns über die Leidenschaften herrschen und ihnen mit Busse und Beichte zusetzen. Dies ist die Zeit der Mühen, der Kämpfe, des Ringens … Laßt uns also kämpfen, solange wir noch im Stadion sind.» (2. Brief, S. 184–185) «Man muß laufen, und zwar scharf» (1. Brief, S. 63). Dieses Laufen braucht jedoch Unterstützung: «Wenn wir diesen Weg wandeln, bedürfen wir der treibenden Kraft Gottes. Die Führung ist Sache Gottes, aber um die Würdigkeit, von seiner Hand erfaßt zu werden, sollen wir eifern.» (1. Brief, S. 62)

Solche Sätze haben bei Patriarch Jeremias ihren Sinn entweder als Vorbereitung für die Teilnahme am Heilsgeschehen oder er versteht die Werke als Folge des Glaubens. «Der Mensch empfängt nur dann die

Vergebung seiner Sünden, wenn er sich durch Busse zu Gott wendet, wenn den lebendigen Glauben hat in guten Werken, wie wir zuvor gesagt haben und zu sagen niemals aufhören werden.» (1. Brief, S. 60) Was er an Werken vor dem Heilsempfang empfiehlt, gilt lediglich als Vorbereitung. Das wird bis heute in der orthodoxen Kirche so praktiziert.

Hierin liegt, denke ich, ein Missverständnis der Tübinger Theologen, die meinten, dass der Patriarch die Werke sehr in die Nähe des Glaubens rückte und beides in seiner Wirkung nicht deutlich genug voneinander unterschied, d. h. nicht voneinander trennte. Als wie heilstauglich die guten Werke von Patriarch Jeremias eingeschätzt werden, hören wir etwa in folgenden Aussagen: «Man darf aber nicht auf die Werke vertrauen … sondern wenn wir alles getan haben, nach dem Worte des Herrn sind wir unnützige Knechte.» (1. Brief, S. 65). «Denn es gibt niemand, es gibt wahrhaftig niemand, der bei genauerer Rechenschaft Erbarmen und Menschenfreundlichkeit für seine Handlungen fände.» (1. Brief, S. 65) «Im Übrigen sind unsere Taten, wenn sie beurteilt werden – sollten sie auch beinah vollkommen sein –, dennoch nichts.» (1. Brief, S. 68) Was solche Taten leisten, ist immerhin, dass wir «… unsere Gesinnung zeigen, dass wir dankbar sind und den Geboten gehorchen und Gutes und Tugendhaftes leisten» (1. Brief, S. 68). An Christi Heilswerk kann der Mensch nur mit «Opfern des Lobes» antworten, wie es in der orthodoxen Liturgie heißt.

3. Einige Bemerkungen zur Rechtfertigungslehre der Tübinger Theologen

Dieser Abschnitt behandelt zunächst *sola fide* und *sola gratia,* die zu den Grundbegriffen der Rechtfertigungslehre gehören. So wahr und unbestritten es ist, dass dem Menschen nur durch den Glauben die Gerechtigkeit Christi zugesprochen wird, so sollte doch nicht der Eindruck entstehen, dass *sola gratia* verselbstständigt und verabsolutiert würde. Ohne Christus hat der Glaube keine Wirkung, auch bei noch so großem Vertrauen auf ihn. Er ist es, der nicht nur die sogenannte objektive Rechtfertigung durch seinen Tod bewirkt hat, sondern auch die subjektive im Akt des Glaubens, der uns persönlich Anteil an seinem heilbringenden Opfer gibt. Nicht der Glaube rechtfertigt, sondern der, an den geglaubt wird.

Sola fide soll auf den *solus Christus* verweisen.[10] Ähnlich sollte auch *sola gratia* verstanden werden: Wenn wir die Gnade Gottes empfangen, empfangen wir diese nicht losgelöst von ihm. Die Gnade ist nicht etwas, das er uns schickt. Er ist uns gnädig.[11] Die Gnade ist nicht eine Sendung, von ihm unterwegs zu uns, ohne ihn. «Gnade empfangen heißt den trinitarischen Gott empfangen, in seinen von seinem Wesen ausgehenden umgeschaffenen Energien, als Gottes Handlungen für uns und in uns. Die Untrennbarkeit der Gnade vom Wesen Gottes und die perichoretische Existenzweise der göttlichen Hypostasen ist der Grund dafür, dass die Präsenz der einen Person die der anderen einschließt.»[12] Der Glaube und die Gnade sind Relationsbegriffe. Sie setzen uns in Verbindung mit Christus, oder genauer gesagt: Er kommt im Glauben zu uns. In der orthodoxen Theologie gibt es in diesem Zusammenhang den persönlichen Begriff der Teilnahme. Die Erlangung des Heils geschieht in der personalen Begegnung mit Christus. Der Name Jesus wurde im Briefwechsel verschwindend wenig erwähnt im Vergleich zu *sola fide* und *sola gratia*.

Ebenso wenig erfahren wir aus den beiden Briefen über die Wirkung des Heiligen Geistes beim Glauben. Dieser ist nicht eine menschliche Leistung. Der Glaube verändert die Herzen, weil er ein starkes, kräftiges Werk des Heiligen Geistes ist. «Alles was in der Kirche im Zusammenhang mit dem Heilsgeschehen in Christus geschieht, ist das Werk des Heiligen Geistes. Nichts ereignet sich ohne seine Wirkung.»[13]

Sola fide scheint sich auch in die Richtung ausgewirkt zu haben, dass die Auferstehung Christi innerhalb der Rechtfertigungslehre nicht zum Vorschein kommt, als würde unsere Rettung nicht vom auferstandenen Christus bewirkt. Durch seine Auferstehung vollendete er sein Heilswerk. Derselbe Christus, der für uns unschuldig Leiden und Tod erlitten hat, ist der Auferstandene, der uns Anteil an seinem Sieg über den Tod und die Sünde gibt. Die Rechtfertigung würde ohne seine Auferstehung unvollendet bleiben. Unsere Erlösung geschah nicht nur durch seine Leiden

---

10 Ernst Kinder, Christus und der Rechtfertigungsglaube, in: evangelisch-lutherischen Kirchenzeitug, Nr. 2, 1952, S. 1.

11 Vgl. Viorel Mehedințu, Art.Gnade, 2. Orthodoxe Gnadenlehre, ^{3}EKL, Bd. 2 (1989), S. 225–229.

12 Viorel Mehedințu, Die orthodoxe Erlösungslehre, in: Von Gott angenommen – in Christus verwandelt. Rechtfertigungslehre im multilateralen ökumenischen Dialog, Beiheft zur Ökumenischen Rundschau, 78, Frankfurt am Main 2006, S. 245.

13 A.a.O., S. 242.

und seinen Tod am Kreuz, sondern nicht minder durch seine Auferstehung. Alle gehören zusammen.

Eine andere Frage, die an die Verfasser der beiden Briefe gerichtet wird, ist die, wo und wodurch die Teilnahme am Christusgeschehen erfolgt. Innerhalb der Darstellung der Rechtfertigung wird vom Wort und vom Sakrament kaum gesprochen. Von der Kirche wird, wenn ich mich nicht täusche, mit keinem einzigen Wort geredet. Ist es möglich, dass die Anteilnahme am Heilswerk Christi auch außerhalb der Kirche, *sola fide,* geschieht? Dass die Kirche mit ihrem Gottesdienst der Ort ist, wo das Wort verkündigt und die Sakramente gefeiert werden und wo das Heilsgeschehen in Christus, wo Kraft und Wirkung des Heiligen Geistes vergegenwärtigt werden und wo die Rechtfertigung persönlich zugesprochen wird, darüber geben die beide Briefe keine Auskunft. Die gesamte Darstellung der reformatorischen Rechtfertigungslehre konzentriert sich auf das *sola fide,* ohne Bezug zu Christus, zu den Heilsmitteln und zur Kirche. In dieser Darstellung ist für die Kirche kein Platz; anders aber in der Confessio Augustana 7, wo sie als «Versammlung der Gläubigen, bei welchen das Evangelium rein gepredigt und die heiligen Sakramente laut Evangelii gereicht werden».

Keiner an den Briefwechsel Beteiligten bietet eine Ekklesiologie. Damals wurde die Lehre von der Kirche nicht thematisiert.[14]

Noch einige Überlegungen zum Verständnis der Rechtfertigung. Sie wird in der evangelischen Theologie mittels Kategorien aus dem Rechtsdenken dargestellt: rechtfertigen, gerechtmachen, gerechterklären, zurechnen, anrechnen, um nur diese zu nennen. Die Rechtfertigung versetzt uns gleichsam vor ein Tribunal Gottes, wo Recht gesprochen, wo angeklagt, verurteilt und freigesprochen wird. Die Rechtfertigung ist ein richterlicher Akt. Es geht um eine Anklage und um eine fürchterliche Strafe. Die Strafe ist so groß. Die Grenzen dieses Rechtsverfahrens werden gesprengt und die Rechtsordnung wird außer Kraft gesetzt, wenn der gute und absolut Unschuldige bestraft und der Schuldige befreit wird. An dieser Stelle bricht in dieses Verfahren die Gnade Gottes ein, gegenüber dem Menschen, nicht aber gegenüber seinem Sohn Jesus Christus. Ihm fiel die Aufgabe zu , «durch sein Opfer die Sünde zu tilgen» (Hebr 9, 26). Er ist «das Lamm Gottes, das die Sünde der Welt hinweg nimmt» (Joh 1, 29).

---

14 Bernhard Lohse, Luthers Theologie, Göttingen 1995, S. 295.

Warum hat Gott diesen Weg des Opfers seines Sohnes gewählt? Einzig und allein aus der Liebe zu uns Menschen: «Denn Gott hat die Welt so geliebt, dass er seinen Sohn dahin gab, damit jeder, der an ihn glaubt, nicht zugrunde geht, sondern das ewige Leben hat.» (Joh 3, 16) In die Mitte des Gerichts bricht die göttliche Gnade und Liebe ein.

Die evangelische Rechtfertigungslehre stützt sich größtenteils auf Römer- und Galaterbrief, in denen der Apostel Paulus sich mit dem Gerechtigkeitsveständnis der Pharisäer auseinandersetzt. Die Rechtfertigung wird vor allem nach diesen neutestamentlichen Schriften verstanden, wobei es auch bei Paulus andere biblische Stellen und auch in anderen Schriften des Neuen Testaments überzeugende Stellen gibt, die zu einem umfassenderen Verständnis des Opfertodes Jesu beitragen können.

In der orthodoxen Theologie ist man der Meinung, dass der Begriff der Rechtfertigung als zentraler Begriff des Heilsverständnisses nicht das gesamte Spektrum der neutestamentlichen Schriften wiedergibt. Man ist weiterhin der Überzeugung, dass die juristische Terminologie nicht die geeignetste ist, um allein den tiefen und eigentlichen Sinn des Opfers Jesu wiederzugeben.[15] Das ist nicht nur eine orthodoxe Meinung. Ein bekannter Theologe, auch aus Tübingen, schreibt dazu: «Die Rechtfertigungsterminologie wurde durch Melanchthon zu einer durch und durch juristischen Terminologie von Anklage und Freispruch *in foro Dei* gemacht.»[16] Dabei darf man nicht übersehen, dass in der Rechtfertigungslehre wesentliche Aspekte des christlichen Glaubens herausgearbeitet wurden, die als Anregungen auch für die anderen christlichen Theologien dienten.

«Die Liebe Gottes des Vaters zu den Menschen, der für sie seinen Sohn in die Welt gesandt hat und ihn den Tod am Kreuz ertragen ließ, und die Liebe des sich für die Menschen opfernden Christus»[17]: Angesichts dieser unermesslichen göttlichen Liebe tritt der Gedanke der Gerechtigkeit zurück. Ich möchte hier einen anderen großen Theologen der evangelischen Kirche, Edmund Schlink, erwähnen, der in seinem letzten grundlegenden

15 Mehedinţu, a.a.O. (Anm. 15), S. 224.

16 Jürgen Moltmann, Geist und Leben der Kirche, München 1991, S. 169.

17 Mehedinţu, a.a.O. (Anm. 15), S. 227.

Werk, «Ökumenische Dogmatik»[18], darauf hinweist, dass es nicht möglich ist, von der Gerechtigkeit Gottes zu sprechen, ohne zugleich von seiner Liebe zu sprechen.

Für die Theologie der orthodoxen Kirche offenbart sich am Kreuz Jesu vor allem die Liebe Gottes zu den gefallenen Menschen. «Gott aber beweist seine Liebe zu uns dadurch, dass Christus für uns gestorben ist, als wir noch Sünder waren» (Röm 5, 8). In den theologischen Schriften der Kirchenväter wird Jesus Christus häufig «Philanthropos», Menschenfreund, genannt, so auch bis heute im Gottesdienst der Kirche. Im Zentrum des orthodoxen Heilsverständnisses steht die Liebe Gottes. «Gott ist Liebe» (1Joh 4, 8). Die Liebe Gottes, die in der Heilsgeschichte *ad extra* am Werke ist, hat ihre Wurzeln, ihre Quelle in den innertrinitarischen Beziehungen *ad intra*. Der Trinitätslehre kommt in der orthodoxen Theologie eine Schlüsselstellung zu, weil sie nach Nissiotis «das Fundament ist, auf dem die Orthodoxie steht und von dem aus sich Leben und Theologie der Kirche entwickelt haben».[19] Mit der Liebe Gottes ist die Liebe der drei göttlichen Personen gemeint, wobei es auf Golgatha der Sohn Gottes ist, der sie in Todesqualen so intensiv lebt. «Es gibt keine größere Liebe, als wenn einer sein Leben für seine Freunde hingibt» (Joh 15, 13). Im Zusammenhang mit dem Verständnis der Liebe als der Mitte der Erlösung ist auch die Zielrichtung des Opfers Jesu zu verstehen. Jesus erlitt den unschuldigen Tod nicht, um Gott für die Sünde der Menschen Genugtuung zu leisten oder seiner Gerechtigkeit zu entsprechen, sondern um der Menschen willen, damit er sie von Sünde und Tod befreite und zu einem neuen Leben in Gemeinschaft mit ihm befähigte. So ging es nicht um *satisfactio Dei*, sondern um die *sanatio hominis*. Dazu schreibt Anastasios Kallis: «Das ist kein juridischer, sondern ein therapeutischer Vorgang.»[20] In diesem Sinne ist auch die Bezeichnung Jesu als Heiland zu verstehen.

Weil in der orthodoxen Kirche eine enge Beziehung zwischen der Liturgie und der Theologie besteht, ist es keine Frage, dass im Gottesdienst die Liebe Gottes in Liedern und Gesängen immer wieder erlebt und

---

18 Göttingen 1983, S. 428.

19 Ninos A. Nissiotis, Die Theologie der Ostkirche im ökumenischen Dialog. Kirche und Welt in orthodoxer Sicht, Stuttgart 1968, S. 19.

20 Brennender, nicht verbrennender Dornbusch. Reflexionen orthodoxer Theologie, Münster 1999, S. 293.

gelobt wird. Der Heilige Geist wird in den Doxologien als «menschenliebender und lebendigmachender Geist» gepriesen.

Das Verständnis des Heilsgeschehens in Christus als Opfer der Liebe in der neueren orthodoxen Theologie steht nicht im Gegensatz zum Verständnis der Rechtfertigung in der evangelischen Kirche, zumal der Gedanke der Gerechtigkeit Gottes auch einen wichtigen Begriff in der orthodoxen Soteriologie darstellt. Jesus selbst nennt Gott «gerechter Vater ...» (Joh 17, 25). Der rumänische Theologe Dumitru Staniloae schreibt dazu: «Gottesgerechtigkeit und Barmherzigkeit können innerhalb der Beziehung zu uns nicht voneinander getrennt werden.»[21] Das Geheimnis der Erlösung der Menschheit durch Jesus Christus ist so unerschöpflich, dass es nicht nur durch eine bestimmte Theologie gänzlich erklärt werden kann.

Die Frage ist: Wie wirkt der Heilige Geist in uns? Grundsätzlich kann man darauf antworten: Er wirkt in uns, aber nicht ohne uns. Wie steht es mit der Beteiligung des Menschen beim Empfang der Heilsgnade? Er beteiligt sich an seiner Rettung mit absolut keinem Beitrag, aber er nimmt an ihr teil «durch seine persönliche Annahme des Heils, er wird persönlich gerettet und wirkt persönlich am Werk seiner Rettung im Laufe seines Lebens mit».[22] Mit anderen Worten, der Mensch wirkt bei seiner aufgrund des Glaubens geschenkten Rettung mit. Seine Beteiligung beschränkt sich darauf, dass er sie bewusst empfängt, dass er das Heilshandeln Gottes an ihm dankbar annimmt und Folgen daraus für sein Leben zieht. «Daher, geliebte Brüder, seid standhaft und unerschütterlich, nehmt immer eifriger am Werk des Herrn teil und denkt daran, dass im Herrn eure Mühe nicht vergeblich ist» (1Kor 15, 58). Der orthodoxen Kirche ist der Gedanke der erworbenen Verdienste, der «Arithmetik der Verdienste»[23] fremd.

«In den Werken als notwendige Folge des Glaubens verlängert sich die Wirkung des Heiligen Geistes, der in unserem Glauben wirkt. Seine Wirkung hört nicht auf, wenn aus dem Glauben Werke folgen.»[24]

Im Lichte des Verständnisses von Gnade und Werken ist auch das Verhältnis zu sehen, das zwischen der göttlichen Gnade und der Willens-

---

21 Orthodoxe Dogmatik, Bd. 2, Zürich-Gütersloh 1990, S. 226.

22 Sergei Bulgakov, Die Orthodoxie. Die Lehre der orthodoxen Kirche, Trier 1996, S. 167.

23 A.a.O., S. 168.

24 Mehedinţu, a.a.O. (Anm. 15), S. 252.

freiheit besteht. Nach dem orthodoxen Verständnis gehört die Willensfreiheit zur Wesensbestimmung des Menschen. Sie gehört zum Bild Gottes im Menschen. Sie ist durch die Sünde zwar stark geschwächt, aber nicht verloren gegangen. Ohne sie wäre der Mensch nicht mehr ganz Mensch. Auch der Wille steht unter der Wirkung des Heiligen Geistes. «Der Herr ist der Geist, und wo der Geist des Herrn wirkt, da ist Freiheit» (2Kor 3, 17). Wie stark beteiligt ist der freie Wille des Menschen beim Empfang der Heilsgnade? Übergeht Gott die Freiheit des Menschen, wenn er ihn allein rettet? Nimmt er Rücksicht auf dessen Freiheit? Ein willenloser Mensch kann nicht im Sinne Gottes sein. Er «braucht dessen Zustimmung, er will, dass der Mensch seinerseits gerettet werden will».[25] Gott schenkt dem Menschen seine Gnade nicht gegen seinen Willen. Er hat andere Mittel: Er stärkt seinen Willen, er unterstützt ihn. In diesem Sinne versteht sich die Wahrung der Willensfreiheit des Menschen und ihre Mitwirkung bei seiner Rettung. «Darum, liebe Brüder … müht euch mit Furcht und Zittern um euer Heil. Denn Gott ist es, der in euch das Wollen und das Vollbringen bewirkt, noch über euren guten Willen hinaus» (Phil 2, 12f.). Das Wollen und das Vollbringen Gottes geschieht nicht ohne das Wollen des Menschen im Sinne der Aussage des heiligen Augustinus: «Der dich ohne dich geschaffen hat, wird dich nicht ohne dich retten.»[26]

---

25 A.a.O., S. 251.

26 Nach Lohse, a.a.O. (Anm. 17), S. 281.

Johanna Rahner, Kassel

Reform oder Reformation? Die Konzilien von Trient, Vatikanum I und II

11 Thesen

These 1: Reform gehört zur Kirche wie das sprichwörtliche «Amen». Aber: Nicht jede Reform hat Anspruch auf unser «Ja und Amen» – es bedarf der Kriterien.

These 2: In jeder kirchengeschichtlichen Epoche ist Reform ein eigenes Thema. Während Reform dabei zunächst eher strukturell, d. h. *ad intra* bestimmt wurde und so zumeist die Beseitigung konkreter Missstände zum Ziel hatte (*re-formatio* aufgrund der *de-formatio*; *reformatio in capite et in membris* als Schlagwort des 13.–15. Jahrhundert; die *Gravamina* im 16. Jahrhundert), stellt sich mit der Reformation die Frage nach Reform der Kirche fundamental neu, nämlich hinsichtlich ihrer validen theologisch-inhaltlichen Basis, gerade auch mit Blick auf die Außenwirkung im Sinne von Glaubwürdigkeit, Verwirklichung und lebenspraktischer Seite von Glaube und Glaubensvollzug (Kriterium des «Heils»; *ad extra*). In dieser Perspektive wird *reformatio* aber nun zu einem Begriff, der multiperspektivisch verstanden werden muss und somit auch konfessionell öffnend interpretiert werden kann. Denn so gefasst umschreibt *reformatio* nicht nur die Reformation als Erneuerungsbewegung, sondern kann auch die mit dem Konzil von Trient einsetzende Selbstbesinnung der römisch-katholischen Kirche im Sinne einer «katholischen Reform» näher bestimmen.

These 3: Das Trienter Konzil bedeutet für die römisch-katholische Kirche zunächst eine apologetische, in diesem Sinn auch bewusst antireformatorisch positionierte, dogmatische Antwort auf die Herausforderungen durch die Theologie der Reformatoren (seien es die Auseinandersetzungen um Schrift und Tradition, um den Kanon der biblischen Bücher, um Rechtfertigung, Erbsünde, Eucharistie- und Sakramentenlehre, Ablass, Bilder- und Heiligenverehrung) und damit eine Selbstvergewisserung und Grenzziehung (vgl. die *canones*!). Innerkatholisch betrachtet bringt das Konzil darüber hinaus aber einen wichtigen, wenn auch keineswegs den einzigen und nicht immer den entscheidenden Reformimpuls für die katholische Erneuerung als ein zentrales pastorales Anliegen der Zeit. Diese Erneuerung, die selbst aber breiter und in ihren Ursprüngen älter ist als das Konzil und die Reformbewegung, die durch die Reformatoren ausgelöst wurde. So werden als Reaktion auf die Reformation Reformimpulse der spätmittelalterlichen Kirche aufgegriffen und umgesetzt, die bereits vorreformatorisch begonnen haben und sich – mit oder ohne Unterbrechung durch die Reformation, dann aber auch deutlich von ihr beeinflusst und sie damit positiv (!) aufnehmend – fortsetzen. Freilich muss man zugleich eingestehen, dass die Beschlüsse dieses Konzils in seinen Reformdekreten zum größten Teil halbherzige Kompromisslösungen darstellen (deren Umsetzungen mitunter auch noch torpediert wurden) und seine Lehrtexte geradezu minimalistisch ausfallen (Hubert Jedin), d. h. sich auf die Verurteilung bestimmter Lehren beschränken. Zugleich dienen sie im Laufe ihrer Rezeption – mitunter gegen die eigentliche Intention des Konzils – einer Zementierung der konfessionellen Differenzen, für die dann das konfessionalistische Schlagwort der Gegenreformation zutreffend ist, da sich die innerkatholische Reform von nun an explizit antireformatorisch inszeniert. «Das Tridentinum wurde zum Gehäuse, in das man sich zurückzog» (Hubert Jedin), und das führte zu jenem zunehmend petrifizierten Korsett eines «Tridentinismus» (Yves Congar), dessen Mythologie – zentralistisch forciert und den römischen Zentralismus forcierend – zum Label einer ganzen Epoche wurde und zugleich die eigentliche Erblast des Konzils darstellt.

These 4: Schon ein eher oberflächlicher Blick in die Wirkungsgeschichte der Reformation macht auf das Entscheidende aufmerksam: Die Pluralität im Eigenen, wie es zum Beispiel noch gute Tradition in der mittelalterlichen Kirche war, wird im konfessionellen Zeitalter zu einer Einheitsidentität und -ideologie reduziert, und zwar beidseits der Konfessionsgrenzen. Die Konkurrenz der Konfessionen im gleichen geographischen Raum zwingt dazu, das Eigene exklusiv zu bestimmen, es zu normieren und zu uniformieren. Konfessionelle Identität wird zur Gruppenidentität, das kirchliche Selbstverständnis definiert sich als «tribal ecclesiology» (Roger Height), die keine Binnendifferenzierung mehr zuzulassen wagt. Die katholische Kirche und ihre positionelle Vielfalt sind im Gefolge der Reformation daher «geistig verarmt» (Bischof Joachim Wanke).

These 5: Den ekklesiologischen Konsequenzen der Theologie der Reformatoren wird man im Nachhinein den eigentlich kirchentrennenden Charakter der Reformation zuschreiben müssen. Freilich hat hier die historische Forschung zur Relativierung mancher Bewertung geführt. Im 15. Jahrhundert trägt ein zentralistisch forcierter Papalismus nur knapp und auch nur vorläufig den Sieg über einen aus der Misere des Abendländischen Schismas entspringenden Konziliarismus davon. Doch die Fronten sind nicht so gefestigt, wie sie scheinen, und die Dynamik, die die ekklesiologischen Reminiszenzen der reformatorischen Theologie entwickeln, sind ein beredtes Zeugnis dafür, dass das 16. Jahrhundert ekklesiologisch auf einem Pulverfass sitzt, gerade weil der Streit zwischen zentralistischen Kräften und ihren regionalen Antagonisten ungeklärt ist. Das bleibt auch so in Trient. Erst nachtridentinisch geriert sich ein papalistischer Zentralismus zum Alleinstellungsmerkmal der römisch-katholischen Kirche. Daher ist vieles, was für die Theologen des Mittelalters an Pluralität kirchlicher Strukturen selbstverständlich, an vielfältigen liturgischen Formen möglich war, erst durch den nachtridentischen Uniformitätszwang von der katholischen Weltbühne verschwunden. Dieser «Tridentinismus» erreicht mit dem I. Vatikanischen Konzil und seiner Wirkungsgeschichte im katholischen Kirchenrecht seinen Höhe- und Endpunkt. Die einseitige ekklesiologische Positionierung und der fragmentarische Charakter dieses Konzils legen seine Insuffizienz offen. Das II. Vatikanische Konzil bricht diese Vereinseitigung wieder auf und knüpft an eine, im Gefolge der gegenreformatorischen Profilbildung des Katholischen verloren gegangene, offenere Tradition an; diese Tradition interpretiert das Tridentinum und das I. Vatikanum und nicht umgekehrt. Das aber wird gerade den ekklesiologischen Anfragen der Reformation gerechter als die nachtridentinische Konfessionalisierung.

These 6: Wenngleich durchaus im Spektrum des in der mittelalterlichen Theologie Möglichen verankert, gewinnt die reformatorische Konturierung der Gnadentheologie auf die *Alleinigkeit* der Gnade als Grundlage des Heils, *sola gratia*, und die *Alleinigkeit* des Glaubens bei der Zueignung des Heils, *sola fide*, eine Dynamik, die die soteriologischen wie ekklesiologischen Grundlagen des Mittelalters am Ende sprengt, weil sie sie auf eine andere Weise und in einer veränderten Form weiterzudenken wagt. Diese Erkenntnis ist auf katholischer Seite insbesondere den systematischen Arbeiten Otto Hermann Peschs zu verdanken, der die je unterschiedlichen und daher im Letzten *nicht* vermittelbaren Denkformen reformatorischer und mittelalterlicher (in ihrem Gefolge dann auch der nachreformatorischen katholischen) Theologie aufdeckt. Doch Pesch schreibt allen Nachfolgenden auch ins Stammbuch, dass diese je unterschiedlichen Denkformen als komplementäre Verstehensmodelle zu deuten sind. Dieser konfessionell geöffneten Perspektive ist eine veränderte Bewertung von Bruch, Neuheit und Originalität auf der einen bzw. Kontinuität und Fortentwicklung auf der anderen Seite möglich, die zu einer veränderten Wahrnehmung der Reformation und ihrer Anliegen führt.

These 7: Mit dem II. Vatikanischen Konzil öffnet sich die katholische Kirche der Erkenntnis, dass ihre eigene Identität nicht mehr abgrenzend, exklusiv gegen alle anderen, sondern bleibend in einer Doppelperspektive *ad intra* wie *ad extra* zu bestimmen ist. Hatte Trient das Ziel, Grenzen zu ziehen, gilt es nun, sich der Gemeinsamkeiten bewusst zu werden. Dies zielt auf eine veränderte Grundeinstellung im Kerngehalt («Wahrheit im Dialog»). Vor diesem Hintergrund muss die katholische Kirche sich als eine Kirche beständiger Reform verstehen. «Sie ist zugleich heilig und stets der Reinigung bedürftig, sie geht immerfort den Weg der Buße und Erneuerung», «sie hört nicht auf, sich selbst zu erneuern» (so die Kirchenkonstitution des II. Vatikanischen Konzils «Lumen Gentium» Nr. 8/9). Die Kirche bedarf einer «beständigen Reformation» (Ökumenismusdekret des II. Vatikanischen Konzils «Unitatis Redintegratio» Nr. 6, vgl. auch Nr. 4/5).

Nach innen führt diese Dynamisierung zu einer Wahrnehmung und Würdigung von Vielfalt und Pluralität der einen überlieferten und zu überliefernden Wahrheit und der Erkenntnis ihrer personal-existenziellen und damit kommunikativen Grunddimension (Dogmatische Konstitution über die Offenbarung «Dei Verbum» Nr. 2–6; 8; Missionsdekret «Ad Gentes» Nr. 22). Hier ist situativen, historischen, sprachlichen Differenzen, aber auch Mentalitätsdifferenzen als Faktoren Rechnung zu tragen. Je unterschiedliche Denkformen sind als komplementäre Verstehensmodelle zu deuten. Das widerspricht der Versuchung, die Wahrheitsfrage fürderhin in einem einfachen Entweder-oder zu entscheiden.

Nach außen ergibt sich daraus eine veränderte Haltung zu den anderen Konfessionen samt einer eschatologischen Dynamisierung des eigenen Selbstverständnisses und der eigenen Selbstbestimmung als Kirche Jesu Christi (vgl. *subsistit* [«Lumen Gentium» Nr. 8/2]; die «*non plena communio*» der nicht-katholischen Christen [«Lumen Gentium» Nr. 14f]; bis hin zum Axiom des universalen Heilswillens Gottes, der alle

Menschen umgreift [«Lumen Gentium» Nr. 16]). Ökumene und Dialog sind die bleibenden Grundverpflichtungen der eigenen, in einem gewissen Sinn nun offenen Identität.

These 8: Die Konzilstexte verwenden den Begriff der *reformatio* zwar nur ein einziges Mal (vgl. «Unitatis Redintegratio» Nr. 6) und bevorzugen stattdessen den Gedanken der Erneuerung – *renovatio*. Aber die Idee von Veränderung, angemessener Anpassung und vor allem die Betroffenheit und das Herausgefordertsein durch die Zeichen der Zeit ist in jedem Dokument des Konzils als durchgehende Leitidee spürbar. Schon die ersten Worte des ersten Dokuments des Konzils, der Liturgiekonstitution «Sacrosanctum Concilium», bringen das Entscheidende prägnant auf den Punkt: «...die dem Wechsel unterworfenen Einrichtungen den Notwendigkeiten unseres Zeitalters besser anzupassen» («Sacrosanctum Concilium» Nr. 1). Eine solche Dynamik der Veränderung entspringt nicht der Not des Missbrauchs, sondern entspricht dem grundlegenden Perspektivenwechsel des Konzils. Die pastorale Grundintention des Konzils ist nicht einfach nur eine Frage des (Sprach-)Stils (Verweigerung von Verurteilungen), sondern sie hat grundlegende hermeneutische Konsequenzen. Das II. Vatikanum bringt nicht einfach nur Neues; es ist auf neue Weise Konzil. Dazu gehört auch und gerade die Perspektive des Vorangehens – weit über den einfachen «Fortschritt im Verständnis der Glaubenslehre» hinaus!

These 9: Die Texte des Konzils spiegeln dabei selbst die Tatsache, dass sich das Konzil als Konzil des Übergangs, ja als Beginn eines Prozesses verstanden hat, der mit dem Konzil selbst noch nicht an ein Ende gekommen ist. Das wird an den Texten selbst deutlich. Methodologisch benutzen die Texte die Juxtaposition als Technik. Quellen der Tradition werden zitiert und zugleich neu kontextualisiert. Gerade in Themenfeldern, in denen das Konzil anderes zu denken wagt bzw. die Dinge anders zu denken wagt als das zeitlich (aber eben nicht mental) naheliegende 19. Jahrhundert, kommen Altes und Neues in unmittelbarer Nähe zueinander zu stehen. Indes verändert gerade die neue Kontextualisierung Deutung und Bedeutung des Alten und gibt es auf eine neue Weise anders zu verstehen oder auf eine andere Weise neu zu verstehen. Tradition ist daher für das Konzil nicht das bloße Überliefern alter Formeln, sondern die lebendige Wiedergewinnung ihres Inhalts in einem je neuen, veränderten Horizont.

These 10: In jüngster Zeit hat man versucht, im Anschluss an die Weihnachtsansprache Papst Benedikts XVI. an die Römische Kurie vom 22. Dezember 2005 diese Dynamik mit Zuschreibungen einer Hermeneutik der Kontinuität bzw. der Diskontinuität, also durch die Verhältnisbestimmung des Konzils zu seiner Vorgeschichte konkreter zu erfassen bzw. gegen Missverständnisse abzusichern. Papst Benedikt selbst sprach von einer «Hermeneutik der Reform» bzw. einer «Hermeneutik des Bruchs». Zwei Dinge sind dazu anzumerken.

Zum einen ist zunächst festzuhalten, dass das II. Vatikanum – und das gilt für jedes Konzil der Kirchengeschichte – natürlich nicht mit der Idee angetreten ist, die eigene Lehrtradition (und damit Identität) vollständig über den Haufen zu werfen. Dennoch hat es Dinge grundlegend verändert. Unter historischen Gesichtspunkten ist offensichtlich, dass das Konzil bewusst mit der «Monotonie des Katholischen» bricht, wie sie sich mit dem konfessionellen Zeitalter (mit einer sich noch verstärkenden Dynamik im 19. und beginnenden 20. Jahrhundert) in Gestalt einer normierten und uniformierten Einheitsgestalt entwickelt hat. Freilich versteht das Konzil diesen formalen «Bruch» als Wiederentdeckung des ursprünglich Katholischen im Sinne von *ressourcement* (Rückbesinnung) und *aggiornamento* (Öffnung).

Zum anderen etabliert Papst Benedikt XVI. deutlich den Gedanken der Reform als Leitgedanken des Konzils. Vor dem Konzil (bzw. bereits im Gefolge der gegenreformatorischen Konstellationen des Katholischen seit Mitte des 16. Jahrhundert und verstärkt durch die Entwicklungen des 19. Jahrhundert samt antihistorischen «Affekt», der dazu führte, dass gerade Unveränderlichkeit als Kennzeichen von Wahrheit bewertet wurde) in Verruf geraten, etabliert sich der Gedanke der (notwendigen) Veränderung als Grundmotiv des Konzils. Die eng verbundene Idee des *ressourcement* hatte in den verschiedenen Bewegungen vor dem Konzil, aber auch in verschiedensten lehramtlichen Entscheidungen (vgl. die Enzyklika «Divino afflante spiritu Pius XII.» [1943]; aber auch die liturgischen Reformen in «Mediator Dei» [1947]) bereits Fuß gefasst und mit ihr die Idee der Veränderung durch Erneuerung. Zum Durchbruch kommt die Idee zusammen mit dem durch Papst Johannes XXIII. Geprägten Programm des *aggiornamento.*

These 11: Ohne die Wahrnehmung der Vorgeschichte des Konzils – vor allem vom Tridentinum bis zum Ende des «langen 19. Jahrhunderts», d. h. dem I. Vatikanum und seiner langen Wirkungsgeschichte – als Teil dieses

Konzils kann es kein angemessenes Verstehen des II. Vatikanums und keine angemessene Antwort auf die Frage des Heimatrechts des theologischen Anliegens der Reformation in der heutigen katholischen Kirche geben. Diese Erkenntnis nimmt das Konzil als Konsequenz gerade seiner (Vor-)Geschichte ernst, weil es aus den Erfahrungen dieser Geschichte heraus die Dinge eben nicht einfach «beim Alten» belassen kann, sondern fruchtbar weiterdenken muss. Aus der Orientierung am Ursprung selbst gewinnen die konziliaren Reformimpulse ihre Dynamik. Das entscheidet letztlich über die Frage: Wie viel Kontinuität kann sein und wie viel Bruch muss sein, um in einer sich verändernden Welt seiner Sendung und damit sich selbst wirklich treu bleiben zu können?

III Chancen und Herausforderungen des Jubiläums für die Kirchen

Thies Gundlach, Hannover

Am Anfang war die Freiheit – Reformationsjubiläum 2017

Die deutschen evangelischen Kirchen bereiten seit 2008 zusammen mit Bund und Ländern in Gestalt einer sogenannten Lutherdekade das Reformationsjubiläum 2017 vor. Die Themenjahre der Dekade erschließen zentrale Aspekte der mit der Reformation verknüpften geistigen und gesellschaftlichen Veränderungen der europäischen, später der ganzen Welt. Dabei gelingt es den Kirchen der Reformation erstmals gemeinsam, dieses Jubiläum vorzubereiten, so dass nicht das deutsche (VELKD) oder internationale (LWB) Luthertum allein, sondern die Gemeinschaft der reformierten, unierten und lutherischen Kirchen in der EKD das Jubiläum vorbereiten. Möglich ist dies durch die 2013 vierzig Jahre alt gewordene Leuenberger Konkordie von 1973, die die gegenseitigen Verurteilungen der Reformationskirchen überwunden hat. Darüber hinaus bemüht sich die Evangelische Kirche in Deutschland (EKD) durch partizipativ breit aufgestellte Gremienstrukturen und internationale Konferenzen, die Beteiligung auch kleinerer (Frei-)Kirchen, vorreformatorischer Bewegungen und von der Reformation unterdrückter Konfessionen zu erreichen. Die Beteiligung der römisch-katholischen Kirche ist allerdings geprägt von der Grundhaltung, dass die Reformation die Spaltung der westlichen Christenheit heraufgeführt habe und dieser Verlust der Einheit die alles bestimmende Basis der Beurteilung sein müsse, so dass bestenfalls von einem Reformationsgedenken zu reden sei und statt eines Festes eher Bußakte zu planen seien. In diesem Kontext sind nun die sich immer wiederholenden Fragen nach dem, was 2017 eigentlich gefeiert werden soll, völlig berechtigt; der gegenwärtige Protestantismus ist allerdings so aufgestellt, dass es nicht *die* Antwort gibt oder geben wird, sondern bis zum Jahr 2017 immer wieder neue, immer andere und auch sich wiedersprechende Antworten; die folgenden Überlegungen sind ein Teil dieser Pluralität. Es gibt m. E. drei Ebenen, auf denen man die Frage nach Sinn und Ziel des Reformationsjubiläums 2017 beantworten kann und muss, nämlich a) eine theologisch-existenzielle Dimension, b) eine historische Dimension und c) eine erinnerungskulturelle Dimension.

1. Theologisch-existenziell: Was gibt es 500 Jahre später zu feiern?

2012 gab es ein Themenheft der «Berliner Theologischen Zeitschrift» mit dem Titel «Ratlos vor dem Reformationsjubiläum 2017?» Ein ebenso sprechender wie besorgniserregender Titel, denn die Kirchen werden gegen den Sog zum Tourismus und zur Banalisierung des Datums nur durch eine starke inhaltliche Orientierung des Reformationsjubiläums bestehen können. Oder als Auftrag formuliert: Über Lutherbrezeln und Lutherfiguren hinaus kommt man nur, wenn man theologische, geistliche und kulturrelevante Formulierungen für den Kern des Reformationsereignisses vor 500 Jahren findet, die anschlussfähig sind auch für Menschen, die heute erst einmal ungeübt sind in geistlichen Dingen. Dafür ist es vielleicht eine von höherer Warte aus gesehen bezeichnende Situation, dass das Jubiläum intensiv in den neuen Bundesländern gestaltet wird, in Gegenden also mit einer der höchsten Säkularisierungsraten Europas, die jene Anschlussfähigkeit an die Ungeübten zu einer besonderen Herausforderung macht. Die reformatorischen Kirchen müssen den vermeintlich «religiös Unmusikalischen» (Max Weber) verständlich machen, warum das Reformationsjubiläum eine Zentralzäsur in der Geschichte des westlichen Abendlandes ist, also auch ihrer eigenen Geschichte, und warum diese Geschichte bis heute, bis in die Gegenwart und Zukunft fortwirkt und fortwirken sollte.

a) Überlegungen zum heutigen Kontext des Jubiläums

Im Folgenden geht es um den geistlichen Kern des reformatorischen Aufbruches und wie dieser in Gegenwart und Zukunft hinein ausstrahlen kann. Dabei gehen meine Überlegungen aus von der von Volker Leppin formulierten Grundthese: «Sich auf die Reformation zu besinnen, heißt evangelisch: sich auf das Evangelium von Jesus Christus zu besinnen – und damit auf die gemeinsame Grundlage christlicher Verkündigung.» Alles, was über 2017 als Christusfest oder als ökumenisch ausgerichtetes Fest zu sagen ist, findet hier seinen Ausgangspunkt; die reformatorischen Kirchen wollen das Evangelium feiern, nicht sich selbst. Darüber hinaus ist stets zu bedenken, dass das Reformationsjubiläum 2017 das erste Jubiläum sein wird, das weder der Selbstbehauptung einer bedrohten Konfession dienen muss (1617) noch der Abgrenzung vom Katholizismus (1717), weder dem nationalen Erwachen (1817) noch dem nationalem Kriegsfatalismus (1917), auch nicht einer Abgrenzung gegenüber den Deutungen Luthers aus der DDR wie 1983, sondern einer freien Selbstdarstellung der reformatorischen Einsichten im heutigen Kontext. Nach 100 Jahren ökumenischer Bewegung und 70 Jahre nach dem Holocaust können und müssen daher die Schatten der Reformation ebenso beachtet werden wie die Impulse zur Freiheit, zur Bildung für alle, zur Weltaufwertung und Berufsvorstellung, zur Nächstenliebe und zur Modernisierung des Geschlechterverhältnisses. Seit dem deutschen Idealismus wird die Reformation mit dem Beginn der Moderne verknüpft, die Diskussionen um diese Verknüpfung reißen nicht ab und werden stets neu – auch je nach Interessenslage der Forschenden. Aber mit dem nötigen historischen Abstand betrachtet, gehören zur Charakterisierung des Reformationsjubiläums 2017 die folgenden, m. E. weithin unbestrittenen Einsichten:

a) Das Jubiläum stellt die Wiederentdeckung des Evangeliums ins Zentrum, nicht die Etablierung einer neuen Kirche.

b) Der 31. Oktober 2017 ist ein symbolisches Datum, mit dem der Anfang einer fundamentalen geistigen und gesellschaftlichen Ausdifferenzierung erinnert wird. Spaltungen und Trennungen sind in ihren Dimensionen weder von Luther intendiert noch von den Zeitgenossen als solche erkannt worden.

c) Niemand hat die Reformation und die folgenden Trennungen «gemacht», niemand hat sie gesteuert, sie sind geschehen und als solche Teil der Geschichte Gottes mit seiner Welt.

d) Die reformatorische Rechtfertigungsbotschaft war als Zentrum der theologischen Entdeckung das «Herzstück» eines Freiheitsaufbruches. Die vier Konzentrationspunkte der *soli* (*sola fide, sola scriptura, sola gratia* und *solus Christus*) sind auch heute noch fundamentale Orientierungspunkte zur Formulierung dieser Einsichten.

e) Neben der Dankbarkeit für die Wiederentdeckung des Evangeliums und dem Freiheitsaufbruch steht die Scham über gehässige und intolerante Aussagen der Reformatoren, über Phasen und Entwicklungen der konfessionellen Geschichte, die zu viel Leid geführt haben.

f) Das klassische Bild des «Helden Martin Luther», der durch seine geistliche Orientierung aus dem Mittelalter in die Neuzeit geführt hat, spiegelt nicht den Stand der historischen Forschung zur Person und zur Wirkung Luthers wider.

g) Für die zukünftige Gestaltwerdung des Protestantismus ist das Jubiläum 2017 ein Glücksfall, weil es im Raum und Rahmen der Leuenberger Konkordie, weil es international und weil es nicht antikatholisch gefeiert wird.

h) Alle durch die Reformation geprägten Kirchen und Konfessionen sind zum Feiern des 31. Oktober 2017 eingeladen, um in Erinnerung des Anfangs das gemeinsam Geglaubte reformatorischer Kirchen und Konfessionen heute darzustellen.

Es gibt zweifellos noch viele andere wichtige Aspekte, die sich mit dem Reformationsjubiläum verknüpfen, aber schon jetzt ist deutlich, wo das Problem liegt: Wenn die Kirchen nicht unter sich bleiben wollen mit all den Hinweisen, dann müssen ein aktuell verstehbarer Inhalt, eine anschlussfähige Sprache und allgemein verstehbare Aussagen gefunden werden. Das aber gelingt nur durch Klarheit und Komplexitätsreduzierung; was aber ist der Kern des Reformationsjubiläums 2017?

b) Zum historischen Ausgangspunkt

Martin Luther wuchs hinein in eine verunsicherte Welt und (darum?) in eine geistlich-theologisch «überdrehte Kirche». Gottesdinge waren weithin «durchdefiniert» und «durchverwaltet», für jedes existenzielle Kontingenzereignis gab es einen Ablass, einen Heiligen, einen Seitenaltar oder eine Gebetsfolge. Angst, Zweifel, Sinnferne, Lebenskummer wurden oft nicht ge-, sondern vertröstet, die Frömmigkeit war stark ritualisiert. Die Welt machte Angst, – und Gott machte auch Angst. Seit dem Tod von Jan Hus 1415 waren zwar fast 100 Jahre Anfragen, Zweifel und Skepsis ins Land gegangen, aber auf die wurde weithin nur mit Abwehr reagiert. Um 1500 gab es – nicht zuletzt getragen vom entstehenden Humanismus – ein tiefes Unbehagen am Wissenschaftsbetrieb und an der (scholastischen) Theologie. Und obwohl es um 1500 auch sehr ernsthafte und tiefgehende Frömmigkeit gab (Stichwort «observante Klöster»), zeigte doch die Konkurrenz der Wallfahrtsorte mit ihrer inflationären Veräußerlichung von Mirakeln, mit ihren bizarren Großveranstaltungen, mit ihrer Sammlung von aberwitzigen Reliquien («Jesu Windeln») und mit den immer exaltierteren Formen von Ablässen eine Banalisierung, Kommerzialisierung und Trivialisierung der Frömmigkeit an. «Die Inflationierung der Heilsangebote um 1500 barg den Keim ihrer Infragestellung in sich und förderte die Individualisierung der Aneignungsformen».[1] Es war im Spätmittelalter keineswegs alles dunkel, aber vieles war reformbedürftig.

Hört man Parallelen zur Gegenwart? Ist unsere Generation 500 Jahre nach der Reformation in einer Art «vor–reformatorischen Situation»? Geschäftig und banal, trivial und merkantil wie damals? Martin Luther hatte das Zentrum seines Reformanliegens in der Antwort auf die Frage nach dem gnädigen Gott gesucht: Ihm ging es um die Rettung der Seele im Jüngsten Gericht, denn er hatte Angst vor den Strafen, die dem Sünder im Jenseits bevorstanden. Wie lautet dann heute Luthers Frage nach dem gnädigen Gott? Wie lässt sich seine Frage übertragen in eine Welt, die kaum noch Gott kennt, die kaum noch Angst vor einem Endgericht hat und die davon überzeugt ist: Die Hölle, das sind die anderen (Jean-Paul Sartre). Wie könnte Luthers Frage nach *dem gnädigen Gott* heute lauten, wenn man keine selbstverständlichen religiös-christlichen Voraussetzungen mehr annehmen kann?

c) *Legitime Aktualisierungen?*

Wie bekomme ich Gesundheit? Hauptsache gesund! – Manchmal kann man den Eindruck gewinnen, die äußere Gesundheit habe heute die Rolle eingenommen, die damals das Seelenheil innehatte. Gesundheit ist in aller Munde, man gibt erstaunlich viel Geld für sie aus und hat große Angst vor ihrer Abwesenheit.

Wie bekomme ich Recht? Hauptsache, ich habe recht! Martin Walser hat ein kleines Büchlein zum Thema Rechtfertigung geschrieben und die These vertreten, dass eine Gesellschaft, die keine Rechtfertigung mehr kennt, nur noch Rechthaber produziert. Und wenn man diese ganze öffentliche Tribunalisierung und Skandalisierung sieht, die gegenwärtig durchs Land zieht, muss man zugeben: Ohne Endgericht im Geiste der Barmherzigkeit Gottes gehen wir unbarmherzig miteinander um.

«Hauptsache, mir bringt das was!» Die Totalität der Relevanz, der unbedingte Nachweis der Wirksamkeit, das ist auch ein Stück neuer Erlösungsglaube. Glaube und Gott müssen mir was bringen, ich begründe den Glauben mit den Werten (modern: mit dem Sozialkapital), die er mit sich

---

1 Thomas Kaufmann: Geschichte der Reformation, Frankfurt am Main 2009, S. 84.

bringt. Der Glaube ist so wunderbar nützlich und so brauchbar, Gott erfüllt mir einen Dienst (ich werde erfolgreich oder darf auch gerne zu den sogenannten Schwachen gehören usw.). Auch hier fürchte ich, dass Gott keine Lust hat, nützlich zu sein.

Luthers Frage leistet in jedem Fall eines: Sie fragt dich und mich nach Gott, nach dem, was mich unbedingt angeht (Tillich), weder nach meinem Wissen noch nach meinem Tun, sondern nach der Bestimmtheit des Gefühls (Schleiermacher) oder der inneren Haltung. Luthers Frage schafft und stärkt die Frage nach dem inwendigen Menschen, nach der Seele, nach dem Raum in mir selbst, der nicht nur Reflexion meint, sondern auch Halt und Heimat in den Stürmen des Lebens. Wenn diese Gottesfrage – auch im Gestus des Zweifelns, des Suchens, des Anklagens, des Vermissens usw. – nicht mehr mitgesprochen werden kann in mir selbst und in der Welt, wird es einsam und still, leer und banal in mir und um mich herum. Eine Seele ohne Gottesfrage ist wie ein Fisch auf dem Lande und wie ein Haus ohne Fenster, – es ist dunkler, als es sein müsste, und enger als nötig.

«Die Rechtfertigung des Sünders allein aus Glauben», diese Grundformel der reformatorischen Erkenntnis muss gleichsam seelennah ausgelegt werden: Es geht in der Erinnerung an die Reformation um eine *Entängstigung der Seele* von heutigen, aktuellen Ängsten. Die zentrale reformatorische Einsicht kann als Dreischritt der Entängstigung entfaltet werden: *Auszug aus der Angst – Einkehr bei Gott – Aufbruch in die Welt*. Das ist die Hintergrundgrammatik des reformatorischen Durchbruchs, sozusagen die Basisarchitektur, die die unerhörte Vielfalt von Einsichten und Aspekten zusammenzuhalten versucht.

Und es ist ja klar: Weil wir in einem hochindividualisierten Zeitalter leben (woran die reformatorischen Einsichten nicht eben unschuldig sind), gibt es auch nur individuelle Zugänge zur reformatorischen Einsicht. Im Grunde muss jeder Mensch, jedes Milieu, jede Bildungsschicht, jede existenzielle Situation seine/ihre je eigene Befreiungsgeschichte aus der Angst eintragen können in die Erinnerung an die Reformation. Die Wege zum reformatorischen Durchbruch damals werden sozusagen zum existenziellen Archetyp aller Befreiungswege heute. Im Grundsatz gilt eine alte Einsicht: Zeige mir deine Angst und ich sage dir, welche Erlösung du suchst. Der Einzelne kann sich wiedererkennen in dieser Trias «Auszug aus der Angst – Einkehr bei Gott – Aufbruch in die Welt», weil auch sein Weg aus heutigen Ängsten und Engen, Gefangenschaften und Unfreiheiten diese drei Dimensionen enthalten, wenn sie denn geistlich verstanden werden wollen und können.

Auszug aus der Angst – Einkehr bei Gott – Aufbruch in die Welt, ist aber dieser *Dreischritt der Entängstigung* anschlussfähig an unsere Zeit? Ist das Stichwort «Auszug aus der Angst» ein verständlicher Anknüpfungspunkt für die vielen Ungeübten heute? Hat auch unsere Welt, unsere Generation, hat auch die nächste Generation Ängste, die im Glauben an Gott, die in der Einkehr bei Gott heilbar sind? Man kann sich diese Frage nicht schwierig genug machen: Denn es gehört zur Nüchternheit einer Selbstwahrnehmung, dass unsere Rede von Gott oftmals wirkt wie Medizin, die eine Krankheit zu heilen behauptet, die keiner hat, und wie die Lösung eines Problems, das es ohne Theologie gar nicht gäbe. Oder theologisch gesagt: Weil wir eine außerordentlich schwache Hamartologie (Sündenlehre) haben, versteht kaum noch jemand unsere Soteriologie (Erlösungslehre). Das allerdings ist eine zentrale Grundform aller christlichen Reflexionen von den ersten Tagen der Christenheit an: Jesus Christus ist das Heil der ganzen Welt, weil die ganze Welt im Unheil ist. Jesus Christus ist für unsere Sünde gestorben, weil alle Menschen Sünder sind. Solange es in den Menschen noch ein ungefähres Bewusstsein dafür gibt, wie sehr man in Heillosigkeiten lebt, solange hat die Verkündigung des Glaubens als Heilung und Medizin immer auch einen Anknüpfungspunkt. Fehlt aber das Wissen davon, dass wir innen und außen in heillosen Verhältnissen leben, wird auch die Zusage der Befreiung kraftlos und leer.

Die Frage heißt demnach: Welche existenziellen Heillosigkeiten gibt es heute, die als Anknüpfungspunkte für die christliche Rede von der Sünde und der Erlösung dienen können? Das zentrale Stichwort, um hier weiter zu kommen, hat m. E. der französische Soziologe und Psychologe Alain Ehrenberg 2008 formuliert: «Das erschöpfte Selbst. Depression und Gesellschaft in der Gegenwart»[2]. Immer neue Aspekte dieses Phänomens eines «überforderten Ich» tauchen auf, die radikalisierte Globalisierung und die ungezählten Alternativangebote zu jedem und allem setzen einen Options- und Entscheidungsstress frei, der nicht nur die Flucht in die

---

2 Alain Ehrenberg: Das erschöpfte Selbst. Depression und Gesellschaft in der Gegenwart. Aus dem Französischen von Manuela Lenzen und Martin Klaus, Frankfurt am Main 2008.

Depression zulässt, sondern auch den überangestrengten Bürger freisetzt, der im Kern auch nur Stopp und Halt ruft. Das optionsgestresste Ego entfaltet Signale einer Erlösungsbedürftigkeit, die man in unseren Tagen unerhört häufig findet, auch in der Kirche. Dahinter steht wohl eine tiefe Angst, die man gerade nicht abarbeiten kann, sondern aus der man nur befreit werden kann, die Angst vor der Überforderung. Sie wird nur größer, wenn ich sie durch Leistung und Einsatz überwinden will. Wobei ich hinzufüge, dass auch die reine Proklamation einer Auszeit noch keine Überwindung jenes Stresses ist, sondern lediglich eine Verlagerung der Überforderung auf eine vermeintlich alternative Lebensführung. Ich bin aber gewiss, dass wir an dieser Stelle sprachfähiger werden können und auch müssen, damit wir die Rechtfertigungslehre, die spezifische reformatorische Spiritualität, eben jene «Einkehr bei Gott», noch plausibler entfalten.

2. Warum wir die Geschichte erinnern?

Nicht nur die reformatorischen Kirchen in Deutschland, in Europa und weltweit, sondern die ganze moderne Gesellschaft bereitet sich auf das Reformationsjubiläum 2017 vor; der Deutsche Bundestag formulierte 2011, es sei ein «Ereignis von Weltrang». Es ist keine Kirchenparty, sondern die ganze Gesellschaft erinnert ihre sinnkonstituierende, ihre «mythisch-legendäre Heraufkunft». Erinnerungsjubiläen haben mit Selbstkonturierung zu tun: Wer wir sind, woher wir kommen, was wir sein wollen. Die Grundfragen der Existenz werden in Erinnerungsfeiern bearbeitet. Sie deuten und schaffen Vergewisserung, sie klären und stiften Zuversicht. In der multireligiösen, pluralen und hochindividualisierten Gesellschaft der Moderne gibt es allerdings kaum noch eine Herkunftslegende, die alle Menschen gleichermaßen bestimmt und berührt. Weder die 500-Jahr-Feier anlässlich der Entdeckung Amerikas 1492–1992 noch die 200-Jahr-Feier der Französischen Revolution 1789–1989 konnte diese Einheit der Herkunftsdeutung stiften. Auch die 500-Jahr–Feier des Beginns der Reformation 1517 wird nicht alle gesellschaftlichen Gruppen in gleicher Weise ansprechen können, wohl aber einen sehr großen Teil der heutigen Gesellschaft: 24,5 Millionen Menschen sind hierzulande Mitglieder evangelischer Kirchen. Hauptamtlich sind rund 660 000 Menschen bei der Evangelischen Kirche in Deutschland, ihren Gliedkirchen und ihrem Diakonischen Werk beschäftigt. 1,1 Millionen Deutsche sind als ehrenamtliche Mitarbeiter und Mitarbeiterinnen der Kirche engagiert. Darüber hinaus: Das Jahr 2017 bewegt Millionen Menschen weltweit. Reformierter und Lutherischer Weltbund zählen rund 150 Millionen Mitglieder, es gibt annähernd eine halbe Milliarde protestantisch geprägte Glaubende weltweit. Und da die Reformation alle christlichen Kirchen beeinflusst hat, kann man von einem verbreiteten Interesse aller Christen an diesem Ereignis ausgehen.

Die Gesellschaft Deutschlands unternimmt mit dem Jubiläum den Versuch, sich im Medium eines zentralen historischen Wendepunktes ihrer Geschichte über eine rein kommerzielle, rationale und pragmatische Zusammengehörigkeit hinaus über eine ihrer wesentlichen geistigen Wurzeln zu verständigen. Dies hängt damit zusammen, dass Gedächtniskultur ein Bedürfnis nach Befestigung unseres fliehenden Daseins[3] befriedigt. Nicht allein die Kirchen müssen Glaubensgewissheit stärken, auch die Gesellschaft steht vor der Herausforderung, Identität und Integration zu befördern. Denn es gilt der Grundsatz: Je mehr Veränderungsdynamik eine Gegenwart entwickelt, desto mehr Erinnerungskultur braucht sie. «*Gegenwartsschrumpfung*» (Hermann Lübbe) führt zur Intensivierung von Gedächtnisfeiern, die Zahl der Erinnerungsorte und -termine nimmt mit zunehmender Identitätsunsicherheit zu. Darum liegt die Plausibilität des Reformationsjubiläums für die gegenwärtige Gesellschaft in einer Art «*Segen der Erinnerung*».

Es tut der ganzen Gesellschaft gut, reformatorische Grundeinsichten zu memorieren und zu aktualisieren, weil dies die Herkunft klärt, die Gegenwart verstehbar macht und die Angst vor der Zukunft mindert. Weil es um Kernthemen wie die Frage nach der Menschenwürde, nach dem Verständnis der Freiheit, nach der sozialen Verantwortung aller und der kulturellen Identität der Gegenwart geht, ist eine durch reformatorische Erzählungen gestärkte Gesellschaft eine angstfreiere, selbstbewusstere und zuversichtlichere, eben eine *entängstigte Gesellschaft*. Dieses Zielbild ist allerdings nur zu erreichen, wenn man die historische Tatsache nüchtern und faktenreich erinnert; die exakte historische Forschung ist ein unerlässlicher Bestandteil jeder Erinnerung und Schlüssel für jeden

---

3 Friedrich Schiller: Was heißt und zu welchem Ende studiert man Universalgeschichte? (Antrittsvorlesung in Jena, 26. Mai 1789), Jena 1789.

angemessenen Rückblick. Dabei darf man allerdings nicht verkennen, dass auch historische Forschung nie neutral berichtet, «wie es gewesen ist», sondern immer auch interessengeleitete Perspektiven einnimmt und den je eigenen Standpunkt einfließen lässt. Insofern ist der historisch exakte Versuch, die Geschichte der Reformation(en) gemeinsam zu erzählen, wie es jetzt jüngst der Lutherische Weltbund und das Einheitssekretariat in Rom getan haben, in jedem Fall zu begrüßen. Gleichzeitig ist dem Text abzuspüren, wie sehr diese gemeinsame Geschichtsschreibung noch in den Kinderschuhen steckt, weil das gemeinsam Erzählte nur einige, sehr lutherisch geprägte Erinnerungen an die Reformationsgeschichte aufgenommen hat. Insofern aber nimmt die Evangelische Kirche in Deutschland mit großem Interesse jede historische Forschung wahr, die jetzt auf dem Weg zum Reformationsjubiläum erscheinen wird (wie z. B. die Biographie Heinz Schillings zu Martin Luther) und freut sich auf die historischen Präzisierungen.

Es ist dies der Ort, um die *Einladung an die römisch-katholischen Geschwister* zu präzisieren; ich gehe davon aus, dass im Blick auf die eben entfaltete, existenziell-theologische Interpretation der reformatorischen Erkenntnisse letztlich kein ökumenischer Dissens besteht, einer Entängstigung der Seelen und der Gesellschaft wird auch die römisch-katholische Kirche als missionarische Aufgabe zustimmen können. Aber dass das Reformationsjubiläum 2017 eine ganze Gesellschaft erfasst, ist schon gewöhnungsbedürftig, nicht nur, weil die berechtigte Sorge entstehen kann, dass hier «Thron und Altar» fröhliche Auferstehung feiern, sondern weil damit doch irgendwie der Grundgedanke verknüpft ist, dass die heutige, moderne Welt in besonderer Weise mit den reformatorischen Aufbrüchen verbunden ist. So sehr aber jener Thron-Altar-Anstrich vermieden werden muss, so unverständlich ist es, dass die römisch-katholischen Geschwister so überaus konzentriert (um nicht sagen zu müssen: fixiert) sind auf die Spaltung der Kirche. Es gibt ja nicht wenige Hinweise darauf, dass z. B. im Vatikanum II manche zentralen Einsichten der Reformation in spezifischer Weise aufgenommen sind; kann man sich dann nicht gemeinsam mit uns über eben jene Errungenschaften freuen? Und natürlich weiß jeder in ökumenischen Dingen Bewanderte, dass die ökumenischen Zielvorstellungen zwischen den reformatorisch geprägten Kirchen (versöhnte Verschiedenheit der vielen Kirchen) und der römisch-katholischen Kirche (sichtbare Einheit der vielen Kirchen) unterschiedlich sind und es deswegen kaum substantielle Fortschritte in der Ökumene gibt. Aber warum werden diese Unterschiede immer wieder als entscheidender Punkt bei der Frage des Reformationsjubiläums aufgeboten? Es gibt – Gott sei Dank – viele gute und wichtige ökumenische Verabredungen im Blick auf 2017, aber in diesen Grundfragen der Bewertung der anhebenden Reformation vor 500 Jahren sind sich die beiden Kirchen fremd und stehen vor einem Entweder (Jubiläum) – Oder (Gedenken). Ich wäre froh, wenn wir noch einige Schritte weiterkämen.

3. Wie wir 2017 feiern wollen?

Ein Problem bei der Gestaltung des Jubiläums ist allerdings die *Spannung zwischen historischer Exaktheit und aktueller Gedächtniskultur*; sie ist eine prinzipielle, denn das Erzählen von Geschichten hat im Gegensatz zur historischen Rekonstruktion von Geschichte mit Vergegenwärtigung zu tun. Geschichte zu aktualisieren braucht verdichtende, also dichterische Begabung, sonst wird aus «der» Geschichte nicht «meine» bzw. «unsere» Geschichte. Natürlich kann dieses Prinzip missbraucht werden, man kann sich Geschichte zurechtlegen, sie mit Pathos aufladen oder mit Interessen überlagern; dagegen hilft nur Historisierung. Aber man kann bei dieser Historisierung nicht stehen bleiben, sonst bleibt gleichsam die Geschichte in der Geschichte stecken. Man muss das Risiko des Missbrauchs kennen und reflektieren, aber nicht scheuen und ängstlich zu vermeiden suchen.

Will man für ein Geschichtsdatum eine aktuelle Relevanz und eine zukunftsweisende Bedeutung entfalten, darf man es nicht allein der historischen Forschung überlassen, sonst gelingt kein Erweis der gegenwärtigen Relevanz der Erinnerung. Man kann für das Verständnis und für die Gestaltung des Reformationsjubiläums 2017 aus diesen Reflexionen über das Erinnern einiges lernen: Dass der Augustinermönch und Theologieprofessor Martin Luther 95 Thesen zur Bußpraxis verfasste, ist historisch unstrittig; ob aber er selbst oder ob jemand anders oder ob überhaupt jemand die 95 Thesen an die Schlosskirchentür zu Wittenberg schlug, ist historisch umstritten, existenziell aber irrelevant. Denn dieser Thesenanschlag wurde schon zu Lebzeiten Luthers zum Symbol jener Reformbewegung, die in wenigen Jahren ganz Europa ergriff und zu tiefgreifenden Wandlungen der ganzen intellektuellen, kulturellen und politischen Welt führte. Faktisch also wird beim 500. Jubiläum 2017 nicht die historische Wahrheit des Thesenanschlages gefeiert, sondern der symbolische Beginn einer umfassenden Dynamik. Es geht auch beim

Reformationsjubiläum um verdichtetes Erinnern und Erzählen – und zwar immer so, dass die zeitbedingte Relevanz in die Geschichte hineingelesen wird. Aus einer historischen Erinnerung wird durch den Bezug auf einen wie auch immer zu definierenden «Zeitgeist» eine existenziell relevante Erzählung. Denn nur wer relevant erzählen kann, kann im Wettbewerb des Erinnerns bestehen. Heute fragt eine Generation des 21. Jahrhunderts nach dem, was an der Reformation 1517 wichtig sein könnte. Jede Interpretation und entsprechende Gestaltung des Jubiläums ist daher «zeitgeistbedingt»; wer bei der Jubiläumsgestaltung den Zeitgeist vermeiden will, feiert allein.

Welches «Zurück in die Zukunft» interessiert heute, nicht allein die reformatorisch geprägten Kirchen, auch nicht nur die Christen, sondern alle Menschen? Die Reformation hat das Gewissen des einzelnen Menschen ins Zentrum gestellt und einen Mentalitätswandel initiiert, der sich zweifellos nicht sofort und überall durchsetzte, der aber wesentliche Tiefenschichten des Lebens prägte. Durch die reformatorische Entdeckung ist eine neue innere Freiheit des Menschen in die Welt gekommen, die seither nie wieder gänzlich zu vertreiben gewesen ist. Reformation ist die (Wieder-)Entdeckung einer zuerst inneren Freiheit, weswegen sich die allermeisten wirkmächtigen Erzählungen um diese neue Freiheit ranken: Luthers Thesenanschlag, Luthers mutige Antwort vor Kaiser und Reich, Luthers Heirat mit Katharina, aber auch Zwinglis Wurstessen in der Passionszeit, Calvins gesellschaftlicher Gestaltungswille, Melanchthons Bildungsoffensive, Bugenhagens neu fundierte Nächstenliebe u. a. m., – die Reformationserzählungen, die durch die Jahrhunderte hindurch fasziniert haben, sind Geschichten der Freiheit und des Mutes, des Aufbruches und des Selbstbewusstseins. Und selbst das neue, wenn auch noch nicht moderne Frauenbild der Reformation spiegelt diesen aufrechten Gang. Existenziell gesehen lebt die Reformation in der Erinnerung der Menschen von einer Mischung aus angstloser Freiheit und mutigem Selbstbewusstsein, die sich nicht nur gegen die damaligen Autoritäten von Kirche und Staat behaupteten, sondern auch bewährten in den existenziellen Dimensionen der Nähe und der Liebe, der Freundschaft und des Vertrauens. Von der Reformation lässt sich daher für das 21. Jahrhundert erzählen als einer *Art Entängstigungs-Bewegung*, die in der Einkehr bei Gott gründete und zum verantwortlichen Aufbruch in die Welt führte. Dieses neue Selbstbewusstsein des aus der Angst seiner Zeit befreiten Menschen vermag die Aktualität und Relevanz der Erinnerungen an die Reformation zu bündeln. Natürlich: Wer solche Freiheit in die Mitte des Geschehens stellt, darf sich über entstehende Vielfalt nicht wundern. Und man hätte es mit Heiligen zu tun, wäre dieses Licht der Freiheit nicht auch in der Reformation wieder verraten und verdeckt, geleugnet und missbraucht worden. Weder Martin Luther noch die anderen Reformatoren waren frei von Schuld. Der höchst polemische Umgang mit den Altgläubigen und dem Papst, die brutalen Aussagen des alten Luther über die Juden, die grausame Verfolgung der Täufer und der Bauern u. a. m. werfen schrecklich dunkle Schatten auf diesen einzigartigen Aufbruch. Aber darüber sollte die Entdeckung der Reformation nicht vergessen werden: dass nämlich auch heute noch davon erzählt werden kann, wie jener kleine Mönch Martin Luther vor dem großen Kaiser und dem ganzen Reich in Worms Freiheit und Mut gezeigt hat. Und dies wird mit den vermeintlich gesagten Worten «Hier stehe ich, ich kann nicht anders, Gott helfe mir. Amen» sehr treffend erinnert.

Anne Burghardt, Genf

Herausforderungen und Chancen des Reformationsjubiläums aus der Sicht des Lutherischen Weltbundes

Ich halte mich hier an die Leitlinien, die vom Sonderausschuss zum Reformationsjubiläum vorgegeben und vom Lutherischen Weltbund (LWB) im Juni 2013 genehmigt wurden, um beide Aspekte zu behandeln. Der Sonderausschuss führte als echtes globales Gremium Vertreter der lutherischen Kirchen aus allen sieben Regionen des LWB zusammen: Afrika, Asien, Mittel- und Westeuropa, Mittel- und Osteuropa, Nordeuropa, Lateinamerika und Nordamerika. Ziel war es, der ganzen globalen Gemeinschaft des LWB in ihren unterschiedlichen Ausdrucksweisen Gehör zu verleihen.

Ziele

Gestützt auf die Empfehlungen des Sonderausschusses verfolgt der LWB mit der Begehung des 500. Reformationsjubiläums die folgenden Ziele:

- Gemeinschaft unter den Mitgliedskirchen stärken;
- Bedeutung der lutherischen Identität erforschen;
- ökumenisches Engagement stärken.

Grundsätze

Bei der Vorbereitung auf das Reformationsjubiläum arbeiten wir nach drei Grundsätzen:

- Reformation als Weltbürgerin;
- in unseren Vorbereitungen engagieren wir uns für ökumenische Verantwortung;
- reformatorische Kirchen sind Kirchen in andauernder Reformation.

Ziele und Grundsätze des Reformationsjubiläums: Chancen und Herausforderung

– *Reformation als Weltbürgerin – Gelegenheit zur Festigung der Gemeinschaft unter den Mitgliedskirchen*

Die Reformation ist heute ein globales Erbe. Reformation und Luthertum «gehören» heute nicht mehr nur den «klassischen» lutherischen Ländern, sondern sind seit geraumer Zeit Weltbürger. Etwa 40 Prozent der Lutheraner – Tendenz steigend – leben heute auf der Südhalbkugel. Wie wirkt sich dies auf unsere lutherische Identität (oder Identitäten) aus? Ergo:

Das Reformationsjubiläum Jahr 2017 bietet eine Chance, um den globalen Aspekt der Reformation stärker ins Bewusstsein zu rücken. Von großem Symbolwert ist auch, dass die LWB-Vollversammlung 2017 auf der Südhalbkugel, genauer in Namibia, stattfinden wird.

Bei der Vorbereitung des Reformationsjubiläums dürfen wir nicht vergessen, dass viele Mitgliedskirchen des LWB sich in einer Minderheitsposition befinden. Für den LWB ist damit eine besondere Aufgabe verbunden: nämlich die Stimme jener zu sein, die nicht gehört werden. Deshalb müssen wir einerseits den Anliegen der Mitgliedskirchen ein offenes Ohr leihen und besonders die Ärmeren bei den Vorbereitungen in punkto Kommunikation und Informationsaustausch unterstützen. Andererseits hat der LWB die Aufgabe, diese Themen an den gemeinsamen Tisch zu bringen, damit sie für alle Mitgliedskirchen Bedeutung erlangen; gleichzeitig sollen die Erfahrungen und Ausdrucksformen der lutherischen Identität in unterschiedlichen Kontexten für die ganze globale Gemeinschaft, auch für unsere großen Mitgliedskirchen im Norden, relevant werden. Der LWB sieht sich bei den Vorbereitungen des Jahrestags als den Katalysator für die Mitgliedskirchen.

Dabei müssen wir den Sinn der Gemeinschaft im LWB erkunden: Ein Ziel des Jahrestags besteht darin, die Gemeinschaft unter den LWB-Mitgliedskirchen zu festigen. Der 1947 gegründete Lutherische Weltbund ist zu einer Gemeinschaft von Kirchen geworden. Die Bedeutung der Gemeinschaft im LWB wurde bereits in den 90er Jahren in mehreren Studien untersucht. Die Überlegungen müssen innerhalb der Gemeinschaft und auch in den Aussenbeziehungen derer noch vertieft werden.

Einheit in der Vielfalt in der lutherischen Welt: Für den LWB steht dieser Wert beim Reformationsjubiläum im Vordergrund. Der Grundsatz «Einheit in der Vielfalt» erfordert theologische Überlegungen zum gemeinsamen theologischen Fundament und wirft die Frage auf, wie wir den Schwestern und Brüdern in Christo begegnen, die zu derselben Gemeinschaft gehören, aber für unterschiedliche Interpretationen der lutherischen Theologie stehen.

– *Sinn der lutherischen Identität: Reformatorische Kirchen sind Kirchen in andauernder Reformation*

Zahlreiche Mitgliedskirchen des LWB äußerten den Wunsch, die Bedeutung der lutherischen Identität im Vorfeld zum Reformationsjubiläum genauer zu erkunden. Dazu gehörten Bestrebungen mehrerer Mitgliedskirchen vor allem im Süden, sich vom Erbe der «Mutterkirchen» zu emanzipieren und ihre lutherische Identität in einer stärker lokal verwurzelten Weise zu leben. Gerade im Norden dagegen bildeten viele Mitgliedskirchen Jahrhunderte lang die Mehrheitskirche und erlebten es als «Selbstverständlichkeit», Lutheraner zu sein. Wir müssen uns deshalb in gründlicher Selbsterkenntnis üben und unsere lutherische Identität mit ihren Spielarten infrage stellen.

Bei der Auseinandersetzung mit der lutherischen Identität wollen wir nicht unsere Besonderheiten als Lutheraner feiern, sondern erkunden, welche zentralen theologischen Überzeugungen diesen Reformationszweig bereichert haben, wie sie die Gesellschaft beeinflusst haben und welche Rolle sie heute spielen. Der LWB versteht die lutherische Identität als evangelisch, sakramental, diakonisch, bekennend und ökumenisch. Diese zentralen Aspekte der lutherischen Tradition gehören nicht nur den Lutheranern, doch die besonderen Muster und Akzente prägen die Reaktionen des LWB auf die aktuellen Herausforderungen und Fragen. Diese Besonderheiten müssen aber immer wieder neu erforscht werden: von der Rolle und vom hermeneutischen Verständnis der Schrift und der lutherischen Bekenntnisschriften, die alle LWB-Mitgliedskirchen vereinen, bis zur Diakonie der Kirche in ihrer ganzheitlichen Mission.

Die Kirche muss offen sein für die ständige Erneuerung. Die Kirche sollte ihre Theologie, Praktiken und Struktur immer im Licht des Grundsatzes prüfen, «was Christum treibet». Wenn dieser Grundsatz im Mittelpunkt steht, vermeiden wir, dass zweitrangige Fragen das Evangelium in den Hintergrund drängen. Zwar fordern wir heute weiterhin ein kontextgerechtes Verständnis des Evangeliums, aber wir sollten nicht vergessen, dass die Fragen, die Menschen stellen, im Kern meistens nicht gänzlich neu sind. Die Frage der Rechtfertigung z. B. ist heute genauso relevant wie zu Luthers Zeit. Verändert hat sich im Endeffekt die Auffassung, vor welcher Instanz die Menschen sich rechtfertigen müssen.

– *Ökumenische Verantwortung und Festigung der ökumenischen Verpflichtung*

Der LWB erklärte, dass die Herangehensweise an das Reformationsjubiläum ökumenisch sensibel und verantwortungsvoll sein muss. Wir möchten uns in Dankbarkeit an das theologische Erbe der Reformation erinnern und gleichzeitig auf ein besseres gemeinsames Verstehen und Bekennen mit Christen anderer Traditionen hinarbeiten, um Christi Gebet zu erfüllen, «auf dass sie alle eins seien».

Der LWB möchte den Weg bis zum 500. Reformationsjubiläum zusammen mit den ökumenischen Partnern antreten. Der Jahrestag der Reformation bietet eine einmalige Gelegenheit, um gemeinsam über die Bedeutung von Reformation und Erneuerung im kirchlichen Leben nachzudenken und zu prüfen, welchen Beitrag die Reformation für die Gemeinschaft der Christen geleistet hat. Wie halten wir es in unseren Kirchen mit der Erneuerung? Wir sollen prüfen, inwiefern gemeinsames Bekennen (auch gemeinsames liturgisches und Studienmaterial sowie gemeinsame Diakonieprojekte) möglich sind.

Die ökumenische Begegnung beinhaltet eine Aufforderung an die Lutheraner, Selbstkritik zu üben. Ohne die zentralen Überzeugungen und Errungenschaften der Reformation zu vernachlässigen, sollten wir uns selbst fragen, was wir von anderen Mitgliedern der christlichen Kirchenfamilien lernen können, z. B. in der Seelsorge oder in der Spiritualität. Selbstkritik bedeutet auch, sich mit den schwierigen und schmerzhaften Aspekten des Erbes der Reformation auseinanderzusetzen, z. B. mit der Verfolgung der Wiedertäufer oder mit der Tatsache, dass der Erneuerungsanspruch der Reformation letztlich zu größerer Uneinigkeit des Leibes Christi geführt hat.

Anlässlich der Feier des Reformationsjubiläums möchten wir über das Verständnis von Reform und Erneuerung in den Religionen diskutieren. Die Diskussion spielt in modernen pluralistischen Gesellschaften, in denen die Nutzung des gemeinsamen öffentlichen Raums thematisiert wird, eine wesentliche Rolle.

Themenbezogener Ansatz

– *Motto des Reformationsjubiläums:*
  Befreit durch Gottes Gnade

  (Bibelstellen: Röm 3, 24; Eph 2, 8–10; Gal 5, 1; Lk 4, 16–21)

Das Motto inspiriert sich am zentralen lutherischen Leitsatz der Rechtfertigung durch Gottes Gnade. Die Herausforderung besteht darin, die Aussage durch Fragen wie «wovon?» und «wozu?» auf den Prüfstand zu stellen, um das lutherische Verständnis der Rechtfertigungslehre zu beleuchten – frei zu sein, um dem Nächsten zu dienen.

– *Unterthemen des Reformationsjubliäums*

Die Formulierung der Unterthemen soll auf die kontextuellen Herausforderungen der Christen in der heutigen Welt eingehen. Bei der Behandlung der Themen sollte man aufzeigen, dass «durch Gottes Gnade» befreite Menschen manche Konzepte, Haltungen und globale Politiken ablehnen, weil sie mit dem Evangelium unvereinbar sind:

Erlösung – für Geld nicht zu haben vermittelt die Kernbotschaft der Rechtfertigungslehre – die Erlösung ist Gottes freies Gnadengeschenk – und verwahrt sich gegen moderne Trends und Konzepte, die Erlösung als Ware auf dem «Religionsmarkt» zu behandeln. Ein wichtiger Aspekt unter diesem Unterthema ist, dass viele Menschen sich heute in einer Situation befinden, in der sie sich selbst rechtfertigen müssen.

Menschen – für Geld nicht zu haben betont, dass jeder Mensch ein einzigartiges, nach Gottes Bild geschaffenes Wesen ist und in ihrer/seiner Würde und Unversehrtheit gänzlich geachtet werden muss. Auf dieser Grundlage können sozial brisante Themen wie z. B. Menschenhandel oder eine Wirtschaftspolitik, die zu größerer Armut führt, beleuchtet und aufmerksam geprüft werden.

Schöpfung – für Geld nicht zu haben unterstreicht aus theologischer Sicht, dass die Natur in jeder Hinsicht geachtet und geschützt werden muss – als die der menschlichen Fürsorge anvertraute gute Schöpfung Gottes. Die Menschen dürfen die Natur nicht ausbeuten, beherrschen und wie eine Ware behandeln.

– *Nachhaltige Herangehensweise*

Bei der Planung und Vorbereitung auf 2017 sollten wir stets daran denken, was am «32. Oktober» geschieht. Die Unterlagen, Pläne und Veranstaltungen sollten wir so gestalten, dass das 500. Reformationsjubiläum keine «Sackgasse» wird, sondern hoffentlich eine Chance, um zündende Ideen, neue Hoffnung und frische Erkenntnisse zu gewinnen.

Aiming Wang, Nanjing

Das Reformationsjubiläum im chinesischen Kontext

1. Der chinesische Protestantismus in Kürze

Ausgangspunkt unserer Überlegungen bildet die Tatsache, dass in China das Studium der Reformation lange Zeit auf den kulturellen und literarischen Bereich sowie auf sozio-politische Untersuchungen beschränkt geblieben ist, und zwar aus marxistisch-leninistischer Perspektive. Seit der Veröffentlichung der Werke Max Webers in China Anfang der 1980er Jahre, insbesondere seiner Studie «Die protestantische Ethik und der Geist des Kapitalismus», wurden dem Verhältnis zwischen universalen Werten und dem Protestantismus immer mehr Studien auf Universitätsebene gewidmet. Diese Tendenz scheint dank der Bemühungen christlicher Intellektueller um ein besseres Verständnis der Reformation anzuhalten, wobei deren Aufmerksamkeit vor allem Calvin, John Knox und dem Puritanismus gilt.

Dennoch ist die theologische und kirchengeschichtliche Forschung zur Reformation in chinesischer Sprache eher schwach und begrenzt, trotz der Veröffentlichung einiger Übersetzungen unter schwierigen Umständen. Die derzeitige Politik der Leitung der offiziell anerkannten Kirche, also des Chinesischen Christenrates (CCC) und der Patriotischen Drei-Selbst-Bewegung (TSPM) läuft auf eine Begrenzung der Karrieremöglichkeiten christlicher Universitätslehrer hinaus. Diese restriktiven Maßnahmen wirken sich ebenso innerhalb der Organisation dieser Kirche auf nationaler Ebene wie auch außerhalb des kirchlichen Rahmens aus. Nun ist es aber diese Kirche, die zurzeit von den Behörden des Landes politisch und finanziell anerkannt wird, entsprechend einem Modell, das vor rund sechzig Jahren in der Sowjetunion in Geltung stand.

Zweitens dürfen wir feststellen, dass die augenblickliche Situation sich in ermutigender Weise entwickelt. Im ganzen Land trifft man auf Gemeindeebene mehr und mehr Pastoren an, die eine bessere theologische Ausbildung erhalten haben. Zahlreiche Gläubige aus allen Gesellschaftsschichten, vor allem jedoch aus der Mittelklasse und der Elite, schließen sich der Kirche an. Diese Tatsache hat ihre Auswirkungen auf die ausländischen Missionsgesellschaften, die den wesentlichen Teil der Evangelisierung betreiben. Eine große Anzahl chinesischer Hochschullehrer hat ihre Universitätsausbildung im Westen, besonders in den USA absolviert. Dort haben sie freundschaftliche Beziehungen zu anderen Christen aufgebaut und die Brüderlichkeit kirchlicher Gemeinschaften kennengelernt.

Gemäß einer Studie des Pew Research Centers vom 10. Februar 2013 fühlen sich in China rund 640 Millionen Personen jeden Alters einer Religion zugehörig. Noch vor dreißig Jahren hätten es nur wenige Forscher, selbst in Festlandchina, gewagt, eine Aussage darüber zu machen, ob die Religion die von Präsident Mao Zedong angestiftete Kulturrevolution (1966–1976) überlebt habe oder nicht. Heute dagegen ist klar: Die Religion hat die Kulturrevolution nicht nur überstanden, sondern Hunderte von Millionen Chinesen erkennen eine bestimmte Form von Religion als die ihrige an, wie es aus der Studie des Pew Research Centers hervorgeht. Bemerkenswert ist die Tatsache, dass China mit seinen rund 68 Millionen Christinnen und Christen weltweit den 7. Rang nach Anzahl von Christen pro Land innehält.

Es liegt mir daran, Sie darauf aufmerksam zu machen, dass sich die Zahl der unter der Obhut des CCC-TSPM stehenden Protestanten nach offiziellen Angaben der chinesischen Behörden auf etwas mehr als 23 Millionen Menschen beläuft. Das bedeutet wiederum, dass die Mehrheit protestantischer Christen in der Struktur der Hauskirchen anzutreffen ist. Einige internationale Missionsgesellschaften schätzen die Anzahl chinesischer Protestanten, die nicht zu der von der Regierung offiziell anerkannten Kirche gehören, auf mindestens 80 Millionen Personen.

Es liegt nicht in meiner Absicht, hier die Frage des Status der Kirchen in China zu behandeln. Mein Anliegen besteht lediglich darin, darauf hinzuweisen, dass das Christentum in China in allen Gesellschaftsschichten auf dem Vormarsch ist. Will man die Frage der Religionsfreiheit und der Menschenrechte aus christlicher Perspektive erörtern und fragt man nach der Bedeutung des Reformationsjubiläums 2017 für die Kirche in China, dann legt es sich nahe, diese Realität im Auge zu behalten.

Ein dritter Faktor, den es zu berücksichtigen gilt, ist die Tatsache, dass der Konfuzianismus seit der Zeit der Han-Dynastie (206 v. Chr.–220 n. Chr.) die traditionelle chinesische Ideologie bildete. Dies gilt für alle Dynastien, die der Han-Dynastie bis zum Jahr 1905 folgten. Heute jedoch beruht die Staatsideologie auf der Theorie zweier europäischer Denker, Karl Marx und Friedrich Engels, deren Gedankengut mit den Theorien Lenins und Stalins vermischt wurden. Es herrscht also eine streng westliche Ideologie über das China unserer Zeit!

Generell besteht unsere Aufgabe darin, die gesellschaftlichen Kräfte zu erkennen, die die Intellektuellen und Vertreter der chinesischen Elite stimulieren, denn diesen kommt, geschichtlich gesehen, eine besondere Verantwortung zu. Welche Möglichkeiten bieten sich in der jetzigen chinesischen Gesellschaft für diese Personen? Wie kommt es, dass der Calvinismus heute als große Kraft dargestellt werden kann, und zur Grundlage der Weltanschauung – wenn nicht zur Religion – der chinesischen christlichen Elite erhoben wird?

2. Luther, Melanchthon, Zwingli, Calvin und Knox in China

Der erste protestantische Missionar, Robert Morrison (1782–1834), kam 1807 in China an. Er selbst wie alle ihm nachfolgenden westlichen Missionare leisteten eine gewaltige Arbeit in ganz China. Es gelang ihnen, fast alle Sektoren der Gesellschaft zu erreichen, insbesondere die Schicht der Ärmsten. Doch auf intellektueller Ebene – insbesondere im Bereich der theologischen Ausbildung – gelang es ihnen nicht, ausreichende Programme zu erarbeiten, obwohl dies grundlegend für eine gute Ausbildung christlicher Führungskräfte in China als Pastoren und Laien gewesen wäre.

Nach der Gründung der Volksrepublik China blieben den Missionaren drei Jahre Zeit bis zum endgültigen Verlassen des Landes. Ihr Beitrag lag jedoch vor der Revolution vor allem im Bereich der Diakonie, weniger in dem der Theologie. Daraus ergab sich ein Mangel in kirchlicher, theologischer und struktureller Hinsicht.

Das erklärt, weshalb es keinerlei chinesische Ausgabe der wesentlichen Werke Luthers gibt. Lediglich zwei Bände wurden von einem öffentlichen Verlagshaus herausgebracht, doch deren Übersetzung wurde von Nichtchristen ausgeführt und das Vokabular lässt zu wünschen übrig. Anders gesagt: Mit diesen beiden Bänden bleibt die Wirkung, die von Luther auf die Kirchen ausgehen könnte, überaus beschränkt. Für die Theologiestudenten der offiziell anerkannten Kirche bleibt nur der Rückgriff auf eine veraltete Fassung der Werke Luthers (eben jene zwei Bände), die als nützliche Referenz zum Studium der Lehre Luthers dienen können. Diese Fassung wurde zur Zeit des Zweiten Weltkriegs vom Verwaltungsrat des Theologischen Seminars in Nanjing mit Unterstützung amerikanischer Missionare übersetzt und herausgegeben.

Es muss uns also mit Sorge erfüllen festzustellen, dass die Luther-Forschung im heutigen China derart schwach bleibt, nicht nur – soziopolitisch und kulturell gesehen – auf Universitätsniveau, sondern auch im Rahmen der kirchlichen Organisation unter der Leitung des Chinesischen Christenrates und der Patriotischen Drei-Selbst-Bewegung, der einzigen legalen protestantischen Organisation auf nationaler Ebene. Von den Grundlagen der Gedankenwelt Luthers ist nur die Lehre von der Rechtfertigung aus Glauben bekannt und Gegenstand von Kommentaren. Dabei scheint die Rechtfertigung isoliert verstanden zu werden, was eine Trennung von Glauben und ethischer Verantwortung zur Folge hat. Subjekt der Rechtfertigung ist die sich als gerechtfertigt verstehende Person und nicht der Herr. Wörtlich ist das nämlich der allgemeine Sinn in chinesischer Sprache. Das bedeutet, dass die gesamte Erforschung des theologischen Erbes Philipp Melanchthons ignoriert wird und chinesischer Denkart völlig unzugänglich ist. Und doch ist es gerade die Interpretation Melanchthons dieser überaus wichtigen Lehre Luthers und seiner Werke, die der Reformation – in theologischer und politischer Sicht – ihre festen Grundlagen verlieh.

Das Gleiche kann man von Zwingli und den anderen Reformatoren behaupten. Auf chinesischer Seite existiert nur ein einziges Dokument, das die theologische Bedeutung Zwinglis hervorhebt in Bezug auf die Bundestheologie und -tradition, die im Lauf der folgenden Jahrhunderte zum Modell der großen Tradition des Puritanismus und der evangelischen Bewegung in den Vereinigten Staaten wurde. In zahlreichen Landgemeinden Chinas stößt man auf Spuren zwinglischen Einflusses in Liturgie und Architektur, obwohl sich kaum noch jemand daran erinnert, dass es in China eine Tradition gab, die auf diesen Reformator zurückging.

Was schließlich den großen Reformator Johannes Calvin betrifft, steht man in China vor einem merkwürdigen Phänomen. Im Verständnis der Intellektuellen Chinas war die Figur Calvins vor rund dreißig Jahren durch das berühmte Porträt, das Stefan Zweig (1881–1942) in seinem 1936 erschienenen Roman «Castellio gegen Calvin oder ein Gewissen gegen die Gewalt» gezeichnet hatte, missverstanden und ihr Bild arg entstellt worden. Dieser Roman wurde generell als historisch korrekte Darstellung aufgenommen. Aufgrund ihrer persönlichen Erfahrung und des noch heute verspürten Leides neigen viele Menschen bei uns dazu, ein strenges Verhalten und Totalitarismus miteinander gleichzusetzen. So wurde die Figur Calvins lange Zeit zum Symbol von Diktatur und Tyrannei.

Doch wie bereits erwähnt sind seit der Veröffentlichung der Werke Max Webers in chinesischer Sprache immer mehr christliche Intellektuelle, vor allem Studierende, von den geistlichen und theologischen Werken Calvins und seiner Schüler fasziniert. Die echte Suche nach letzten Wahrheiten, universal gültigen Werten und nach einer authentischen Frömmigkeit aufgrund eines ausgeprägten Verantwortungs- und Pflichtbewusstseins gegenüber der säkularisierten Welt, auf denen das Gedankengut der calvinistischen und puritanischen Missionare basiert, hat dazu beigetragen, diese Intellektuellen zu überzeugen und zu stärken. Hinzufügen möchte ich, dass zwar auch die Mehrzahl der Werke Calvins – ebenso wie die Luthers – noch nicht ins Chinesische übersetzt wurden, dass jedoch zahlreiche Einführungen und Interpretationen zum Calvinismus und Puritanismus erschienen sind, die in den letzten zehn Jahren einen dauerhaften Einfluss ausgeübt haben.

John Knox, John Wesley und Jonathan Edwards, deren Gedankengut in China durch Experten und christliche Vereine verbreitet wurde, haben ein großes Interesse und viel Begeisterung für den Calvinismus puritanischer Färbung erweckt. Das lässt sich auf verschiedenste Weise in Form evangelikaler Bewegungen im ganzen Land beobachten.

3. Die Krise: Ihre Gefahren und ihr Potenzial

Hier möchte ich in Kürze etwas zu den derzeitigen Krisen und deren Auswirkungen auf die Qualität und die Orientierungen der Kirche in China hinzufügen.

Zur historischen Identität: Die Tatsache zu ignorieren, dass Martin Luther den Grundstein für die gesamte Reformationsbewegung gelegt hat, schwächt eine dauerhafte und fortschreitende Evangelisierung Chinas. Ein Verständnis des Erbes Calvins und der reformierten Tradition kann sich mit dem Moralismus des Konfuzianismus vermengen und auf diesem Weg den nationalen Charakter der chinesischen Identität prägen.

Zum politischen Kontext: Was beunruhigt die chinesischen Behörden am Wachstum der Kirche bzw. der christlich-evangelikalen Bewegungen im ganzen Land? Sachlich lässt sich dazu sagen, dass es sich um mindestens fünf Arten von Besorgnis handelt, die bei der Gestaltung einer chinesischen protestantischen Theologie unbedingt zu berücksichtigen sind: die Frage der Ideologie; das nationalistische Gedankengut; der dauerhafte Einfluss des Konfuzianismus auf das Gesellschaftsleben; der Synkretismus; die sozialen und politischen Probleme generell. Ich kann diese Gesamtproblematik hier natürlich in keiner Weise vertieft darstellen. Es genügt zu signalisieren, dass diese Besorgnisse der Behörden nach einem hermeneutischen Ansatz rufen, der bis jetzt noch nirgends spürbar ist.

Zu den theologischen Krisen innerhalb der Kirche: ihnen sollten wir dringend unsere Aufmerksamkeit widmen, und zwar aus vielen Gründen:

a) Die evangelikalen und pflingstlerischen Bewegungen prägen wesentliche Teile der christlichen Landbevölkerung; die historische Kirche der Reformation, Luther und Calvin oder die westliche protestantische Tradition spielen dort so gut wie keine Rolle.

b) Der Gurukult, ein Phänomen, dessen Geist auf das kongregationalistische Kirchenmodell zurückzuführen ist, repräsentiert die stärkste Tendenz auf der Ebene der Ortsgemeinden in China. In jenem Milieu hat das Modell der historischen Kirchen der Reformation keinerlei Wurzel geschlagen, vor allem was Glaubensregel oder Lehre der Kirche betrifft. Hier ist es der geistliche Führer, der den Ton angibt.

c) Die um den Synkretismus und Relativismus kreisenden Fragen, die bereits in den 1960er Jahren von dem späteren Papst Benedikt XVI. erörtert wurden, kennzeichnen das Bild der nichtregistrierten kirchlichen Organisationen, die man in allen Städten Chinas antrifft.

Diese Krisen sind offensichtlich und beunruhigend. Hier lauern Gefahren auf uns, sofern wir uns als Christen verstehen, die in der Nachfolge der reformatorischen Tradition in China stehen.

Das Phänomen der religiösen Präferenz der Eliten für den Calvinismus wurde von zahlreichen westlichen Wissenschaftlern erkannt, die die

Hauskirchen in Beijing untersucht haben. Ich halte dies für eine Chance für das zukünftige Wachstum der Kirche in China.

4. Denkanstösse zu wirksamen Lösungen

Zuallererst scheint es notwendig, die Erforschung der Reformation auf Universitätsebene voranzutreiben, insbesondere durch ein vertieftes, systematisches Studium der Werke der Reformatoren, Luther, Zwingli, Melanchthon, Calvin usw. Diese Untersuchungen sollten nicht nur zum besseren Verständnis der Kirchengeschichte erfolgen, sondern auch der Klärung der kirchlichen Lehre und theologischen Ethik dienen. Meiner Ansicht nach wäre es nötig und dringend, zu diesem Zweck einen Verein bzw. eine Nichtregierungsorganisation zu gründen, wenn man diese historische Aufarbeitung unseres Erbes in chinesischer Sprache bewältigen will. Man könnte sich etwa die United Bible Society (Vereinigte Bibelgesellschaft) als Modell dafür vorstellen. Zahlreiche christliche Hochschuldozenten, die nicht in das CCC-TSPM-System eingebunden sind, verfügen diesbezüglich über ausgezeichnete Voraussetzungen und Talente. Die meisten unter ihnen wurden für solche Aufgaben an verschiedenen Universitäten in den USA, in Deutschland und anderen Ländern geschult. Wenn wir es schaffen würden, eine fachspezifische Organisation dieser Art zur Erforschung der Reformation in chinesischer Sprache auf die Beine zu stellen, wäre dies ein historisch wichtiger Schritt. Es wäre dies ein regelrechtes Universitätsprogramm wissenschaftlicher Art, und zwar im Kontext des heutigen China. Die universale Wahrheit existiert; doch wie und wo ist sie zu erweisen, wie ist sie, ausgehend vom Fundament der Bibel und der christlichen Tradition, insbesondere im kirchlichen Kontext aufzudecken?

Ein zweiter Punkt: Die Erforschung der Reformation muss in einer ökumenischen Perspektive erfolgen, denn den evangelischen Kirchen Chinas mangelt es an vertiefter Kenntnis der großen Tradition des Christentums, die die katholische Kirche verkörpert. Diese Kirchen definieren ihr Selbstverständnis immer noch in Opposition gegen die katholische Tradition. Sie verkennen weitgehend die Bedeutung von Glaubensregeln, des Credo, der Glaubensbekenntnisse, der Lehrdisziplin usw. Wie viele Priester und katholische Ordensschwestern offenbaren die geistliche Kraft des christlichen Glaubens durch ihr konkretes Zeugnis und ihre Grundhaltung im chinesischen Alltag, während sich zur gleichen Zeit zahlreiche protestantische Kirchen separat entwickeln, indem sie sich um charismatische Führungsfiguren scharen, die – ähnlich wie Gurus – willkürlich im Namen Gottes handeln! Ich führe zurzeit eine systematische Untersuchung zum Thema der theologischen Historizität in Anlehnung an den früheren Papst Benedikt XVI. durch und sehe darin einen wichtigen Anknüpfungspunkt für die Zukunft der Kirche in China.

Ein dritter Faktor kommt hinzu: Die Erforschung der Reformation muss hermeneutisch erfolgen. Wir müssen sehr aufmerksam vorgehen, wenn wir in einen Dialog mit anderen sprituellen Systemen eintreten. Die menschlichen Sprachen sind überaus reich, zugleich aber auch äußerst begrenzt, wenn es darum geht, die Thematik von Werten, Tugenden und der Wahrheit zu erörtern. Im chinesischen Sprachgebrauch bleibt das den christlichen Glauben artikulierende Vokabular recht begrenzt und oberflächlich, wenn man es mit dem Vokabular vergleicht, das für die Artikulierung des Konfuzianismus, Taoismus, Buddhismus oder auch des Marxismus-Leninismus zur Verfügung steht.

Mein letzter Punkt soll im Vorschlag bestehen, die Erforschung der Reformation in einer missionarischen Perspektive durchzuführen, denn damit ließen sich die evangelischen Persönlichkeiten aller Schichten der chinesischen Gesellschaft dafür gewinnen, sich eine klare Idee von den Schätzen der Reformatoren für die Zukunft Chinas anzueignen. Zahlreiche Prinzipien haben die christlichen Eliten in China fasziniert, etwa die Lehre von Gesetz und Evangelium, das forensische Verständnis der Rechtfertigung aus Glauben, die vier *sola*, der *usus tertius legis*, die Gewissensfreiheit und das Recht auf Widerstand usw. All diese Elemente gilt es zu interpretieren und in systematischer Weise mit der modernen Menschheitsgeschichte zu verbinden. Der Traum einer demokratischen Regierung, der Rechtsprimat, die Demokratie, die fundamentalen Menschenrechte und was damit zusammenhängt, das alles gehört eines Tages zu den theologischen Themen im Forschungsbereich des Erbes der Reformation in China!

So könnte die Feier des Reformationsjubiläums für die chinesischen Christen eine historische Chance sein, einen Weg in eine verheißungsvolle Zukunft abzustecken; das Erbe der großen Reformatoren und ihres Geistes könnte immer mehr zu einer Tradition werden, die für die chinesische Christenheit relevant ist. Wir stehen jetzt vor einer schweren Aufgabe: Es geht um den Aufbau der Kirche im Rahmen der bestehenden Kirche. Eine ernste Herausforderung und ein Thema für sich! Hier wollte ich nur mit

Ihnen die Gründe teilen, weshalb ich zuversichtlich bleibe, obwohl der Horizont, kurzfristig gesehen, eher düster und verhangen ist.

Längerfristig könnte sich die Perspektive auch dadurch aufhellen, dass Theologen wie Karl Barth, Dietrich Bonhoeffer und andere einen bedeutenden Einfluss auf die theologische Entwicklung in China ausüben. All dies sind positive Signale auf dem Weg zu einer sich bestätigenden Hoffnung in China!

Kurt Kardinal Koch, Vatikan, Rom

Reformationsgedenken in ökumenischer Sicht

Für Ihre Einladung zur Abschlussveranstaltung des Internationalen Kongresses zum Reformationsgedenken im Jahre 2017 danke ich Ihnen herzlich. Auch mit dieser Einladung bringen Sie zum Ausdruck, dass Sie als Reformierte und Lutheraner das Reformationsgedenken nicht unter sich allein, sondern auch mit uns Katholiken und überhaupt in einer ökumenischen Perspektive begehen möchten. Sie tragen damit der Tatsache Rechnung, dass die Reformation nicht nur die aus ihr hervorgegangenen Kirchen und kirchlichen Gemeinschaften, sondern auch die anderen Kirchen und in besonderer Weise die katholische Kirche betrifft, auch weil sie zur Spaltung der westlichen Christenheit geführt und gleichsam wie bei einer Ehescheidung Wunden auf beiden Seiten hinterlassen hat.

1. Ökumenische Anfragen an das Reformationsgedenken

Mit Ihrer Einladung bringen Sie auch zum Ausdruck, dass ein Reformationsgedenken nach über fünfzig Jahren des ökumenischen Dialogs nicht mehr in derselben Weise begangen werden kann, wie dies bei früheren Jahrhundertfeiern geschehen ist. Für diese ökumenische Sensibilität sind wir Katholiken dankbar und nehmen die Einladung zum gemeinsamen Gedenken gerne an. Dazu gehört freilich auch ein aufmerksames Aufeinanderhören, wie die Einladenden und die Eingeladenen dieses gemeinsame Gedenken verstehen und wie sie sich einbringen können. In diesem Sinn verstehe ich mein Einleitungsreferat für die anschließende Podiumsdiskussion so, dass ich jene Fragen zu formulieren versuche, die sich in katholischer Sicht und damit in einer ökumenischen Perspektive an das Reformationsgedenken stellen.

a) *Reformation und Reform*

An erster Stelle ist zu bedenken, dass im Wort «Reformation» das viel grundlegendere Wort «Reform» steckt und wie sich beide Wirklichkeiten zueinander verhalten. Auf der einen Seite versteht sich die Reformation als Vorgang der Reform der Kirche durch die Wiederentdeckung des

Evangeliums und die Konzentration des Lebens des Christen und der Kirche auf die Person Jesus Christus. Die Reformation ist ein klarer Beleg dafür, dass eine wahre Reform der Kirche nur aus einer tiefen Begegnung mit dem Wort Gottes kommen kann, in dem die Kirche ihre wahre Identität findet.

Auf der anderen Seite kann aber die Reformation keinen Exklusivanspruch auf die Reform der Kirche erheben. Denn ein auch nur kurzer Blick in die Geschichte der Christenheit zeigt, dass sie sich in krisenhaften Situationen stets darauf zurück besonnen hat, dass in ihrem Leben und in ihrer Sendung dem Wort Gottes der Primat zukommen muss. Denken wir nur an die beiden Gründer der Bettelorden, den Heiligen Franziskus und den Heiligen Dominikus, die in erster Linie gerade nicht neue Orden gründen, sondern die Kirche von innen her erneuern wollten, und zwar vor allem dadurch, dass sie in der evangelischen Lebensform das Evangelium *sine glossa* und damit in seiner wörtlichen Ganzheit zu leben wagten. Oder denken wir an den Heiligen Karl Borromäus, der, als er seinen Bischofssitz in der lombardischen Metropole in Besitz genommen hat, eines der am weitesten verbreiteten Versäumnisse des Klerus in der fehlenden Predigt diagnostiziert und seine primäre Sendung als Bischof darin gesehen hat, «Zeuge[...] zu sein, die Mysterien Christi zu verkünden, das Evangelium jedem Geschöpf zu predigen»[1]. In derselben Sinnrichtung hat in der jüngeren Vergangenheit das Zweite Vatikanische Konzil eine ähnliche Reform der Kirche initiiert[2], indem es dem Wort Gottes wieder jene Zentralität zugewiesen hat, die es im Leben und in der Sendung der Kirche haben muss. Ruft man sich diese und viele andere Reformvorgänge in Erinnerung, verbietet es sich, Reform und Reformation miteinander zu identifizieren. Die Geschichte zeigt, dass die Reformation nicht die einzige Antwort auf die Reformbedürftigkeit der Kirche sein kann und auch nicht ist. Da Reform den größeren Radius als Reformation aufweist, stellt sich vielmehr erst recht die Frage, wie sich die

---

1 Zit. bei Giuseppe Alberigo, Karl Borromäus. Geschichtliche Sensibilität und pastorales Engagement, Münster 1995, S. 39–40.

2 Vgl. Kurt Koch, Was bedeutet heute «Reform» der katholischen Kirche in der Schweiz? Zur Lage der Konzilsrezeption, in: Mariano Delgado / Markus Ries (Hg.), Karl Borromäus und die katholische Reform. Akten des Freiburger Symposiums zur 400. Wiederkehr der Heiligsprechung des Schutzpatrons der katholischen Schweiz, Fribourg – Stuttgart 2010, S. 365–394.

stets notwendige Reform der Kirche und der geschichtliche Vorgang der Reformation genauer zueinander verhalten.

b) Reformation und Kirchenspaltung

Um diese Frage beantworten zu können, führen wir uns nochmals kurz den zweifellos radikalsten Reformer der Kirche vor Augen, nämlich den Heiligen Franz von Assisi. Die Erinnerung an ihn bringt es an den Tag, dass es nicht der mächtige Papst Innozenz III. gewesen ist, der die Kirche vor dem Einsturz bewahrt und erneuert hat, sondern der kleine und unbedeutende Ordensmann, dass aber auf der anderen Seite Franz von Assisi die Kirche keineswegs ohne oder gegen den Papst reformiert hat, sondern nur in Gemeinschaft mit ihm. Während Franz das gelungene Beispiel einer radikalen Kirchenreform in Einheit mit der kirchlichen Hierarchie ist, haben die Kirchenreformen der Reformatoren allesamt zur Kirchenspaltung geführt. Hier liegt der tiefste Grund, dass die Mitfreude über die notwendige Kirchenreform auf katholischer Seite auch mit Schmerz verbunden ist, weil sie schließlich zur Spaltung der Kirche und vielen negativen Auswirkungen geführt hat, und dass in der Folge das Reformationsgedenken für uns Katholiken keine Jubelfeier sein kann, sondern auch ein Anlass zu Besinnung, Schuldbekenntnis und Umkehr sein muss.

Diese Einstellung entspricht dabei durchaus dem eigentlichen Anliegen der Reformation vor allem von Martin Luther. Ihm ist es um eine durchgreifende Reform der ganzen Kirche und gerade nicht um eine Reformation im Sinne der mit ihr schließlich zerbrochenen Einheit der Kirche und des Entstehens von neuen Kirchen gegangen. Nimmt man diese Intention ernst, dann muss man in der historischen Tatsache, dass sie in der damaligen Zeit nicht zur Erfüllung gelangen konnte, nicht nur das Versagen der damaligen römischen Kirche erblicken, sondern auch das Nichtgelingen der Reformation selbst, wie beispielsweise der evangelische Ökumeniker Wolfhart Pannenberg mit Recht urteilt: «Das Entstehen eines besonderen evangelischen Kirchentums war eine Notlösung: denn das ursprüngliche Ziel der Reformation war die Reform der ganzen Kirche.»[3] Diese historische Einsicht kann umgekehrt nur bedeuten, dass es erst beim ökumenischen Bemühen um die Wiedergewinnung der Einheit auch um die Vollendung der Reformation selbst geht und dass

3 Wolfhart Pannenberg, Reformation und Einheit der Kirche, in: Ders., Ethik und Ekklesiologie. Gesammelte Aufsätze, Göttingen 1977, S. 254–267, hier S. 255.

man folglich vom gemeinsamen Reformationsgedenken auch einen neuen und mutigen Impuls für den Prozess der ökumenischen Annäherung erwarten darf.

c) Reformation und Tradition

Die historische Tatsache, dass die Reformationen im 16. Jahrhundert allesamt zu Kirchenspaltungen und zum Entstehen von neuen Kirchengemeinschaften geführt haben, veranlasst dazu, einen grundlegenden Unterschied zwischen Reform und Reformation zu benennen. Es gehört zum Wesen einer Reform, dass sie nie zum Ergebnis haben kann, dass das Reformierte nicht mehr mit dem vorherigen zu Reformierenden identisch ist. Denn eine Reform betrifft die konkrete Erscheinungsform und Verwirklichung, nicht hingegen das Wesen des zu Reformierenden. Andernfalls würde es sich um eine Wesensveränderung handeln, die das zu Reformierende zu etwas Anderem machen würde, als es vorher war. Von daher stellt sich in ökumenischer Sicht die Frage, ob sich die Reformationen des 16. Jahrhunderts in diesem Sinne als Reformen der Kirche verstanden haben oder ob sie nicht doch in einem viel radikaleren Sinn zu einer Wesensveränderung geführt haben. Diese Frage stellt sich vor allem deshalb, weil es durchaus verständlich ist, dass die Reformatoren große Probleme mit dem mittelalterlichen Paradigma der Papstkirche gehabt haben, dass sie aber keineswegs zum frühkirchlichen Paradigma zurückgekehrt sind, sondern sich immer mehr, und zwar mehr bei den Reformierten als bei den Lutheranern, von jenem ekklesiologischen Grundgefüge verabschiedet haben, das sich seit dem zweiten Jahrhundert herausgebildet hat und das die katholische Kirche mit allen orthodoxen und orientalisch-orthodoxen Kirchen teilt, nämlich die sakramental-eucharistische und die episkopale Grundstruktur der Kirche.[4] Da nach diesem altkirchlichen Verständnis Kirche dort ist, wo das Bischofsamt in der sakramentalen Nachfolge der Apostel und damit auch die Eucharistie als Sakrament, dem der Priester und der Bischof vorstehen, gegeben sind, kommt man nicht um das Urteil herum, dass mit der Reformation ein anderer Typus von Kirche oder, da sich diese Kirchen selbst bald weiter auseinanderdividiert haben, andere Typen entstanden sind und die aus der

---

4 Vgl. Kurt Koch, Die apostolische Dimension der Kirche im ökumenischen Gespräch, in: Communio. Internationale katholische Zeitschrift 40 (2011), S. 234–252.

Reformation hervorgegangenen Kirchen auch bewusst auf andere Weise Kirche sein wollen.

Von daher stellt sich die noch grundlegendere ökumenische Frage nach dem Verhältnis zwischen Reformation und Tradition, genauerhin die Frage, wie sich die Reformation zur gesamten Tradition der Kirche verhält, von der uns immerhin 1500 Jahre gemeinsam sind. Und in diesem weiteren Horizont wäre die Frage zu beantworten, wie wir heute, und zwar die ökumenischen Partner für sich und gemeinsam, die Reformation betrachten: nach wie vor, wie in der Vergangenheit üblich, als Bruch mit der bisherigen Tradition der Christenheit, mit dem etwas Neues begonnen hat, oder in einer bleibenden Kontinuität mit der gesamten Tradition der universalen Kirche. Es handelt sich dabei um jene Frage, die bereits vor Jahren mein Vorgänger als Präsident des Päpstlichen Rates zur Förderung der Einheit der Christen, Walter Kardinal Kasper, im Blick auf das Reformationsgedenken an die aus der Reformation hervorgegangenen Kirchen und kirchlichen Gemeinschaften gestellt hat, ob sie die Reformation als «ein neues Paradigma» wahrnehmen, «das sich durch eine bleibende Grunddifferenz ‹protestantisch› vom Katholischen abgrenzt», oder ob sie diese im ökumenischen Sinn als «Reform und Erneuerung der einen universalen Kirche» verstehen.[5] Von der Beantwortung dieser Frage hängt nicht nur die Art und Weise ab, in der wir Katholiken uns am Reformationsgedenken beteiligen können, sondern auch und vor allem, wie der ökumenische Dialog der katholischen Kirche mit den aus der Reformation hervorgegangenen Kirchen und kirchlichen Gemeinschaften weitergehen soll.

d) *Reformation und ökumenische Einheit*

Mit diesem Blick in die Vergangenheit verbindet sich aber sofort der Blick in die Zukunft, indem angesichts des Reformationsgedenkens die Frage zu stellen ist, wohin unsere weitere ökumenische Reise gehen soll. Diesbezüglich müssen wir feststellen, dass im Laufe der vergangenen Jahre das Ziel des ökumenischen Dialogs immer undeutlicher geworden ist. Dabei handelt es sich um ein zentrales Problem. Denn wenn kein gemeinsa-

---

5 Walter Kasper, Ökumenisch von Gott sprechen?, in: Ingolf U. Dalferth / Johannes Fischer / Hans-Peter Grosshans (Hg.), Denkwürdiges Geheimnis. Beiträge zur Gotteslehre. Festschrift für Eberhard Jüngel zum 70. Geburtstag, Tübingen 2004, S. 291–302, hier S. 302.

mes Ziel vor Augen steht, droht die Gefahr, dass die ökumenischen Partner in verschiedener Richtung voranschreiten und dann feststellen müssen, dass sie sich noch weiter als bisher voneinander entfernt haben.

Das Kernproblem besteht dabei darin, dass sich heute zwei recht unterschiedlich profilierte und konfessionell geprägte Verständnisse der ökumenischen Einheit unversöhnt gegenüber stehen. Während die katholische Kirche zusammen mit der Orthodoxie an der ökumenischen Zielvorstellung der sichtbaren Einheit im gemeinsamen Glauben, in den Sakramenten und in den kirchlichen Ämtern festhält, hat sich bei nicht wenigen der aus der Reformation hervorgegangenen Kirchen und kirchlichen Gemeinschaften weithin eine andere ökumenische Zielvorstellung durchgesetzt, nämlich das Postulat der gegenseitigen Anerkennung aller vorhandenen kirchlichen Wirklichkeiten als Kirchen und damit als Teile der einen Kirche Jesu Christi. Diese Sicht erinnert sehr stark an die Position des evangelischen Neutestamentlers Ernst Käsemann, der neutestamentliche Kanon begründe nicht die Einheit der Kirche, sondern die Vielzahl der Konfessionen.[6] Mit dieser These hat er auch die großen Kirchenspaltungen biblisch zu rechtfertigen versucht, allerdings mit dem hohen Preis, dass er den biblischen Kanon zugunsten eines Kanons im Kanon, der einseitig paulinisch geprägt ist, relativiert und die Sichtbarkeit und rechtliche Verfasstheit der Kirche zugunsten einer unsichtbaren Kirche verflüssigt hat.[7] Das in der heutigen ökumenischen Diskussion im Vordergrund stehende protestantische Postulat einer gegenseitigen Anerkennung aller kirchlichen Wirklichkeiten als Teile der einen Kirche behauptet zwar keine prinzipielle Unsichtbarkeit der Einheit der Kirche; diese besteht dann aber bloß noch in der Addition aller vorhandenen Kirchentümer. Von daher ist das bevorstehende Reformationsgedenken danach zu befragen, ob es der weiteren Legitimierung eines auf protestantischer Seite favorisierten ekklesiologischen Pluralismus dienen will oder ob es als vitaler Anlass verstanden wird, in erneuerter Weise nach einem gemeinsamen Ziel des ökumenischen Dialogs zu suchen und dieses an der Einheitsbitte Jesu in seinem hohepriesterlichen Gebet zu orientieren.

---

6 Ernst Käsemann, Begründet der neutestamentliche Kanon die Einheit der Kirche?, in: Ders., Exegetische Versuche und Besinnungen. Erster und zweiter Band, Göttingen 1970, S. 214–223.

7 Vgl. Gerhard Lohfink, Der Kanon und die Vielzahl der Konfessionen, in: Ders., Gegen die Verharmlosung Jesu. Reden über Jesus und die Kirche, Freiburg i. Br. 2013, S. 178–191.

2. Vom historischen Konflikt zur ökumenischen Gemeinschaft

Damit sind die vier entscheidenden Fragen benannt, die sich in ökumenischer Sicht bei einem gemeinsamen Reformationsgedenken stellen und die ich bewusst pointiert formuliert habe, nicht nur um die anschließende Podiumsdiskussion anzuregen, sondern weil ich eine Antwort auf die Anfrage bei dieser Abschlussveranstaltung schuldig bin: «2017 ist eine Chance», und zwar eine ökumenische, wenn wir den Mut haben, das Reformationsgedenken als willkommene Gelegenheit zu verstehen, unsere heutige ökumenische Situation zu überdenken und neue Schritte in die Zukunft zu wagen. Das Reformationsgedenken wird vor allem dann eine ökumenische Chance sein, wenn wir jene drei Schwerpunkte realisieren, die im Mittelpunkt jenes Dokumentes stehen, das von der Lutherisch/Römisch-Katholischen Kommission für die Einheit im Blick auf das Reformationsgedenken erarbeitet worden, aber auch für das Gespräch mit den Reformierten gültig ist und den signifikanten Titel trägt: «From Conflict to Communion».

a) Der Titel verpflichtet erstens dazu, nicht zu schnell zur «Gemeinschaft» zu kommen, sondern auch den «Konflikt» auszuhalten. Dazu haben wir allen Grund, wenn wir bedenken, dass es nach der Reformation zur Kirchenspaltung und im 16. und 17. Jahrhundert zu blutigen Konfessionskriegen gekommen ist, vor allem zum Dreißigjährigen Krieg, der das damalige Europa in ein rotes Meer verwandelt hat, und dass als Fernwirkung dieses schwerwiegenden Konflikts die Ausbildung von säkularen Nationalstaaten mit starken konfessionellen Abgrenzungen als eine große Bürde beurteilt werden muss, die aus der Reformationszeit geblieben ist. Und wenn wir ferner bedenken, dass sich die Reformation Martin Luthers zwar von der in die politischen Wirren verwickelten Herrschaft des Papsttums befreit hat, aber alsbald in eine ähnliche Abhängigkeit von den Fürsten geraten ist und unter anderem die Verfolgung der Täufer durch lutherische Obrigkeiten theologisch gerechtfertigt hat, und dass auch die Reformation in der Schweiz nicht ohne Gewaltanwendung eingeführt worden ist, dann dürfte angesichts von solchen geschichtlichen Erinnerungen die Behauptung nicht mehr so leicht auf die Lippen kommen, mit der Reformation sei die «Kirche der Freiheit» geboren worden. Wir haben vielmehr auf beiden Seiten allen Grund, Klage zu erheben und Buße für die Missverständnisse, Böswilligkeiten und Verletzungen zu tun, die wir uns in den vergangenen 500 Jahren angetan haben. Ein solcher öffentlicher Bußakt muss jedenfalls der erste Schritt bei einem gemeinsamen Reformationsgedanken sein.

b) Ein wesentlicher Weg zur Überwindung einer derart schmerzvollen Trennungsgeschichte besteht darin, dass sie gemeinsam geschrieben wird. Dies ist im Dokument «From Conflict to Communion» geschehen und darf als Ergebnis des auf katholischer Seite erfolgten Ringens um ein historisch adäquateres und theologisch angemesseneres Bild der Reformatoren und des auf protestantischer Seite intensivierten Bemühens um ein gerechteres Bild des Mittelalters und der katholischen Kirche in dieser Zeit betrachtet werden. Diese differenzierte geschichtliche Sicht muss man ihrerseits als reife Frucht der ökumenischen Dialoge in den vergangenen Jahrzehnten würdigen. Von daher gehören zu einem gemeinsamen Reformationsgedenken zweitens Dankbarkeit und Freude über die gegenseitige Annäherung im Glauben und im Leben, die in den vergangenen fünfzig Jahren auch im Rückblick auf die lange gemeinsame Geschichte vor Reformation und Kirchenspaltung geschehen ist.

c) Aus Buße angesichts des geschichtlichen Leidens und aus Freude über die bisher erreichte ökumenische Gemeinschaft folgt drittens die Hoffnung, dass das gemeinsame Reformationsgedenken uns die Möglichkeit schenkt, weitere Schritte auf die ersehnte und erhoffte Einheit zu tun und nicht bloß beim Erreichten stehen zu bleiben. Dafür erbringt das ökumenische Dokument «From Conflict to Comunion» einen wichtigen Beitrag, weil es die sichtbare Einheit der Kirche als Ziel unserer ökumenischen Bemühungen in Erinnerung ruft. 2017 wird deshalb dann eine Chance sein, wenn dieses Jahr nicht der Abschluss, sondern ein Neubeginn des ökumenischen Ringens um die volle Gemeinschaft zwischen den aus der Reformation hervorgegangenen Kirchen und kirchlichen Gemeinschaften und der katholischen Kirche sein wird, und zwar mit dem Dreiklang von Buße, Dankbarkeit und Hoffnung, von denen keine ausfallen darf, wenn er als symphonischer Dreiklang vernehmbar sein soll.

IV Feedbacks und Auswertungen

Michael Bünker, Wien

Protestantische Vielstimmigkeit: Zwischen Appenzeller «Zäuerli» und gemeinsamer Ausrichtung

Kommentar zum Kongress «500 Jahre Reformation: Bedeutung und Herausforderungen»[1]

Schon im Eröffnungsgottesdienst erklangen sie: die «Zäuerli», jener urtümliche mehrstimmige Gesang ohne Worte, der für den evangelischen Teil des Kantons Appenzell typisch ist. Haben die Veranstalter vor Ort damit auf die Vielstimmigkeit des Protestantismus angespielt, die gerade bei der gemeinsamen Ausrichtung auf ein Jahr (2017) und einen Anlass (500 Jahre Reformation) unüberhörbar ist? Die Kongressteilnehmenden kamen aus aller Welt und brachten die Geschichte, die aktuellen Kontexte und die Perspektiven auf das Jubiläumsjahr mit, so, wie sie in ihren jeweiligen Kirchen gegeben sind. Für Europa hat sich die Ausgangslage durch die vor 40 Jahren abgeschlossene «Leuenberger Konkordie» grundlegend geändert. Die lebendige Kirchengemeinschaft von lutherischen, reformierten, unierten und methodistischen Kirchen sowie jenen Kirchen wie den Waldensern und Böhmischen Brüdern, die auf eine lange vor dem Jahr 1517 erfolgte Reformation zurückgehen, macht es möglich, ja verlangt direkt danach, das Reformationsjubiläum gemeinsam zu feiern. Die Reformation war ein europäisches Ereignis, das Kirche und Gesellschaft grundlegend verändert hat. In der Gemeinschaft Evangelischer Kirchen in Europa (GEKE), die auf die Leuenberger Konkordie zurückgeht, gehen die evangelischen Kirchen gemeinsam den Weg zum Jahr 2017. So bereiten sich etwa in Österreich die methodistische, reformierte und lutherische Kirche gemeinsam darauf vor. Dass die Evangelische Kirche Deutschland (EKD) und der Schweizerische Evangelische Kirchenbund (SEK) gemeinsam zum Kongress eingeladen haben, ist ein deutlich sichtbares Zeichen dieser gewachsenen Gemeinschaft und der Überzeugung, dass das Reformationsjubiläum verkürzt würde, wenn es als deutsches, auf Luther konzentriertes Anliegen gestaltet würde.

---

1 Beitrag zuerst erschienen in: Zeitzeichen 1 /2014.

Der Kongress hat den unterschiedlichen Stand der jeweiligen Vorbereitungen, die zentralen dabei zu beachtenden Themen und die Perspektiven für das Jubiläumsjahr durch eine Reihe von wichtigen Vorträgen, zahlreiche Workshops, Diskussionen, Präsentationen, Ausstellungen und Begleitveranstaltungen sichtbar gemacht. Dabei wurde deutlich, dass die gemeinsame Ausrichtung auf das Jahr 2017 einer gemeinsamen Abstimmung zu verdanken ist und nicht einfach die historischen Tatsachen des Reformationsverlaufs für alle darstellt. Das ist gut so, denn schon allein deswegen kann es nicht bei einem rückwärtsgewandten nostalgisch ausgerichteten Gedenken bleiben. Es geht – fokussiert wie in einem Brennglas auf das Jahr der 95 Thesen Luthers – um das Grundanliegen, das die Reformation in ihren unterschiedlichen Abläufen ausgemacht hat: die Wiederentdeckung des Evangeliums von der freien Gnade Gottes und seiner verändernden Kraft für Kirche und Gesellschaft. Fürwahr ein Grund, sich zu freuen und zu feiern! In ihrem Aufruf zum europäischen Reformationsjubiläum formulierte die GEKE auf ihrer Vollversammlung im Jahr 2012: «Das Evangelium lässt aufatmen, vertreibt die Angst, schenkt neues Leben, macht frei, öffnet die Augen für die Not der anderen und vertreibt die Trauergeister. Wo auch immer das unter uns erfahren wird, werden die Impulse der Reformation unter uns lebendig. Die Reformation wird dann angemessen gewürdigt, wenn sich die christlichen Kirchen vom Evangelium leiten lassen.» Es geht also um das Potenzial reformatorischer Theologie für das 21. Jahrhundert, wie es Ulrich H. J. Körtner in seinem Zürcher Vortrag zum vierfachen «Allein» ausgeführt hat.

Das Reformationsjubiläum unterscheidet sich von den vorigen Hundertjahrfeiern dadurch, dass es das erste im Zeitalter der Ökumene ist. Der Einleitungsvortrag von Rowan Williams und der Abschluss durch Kurt Kardinal Koch sowie die Beteiligung orthodoxer Gesprächspartnerinnen und –partner am Kongress haben das sichtbar gemacht. Ob es zu einem gemeinsamen Feiern kommen wird? Nach dem Vortrag des Kardinals, in dem es nicht nur um Bezeichnungen («Gedenken» statt «Jubiläum»), sondern um deutliche Bedingungen («Ein … öffentlicher Bußakt muss jedenfalls der erste Schritt bei einem gemeinsamen Reformationsgedenken sein») ging, scheint es geraten, die Erwartungen dafür derzeit nicht zu hoch anzusetzen. Aber wer weiß? Die Schattenseiten der Reformation, vor allem der Konfessionalisierung, sind am Kongress jedenfalls von den evangelischen Kirchen selbst ungeschminkt thematisiert worden. Dennoch überwiegt die Vorfreude auf das Jubiläum gerade bei den Vertretern und Vertreterinnen kleinerer Kirchen, die sich als Diaspora verstehen. Dass sie in Zürich eine Möglichkeit des Austauschs und der vielfältigen Anregung und Orientierung gefunden haben, beweist, dass und wie «die Großen», in diesem Fall SEK und EKD, ihre gesamteuropäische, ja globale Verantwortung wahrnehmen. Fortsetzung – am besten zur Halbzeit 2015 – erwünscht!

Frank Fornaçon, Kassel

Freikirchen bereiten Reformationsjubiläum mit vor

Freikirchliche Christen aus Deutschland, der Schweiz und weiteren Ländern waren am Kongress zur Vorbereitung des Reformationsjubiläums 2017 in Zürich beteiligt. Sie erlebten den Kongress als inspirierendes Ereignis, das für das Miteinander von lutherischen und reformierten Kirchen auf der einen und den verschiedenen Freikirchen auf der anderen Seite wichtige Impulse geben kann.

Wer war dabei?

Auf keinen Fall soll das Reformationsjubiläum 2017 eine konfessionelle Jubelveranstaltung werden. Das war der gemeinsame Tenor vieler Beiträge beim Internationalen Kongress zum Reformationsjubiläum 2017 in Zürich. Vom 6. bis 10. Oktober waren über 200 Fachleute aus Kirche, Politik und Theologie in Zürich zusammengekommen. Sie repräsentierten Kirchen in 35 verschiedenen Ländern. Unter ihnen auch einige Vertreter von Freikirchen: Mennoniten, Freie evangelische Gemeinde, Evangelisch-methodistische Kirche (EmK), Herrnhuter und Baptisten, nicht nur aus Deutschland, sondern auch aus Kuba und Kamerun. Für die Vereinigung Evangelischer Freikirchen waren Markus Iff, Oliver Pilnei, Peter Jörgensen angereist. Außerdem waren mit Bischöfin Rosemarie Wenner, Bischof Theodor Clemens und Frank Fornaçon weitere freikirchliche Vertreter anwesend. Der Schweizerische Evangelische Kirchenbund hatte den Verband der evangelischen Freikirchen und Gemeinden in der Schweiz (VFG) und besonders auch die Mennoniten eingeladen. In deren Auftrag hatte Matthias Spiess (für die VFG und auch für die Schweizerische Evangelische Allianz) teilgenommen. Die EmK war sowohl als Teil der VFG als auch als Teil des SEK eingeladen.

Worum ging es?

Ziel der Tagung war die Vorbereitung des Reformationsjubiläums 2017, das in einen europäischen, ökumenischen und internationalen Kontext gestellt werden soll. Das Jubiläum in Wittenberg (Thesenanschlag) soll nicht in Konkurrenz zur Zürcher/oberdeutschen Reformation stehen und es soll ein antikatholischer Zungenschlag vermieden werden. In vielen Beiträgen wurde auf die Verfolgung der Täufer während der Reformationszeit eingegangen. Die Bedeutung der reformatorischen Entdeckungen (allein Christus, allein aus Gnade, allein aus Glauben, allein durch die Schrift) sollen in ihrer Gegenwartsbedeutung herausgestellt und für den Kontext nicht nur in Mitteleuropa fruchtbar gemacht werden. Das Evangelium, so wurde immer wieder betont, solle im Mittelpunkt des Jubiläums stehen.

Wie funktioniert Ökumene 2017?

Keine allzu großen Erwartungen hatten die meisten Teilnehmer an den Beitrag von Kurt Kardinal Koch, Rom, der im Vatikan für ökumenische Beziehungen zuständig ist. Er betonte in seinem Vortrag, dass die Feier der Reformation als Jubiläum ein Bedauern über die damals erfolgte Kirchenspaltung einschließen müsse. Sonst könne eigentlich nur von einem Reformationsgedenken die Rede sein. Unüberhörbar war das Bemühen, die reformatorischen Kirchen außerhalb des Lutherischen Weltbundes und der Reformierten Weltgemeinschaft in die Feiern mit einzubeziehen. Hier ist von Seiten der Freikirchen darauf zu achten, diese Chancen auch wahrzunehmen. Im Hinblick auf das Jubiläum solle, so wurde in einem informellen Treffen freikirchlicher Vertreter deutlich, nicht nur Historisches (Täuferverfolgung) ernst genommen werden, sondern auch die gegenwärtigen Spannungsfelder zwischen Landes- und Freikirchen thematisiert werden. Die Freikirchen sollten auf lokaler, regionaler und überregionaler Ebene alle Formen der Mitarbeit an den Jubiläumsaktivitäten wahrnehmen.

Stimmen von Teilnehmenden:

Peter Jörgensen, Beauftragter der Vereinigung Evangelischer Freikirchen am Sitz der Bundesregierung in Berlin, erlebte einen Rundgang durch die Altstadt als starkes Symbol: Der Rundgang führte zu Orten der ausgegrenzten Minderheiten in der Reformationsstadt:

Katholiken, Juden und Täufer:

«Juden, Muslime, Katholiken und Täufer, ihnen wurde in der Reformation und weit darüber hinaus in Zürich und andernorts der Garaus gemacht. Bei einem Rundgang durch die Stadt gedachten wir ihres Lebens und Sterbens an historischen Stätten. ‹Die Ausgeschlossenen›, das trifft es auch heute noch als Beschreibung mancher protestantischer Gruppen, die, je wo sie sind, Minderheiten sind gegenüber einer Mehrheitsgesellschaft, die andere religiöse Überzeugungen hat. Volkskirche zu sein ist keiner der protestantischen Traditionen überall gegönnt. Alle kennen auch das: in einem Land zu den Ausgeschlossenen zu gehören. So lässt sich sehr gut eine Ebene finden, untereinander ein Gespür füreinander zu entwickeln. Die Pfingstbewegung, Methodisten, Baptisten und andere protestantische Kirchen sind weltweit bei den ‹Großen›, vieles ist in Bewegung. Wer heute ‹groß› ist, kann morgen ‹klein› sein. Die Frage, wie mit Minderheiten umzugehen ist, was Religionsfreiheit bedeutet, beantwortet sich aus einer Erfahrung der Schwachheit heraus aber meist anders als aus der Perspektive der Macht. Mit Macht so umzugehen, dass auch die Machtlosen gesehen, ihre Würde geachtet und ihre Freiheit garantiert werden, bleibt die große Herausforderung. Es wird sich zeigen, ob das Reformationsjubiläum 2017 in dieser Weise den Horizont weitet, Macht und Ohnmacht messen zu lassen am Bekenntnis zu Jesus allein, in engster Anbindung daran, ihm ähnlich zu sein.»

Rosemarie Wenner, Bischöfin der EMK, resümiert:

«Das Reformationsjubiläum wird bunter und authentischer, wenn die Beiträge des Internationalen Kongresses rezipiert werden, der vom 6.–10. Oktober 2013 in Zürich stattfand. Nicht nur die Kirchen, die aus der Schweizer Reformation hervorgingen und sich stärker auf Zwingli und Calvin beziehen als auf Luther, sondern auch viele kleine lutherische Kirchen in aller Welt meldeten an, dass sie sich nicht damit begnügen wollen, 2017 als Gäste nach Wittenberg zu kommen. In vielen Beiträgen wurde ausgeführt, dass die Evangelischen nicht sich selber feiern, sondern ‹die Freilegung des Evangeliums› (so Gottfried Wilhelm Locher, Schweizerischer Evangelischer Kirchenbund, in der Abschlusspressekonferenz).

Es liegt nun auch an uns, den in Europa kleineren Kirchen, die entweder aus den in der Reformationszeit und danach verfolgten Täuferbewegungen oder aus jüngeren evangelischen Erweckungsbewegungen hervorgingen, unsere Geschichte und unsere spezifischen Anliegen in den Feierlichkeiten zu Gehör zu bringen. Wir sollten uns dabei nicht nur auf das ‹Heilen der Erinnerungen› beschränken, so wichtig dies ist. Wir haben auch etwas einzubringen, wenn es um die Frage geht, wie Erneuerung aufgrund der Wiederentdeckung der reformatorischen Grundanliegen heute geschehen kann.»

Markus Iff betont in seinem Resümee die theologischen Aspekte der Konferenz: «In den Vorträgen, Podiumsdiskussionen und Workshops ging es um drei – auch für die evangelischen Freikirchen in Europa – grundlegende Fragen:

1. Geschichte und Theologie: Gemeinsame Wurzeln und Themen der Theologie. Woher kommen wir und wer sind wir?

2. Theologische Grundlegungen: Evangelisch sein heute. Welche Themen sind bis 2017 zu bearbeiten?

3. Bedeutung und Verantwortung: Evangelisches Zeugnis heute. Wie kann das Evangelium als ‹frohe Befreiung aus den gottlosen Bindungen dieser Welt zu freiem, dankbarem Dienst an seinen Geschöpfen› bezeugt werden?

Auffällig aus der Sicht eines Wissenschaftlers war, dass die beiden theologischen Hauptvorträge von Universitätsprofessoren gehalten wurden, die in der reformierten Theologie beheimatet sind.

Peter Opitz, Leiter des Instituts für Reformationsgeschichte an der Universität Zürich und profilierter reformierter Theologe, stellte die besonderen Beiträge der Schweizer Reformation zur Reformationsgeschichte dar. Er verwies darauf, dass im Verständnis von Zwingli Kirche eine Lern- und Kommunikationsgemeinschaft ist, in der vor Gott grundsätzlich alle gleich sind und voneinander lernen können. Eine Kirche als Erbe der Reformation heute ist daher eine dankbare und bekennende Gemeinschaft vor Gott und den Menschen, in der sich Versöhnung zeichenhaft verwirklicht und die für Recht und Versöhnung in der Welt eintritt.

Ulrich H. J. Körtner, Ordinarius für Systematische Theologie an der Universität in Wien, hielt unter dem Titel ‹Exklusiver Glaube. Das vierfache ‹Allein› reformatorischer Theologie› den systematisch-theologischen Grundlagenvortrag zum Glaubens- und dem sich daraus ergebenden Wirklichkeitsverständnis reformatorischer Theologie. Geschickt bezog er in seinem Grundlagenreferat Luthers Großen Katechismus und den Heidelberger Katechismus aufeinander, um die Rechtfertigungstheologie als theologisches Herzstück und gemeinsames Erbe reformatorischer Theologie für heute freizulegen und deren Konsequenzen auch für eine evangelische Ethik zu beleuchten.

Im Rahmen der Workshops wurden unter der Fragestellung ‹Woher kommen wir? Wer sind wir? › die soziohistorischen, politischen, kirchengeschichtlichen, fundamentaltheologischen und ökumenischen Grundlagen des Reformationsgeschehens erörtert und diskutiert. Der Leiter des Konfessionskundlichen Instituts in Bensheim, *Walter Fleischmann-Bisten*, leitete die Arbeitsgruppe, die sich mit den ‹dunklen Seiten› der Reformation, u. a. mit der Intoleranz und Verfolgung gegenüber der Täuferbewegung, befasste. Er hielt fest, dass die Reformationsgeschichte auch eine Scham- und Schuldgeschichte ist, die es gleichfalls zu erinnern gilt. Daraus muss der Schluss gezogen werden, dass das Reformationsjubiläum 2017 nicht konfessionalistisch oder nationalistisch, sondern nur ökumenisch begangen werden kann. Bedauerlicherweise ist das im Blick auf das Reformationsjubiläum gestartete Projekt ‹Healing of memories› bisher ausschließlich bilateral zwischen EKD und Deutscher Bischofskonferenz (DBK) angelegt. Allerdings gibt es in der Evangelischen Kirche im Rheinland mittlerweile dazu ein Projekt, in das auch Freikirchen einbezogen sind.

Der Kongress bestach durch die Internationalität, die in den vielfältigen Podiumsdiskussionen über die hermeneutischen Herausforderungen der Reformation heute sowie die Chancen und Herausforderungen für das Leben und Zeugnis der Kirchen in den verschiedenen Kontexten zum Ausdruck kam. Dadurch wurde der Protestantismus als weltweite und plurale Bewegung sichtbar. Aus der Sicht der evangelischen Freikirchen war es dabei von besonderem Interesse, die Reflexionen und Statements zu den Möglichkeiten des Reformationsjubiläums derjenigen lutherischen und reformierten Kirchen zu hören, die in ihren Ländern Minderheitskirchen sind (z. B. Polen, Frankreich, Argentinien).

In seinem Eröffnungsvortrag über das Erbe der Reformation hatte *Rowan Williams*, ehemaliger Erzbischof von Canterbury, auf die Wiederentdeckung der Schrift als Quelle der wahren Lehre des Evangeliums verwiesen. Die Frage nach der Bibel im Leben der Kirche (Wie ist das *sola scriptura* heute zu verstehen?) und dem hermeneutischen Umgang mit der Schrift wurde nicht nur im Verlauf des Kongresses immer wieder diskutiert, sondern dürfte auch für evangelische Freikirchen von Bedeutung sein, wenn sie nach ihren Wurzeln im Reformationsgeschehen fragen. Wie kann es gelingen, dass ein Zuspruch oder Anspruch der Schrift die einzelnen Gläubigen sowie die Kirchen gemeinsam an dem in der Schrift geschenkten Evangelium von Jesus Christus orientiert?

Für die VEF wird es im Hinblick auf das Reformationsjubiläum darum gehen, sich in unterschiedlichen Kontexten (Wissenschaft, Kirchen- und Gesellschaftspolitik, Erwachsenenbildung u. a.) Gehör zu verschaffen und ihr Verständnis von ‹Evangelisch sein› als Erbe des Reformationsprozesses zu dokumentieren (z. B. Material für Gemeinden; Fortbildungen für Pastoren/Pastorinnen; Konzeption von Predigtreihen und Hauskreismagazinen; Tagungen und Symposien; Veröffentlichungen von wissenschaftlicher Literatur – z. B. Volker Spangenberg [Hg.]: Luther und die Reformation aus freikirchlicher Sicht, Kirche – Konfession – Religion 59, Göttingen 2013).»

Theodor Clemens, der Bischof der Brüder-Unität (Herrnhuter Brüdergemeine), fragt in seiner abschließenden Betrachtung, wem die Reformation gehört:

«Sie gehört nicht nur den lutherischen und reformierten Kirchen, sondern der ökumenischen Bewegung. Alle Kirchen sind durch den Geist, der zur Reformation geführt hat, beeinflusst und geprägt, ja auch verändert worden.

Die Reformationsdekade macht deutlich, dass es nicht nur um die Feier eines Ereignisses in einem Jahr geht, sondern um einen Erneuerungsprozess, der die Welt verändert hat. Damit gehört die Reformation auch nicht nur den Kirchen.

Die Reformation hat nicht mit Martin Luther begonnen und auch nicht mit ihm geendet. So wird man in den unterschiedlichen Ländern Europas nicht nur im Jahr 2017 an die Bewegung denken, die Kirche erneuert hat. Für die Kirchen in Tschechien und uns als Brüder-Unität wird das Jahr 2015 mit dem Gedenken an den Tod von Jan Hus in Konstanz ganz wichtig sein.

Wichtig war auf dem Kongress die Betonung des *solus Christus* als des zentralen reformatorischen Anliegens. Wir sollten gemeinsam auf die Suche danach gehen, was dies für uns in der ökumenischen Bewegung und für die Menschen unserer Zeit heißt.

Beeindruckend war die Gemeinschaft im Abendmahlsgottesdienst zur Eröffnung des Kongresses, in dem Frauen und Männer aus unterschiedlichen Erdteilen mitwirkten. Besonders bewegend war der Moment des Schuldbekenntnisses, denn auch an die Schattenseiten der Reformation wurde während des Kongresses immer wieder erinnert. Bei einer Führung in der Stadt wurde an die Täuferbewegegung und an andere Ausgegrenzte gedacht.

Wohltuend war die herzliche Einladung der EKD zur Mitbeteiligung an der Weltausstellung zur Reformation im Sommer 2017 in Wittenberg mit dem Thema ‹Lasst uns feiern, beten, fröhlich sein›. Es wäre sicher gut, wenn wir als Freikirchen diese Einladung auch gemeinsam annähmen.

So wohltuend die Betonung der Vielfalt des christlichen Zeugnisses in den Kirchen im Schlusspodium anklang und während des Kongresses in vielen Podien erlebbar war, so bleibt doch auch die Frage und Herausforderung für uns als Kirchen, wie wir mehr Gemeinschaft leben können und auf dem Weg zur Einheit vorankommen. Auch da wurden die Unterschiede, die offenen Fragen und die Aufgaben angesprochen.

Sicher haben die aus der Reformation hervorgegangenen und durch den Pietismus geprägten Freikirchen eine wichtige Aufgabe, das *solus Christus* und den Wunsch nach Einheit in das Gespräch mit den Pfingstkirchen sowie den evangelikalen und charismatischen Bewegungen einzubringen.

Wir sollten uns auch als Freikirchen kritisch fragen und fragen lassen, was wir zur Einheit der Christen beitragen können.

Zürich und die Erinnerung an das Wirken der Schweizer Reformatoren haben dem Kongress eine wohltuende Weite gegeben und das Thema in einen großen Zusammenhang gestellt.»

Oliver Pilnei, Leiter des Instituts für Mitarbeiter- und Gemeindeentwicklung, beschäftigt vor allem die ökumenische Dimension des Kongresses:

«Die Initiatoren nutzten den Kongress, um in einem ökumenischen Setting nach ‹dem Reformatorischen› der Reformation zu suchen. Offensichtlich liegt dieses nicht einfach auf der Hand und lässt sich nicht ohne weiteres begrifflich fixieren. Der Vortrag von Peter Opitz (Zürich) machte deutlich, dass die typisch lutherische Lesart, die bei der reformatorischen Entdeckung Luthers ansetzt, nur einen Aspekt der breiten Bewegung der Reformation abdeckt. Dort, aber auch an anderer Stelle wurde das Evangelium von Jesus Christus wiederentdeckt. Diese Erinnerung ist eine

Einladung an die Freikirchen, im Blick auf 2017 die Frage zu beantworten, was theologisch und historisch gesehen ihr Beitrag zum Blumenstrauß der Reformation ist. Im Blick auf die baptistische Tradition sind u. a. ein konsequent zu Ende gedachtes Verständnis von Glaubens- und Gewissensfreiheit und das Priestertum aller Glaubenden zu nennen. Intensiv und ernüchternd zugleich waren das Referat von Kurt Kardinal Koch und die anschließende Podiumsdiskussion mit Margot Käßmann. Dabei wurde deutlich, dass Rom nicht gewillt ist, das Jubiläum ‹mitzufeiern›. Erneut betont wurde, dass die aus der Reformation hervorgegangenen Kirchen ‹ein anderer Typ› von Kirche seien. Diese Aussagen galten zunächst den lutherischen und reformierten Kirchen; alle anderen Kirchen der Reformation waren überhaupt nicht im Blick. Diese Erfahrung lehrt, die Ökumene mit den katholischen Glaubensgeschwistern vor Ort fröhlich zu leben und mutig voranzutreiben, von der offiziellen Amtskirche aber nicht allzu viel zu erwarten.

Der Kongress ermöglichte ein intensives Netzwerken mit Vertretern der anderen Kirchen. Die insgesamt 250 Teilnehmer stammten aus 5 Kontinenten, 35 Ländern und vielen verschiedenen Kirchen. Das Gespräch konnte mit Beauftragten für das Jubiläum, Oberkirchenräten und Bischöfen geführt werden. Auch eine Begegnung mit der Nachfolgerin des Auslandsbischofs der EKD, Martin Schindehütte, Petra Bosse-Huber, war möglich.

Die Vereinigung Evangelischer Freikirchen (VEF) sollte ihre Kirchen und der Bund Evangelisch-Freikirchlicher Gemeinden in Deutschland (BEFG) seine Ortsgemeinden dazu ermutigen, sich als Teil der reformatorischen Bewegung zu begreifen, zu kommunizieren, inwiefern das der Fall ist, und sich in die ökumenischen Veranstaltungen des Jubiläumsjahres einzubringen – lokal, regional und auf Bundesebene.»

Frank Fornaçon, Mitglied des Präsidiums des BEFG, ist einer der Vertreter der VEF im Koordinierungsausschuss der evangelischen Kirchen zum Reformationsjubiläum. Er betont in seiner Bewertung des Kongresses die unerledigten Aufgaben im Verhältnis von Landes- und Freikirchen:

«Bei aller Freude über die Rückschau des Kongresses auf das an den Täufern verübte Unrecht zur Reformationszeit ist mir die Gestaltung des heutigen Verhältnisses zwischen den Kirchen wichtig. Es gibt noch unerledigte Aufgaben, wie sie in der Vokation für freikirchliche Religionslehrer, den Schwierigkeiten von Erziehern bei der Anstellung in evangelischen Kindergärten und der Diskriminierung freikirchlicher Hochschulen (Zusammenarbeit mit anderen evangelischen Hochschulen auf Augenhöhe) liegen. Hier zeigt sich, dass die großen Kirchen stark am Machterhalt orientiert sind und die Notwendigkeit eines Schulterschlusses aller Kirchen in einer säkularisierten Gesellschaft noch nicht verstanden haben. Auch die Freikirchen haben an dieser Stelle Bringschulden. Sie müssen mitdenken, wie die Rolle der Kirchen in der Gesellschaft künftig aus ihrer Sicht aussehen soll. Und sie müssen diskussionsfähig bleiben, was die gegenseitige theologische Anerkennung als Kirchen betrifft.»

Claudia Haslebacher, EmK, kommentiert aus der Perspektive der Schweizer Freikirchen den Kongress, den sie als Herausforderung sieht, die Gemeinsamkeiten zwischen Reformierten und Freikirchlichen zu stärken: «Der Kongress zum Reformationsjubiläum machte deutlich, wie vielfältig die Auswirkungen der Reformationszeit bis in die heutige Zeit sind und wie unterschiedlich die aus der Reformationszeit entstandenen Kirchen sich in den verschiedenen Ländern und Kulturen darstellen und wie sie leben.»

In der Schweiz waren unterschiedliche Stimmen zu hören. Von: «Wir feiern nicht uns, wir feiern das Evangelium» (Gottfried Wilhelm Locher) bis hin zu einer Stimme aus dem Kanton Aargau, die sich in der regionalen Gruppe in der Richtung äußerte, dass das Reformationsjubiläum dazu genutzt werden solle, die reformierte Landeskirche zu stärken. Von Seiten der Mennoniten und damit des radikalen Flügels der Reformation wurde in der Regionalgruppe eine Stimme laut, die dazu aufrief, diesen Teil der Reformation nicht zu vergessen. Für die Kirchen in der Schweiz wird es noch ein ziemlich weiter Weg sein, das Reformationsjubiläum zu gestalten und dabei eine Einheit zu finden.

Noch weiter ist der Weg der Freikirchen und Gemeinschaften bis dahin, sich daran zu beteiligen und in dem ganzen Prozess ihren Weg zu finden. Meines Erachtens ist es wichtig, dass sich die evangelischen Freikirchen, seien es in der Reformationszeit entstandene oder spätere Bewegungen, aus diesem Prozess nicht selber ausschließen. Wie jemand aus der Schweiz sehr offen sagte: Der deutsche Express wird uns auch in der Schweiz 2017 überrollen. Wir müssen entscheiden, wie wir uns als

Schweizer Kirchen aktiv beteiligen. M. E. stimmt das auch für die Freikirchen: Das Reformationsjubiläum wird stattfinden und gefeiert werden, ob 2017 oder später in den Kantonalkirchen. Die Freikirchen und Gemeinschaften müssen sich gut überlegen, ob sie sich hier wirklich ausklammern oder sich nicht doch auch beteiligen wollen. Dies gilt insbesondere dann, wenn es tatsächlich darum gehen wird, nicht eine bestimmte Kirche zu feiern, sondern das Evangelium. Denn dieses verkünden wir auch!

Ibrahim Wushishi, Lagos

Rückblick auf den Kongress

Zunächst möchte ich versuchen, den Begriff Reformation zu definieren. Im «Collins English Dictionary» wird die Reformation als religiöse Erneuerungsbewegung des 16. Jahrhunderts definiert, die aus Protest gegen die Missbräuche zur Bildung der evangelischen und protestantischen Kirchen führte. Die Reformatoren lehnten bestimmte Entwicklungen in der Kirche ab und fühlten sich gedrängt, zu handeln, um die Reinheit und Spiritualität der Kirche wieder herzustellen.

Die protestantische Reformationsbewegung in Europa fing mit Martin Luthers Thesen 1517 an und endete mit dem Westfälischen Frieden 1648. Die Bewegung begann mit Bestrebungen zur Reform der katholischen Kirche, führte aber anschließend zu deren Spaltung, weil viele Christen im Westen Lehren und Gepflogenheiten der Kirche wie z. B. den Ablasshandel ablehnten. Als größte Gruppen gingen die Lutheraner, Reformierten, Calvinisten, Presbyterianer und Täufer unmittelbar aus der Reformation hervor. Auch andere protestantische Konfessionen lassen sich allgemein auf die Reformationstradition zurückführen. Der internationale Kongress zum Reformationsjubiläum verfolgte das Ziel, Menschen aus verschiedensten Ländern mit unterschiedlichem kulturellen Hintergrund und vielseitigen Erfahrungen zusammenzuführen, um über den 500. Jahrestag der Reformation 2017 zu diskutieren und sich auszutauschen.

Einige Kreise stellen die Idee des 500. Reformationsjubiläums und unsere Reflexionen zur Reformationszeit als Beitrag zur Suche nach Antworten auf die heutigen Probleme und Herausforderungen in Kirche und Gesellschaft infrage. Wenn wir jedoch unsere Herkunft und unsere Wurzeln vergessen, fällt es uns schwer, den Weg, der vor uns liegt, zu sehen. Die Idee des Kongresses tauchte deshalb rechtzeitig auf – als Beitrag zu den Überlegungen über das Erbe der Reformation, über das, wofür die Reformatoren gelebt und gelitten haben, wofür sie gestorben sind bzw. darüber, wie wir dies mit dem Kampf für Gerechtigkeit und Frieden in unserer modernen Welt im Westen oder in Afrika verbinden können. Ohne das Erbe der Gründerväter der Reformation zu erwähnen, wäre das vorliegende Referat deshalb unvollständig.

Im Kampf für einen Wandel der Kirche haben sich die Reformatoren dafür eingesetzt, die Menschheit vor Angst, Aberglauben und Unsicherheit zu befreien, Hoffnung für die Zukunft und einen Rahmen für ein beständiges Leben zu geben. Genau so ist es! Sie engagierten sich für menschliche Freiheit und Würde im Gebet. Sie setzten den Kampf allen Widerständen zum Trotz fort, weil sie die persönliche Freiheit hochhielten: Für die Reformatoren war es unwürdig, die Gottheit hinter Mauern einzusperren oder mit Bildern darzustellen; deshalb zogen sie das innere geistige Gebet und den unmittelbaren Umgang mit der Gottheit dem äußeren Kult vor, der Formen und Zeremonien benutzt, um die Sinne anzusprechen und eine unmittelbare Verbindung zwischen Endlichem und Unendlichen zu schaffen. Die Reformation ist als Bewegung zur Befreiung vom Papismus und als Beginn eines Zeitalters von Freiheit und Unabhängigkeit zu sehen. Die meisten Reformatoren stammten aus bescheidenen Verhältnissen; ihr Werk war der Beweis dafür, dass Gottes Geist, der über seine auserwählten Werkzeuge wirkte, mächtiger war als Heere und Kriegsflotten. Die bescheidenen Gottesdiener vollbrachten großartige Leistungen und wurden zur Stimme der Sprachlosen in Kirche und Gesellschaft.

Die Reformatoren hatten keineswegs die Absicht, sich von der katholischen Kirche abzuspalten. Die Bewegung sollte die Kirche vor allem reformieren und Traditionen beseitigen, die nach Auffassung der Reformatoren der Heiligen Schrift zuwiderliefen. Dazu gehörten z. B. Pläne zum Bau riesiger Kathedralen, die grassierende Korruption in der Kirche und die Tatsache, dass nur Geistliche die Schrift lesen und studieren durften.

Als positiver Beitrag zur Reformation ist sicherlich die Erfindung und Verwendung der Druckerpresse für die Übersetzung der Bibel in zahlreiche einheimische Sprachen, auch in meine Muttersprache Jju (gesprochen von einer kleinen Ethnie in Süd-Kaduna im Norden Nigerias), zu sehen. Die Bibel wird damit für alle zugänglich und die Menschen werden ermutigt, in der Kirche, zu Hause oder wann immer sie Zeit haben, die Bibel zu lesen und zu studieren. Allerdings fragt sich, wie viele Kirchen und Menschen heute, wo die uneingeschränkte Möglichkeit besteht, die Bibel zu lesen und zu studieren, willens und bereit sind, dies auch zu tun? In Europa lesen hauptsächlich ältere Menschen die Bibel und leben danach. Kirche und Bibellektüre lassen viele Jugendliche völlig kalt. In Afrika dagegen engagieren sich die meisten Menschen und besonders

Jugendliche für die Kirche. Beim Bibelstudium konzentriert man sich auf die Stellen, in denen es um Wunder oder um Reichtum geht. Der Akzent verschiebt sich – von der Frohbotschaft der Rettung zur Frohbotschaft der Heilung oder des Wohlstands, wobei Kirchgänger ermutigt, werden die Beziehung zu Gott zu pflegen und zu wahren.

Als ich die Einladung zur Konferenz erhielt, tauchten viele Fragen auf, weil ich zunächst weder den Kongress selbst noch das 500. Reformationsjubiläum für notwendig hielt. Ich kämpfte innerlich hart, sogar als ich die Einladung schon angenommen hatte. Aber nun danke ich Gott dafür, dass der Kongress meinen Wissensdurst gestillt hat und dass ich in der Lage war, nach meiner Rückkehr nach Nigeria die Bedeutung des Jubiläums den Menschen, die sich ähnliche Fragen stellen, zu erklären. Zudem erlebte ich einen weiteren Aspekt der Reformation: Afrika war nicht ein Zentrum der Reformation, sondern eher ein Produkt davon. Deshalb hatten wir mit Blick auf die Kirche in Afrika aus dem Erbe der Reformation und aus dem Kampf der Reformatoren viel zu lernen: Engagement im Kampf gegen Korruption, Kampf für Frieden, Gerechtigkeit und Würde in Afrika und unsere Rolle, unsere prophetische Verantwortung als Kirche wahrzunehmen. Nach dem Kongress wurde mir deutlich, dass das Jubiläum keine Siegesfeier der protestantischen Kirche ist, sondern dass das Wachsen des Königreichs Gottes gefeiert wird, die Tatsache, dass die Bibel in unterschiedlichen Sprachen verfügbar und zugänglich ist, und die Freiheit der Gläubigen, in Andacht, Gebet und Bibellektüre uneingeschränkt die Verbindung zum Schöpfer zu suchen.

Die Konferenz stellte uns auch vor die Herausforderung, aus den Bestrebungen, dem Engagement, der persönlichen Hingabe und dem Opfergeist der Reformatoren vor 500 Jahren zu lernen – daraus, dass sie trotz Widerstand und Ablehnung an ihrer Wahrheit festhielten. Damit die Kirche die Missstände unserer modernen Gesellschaft erfolgreich bekämpfen kann, müssen wir ein ähnliches Engagement pflegen. Bisweilen zweifeln wir daran, ob es überhaupt Fortschritte geben kann, aber Nelson Mandela seligen Angedenkens sagte: «Es scheint immer unmöglich, bis es dann doch gelingt.» Genau so ist es! Sicherlich zweifelten vor 500 Jahren manche Zeitgenossen daran, dass Martin Luther, Johannes Calvin und andere überhaupt erfolgreich Veränderungen herbeiführen könnten – und doch legen wir heute Zeugnis ab vom Erfolg ihres Kampfes, und zwar nicht nur in der protestantischen, sondern auch in der katholischen Kirche. Vehementer Widerstand und Ablehnung dürfen die Kirche nicht von ihren Bemühungen abhalten, die Missstände in der Gesellschaft zu bekämpfen und den Sprachlosen eine Stimme zu geben.

Das Erbe der Reformation hat auch düstere Seiten, z. B. die Zersplitterung der Kirche in Tausende von Denominationen, Jahre religiöser Gewalt und Kriege wie der deutsche Bauernkrieg, der Dreißigjährige Krieg 1618–48 im Heiligen Römischen Reich Deutscher Nation, bei dem zahllose Menschen ums Leben kamen, und die Verfolgung von kleineren Sekten sowohl durch Protestanten wie Katholiken. Allerdings überwiegen die Vorteile gegenüber den Nachteilen bei weitem. Im Mittelpunkt des Kongresses stand die Frage, wie wir das positive Erbe der Reformation am besten nutzen, um die Einheit in der Kirche zu stärken, im Hinblick auf die Ökumenebewegung, die römisch-katholische Kirche sowie die Andersgläubigen in unserer modernen Gesellschaft. Die Jubiläumsfeier muss Glaubensfreiheit, Gerechtigkeit, Frieden und menschliche Würde in den Vordergrund stellen – genauso wie Luther in seinem Kampf, beim Anschlag der 95 Thesen oder vor dem Reichstag in Worms, als er die berühmten Worte sprach: «Hier stehe ich, ich kann nicht anders – Gott helfe mir.»

Ich bedanke mich bei den Organisatoren für die gute Auswahl der Referenten, die sich eindrucksvoll mit ihren Themen auseinandergesetzt haben. Es war eine ausgezeichnete Idee, auch Kurt Kardinal Koch aus Rom einzuladen, der während der Konferenz an einem Panel teilnahm. Persönlich war ich von seiner Antwort auf die Fragen und von seiner Aufgeschlossenheit fasziniert. Es ist sehr wichtig, dass sich Menschen aus der katholischen Kirche und Angehörige anderer Glaubensrichtungen weiterhin an Konferenzen zur Diskussion über die Reformation beteiligen. Allerdings fiel mir auf, dass Jugendliche fehlten und dass nur wenige Vertreter aus Afrika zugegen waren. Deshalb möchte ich dafür plädieren, dass Jugendliche und die Kirche in Afrika an der Planung und Feier des Jubiläums auch beteiligt werden. So können diese Gruppen aus ihrer Perspektive zu den Vorbereitungen und zur eigentlichen Feier beitragen.

Abschließend möchte ich betonen, dass die Kirche in Afrika und anderswo das 500-Jahr-Jubiläum der Reformation zum Anlass für gründliche Reflexionen über die prophetische Verantwortung nehmen sollte, Missstände in der Gesellschaft anzuprangern, schlechte Gepflogenheiten kritisch zu hinterfragen, Toleranz zu fördern, Korruption in Kirche und Gesellschaft auszumerzen, die Schwachen zu schützen und die Stimme derjenigen zu sein, die in der Gesellschaft keine Stimme haben. Die Kirche Jesu Christi muss sich auf die Schrift zurückbesinnen. Keine menschliche Erfindung darf den Platz der Bibel einnehmen oder bestimmen, wie das Wort Gottes im Leben der Kirche und im geistlichen Amt angewandt wird. Die protestantische Kirche muss an dieser Wahrheit festhalten, wie sie es vor 500 Jahren getan hat.

Hanspeter Jecker, Bienenberg

Gedanken zum Internationalen Kongress zum Reformationsjubiläum in Zürich

Sind die täuferisch-mennonitischen Kirchen bloß Stiefkinder oder integraler Teil der Reformation?

Für die neuere Kirchengeschichte ist die Reformation ein zentrales Ereignis. Für die zwei großen protestantischen Kirchen der evangelisch-lutherischen sowie der evangelisch-reformierten Richtung markiert die Reformation die eigentliche Geburtsstunde. Für beide Kirchen stehen in den nächsten Jahren 500-Jahr-Feierlichkeiten bevor, für die Lutheraner 2017 in Erinnerung an Martin Luthers Thesenanschlag von 1517 in Wittenberg, für die Reformierten eher das Jahr 2019 in Anknüpfung an den Beginn der Predigttätigkeit Ulrich Zwinglis in Zürich.

Neben diesen beiden großen Volkskirchen nehmen sich die in der Mennonitischen Weltkonferenz zusammen geschlossenen täuferisch-mennonitischen Kirchen relativ klein aus. Aber auch sie führen ihre Entstehung auf die Reformationszeit zurück. Mit den ersten Gläubigentaufen in Zürich im Jahr 1525 ist ihr reformatorisch zunehmend eigenständiger Weg europaweit erstmals markant sichtbar geworden. Wenn denn auch täuferisch-mennonitischerseits ein Jubiläum gefeiert werden soll, dann steht konsequenterweise 2025 im Blickfeld.

Aufgrund der zahlreichen ökumenischen Kontakte der letzten Jahrzehnte erstaunt es nicht, dass auch bei den angelaufenen Vorbereitungen der diversen Jubiläen diese gewachsene Verbundenheit der verschiedenen kirchlichen Traditionen zum Tragen kommt und man nicht mehr völlig getrennt marschiert. Gleichwohl ist es als historisches Novum zu bezeichnen, dass für den «Internationalen Kongress zum Reformationsjubiläum», gemeinsam von der Evangelischen Kirche in Deutschland (EKD) und vom Schweizerischen Evangelischen Kirchenbund (SEK) eingeladen worden ist.

Zentrales Anliegen des Reformationsjubiläums soll dabei laut Kongressorganisatoren nicht die Selbstzelebration sein, sondern die Freilegung des Evangeliums. Es gehe nicht um Konfessionsgrenzen, sondern um den Grund des Glaubens: Christus. Man wolle dieses Jubiläum mit allen feiern, die sich darüber freuen, mit Menschen aller Konfessionen. Es gelte auch, die Botschaft über die protestantischen Kirchengrenzen hinauszutragen und vermehrt Antworten auf die vielfältigen Herausforderungen des 21. Jahrhunderts zu geben. Dabei sei allerdings zu betonen, dass auch die Schattenseiten der Reformation bei den Feiern durchaus nicht ausgeblendet werden sollen.

Am Kongress nahmen überwiegend Vertreter und Vertreterinnen von Mitgliedskirchen der EKD und des SEK teil. Einige wenige Einzelpersonen stammten aus evangelischen Freikirchen. Die beiden Vertreter der Konferenz der Mennoniten der Schweiz waren dabei die einzigen, die im engeren Sinne Kirchen repräsentierten, die auf den sogenannten «radikalen Flügel» der Reformation zurückgehen.

Es soll nachfolgend weder eine umfassende Berichterstattung noch eine detaillierte Evaluation des Kongress geboten werden. Vielmehr will der nachfolgende Text versuchen, aus täuferisch-mennonitischer Optik die wichtigsten Eindrücke und Anliegen zu formulieren. In einem ersten Teil geschieht dies adressiert an die evangelischen[1] Kirchen, in einem zweiten Teil an die eigenen täuferisch-mennonitischen Kirchen.

1. Eindrücke und Anliegen an die evangelischen Kirchen

Es stimmt dankbar und zuversichtlich, dass nach Jahrhunderten von Verfolgung, Repression und Diskriminierung Vertretungen täuferisch-mennonitischer Kirchen als Erben der «Radikalen Reformation» zu diesem Vorbereitungskongress eingeladen worden sind.

Es freut uns, dass sowohl in Plenumsreferaten als auch in etlichen Workshops nicht nur die Repression des Täufertums als schwerwiegende Schattenseite der Reformation bezeichnet worden ist, sondern auch die zahlreichen Schritte der Annäherung bzw. der Versöhnung erwähnt wurden, die zwischen täuferisch-mennonitischen Kirchen und Lutheranern bzw. Reformierten in den letzten Jahrzehnten stattgefunden haben und auf denen weiter aufgebaut werden soll.

Diese als Grundsatz oft wiederholte Offenheit zum Einbezug der Erben der Radikalen Reformation in die Vorbereitungen auf das Reformationsjubiläum fand allerdings nur wenig konkreten Niederschlag in

---

1 In diesem Dokument ist «evangelische Kirche» die Bezeichnung für Kirchen, die Mitglied der Gemeinschaft Evangelischer Kirchen in Europa (GEKE) sind. www.leuenberg.eu

Organisation und Ablauf der Tagung. Dies verstärkt den Eindruck, dass die folgende Frage noch nicht deutlich genug beantwortet ist:

Welche Rolle soll derjenige Teil der Reformation im Rahmen der «Jubiläumsvorbereitungen» spielen, der sich letztlich nicht primär auf Luther, Melanchthon, Bucer, Zwingli, Bullinger und Calvin und deren Umfelder zurückführt, sondern meist als «radikaler Flügel» bezeichnet wird und dessen geschichtliches und theologisches Erbe heute maßgeblich von täuferisch-mennonitischen Kirchen vertreten wird?

Wenn dieser Teil der Reformation bei den Jubiläumsvorbereitungen eine Rolle spielen soll, dann gilt es zu bedenken, dass die sich darauf berufenden Kirchen keine Mitglieder im Netzwerk der Gemeinschaft Evangelischer Kirchen in Europa GEKE sind und dass entsprechend darüber hinaus Kontakte geknüpft werden müssen.

Auf *drei Ebenen* könnte sich ein Einbezug des «radikalen Flügels» der Reformation als hilfreich erweisen.

(Dazu eine wichtige Vorbemerkung: Mit den nachfolgenden Punkten sollen Zeugnis und Beitrag der täuferisch-mennonitischen Kirchen in keiner Weise überbetont werden. Dazu haben uns die eigene Geschichte sowie die bisherigen ökumenischen Begegnungen zu deutlich sowohl die eigenen Defizite bewusster werden lassen als auch dankbar gemacht für das, was wir von anderen kirchlichen Traditionen lernen können. Aus Kontakten mit anderen Kirchen sind wir aber auch ermutigt worden, die eigenen Positionen ins Gespräch einzubringen.[2])

a) Wiederholt wurde am Kongress als ein zentrales Ziel des Reformationsjubiläums die «Wiederentdeckung des Evangeliums» für und durch die heutige Welt genannt. Wir alle wissen aber, dass die vielzitierten «Mannen und Frauen von der Straße» zumeist an nichts weniger interessiert sind als an Evangelium und christlichem Glauben. Als Hauptargument

---

2 Vgl. dazu etwa Fernando Enns (Hg.), Heilung der Erinnerungen - befreit zur gemeinsamen Zukunft. Mennoniten im Dialog. Berichte und Texte ökumenischer Gespräche auf nationaler und internationaler Ebene. Frankfurt a. M. und Paderborn 2008, ferner Gesprächskommission Schweizerischer Evangelischer Kirchenbund SEK und Konferenz der Mennoniten der Schweiz KMS (Hg.), Christus ist unser Friede. Schweizer Dialog zwischen Mennoniten und Reformierten 2006–2009, Bern 2010. Download unter http://www.kirchenbund.ch/sites/default/files/publikationen/pdf/Christus-unser-Friede.pdf. Vgl. auch Art. Konfessionsgespräche, bilaterale, in: http://www.mennlex.de/doku.php?id=top:konfessionsgespraeche-bilaterale

dient ihnen in der Regel Folgendes: In der Vergangenheit wurden im Namen von Bibel, Kirche und Gott derart grauenhafte Dinge verübt, dass man sie bitte sehr in Ruhe lassen möge mit solchem…

Sich den Schattenseiten der eigenen Tradition zu stellen – und dazu gehört nach wie vor auch die jahrhundertelange Repression des Täufertums und anderer religiöser Nonkonformisten durch die Großkirchen – eröffnet die Chance, ausgeübtes Unrecht zu benennen und zu bekennen. Damit werden Stolpersteine aus dem Weg geräumt, die von zahlreichen Zeitgenossen als Haupthindernisse zum Glauben bezeichnet werden, und dies eröffnet neue Perspektiven für die Proklamation des Evangeliums in unserer Zeit.

b) Mit dem Einbezug des «radikalen Flügels» der Reformation in die Jubiläumsvorbereitungen erhöht sich die Chance, dass einige sonst möglicherweise unterbelichtet bleibende Themen an prominentere Stelle rücken.

- Zu denken ist hier nicht nur an die Frage der Freiwilligkeit des Glaubens und der Kirchenmitgliedschaft und der damit verbundenen Nicht-Selbstverständlichkeit des Christseins.
- Zu denken ist auch nicht nur an radikalere und nachhaltigere Formen des Friedenstiftens, der Konflikttransformation und des Gewaltverzichts im häuslichen und kirchlichen, aber auch im lokalen, nationalen und internationalen Rahmen, die aufgrund ihrer christologischen Verankerung in einer Theologie der Hingabe und der Leidensbereitschaft auch dann auf der Agenda bleiben, wenn die ökumenische Salonfähigkeit wieder etwas verblassen sollte.
- Zu denken ist vielmehr auch an den Aspekt der kritischen Distanz zu Staat und Obrigkeit: Wie sich kirchliche Defizite in diesem Bereich verheerend auswirken können, dafür sind die beiden Weltkriege beschämende und erschreckende Beispiele (2014 jährt sich der Ausbruch des Ersten Weltkrieges zum 100. Mal, und es gibt Gelegenheiten, diese Thematik auch kirchlich aufzugreifen!).
- Zu denken ist ferner an die Zentralität der konkreten Lebenstransformation, die sich aus authentischen Gottesbegegnungen ergeben kann und die auch Bereiche wie Armut und Reichtum oder Krankheit und Heilung einschließt.

- Zu denken ist damit auch an die Rolle des Heiligen Geistes – in Zuspruch und Anspruch des Glaubens, in allem Werden und Wachsen und in allem Scheitern und Neuanfangen.

Nur am Rande sei erwähnt, dass dieses hier nur kurz skizzierte Set an Themen und Fragen im Hinblick auf die wachsende Zahl von Christinnen und Christen in der südlichen Hemisphäre wahrscheinlich auch wesentlich bedeutsamer sein könnte als die bekannten klassischen Fragen der Reformation (Rechtfertigung, freier Wille, Sakramente etc.).

c) Aber noch eine dritte Chance eröffnet sich den evangelischen Kirchen durch den Einbezug des «radikalen Flügels» der Reformation in die Jubiläumsvorbereitungen: Zahlreiche evangelische Freikirchen bis hin zu Teilen des neueren Evangelikalismus und der Pfingstbewegung sehen im radikalen Flügel der Reformation ihre eigenen theologischen bzw. kirchlichen Vorläufer. Auch wenn hier oft keine direkten Kontinuitäten bestehen, so erhöht sich mit der Integration der täuferisch-mennonitischen Tradition in die Jubiläumsvorbereitungen die Wahrscheinlichkeit, dass dabei auch das oft spannungsvolle Verhältnis zwischen Landes- und Freikirchen zur Sprache kommt. Dasselbe gilt für die oft nicht minder heiklen Beziehungen traditioneller Großkirchen mit ihren eigenen internen «frommen Flügeln». Hier wie dort und hüben wie drüben prägen bekanntlich oft gegenseitige pauschale Verunglimpfungen das Klima, und Stichworte wie «liberal-ungläubige Bibelkritiker» oder «pietistisch-evangelikale Fundamentalisten» sind jeweils rasch zur Hand.

Die innerchristliche Zersplitterung und Uneinigkeit ist ein weiterer bedeutender Stolperstein für nicht wenige Zeitgenossen, wenn es darum geht, ihnen das Evangelium verständlich zu machen. Je mehr solche Stolpersteine bei der Planung des Reformationsjubiläums außer Acht bleiben, umso wahrscheinlicher ist es, dessen erklärtes Ziel der «Wiederentdeckung des Evangeliums» scheitern zu sehen…

2. Eindrücke und Anliegen an die Adresse täuferisch-mennonitischer Gemeindeverbände

Täuferisch-mennonitische Gemeindeverbände tun gut daran, so bald wie möglich auch ihrerseits zu überlegen, ob und inwiefern sie sich dem Thema des Reformationsjubiläums stellen möchten.

In einem ersten und weiteren Sinne wird es darum gehen zu fragen, welches inhaltlich unser Beitrag als täuferisch-mennonitische Gemeinden sein könnte. Im vorangehenden Abschnitt sind einige mögliche Fragestellungen genannt worden, zu denen täuferisch-mennonitische Positionen beigesteuert werden könnten. Die Liste ist aber sicher nicht erschöpfend, sondern muss kritisch gesichtet und ergänzt werden. Es wird nötig sein, dass sich die nationalen mennonitischen Konferenzen auf europäischer (AMG, KMS, ADS, AEEMF etc.) und weltweiter Ebene (MWC) diesbezüglich absprechen.[3] Dazu braucht es keinen großen Apparat, aber den Willen zur Kontaktaufnahme.

In einem zweiten und engeren Sinne wird es darum gehen, die Frage unseres eigenen täuferisch-mennonitischen Jubiläums von 2025 ins Auge zu fassen. Dabei wird es nicht nur darum gehen zu überlegen, wie und wo und mit welchem Ziel wir diesen Anlass als weltweite Gemeinschaft täuferischer Kirchen begehen wollen. Auch wir werden uns dabei nicht nur mit den Stärken unserer Bewegung, sondern auch mit den Schattenseiten zu beschäftigen haben. Das konfrontiert uns beispielsweise mit der Frage der unzähligen Zersplitterungen und andauernden Unversöhnlichkeiten zwischen einzelnen Gruppen.

Auch wir werden aber unser Jubiläum wohl nicht mehr solo feiern wollen. Nach den zahlreichen guten zwischenmenschlichen und kirchlichen Begegnungen auf lokaler und regionaler Ebene und nach den bilateralen Dialogen mit Katholiken, Lutheranern, Reformierten, Adventisten etc. werden auch wir zu überlegen haben, wie wir diesem wachsenden Miteinander bei unserem Jubiläum auf eine gute und ehrliche, auf eine dankbare und zukunftsweisende Weise Rechnung tragen können. 1525 war aus täuferischer Sicht ein Jahr des hoffnungsvollen Aufbruchs, es war gleichzeitig aber auch ein Jahr des schmerzhaften Zerbrechens kirchlicher Gemeinschaft. Jubiläen sollten beides im Blickfeld behalten.

---

3 AMG: Arbeitsgemeinschaft Mennonitischer Gemeinden in Deutschland; KMS: Konferenz der Mennoniten der Schweiz; ADS: Algemene Doopsgezinde Sociëteit; AEEMF: Association des Églises Evangéliques Mennonites de France; MWC: Mennonite World Conference.

Martin Schindehütte, Hannover

Nachwort

Ein Nachwort? Wirklich ein Nachwort? Der Begriff verleitet zum Missverständnis, als handele es sich bei dem Kongress um etwas Abgeschlossenes. Die dokumentierten Beiträge zeigen durchweg, dass der Kongress nichts anderes sein kann, als ein einziges «Vor-Wort». In vielfältigen Perspektiven wird aufgezeigt, was weiter und tiefer zu bedenken und zu erschließen sein wird.

Ein ökumenischer Dialog hat begonnen über das, was die Reformation nicht nur für die protestantischen Kirchen, sondern für alle Kirchen bedeutet hat und für ihre Zukunft in sich trägt.

Reformation ist ihrem Wesen nach dialogisch angelegt. Diese Erkenntnis musste in der Geschichte schmerzlich errungen werden. Das versöhnende Potenzial einer «Einheit in Verschiedenheit» liegt nun offen zu Tage. Aber es ist immer noch eher ein Potenzial denn eine Realität. Das gilt zuerst für den ökumenischen Dialog der Kirchen untereinander. Und dann auch für den Dialog der Religionen.

Die Reformation hat «Gottes kräftigen Anspruch auf unser ganzes Leben»[1] neu ans Licht gebracht. Das befreit uns zu «freiem, dankbarem Dienst an seinen Geschöpfen»[2]. Diese Weltverantwortung gilt es in Kultur, Gesellschaft und Politik einzubringen. Die unterschiedlichen Kontexte der Beiträge haben aufgezeigt, welche Wirkmacht in diesem Engagement der Kirchen stecken kann.

Reformation ist kein zu erinnerndes Ereignis, sondern ein gemeinsamer Weg. Der Kongress hat gezeigt, wie diese Weggemeinschaft gestaltet werden kann. Nun gilt es weitere Schritte miteinander zu gehen.

Die Vollversammlung des Ökumenischen Rates der Kirchen hat den weiten ökumenischen Rahmen aufgezeigt, in dem auch das Reformationsjubiläum vorbereitet und gestaltet werden kann: Als eine Station auf

---

1 Barmer Theologische Erklärung vom 31. 5. 1934, 2.These, in: Georg Plasger und Matthias Freudenberg (hgs.), Reformierte Bekenntnisschriften. Eine Auswahl von den Anfängen bis zur Gegenwart, Göttingen 2005, S. 243.

2 A.a.O., S. 243.

einem gemeinsamen Pilgerweg hin zu Gerechtigkeit, Frieden und Bewahrung der Schöpfung. Als kulturelle, gesellschaftliche und spirituelle Wegmarke des wandernden Gottesvolkes.

Einen lebendigen Beitrag auf dem Weg zum Jahr 2017 im Rahmen des Internationalen Ökumenischen Kongresses in Zürich, der in dieser Dokumentation nur angedeutet wird, stellte die Präsentation nationaler, regionaler und lokaler Projekte dar. Kirchenbünde und einige Nationalkirchen gestalten bereits mit vielen Ideen und Anregungen den Weg zum Reformationsjubiläum 2017: von der Gemeinschaft Evangelischer Kirchen in Europa (GEKE) und dem Lutherischen Weltbund über die Evangelische Kirche in Deutschland (EKD), die Evangelisch-lutherische Kirche in Italien, die Evangelische Kirche Augsburgischen und Helvetischen Bekenntnisses in Österreich und die neu unierte Vereinigte Protestantische Kirche Frankreichs bis hin zur niederländischen Stiftung Refo500.

Außerdem eröffneten die Teilnehmerinnen und Teilnehmer während des Kongresses eine lebhafte Diskussion über die Aufgaben, die von der Reformation nicht gelöst worden sind. Eine Reihe von Themen stellt auch heute immer noch Herausforderungen dar, denen sich die reformatorischen Kirchen stellen müssen:

1. Reformation und Gewalt
2. Reformation und Subjektivismus
3. Kirche, Religion und Gesellschaft
4. unerledigte theologische Aufgaben der Reformation im Hinblick auf das Reformationsjubiläum
5. inwiefern taugt das GEKE-Modell der «versöhnten Verschiedenheit» in der Wirklichkeit?
6. Freiheit und Weltverantwortung
7. Kommunikation des Evangeliums heute
8. Bibel und religiöser Pluralismus innerhalb und außerhalb der Kirche
9. ethische Herausforderungen: Weshalb sind lebensethische Fraugen kirchentrennend geworden?
10. die Schattenseiten der Reformation und der Reformatoren
11. wie können wir heute überzeugend und authentisch vom Evangelium sprechen?
12. Reformation und Bildung
13. die Rückkehr des «Heiligen» und des «Religiösen»

Im Forum auf www.ref-500.ch/forum erfahren Sie mehr und können Sie selbst teilhaben an der weiteren Gestaltung dieses Prozesses!

Vor-Wort, nicht Nachwort, Vor-Blick, nicht Rückblick, Aus-Gang, nicht Ausflucht! Dass die Reformation Themen aus dem 16. Jahrhundert bis in das 21. Jahrhundert trägt, soll dieser Band dokumentieren. Dasselbe möge der Kongress bewirken.

Ein herzlicher Dank allen, die dazu beigetragen haben!

Dankeswort

Der Kongress und diese Publikation konnten nur gelingen, weil viele Personen und Institutionen konkret und tatkräftig die Vorbereitung, Durchführung und Nachbereitung mitverantwortet haben. Unser herzlicher Dank geht insbesondere an:

- in Bern und Hannover: Dine Fecht, Thomas Flügge, Nicole Freimüller, Simone Gawarecki, Ann Katrin Hergert, Martin Hirzel, Henning Kiene, Kerstin Kipp, Michèle Laubscher, Reinhard Mawick, Christiane Rohr, Michael Schneider, Daniele Waldburger.
- in Zürich: Martin Breitenfeldt, Philippe Dätwyler, Roland Diethelm, Rita Famos, den Kirchgemeinderat, die Pfarrer und das Team von Walter Jucker in der Kirchgemeinde Neumünster, das Freie Gymnasium Zürich, das Gemeindezentrum Riesbach, Nicolas Mori, Brigitta Rotach.
- die Stewards: Joel Baumann, Bettina Birkner, Fritz Boller, Friedel Goetz, Tamara Jenny, Lia Knobel, Anna Luedke, Johannes Seyfarth, Alexander Stölzle, Jonas Stutz, Annina Villiger.
- die Musiker und Künstler: Elisabeth Berner und das Quartett «Berner in Fusion», den Ebnat-Kappler Jodlerklub mit Hansueli Hersche, Hans Hürlemann, den Bismärkli-Schuppel und die Helvetic Fidlers, Walter Neff, Christian Scheifele, Andreas Thiel, Hans Thomann.
- die Übersetzer und Lektoren: Suzanne Bollinger, David Dichelle, Daniel Dubach, Elisabeth Gerber, Peter Glatthart, Christoph Renfer, Pia Schell, Hartmut Lucke, Roland Revet, Hera Moon, Monique Lopinat, Christine Sutter.
- die Schweizerische Reformationsstiftung, DM – échange et mission, die Weltgemeinschaft Reformierter Kirchen, die Reformierte Landeskirche Aargau, die Reformierten Kirchen Bern-Jura-Solothurn, die Evangelisch-reformierte Kirche des Kantons St. Gallen, die Evangelische Landeskirche des Kantons Thurgau, die Evangelisch-reformierte Kirche des Kantons Waadt, die Reformierte Kirche des Kantons Zug, die Evangelisch-reformierte Landeskirche des Kantons Zürich, die Kulturförderung Appenzell Ausserrhoden, den Kanton und die Stadt Zürich, Zürich-Tourismus.